I0050152

RECUEIL DES REGLEMENS GENERAUX ET PARTICULIERS *CONCERNANT* LES MANUFACTURES ET FABRIQUES DU ROYAUME.

Tome Troisieme.

A PARIS,
DE L'IMPRIMERIE ROYALE.

M. DCCXXX.

SUITE DE LA SEPTIE'ME PARTIE.

REGLEMENS PARTICULIERS

Concernant les Manufactures de Draps, Serges, & autres E'toffes de laine pure ou meslées d'autres matieres, Teintures & Commerce desdites E'toffes.

---

§. XIV.

MANUFACTURES DE ROMORANTIN, Generalité d'Orleans.

ARREST portant Reglement pour la Manufacture des Draperies de Romorantin.

Du 27. Avril 1706.

Extrait des Registres du Conseil d'Estat.

LE ROY ayant esté informé que depuis la publication des Reglemens generaux faits en l'année 1669. concernant les Manufactures de Draperies du Royaume, par lesquels, entre autres choses, les largeurs & les longueurs que les draps & étoffes doivent avoir eſtant foulez & appreſtez, ſont preſcrites, les Fabriquans de Romorantin ſe ſont appliquez uniquement à faire que leurs étoffes ſe trouvent, lorſqu'ils les mettent en vente, des largeurs & longueurs preſcrites par leſdits Reglemens generaux, & ont negligé d'obſerver ce qui eſt preſcrit par les Reglemens particuliers faits en l'année 1666. pour ladite Manufacture de Romorantin, ſur le nombre de portées & de fils dont les étoffes doivent eſtre compoſées ; enſorte que ces Reglemens particuliers ne ſont plus obſervez, & ne ſont meſme preſque plus connus: Que n'y ayant dans les Reglemens generaux ni dans les Reglemens particuliers aucune diſpoſition ſur les qualitez des laines qui doivent eſtre employées dans ladite Manufacture, il s'y eſt introduit depuis quelques années des laines de diverſes qualitez qui n'y eſtoient pas propres, & dont il a eſté neceſſaire de deffendre l'uſage; & que cette Manufacture eſtant une des plus conſiderables du Royaume, pour la quantité d'étoffes de differentes ſortes qui s'y fabriquent, il ſeroit neceſſaire de faire de nouveaux Reglemens pour y reſtablir le bon ordre, tant en ce qui concerne la fabrique des étoffes, que ſur les qualitez des laines qui pourroient y eſtre employées: Sa Majeſté auroit donné ſes ordres au Sieur de Bouville Conſeiller d'Eſtat, Intendant en la Generalité d'Orleans, pour faire aſſembler les Gardes-Jurez & les Maiſtres de ladite Manufacture en preſence du Juge de Police & du Sieur Paſquier Inſpecteur des Manufactures du Département de Berry & de Romorantin, & donner leurs Memoires ſur ce qu'il y auroit à expliquer, changer, reformer ou ajouſter, tant auſdits Reglemens generaux qu'auſdits Reglemens particuliers, pour aſſûrer la perfection de ladite Manufacture. Vû les Procez verbaux des Aſſemblées tenuës dans le Bureau de la Manufacture à Romorantin, en execution des ordres de Sa Majeſté, & en preſence du Juge de Police & dudit Sieur Paſquier Inſpecteur des Manufactures, contenant les déliberations deſdits Gardes-Jurez & des Maiſtres-Fabriquans, ſur la neceſſité de faire de nouveaux Reglemens pour ladite Manufacture, & ſur les changemens & additions qu'il y a à faire aux anciens Reglemens, & le projet de

Reglement par eux dreſſé : Les Ordonnances dudit Sieur de Bouville pour l'interdiction de certaines ſortes de laines non convenables à ladite Manufacture, & ſon avis ſur le projet du Reglement qui a eſté dreſſé par leſdits Gardes-Jurez & les Maiſtres de ladite Manufacture : Oüy le rapport du Sieur Chamillart Conſeiller ordinaire au Conſeil Royal, Controlleur general des Finances, LE ROY ESTANT EN SON CONSEIL, a ordonné & ordonne :

ARTICLE PREMIER.

QU'IL ne pourra eſtre employé dans la Manufacture de Romorantin que des laines de Berry & de Sologne, & des laines d'Eſpagne prime Segovie, prime Soria, & prime Segovianne ſeulement ; Et qu'il ne pourra y eſtre employé d'autres laines d'Eſpagne de qualité inferieure, ni des laines dites de Navarre ou de Barbarie, ni d'aucune autre ſorte de laine.

II.

LES laines qui ſeront envoyées à Romorantin, ſeront portées directement en y arrivant au Bureau des Gardes-Jurez, pour y eſtre par eux viſitées ; & ſi elles ſe trouvent des qualitez cy-deſſus exprimées propres pour la Manufacture, les balles ſeront marquées d'une marque portant ces mots, *Bonnes Laines*, avec les chiffres de l'année ; laquelle marque s'imprimera avec de l'encre & de l'huile : après quoy les balles de laine ainſi marquées ſeront portées dans les magaſins des Marchands de laine, ou chez les Fabriquans à qui elles appartiendront.

III.

LES laines d'autres qualitez que celles dont l'uſage eſt permis cy-deſſus pour ladite Manufacture, ſeront ſaiſies par les Gardes-Jurez, pour eſtre renvoyées au plus tard dans un mois hors de l'étenduë de ladite Manufacture par ceux à qui elles appartiendront, à peine de confiſcation, qui ſera ordonnée après ledit délay par le Juge de Police, moitié au profit deſdits Gardes-Jurez, & moitié au profit des pauvres de la Ville.

IV.

LES laines de bonne qualité, qui lors de la viſite dans le Bureau ſeront trouvées mal lavées ou mêlangées, ou ayant quelqu'autre deffaut provenant de la préparation, ſeront auſſi ſaiſies par leſdits Gardes-Jurez, pour eſtre ordonné qu'elles ſeront reparées avant que d'eſtre employées dans la fabrique.

V.

FAIT Sa Majeſté deffenſes à tous Marchands demeurant à Romorantin, à tous Fabriquans, Teinturiers, Foulons & Hoſteliers, de recevoir chez eux des laines avant qu'elles ayent eſté viſitées, à peine de trois cens livres d'amende.

VI.

LES Gardes-Jurez faiſant leurs viſites chez les Maiſtres-Fabriquans & chez les Ouvriers, examineront la qualité de la laine; & ſi elle ſe trouve mêlangée ou de mauvaiſe qualité, ils la feront ſaiſir, & en ſera la confiſcation ordonnée à leur profit par le Juge de Police.

VII.

LES Marchands, les Fabriquans & autres chez qui il ſera ſaiſi des laines, ſeront en outre condamnez à une amende proportionnée au deffaut de la laine, & à la contravention par eux commiſe au preſent Reglement.

VIII.

TOUTES les laines confiſquées ſeront venduës, à la charge d'eſtre tranſportées hors l'étenduë de ladite Manufacture.

IX.

LES draps blancs appellez *très-forts*, ſeront compoſez de ſoixante portées de trente-deux fils chacune, & de trente-deux aulnes d'attache de long; & ſeront fabriquez dans des lames & rots d'une aulne trois quarts & un ſeize, y compris les lizieres, pour eſtre au retour du Foulon d'une aulne de large, & de vingt-une à vingt-deux aulnes de long.

X.

LES Serges fines drapées blanches ſeront compoſées de cinquante-ſix portées de trente-deux fils chacune, & de trente-quatre aulnes d'attache de long; & feront fabriquées dans des lames & rots d'une aulne trois quarts, y compris les lizieres, pour eftre au retour du Foulon d'une aulne de large, & de vingt-trois à vingt-quatre aulnes de long.

X I.

LES Serges drapées gris-blanc, gris de fer, gris bluté, gris argentin & demi gris meflé, feront compofées de cinquante-quatre portées de trente-deux fils chacune, & de trente-deux aulnes d'attache de long, & feront fabriquées dans des lames & rots d'une aulne trois quarts, pour eftre au retour du Foulon d'une aulne de large, & de vingt-une à vingt-deux aulnes de long.

X I I.

LES Serges drapées gris de fer brun, gris de maure, & brunes, feront compofées de cinquante portées de trente-deux fils chacune, & de trente-deux aulnes d'attache de long, & feront fabriquées dans des lames & rots d'une aulne trois quarts, y compris les lizieres, pour eftre au retour du foulon d'une aulne de large & de vingt-une à vingt-deux aulnes de long.

X I I I.

LES Serges croifées, & les Cordats gris de fer & autres couleurs, feront compofées de cinquante-fix portées de trente-deux fils chacune, & de trente-deux aulnes d'attache de long, & feront fabriquées dans des lames & rots d'une aulne & demi-quart, les lizieres comprifes, pour eftre au retour du foulon d'une aulne de large, & de vingt-une à vingt-deux aulnes de long.

X I V.

LES draps blancs qui feront fabriquez pour eftre de cinq quarts au retour du foulon, feront compofez de deux mille trois cens fils en chaifne, dans des lames & rots de deux aulnes entre les lizieres, & de trente aulnes d'attache de long, pour avoir dix-neuf à vingt aulnes de long au retour du foulon.

X V.

LES draps de couleur meflée, qui fe feront pour eftre de cinq quarts de large au retour du foulon, feront compofez de deux mille deux cens fils en chaisne, & seront fabriquez dans des lames & rots de deux aulnes entre les lizieres, & de trente aulnes d'attache de long, pour avoir au retour du foulon dix-neuf à vingt aulnes de long.

X V I.

LES draps & Serges seront portez en toile & au sortir de dessus le mêtier au Bureau de la Communauté, pour y estre visitez par les Gardes-Jurez, & en estre le travail examiné avant que d'estre portez au foulon.

X V I I.

S'IL se trouve quelque deffaut dans la fabrique desdites étoffes, elles seront saisies par les Gardes-Jurez, & representées pardevant le Juge de Police avant qu'elles puissent estre portées au foulon, pour estre par luy ordonné ce qu'il appartiendra par rapport au deffaut qui aura esté trouvé dans les étoffes.

X V I I I.

LES Gardes-Jurez feront écrire sur le Registre le nom des Fabriquans dont les étoffes auront esté visitées en toile, avec la qualité & le numero de chaque piece d'étoffes.

X I X.

LES étoffes seront portées pareillement au Bureau de la Communauté après qu'elles auront esté foulées, pour estre visitées une seconde fois par les Gardes-Jurez, & le travail du foulon examiné; & si les étoffes se trouvent bien foulées & de bonne qualité, les Gardes-Jurez y feront apposer le plomb ordinaire de la Fabrique; & s'il se trouve quelque deffaut provenant du foulon, les étoffes seront saisies par les Gardes-Jurez, pour estre par le Juge de Police ordonné ce qu'il appartiendra suivant les Reglemens generaux, & suivant les Arrests du Conseil rendus en consequence.

X X.

LESDITS Gardes-Jurez tiendront bon & fidelle Registre, suivant l'Article XXXIX. des Reglemens generaux des Manufactures, de toutes les pieces d'étoffes ausquelles ils auront fait apposer le plomb de fabrique.

XXI.

Les jours destinez pour la visite & marque des étoffes, tant en toile que foulées, seront les Lundi, Mercredi & Vendredi de chaque semaine, depuis neuf heures du matin jusqu'à onze, & depuis deux heures après midi jusqu'à quatre; & il y aura chaque jour de visite au moins trois Gardes-Jurez dans le Bureau.

XXII.

Le lendemain de l'élection des Gardes-Jurez, les Poinçons qui auront servi pour la marque des étoffes pendant l'année precedente, seront rompus en presence du Juge de Police; & il en sera gravé d'autres aussi-tost, portant les chiffres de l'année courante.

XXIII.

Les Gardes-Jurez en charge feront leurs visites chez les Maîtres fabriquans, chez les Foulons, chez les Teinturiers & autres apprefteurs desdites étoffes, au moins une fois dans chaque mois, & feront saisir tout ce qu'ils y trouveront en contravention au present Reglement & aux Reglemens generaux de l'année 1669. & Arrests rendus en consequence; & poursuivront le Jugement de ce qu'ils auront saisi, pardevant le Juge de Police, suivant lesdits Reglemens.

XXIV.

Ceux qui feront les fonctions d'Aulneurs dans ladite Manufacture de Romorantin, ne pourront estre Courtiers, & les Courtiers ne pourront estre Aulneurs, Commissionnaires ou Facteurs, ni acheter ou faire acheter aucunes laines & étoffes pour leur compte, ni pour qui que ce soit, pour les revendre directement ou indirectement, à peine de confiscation des Marchandises, de Cent livres d'amende, & de privation de leurs fonctions.

XXV.

Lesdits Reglemens particuliers de l'année 1666. faits pour la Manufacture de Romorantin, & lesdits Reglemens generaux de l'année 1669. seront au surplus executez selon leur forme &

teneur : Et feront pour l'execution du prefent Arreft toutes Lettres neceffaires expediées. FAIT au Confeil d'Eftat du Roy, Sa Majefté y eftant, tenu à Verfailles le vingt-feptiéme jour d'Avril mil fept cens fix. *Signé* PHELYPEAUX.

LOUIS PAR LA GRACE DE DIEU, ROY DE FRANCE ET DE NAVARRE : A noftre amé & feal Confeiller en nos Confeils, le Sr Intendant départi pour l'execution de nos ordres dans la Generalité d'Orleans, SALUT. Nous vous mandons & enjoignons par ces Prefentes fignées de Nous, de tenir la main à l'execution de l'Arreft dont l'Extrait eft cy-attaché fous le Contre-fcel de noftre Chancellerie, cejourd'huy donné en noftre Confeil d'Eftat, Nous y eftant, pour les caufes y contenuës : lequel Nous commandons au premier noftre Huiffier ou Sergent fur ce requis, de fignifier à tous qu'il appartiendra, à ce qu'ils n'en ignorent, & de faire pour l'entiere execution d'iceluy tous Commandemens, Sommations & autres Actes & Exploits neceffaires, fans autre permiffion ; CAR TEL EST NOSTRE PLAISIR. Donné à Verfailles le vingt-feptiéme jour d'Avril, l'an de grace mil fept cens fix, & de noftre Regne le foixante-troifiéme. *Signé* LOUIS. *Et plus bas* par le Roy PHELYPEAUX. Et fcellé du grand Sceau de cire jaune.

ARREST portant Reglement pour la Fabrique des Draps Mufcs fins, *eftablie dans la Ville de Romorantin.*

Du 8. May 1718.

Extrait des Regiftres du Confeil d'Eftat.

LE ROY ayant efté informé que depuis quelques années les Fabriquans de la Ville de Romorantin fe font appliquez à faire des draps qu'ils nomment *Mufcs fins*, & que fous pretexte qu'il qu'il n'eſt point fait mention de ladite eſpece de draps dans le Reglement particulier de leur Manufacture, ils ſe contentent d'ourdir les chaiſnes deſdits draps en quarante-huit portées, nombre qui n'eſt pas ſuffiſant pour la perfection qu'ils doivent avoir, d'autant plus qu'ils ſont fabriquez de bonne laine de Berry, & moyenne d'Eſpagne, qui peuvent eſtre filées aſſez déliées pour pouvoir paſſer les chaines deſdits draps en cinquante-quatre portées de trente-deux fils chacune, compris les lizieres: A quoy eſtant neceſſaire de pourvoir, SA MAJESTÉ ESTANT EN SON CONSEIL, de l'avis de Monſieur le Duc d'Orleans Regent, a ordonné & ordonne que les draps *Muſcs fins* qui ſeront fabriquez à l'avenir dans la Ville de Romorantin, ſeront composéz de cinquante-quatre portées de trente-deux fils chacune, compris les lizieres, & ſeront fabriquez dans des lames & rots d'une aulne trois quarts, pour eſtre au retour du foulon d'une aulne de large, & de vingt-une à vingt-deux aulnes de long. FAIT Sa Majeſté deffenſes auſdits Fabriquans, de contrevenir à la diſpoſition du preſent Arreſt: Enjoint au Sieur Intendant & Commiſſaire départi en la Generalité d'Orleans de tenir la main à ce qu'il ſoit executé, & à cet effet de le faire publier & afficher dans ladite Ville de Romorantin. FAIT au Conſeil d'Eſtat du Roy, Sa Majeſté y eſtant, tenu à Paris le huitiéme jour de May mil ſept cens dix-huit.

Signé PHELYPEAUX.

LOUIS PAR LA GRACE DE DIEU, ROY DE FRANCE ET DE NAVARRE: A noſtre amé & feal Conſeiller en nos Conſeils le Sieur Intendant & Commiſſaire départi pour l'execution de nos ordres en la Generalité d'Orleans, SALUT. Nous vous mandons & enjoignons par ces Preſentes ſignées de Nous, de tenir la main à l'execution de l'Arreſt cy-attaché ſous le contre-ſcel de noſtre Chancellerie, cejourd'huy donné en noſtre Conſeil d'Eſtat, Nous y eſtant, pour les cauſes y contenuës. Commandons au premier noſtre Huiſſier ou Sergent ſur ce requis, de ſignifier ledit Arreſt à tous qu'il appartiendra, à ce que perſonne n'en ignore, & de faire pour ſon entiere execution tous actes &

exploits necessaires, sans autre permission; CAR TEL EST NOSTRE PLAISIR. Donné à Paris le huitiéme jour de May, l'an de grace mil sept cens dix-huit, & de nostre Regne le troisiéme. *Signé* LOUIS. *Et plus bas*, par le Roy, le Duc D'ORLEANS Regent present. *Signé* PHELYPEAUX. Et scellé.

---

§. XV.

MANUFACTURES DE POITOU.

ARREST qui permet au Commis des Manufactures de Poitou, d'aller seul en visite chez les Marchands de son Département.

Du 31. Aoust 1689.

Extrait des Registres du Conseil d'Estat.

LE ROY estant en son Conseil, ayant esté informé que bien que plusieurs Marchands & Ouvriers de Poitiers, & autres de la Province de Poitou, ayent dans leurs boutiques & magasins des étoffes défectueuses, néantmoins ils trouvent moyen de s'empêcher d'estre surpris dans les contraventions, d'autant que lesdits Marchands & Ouvriers prétendant que le Reglement concernant les Manufactures, ne donne la faculté de faire des visites chez eux qu'aux Gardes & Jurez seulement, ils refusent de se soûmettre à celles du Commis des Manufactures; de sorte que lesdits Gardes & Jurez estant de la mesme profession, & pouvant par consequent se trouver dans les mesmes fautes & contraventions, ils les tolerent, & ainsi il n'y a personne qui puisse y veiller; ce qui fait que ces contraventions se perpetuent, au préjudice du Commerce & du Public : à quoy estant necessaire de pourvoir, SA MAJESTÉ ESTANT EN SON CONSEIL, a ordonné & ordonne que les Gardes & Jurez des Marchands de la Ville de

Poitiers, & autres de la Province de Poitou, feront tenus à la premiere requifition qui leur en fera faite par ledit Commis des Manufactures, de fe tranfporter avec luy chez lefdits Marchands & Ouvriers, pour y eftre fait vifite des étoffes qui s'y trouveront; finon & en cas de refus de la part defdits Gardes & Jurez de l'y accompagner, Sa Majefté a permis & permet audit Commis des Manufactures, de proceder feul à ladite vifite & faifie de celles des étoffes qui fe trouveront défectueufes, faifant deffenfes à toutes perfonnes de luy donner aucun trouble ni empêchement, fous telles peines qu'il appartiendra. Enjoint Sa Majefté à l'Intendant de Juftice, Police & Finances en ladite Province de Poitou, de tenir la main à l'execution du prefent Arreft. FAIT au Confeil d'Eftat du Roy, Sa Majefté y eftant, tenu à Verfailles le trente-uniéme jour du mois d'Aouft mil fix cens quatre-vingt-neuf. *Signé* LE TELLIER.

ARREST portant Reglement pour les Manufactures de la Province de Poitou.

Du 4. Novembre 1698.

Extrait des Regiftres du Confeil d'Eftat.

SUR ce qui a efté reprefenté au Roy eftant en fon Confeil, que quoyque par les Reglemens generaux du mois d'Aouft 1669. concernant les Manufactures d'étoffes de laines, les largeurs, longueurs & qualitez defdites étoffes ayent efté prefcrites, il s'eft néantmoins gliffé plufieurs abus dans les Manufactures de la Province du Poitou, & que les étoffes qui s'y fabriquent font de très mauvaife qualité, défectueufes en largeur, & qu'elles fe retirent dans l'ufage & après qu'elles ont efté employées en habits, pour avoir efté tirées avec excès tant en largeur qu'en longueur avec des poulies & autres inftruments; ce qui peut provenir de ce que lefdits Reglemens generaux de

1669. ne contiennent aucune diſpoſition particuliere pour la fabrique deſdites étoffes, ni pour les largeurs & longueurs qu'elles doivent avoir en toile & au ſortir du mêtier; ce qui s'appelle dans ladite Province *beſogne faite* : à quoy Sa Majeſté ayant reſolu de pourvoir, Elle auroit envoyé au Sieur de Maupeou d'Ableiges Conſeiller de Sa Majeſté en ſes Conſeils, Maiſtre des Requeſtes ordinaire de ſon Hoſtel, Commiſſaire départi pour l'execution de ſes ordres en ladite Province, avec les Memoires des plaintes qui ont eſté faites par les Marchands de Paris & de pluſieurs autres Villes du Royaume, contre les deffauts deſdites étoffes, ſes ordres pour entendre les Fabriquans des principaux lieux de fabrique, & les Marchands des principales Villes de la Province, ſur ce qui eſtoit propoſé par leſdits Memoires pour reſtablir le bon ordre dans les fabriques deſdites étoffes, & ſoutenir le commerce qui s'en fait tant dedans que dehors le Royaume, dreſſer Procès-verbal de ce qui ſeroit ſur ce reſolu dans les Aſſemblées deſdits Marchands & Fabriquans, & donner ſon avis, pour, le tout rapporté à Sa Majeſté, eſtre ordonné ce que de raiſon : à quoy ledit Sieur de Maupeou d'Ableiges auroit ſatisfait dans les Villes de Parthenay, Niort & Breſſuire, & envoyé les Procès-verbaux, avec les déliberations des Communautez des Marchands & Fabriquans deſdites Villes, & ſon avis. Mais attendu qu'il reſte encore à faire les meſmes diligences dans les autres lieux de fabrique de la meſme Province, Sa Majeſté auroit reſolu de les faire continuer; & cependant ayant fait communiquer leſdits Procès-verbaux & déliberations aux Gardes des Marchands de la Ville de Paris, qui en auroient conferé avec des Marchands de ladite Province de Poitou, & donné leur avis, Sa Majeſté auroit reſolu de faire un Reglement proviſionnel ſur la fabrique des étoffes de ladite Province, conformément auſdites déliberations deſdites Villes de Parthenay, Breſſuire & Niort, & aux avis deſdits Marchands, afin de faire ceſſer dès-à-preſent le cours des abus qui ſe commettent dans la fabrique deſdites étoffes. Vû leſdits Reglemens generaux du mois d'Aouſt 1669. les Procès-verbaux des

Aſſemblées tenuës en conſequence deſdits ordres les 1.er 15. 20. & 27. Juin dernier dans leſdites Villes de Parthenay, Breſſuire & Niort; enſemble l'avis dudit Sieur de Maupeou d'Ableiges, & ceux deſdits Marchands, & tout conſideré : Oüy le Rapport du Sieur Phelypeaux de Pontchartrain Conſeiller ordinaire au Conſeil Royal, Controlleur general des Finances, SA MAJESTÉ ESTANT EN SON CONSEIL, a ordonné & ordonne que pardevant ledit Sieur de Maupeou d'Ableiges, & en ſon abſence pardevant les Juges des Manufactures, il ſera tenu dans deux mois en chacun des lieux de fabrique de ladite Province de Poitou, autres qu'ès Villes de Parthenay, Breſſuire & Niort, une aſſemblée tant des Fabriquans deſdites étoffes, que des Marchands qui en font commerce, pour déliberer ſur ce qu'il convient de faire pour la perfection deſdites étoffes, & en eſtre les Procez verbaux remis audit Sieur de Maupeou, & iceux par luy envoyez avec ſon avis à Sa Majeſté, eſtre ordonné ce que de raiſon. Et cependant ordonne Sa Majeſté, que les Serges raſes de deux eſtaims, qui ſe fabriquent à Saint-Maixant, la Mothe, Meſle, Vivonne, Luſignan & autres lieux de ladite Province de Poitou, & qui doivent avoir une demi-aulne de large, & vingt-une aulnes de long tout appreſtées, auront en toile & au ſortir du meſtier demi-aulne & demi-douze, ou un vingt-quatre de large, & vingt-quatre à vingt-cinq aulnes de long.

Les Serges raſes qui ſe font en blanc dans leſdits lieux, ſeront compoſées de trente-neuf à quarante portées; & celles qui ſe font couleur de brebis, communément appellées *Beiges,* ſeront compoſées de trente-huit ou trente-neuf portées au moins, & les portées de vingt fils chacune.

Les Droguets de pure laine cardée, ou chaiſne d'eſtaim, qui ſe fabriquent à Niort, Parthenay, Saint-Loup, Azais & autres lieux circonvoiſins, & qui doivent avoir une demi-aulne de large, & trente-huit à quarante aulnes de long tout appreſtez, auront trois quarts & un demi-ſeize, ou un trente-deuxiéme de large, & quarante-ſix à quarante-huit aulnes en toile au ſortir du meſtier.

Les Droguets croiſez, toute laine ou chaîne d'eſtaim, qui doivent avoir aussi demi-aulne de large, & trente-huit à quarante aulnes de long tout apprestez, auront trois quarts de large, & quarante-six à quarante-huit aulnes de long en toile au sortir du mestier.

Les Droguets messez de soye, qui doivent avoir demi-aulne de large, & trente-huit à quarante aulnes de long tout apprestez, auront deux tiers & un demi-seize, ou un trente-deuxiéme de large, quarante-six à quarante-huit aulnes de long en toile au sortir du mestier: les chaisnes seront composées de trente-quatre, trente-cinq à trente-six portées de seize fils chacune, moitié soye & moitié laine; en sorte qu'il n'y ait pas moins de deux fils de soye en puë, nî moins de deux fils de laine aussi en puë.

Les Droguets sur fil, qui doivent avoir demi-aulne de large & quarante aulnes de long tout apprestez, auront trois quarts de large, & quarante-trois aulnes de long au moins en toile au sortir du mestier.

Les Serges rases grises messées de deux estaims, & les Estamines foulées qui se fabriquent à Niort, Poitiers, Thoüars & autres lieux de la Province, qui doivent avoir demi-aulne de large, & vingt-une aulnes de long tout apprestées, auront demi-aulne un demi-douze de large, & vingt-cinq à vingt-six aulnes de long en toile au sortir du mestier.

Les Estamines camelotées qui doivent avoir demi-aulne de large, & trente-cinq à quarante aulnes de long tout apprestées, auront demi-aulne demi-seize de large, & quarante-cinq aulnes de long en toile au sortir du mestier.

Les grosses Serges drapées qui se fabriquent à Niort & autres lieux de la Province, qui doivent avoir une aulne de large, & quinze à seize aulnes de long tout apprestées, auront une aulne un quart & demi de large, & vingt à vingt-deux aulnes de long en toile au sortir du mestier; Et les Fabriquans qui feront desdites Serges, seront tenus de mettre au milieu du lis ou liziere un fil bleu ou jaune pour les distinguer des autres étoffes.

Les Draps qui se fabriquent de laine pure à Fontenay-le-Comte & Coulonges, & doivent avoir une aulne de large, & quinze à seize aulnes de long tout apprestées, auront deux aulnes de large,

& vingt-deux à vingt-quatre aulnes de long en toile au sortir du mestier.

Les Droguets croisez drapez qui se fabriquent au Breüil-Barret, la Casteigneraye, Saint-Pierre du Chemin, Cheufois & autres lieux circonvoisins, appellez communément *Campes, Sergettes & Cadisez*, fabriquez de laines estrangeres ou de laines du pays, & qui doivent avoir demi-aulne de large, & quarante aulnes de long tout apprestez, auront trois quarts de large, & quarante-huit aulnes de long en toile au sortir du mestier; & les chaisnes seront montées en quarante-huit portées au moins de chacune seize fils.

Les Etoffes de pareille qualité qui se feront dans lesdits lieux pour avoir une aulne de large tout apprestées, auront une aulne un quart & demi en toile au sortir du mestier; & les chaisnes seront montées en quatre-vingt-douze portées au moins de chacune seize fils.

Les Tiretaines chaisne de fil à deux marches, qui se fabriquent à Bressuire & Montcoutant avec des laines estrangeres ou du pays, ou des avalies en trame, & doivent avoir demi-aulne de large & quarante aulnes de long tout apprestées, auront demi-aulne & un seize, & quarante-trois aulnes de long en toile au sortir du mestier.

Les Tiretaines à petits carreaux ou croisées, qui se fabriquent à trois ou quatre marches, & doivent avoir demi-aulne de large, & trente-neuf à quarante aulnes de long tout apprestées, auront demi-aulne demi-seize de large, & quarante-deux aulnes de long en toile au sortir du mestier.

Les Tiretaines communes qui se font à Vernon, Saint-Mesmin, la Meilleraye, Azais, Secondigné & autres lieux, auront pareillement demi-aulne demi-seize de large, & quarante-deux aulnes de long en toile au sortir du mestier, pour avoir demi-aulne de large, & trente-neuf à quarante aulnes de long tout apprestées.

Les Serges de deux laines, ou chaîne d'estaim, qui se fabriquent à Lusignan, Poitiers, Chastellerault, Vivonne, Chastel-la-chaize, Gensay, Civay, Charoux, Thoüars, & dans les autres lieux de la Province, qui doivent avoir une demi-aulne de large, & vingt-une aulnes de long tout apprestées, auront trois quarts de large,

& vingt-sept à vingt-huit aulnes de long en toile au sortir du mestier.

Les Revêches croisées qui doivent avoir une demi-aulne de large, & vingt à vingt-deux aulnes de long tout apprestées, auront trois quarts de large, & vingt-sept à vingt-huit aulnes de long en toile au sortir du mestier.

Toutes les Etoffes cy-dessus seront bien tissuës, bien remplies de trames, seront également travaillées, & se feront uniformes en bonté & en force dans toute l'étenduë des pieces.

Il ne pourra estre employé des peignons dans la fabrique desdites étoffes, excepté dans les Serges drapées croisées, les Tiretaines communes & les Revêches croisées, à peine de confiscation des autres étoffes dans lesquelles il auroit esté employé des peignons, & de dix livres d'amende pour chacune piece.

Les Maistres fabriquans mettront & feront mettre au chef de chacune piece des étoffes qu'ils fabriqueront & feront fabriquer par leurs Ouvriers, outre leur nom, celuy du lieu de leur demeure, avec un fil d'une laine d'une couleur differente de celle de la piece, & le numero de la piece, à compter du premier jour de l'année.

Nulles autres personnes que les Maistres des Communautez de Drapiers, Sergers & Fabriquans d'étoffes, reçûs en la maniere & après avoir satisfait aux formalitez prescrites par lesdits Reglemens generaux du mois d'Aoust 1669. ne pourront faire fabriquer des étoffes dans aucun lieu de fabrique, ni dans aucun autre lieu de ladite Province, à peine de confiscation des étoffes, matieres & ustensiles dont ils se serviroient, & de mille livres d'amende.

Lesdites étoffes seront visitées par les Gardes & Jurez Fabriquans des lieux où elles auront esté fabriquées en toile, avant que d'estre portées au foulon; Et si elles se trouvent bien fabriquées conformément au present Reglement, la quantité d'aulnes que contiendra chaque piece sera marquée avec un fil de laine d'une couleur differente de celle de la piece d'étoffe, à un des bouts de la piece, ensemble le numero du rang auquel elle aura passé au Bureau qui sera establi en chacun desdits lieux de fabrique pour ladite visite; lequel numero sera aussi marqué avec le nom du Fabriquant

Fabriquant à qui elle appartiendra, ſur le Regiſtre que leſdits Gardes-Jurez tiendront des pieces qu'ils viſiteront ainſi en toile.

Les Foulonniers ne pourront recevoir dans leurs moulins des étoffes qui n'auront pas eſté viſitées en toile, marquées & numerotées comme deſſus, à peine de trois livres d'amende pour chacune piece d'étoffe qui ſera trouvée dans leſdits moulins ſans leſdites marques, & de dix livres d'amende pour la premiere fois contre le Fabriquant auquel la piece appartiendra, & de confiſcation de l'étoffe pour la ſeconde fois.

Leſdits Foulonniers ne pourront fouler les étoffes de pure & bonne laine, avec des étoffes meſlées de peignons, à peine de dix livres d'amende pour la premiere fois, & d'eſtre chaſſez des moulins à foulon en cas de recidive.

Les Foulonniers, Tondeurs & Appreſteurs deſdites étoffes, ne pourront rouler aucunes étoffes de quelque qualité qu'elles ſoient, à chaud de quelque maniere que ce ſoit, ſoit en mettant du feu deſſous & deſſus, ſoit en faiſant chauffer les rouleaux ou autrement, à peine de cent livres d'amende pour la premiere fois, & de décheance de la Maiſtriſe en cas de recidive.

Toutes leſdites étoffes ſeront appreſtées à appreſt d'eau, de maniere qu'elles ne puiſſent ſe retirer ni en long ni en large lorſqu'elles ſont moüillées après avoir eſté appreſtées, à peine de confiſcation des pieces qui ſe retireront, & de cent livres d'amende contre les Tondeur, Foulonnier & Appreſteur, pour chacune piéce qui eſtant moüillée après avoir eſté appreſtée, perdra de ſa largeur ou de ſa longueur.

Leſdites étoffes ſeront viſitées une ſeconde fois par leſdits Gardes-Jurez, après qu'elles auront eſté foulées & appreſtées, & ſeront par eux marquées du plomb de fabrique ordonné par l'Article XXXIX. des Reglemens generaux de l'année 1669. ſi elles ſe trouvent de bonne qualité, bien foulées, & bien appreſtées, & des longueurs & largeurs preſcrites par le preſent Reglement, ſuivant leur qualité: Et s'il ſe trouvoit lors de ladite ſeconde viſite quelque déchet dans l'étoffe, arrivé par la faute, negligence ou le mauvais travail du Foulonnier, ledit Foulonnier ſera condamné à une amende proportionnée au déchet que l'étoffe aura reçuë.

Lesdits Jurez pourront de temps en temps lors de la seconde visite qu'ils feront desdites étoffes après qu'elles auront esté apprestées, faire moüiller quelques pieces desdites étoffes pour vérifier la bonté de l'apprest.

Ne pourront lesdits Gardes-Jurez frapper aucun plomb de la marque de fabrique, que le plomb ne soit appliqué à une piece d'étoffe, à peine de cent livres d'amende, & de décheance de la Jurande.

Lesdits Jurez feront au moins quatre visites generales dans toutes les Boutiques où les Maistres Fabriquans de leur Communauté travailleront ou feront travailler leurs Ouvriers; comme aussi dans les moulins à foulon où les étoffes du lieu de leur fabrique sont portées pour estre foulées.

Lesdits Jurez feront encore de temps en temps des visites particulieres, quand bon leur semblera, dans lesdites boutiques & dans lesdits moulins, & feront saisir tout ce qu'ils y trouveront en contravention au present Reglement.

Et pour favoriser lesdits Jurez, & les engager à faire exactement leurs fonctions pour l'execution du present Reglement, Sa Majesté les a exemptez & exempte par ces Presentes, de la Collecte des Tailles & autres impositions, & de logement de Gens de Guerre pendant l'exercice de leur Jurande, qui ne pourra durer plus de deux années, à la charge qu'il ne pourra y avoir que quatre Jurez en Charge dans chacun lieu de fabrique. Dans les Villes de la Province où il y a des Fabriques establies, & dans lesquelles il y a au moins six Marchands faisant commerce des étoffes, il en sera nommé un tous les ans, ou deux s'il y a plus grand nombre de Marchands, pour assister, quand bon leur semblera, aux visites qui se feront par lesdits Jurez-Fabriquans dans le Bureau qui sera estabil à cet effet, tant des étoffes en toile, que des étoffes apprestées.

Les Fabriquans qui auront chez eux des étoffes faites ou commencées sur leurs mestiers lors de la publication du present Reglement, & les Marchands qui en seront chargez dans leurs magaſins, ſeront tenus de s'en défaire dans trois mois du jour de la publication du preſent Reglement.

Toutes les étoffes qui ſe trouveront aprés le premier jour du mois d'Avril de l'année prochaine 1699. chez les Marchands & chez les Fabriquans de ladite Province, non conformes au preſent Reglement, ſeront confiſquées & coupées de deux aulnes en deux aulnes, & diſtribuées aux Pauvres des lieux. Leſdits Reglemens generaux du mois d'Aouſt 1669. ſeront au ſurplus executez ſelon leur forme & teneur, en ce qui n'y eſt dérogé par le preſent Reglement, aux peines y portées en cas de contravention. Sera le preſent Reglement enregiſtré, lû & publié dans toutes les Villes & lieux de Fabrique & de commerce de ladite Province de Poitou, tant dans les Hoſtels de Ville & autres lieux où ſe tient la Juriſdiction des Manufactures, que dans tous les Bureaux des Communautez des Marchands & des Fabriquans de ladite Province, à ce que perſonne n'en puiſſe prétendre cauſe d'ignorance. Enjoint Sa Majeſté au Sieur Commiſſaire déparți pour l'execution de ſes ordres dans ladite Province de Poitou, de tenir la main à l'execution du preſent Reglement, & à tous Juges des Manufactures de ladite Province de s'y conformer dans les Jugemens qu'ils rendront ſur les conteſtations qui ſeront portées devant eux au ſujet de l'execution d'iceluy. FAIT au Conſeil d'Eſtat du Roy, Sa Majeſté y eſtant, tenu à Fontainebleau le quatriéme jour de Novembre mil ſix cens quatre-vingt-dix-huit.

Signé PHELYPEAUX.

§. XVI.

MANUFACTURES DE XAINTONGE.

ARREST portant Reglement pour les Eſtamines qui ſe fabriquent en Xaintonge.

Du 12. Aouſt 1719.

Extrait des Regiſtres du Conſeil d'Eſtat.

SUR ce qui a eſté repreſenté au Roy en ſon Conſeil, que les Fabriquans des Eſtamines de Xaintonge negligent de ſe conformer aux Reglemens generaux de 1669. aux termes deſquels ces Eſtamines doivent avoir demi-aulne de largeur au ſortir de l'appreſt, & que l'Inſpecteur des Manufactures dans ſa derniere viſite a trouvé toutes les Eſtamines qui eſtoient deſtinées pour la Foire de Bordeaux, étroites de trois & quatre travers de doigts moins de demi-aulne; en quoy ces Fabriquans eſperoient même d'eſtre authoriſez, prétendant que les Marchands de Bordeaux & autres qui font commerce de ces étoffes, les demandoient de deux travers de doigts moins de demi-aulne: Surquoy Sa Majeſté ayant fait conſulter les Marchands de la Ville de Bordeaux, de la Rochelle & autres qui font un commerce conſiderable de ces ſortes d'étoffes, tant pour l'interieur du Royaume que pour les Iſles, ils ont tous repreſenté la neceſſité qu'il y a de faire un Reglement ſur cette matiere, pour remedier à l'abus general qui s'eſt introduit ſur cela dans ladite Province; à quoy Sa Majeſté deſirant pourvoir pour l'avenir. Vû le Procès-verbal de l'Aſſemblée convoquée à Bordeaux le 6. Juillet de la preſente année par les Directeurs de la Chambre du commerce de Guyenne; les avis du Sieur de la Moignon de Courſon Conſeiller d'Eſtat, Intendant en

Guyenne, & du Sieur de Creil Intendant en la Generalité de la Rochelle, ensemble l'avis des Députez au Conseil de Commerce: Oüy le Rapport, LE ROY ESTANT EN SON CONSEIL, de l'avis de Monsieur le Duc d'Orleans Regent, a ordonné & ordonne qu'à commencer du jour de la publication du present Arrest, toutes les Estamines qui se fabriquent à Xaintes, Pons, Cognac, & autres lieux de la Province de Xaintonge, seront de demi-aulne de large au sortir de l'apprest; à l'effet de quoy tous les Fabriquans seront tenus d'ourdir les chaînes desdites étoffes à ladite largeur de demi-aulne, conformément aux Articles XXX. & XXXII. du Reglement de 1669. à peine contre les contrevenans de confiscation desdites Marchandises, & de Trois mille livres d'amende. Permet néanmoins Sa Majesté ausdits Fabriquans de vendre & débiter lesdites étoffes qui auront esté fabriquées jusqu'au jour de la publication du present Reglement, quoyqu'elles ne soient pas de la largeur fixée par le present Arrest; à l'effet de quoy l'Inspecteur des Manufactures audit Département se transportera incessamment dans les Manufactures de ladite Province, pour y faire une visite exacte de toutes lesdites étoffes, & les marquer d'un plomb de grace. Enjoint Sa Majesté audit Sieur de Creil, de tenir soigneusement la main à l'execution du present Arrest, lequel sera lû, publié & affiché par tout où besoin sera, à ce que personne n'en ignore. FAIT au Conseil d'Estat du Roy, Sa Majesté y estant, tenu à Paris le douziéme jour d'Aoust mil sept cens dix-neuf. *Signé* PHELYPEAUX.

LOUIS PAR LA GRACE DE DIEU ROY DE FRANCE ET DE NAVARRE: A nostre amé & feal Conseiller en nos Conseils, Maître des Requestes ordinaire de nostre Hôtel, le Sieur de Creil Intendant & Commissaire départi pour l'execution de nos ordres en la Generalité de la Rochelle, SALUT. Nous vous mandons & ordonnons par ces presentes signées de Nous, de proceder incessamment à l'execution de l'Arrest dont l'extrait est cy-attaché sous le Contre-scel de nostre Chancellerie, cejourd'huy donné en nostre Conseil d'Estat, Nous y estant, pour les causes y contenuës : Commandons au premier nostre Huissier ou Sergent sur ce requis, de signifier ledit Arrest à tous qu'il appartiendra, & de faire pour son entiere execution tous Commandemens & autres Actes & Exploits necessaires, sans autre permission ; CAR TEL EST NOSTRE PLAISIR. Donné à Paris le douziéme jour d'Aoust, l'an de grace mil sept cens dix-neuf, & de nostre Regne le quatriéme. *Signé* LOUIS. *Et plus bas*, Par le Roy, le Duc D'ORLEANS Regent present. *Signé* PHELYPEAUX. Et scellé.

---

§. XVII.

MANUFACTURES D'AUVERGNE ET ROÜERGUE.

ARREST portant Reglement pour les Cadis & Serges qui se fabriquent dans les Provinces d'Auvergne & de Roüergue.

Du 3. Octobre 1716.

Extrait des Registres du Conseil d'Estat.

VU par le Roy estant en son Conseil, l'Arrest rendu en iceluy le 20. Octobre 1708. portant Reglement pour la fabrique des Serges & Cadis du Gevaudan, & l'Arrest du Conseil du 19. Decembre 1713. portant Reglement pour la fabrique des Serges Imperiales ou Sempiternes qui se font audit Pays & en Languedoc : Et Sa Majesté estimant qu'il seroit necessaire de faire observer les mesmes Reglemens en Auvergne & en Roüergue, où il se fabrique des étoffes de pareille qualité, qui sont portées aux marchez de Chaudesaygues, de saint Vroise & de saint Ginieys. Oüy le Rapport, SA MAJESTÉ ESTANT EN SON CONSEIL, de l'avis de Monsieur le Duc d'Orleans Regent a ordonné & ordonne ce qui ensuit.

ARTICLE PREMIER.

QUE l'Arrest du Conseil du 28. Octobre 1708. portant Reglement pour la fabrique des Serges & Cadis du Gevaudan, & l'Arrest du 19. Decembre 1713. portant Reglement pour la fabrique des Serges Imperiales ou Sempiternes, seront executez pour la fabrique des étoffes de pareille qualité qui se font dans les Provinces d'Auvergne & de Roüergue : en consequence les Cadis d'Auvergne & du Roüergue seront de onze portées de quatre-vingt-seize fils chacune, & passées dans des peignes de deux pans & demi, pour avoir au retour du foulon deux pans mesure de Montpellier, revenant à un tiers & un douziéme d'aulne mesure de Paris.

II.

LES Serges Imperiales seront de dix-neuf portées de quatre-vingt-seize fils chacune, & passées dans des peignes ou rots de quatre pans moins un doigt, pour avoir en toile quatre pans moins deux doigts de large, & au retour du foulon trois pans & demi, mesure de Montpellier, qui reviennent à trois quarts d'aulne mesure de Paris.

III.

LESDITES Serges auront douze aulnes quatre pans de longueur en toile, pour revenir après qu'elles auront esté foulées à douze canes faisant vingt aulnes mesure de Paris. Pourront néanmoins les fabriquans pour leur commodité doubler ou tripler ladite longueur sur le mêtier, à la charge par eux de les marquer par des montres à chaque longueur de douze canes quatre pans, qu'ils seront obligez de couper avant de les exposer en vente ; faisant Sa Majesté deffenses de les mesurer autrement.

IV.

TOUTES lesdites étoffes seront faites de laine du pays ou d'Espagne, de pareille qualité.

V.

IL sera laissé à la teste de chaque piece de Serge ou Cadis

quatre doigts de chaîne ſans eſtre remplie de trame, à l'effet qu'on en puiſſe compter les fils & les portées.

VI.

AVANT que leſdites pieces ſoient portées au foulon, elles ſeront marquées avec du fil ou coton, du nom du lieu où elles auront eſté faites, en y ajoûtant *Auvergne* ou *Roüergue*, ſuivant la Province où le lieu de la fabrique ſe trouvera ſitué.

VII.

LES Tondeurs ſeront tenus, en pliant leſdites pieces, de laiſſer dehors le bout ſur lequel le lieu de la fabrique aura eſté mis, à peine de cent cinquante livres d'amende.

VIII.

FAIT Sa Majeſté deffenſes à tous fabriquans d'expoſer en vente leſdites Serges & Cadis d'une autre qualité que celle cy-deſſus, à peine de confiſcation des pieces & de deux cens livres d'amende, & aux foulons de les fouler, aux Teinturiers de les teindre, & aux Tondeurs de les appreſter lorſqu'elles ne ſeront pas conformes au preſent Reglement, à peine de cent livres d'amende. Enjoint Sa Majeſté aux Sieurs Intendans & Commiſſaires départis dans les Generalitez de Riom & de Montauban, de tenir la main à l'execution du preſent Arreſt, qui ſera lû, publié & affiché par tout où beſoin ſera, à ce que perſonne n'en ignore. FAIT au Conſeil d'Eſtat du Roy, Sa Majeſté y eſtant, Monſieur le Duc D'ORLEANS Regent preſent, tenu à Paris le troiſiéme jour d'Octobre mil ſept cens ſeize.

Signé PHELYPEAUX.

LOUIS PAR LA GRACE DE DIEU, ROY DE FRANCE ET DE NAVARRE: A nos amez & feaux les Sieurs Intendans & Commiſſaires départis pour l'execution de nos ordres dans les Generalitez de Riom & de Montauban, SALUT. Nous vous mandons & enjoignons par ces Preſentes ſignées de noſtre main, que ſuivant l'Arreſt dont l'Extrait eſt cy-attaché ſous le Contre-ſcel de noſtre Chancellerie, cejourd'huy donné en noſtre Conſeil d'Eſtat, Nous y eſtant, pour les cauſes y contenuës,

vous

vous ayez à vous employer chacun en droit ſoy, à l'execution d'iceluy ſelon ſa forme & teneur. Commandons au premier noſtre Huiſſier ou Sergent ſur ce requis, de ſignifier ledit Arreſt à tous qu'il appartiendra, & de faire pour ſon entiere execution tous Actes & Exploits neceſſaires, ſans pour ce demander autre permiſſion. Voulons que ledit Arreſt ſoit lû, publié & affiché par tout où beſoin ſera, à ce que perſonne n'en ignore, & qu'aux Copies d'iceluy & des preſentes, collationnées par l'un de nos amez & feaux Conſeillers-Secretaires, foy ſoit ajoûtée comme à l'Original; CAR TEL EST NOSTRE PLAISIR. Donné à Paris le troiſiéme jour d'Octobre, l'an de grace mil ſept cens ſeize, & de noſtre Regne le deuxiéme. *Signé* LOUIS. *Et plus bas* par le Roy, le Duc D'ORLEANS Regent preſent, *Signé* PHELYPEAUX.

ARREST portant Reglement pour la Fabrique des Burats ou Camelots d'Ambert.

Du 26. Decembre 1718.

Extrait des Regiſtres du Conſeil d'Eſtat.

LE ROY ayant eſté informé qu'il ſe fait aux environs d'Ambert en Auvergne des Burats ou Camelots qui ſont en uſage en Eſpagne & en Italie, pour la fabrique deſquels il n'y a point de regle certaine; Sa Majeſté deſirant y pourvoir par un Reglement, & conſerver cette fabrique utile au Pays par la conſommation qui s'en fait chez les Eſtrangers. Vû l'avis donné par le Sieur Boucher Commiſſaire départi en la Generalité d'Auvergne, après avoir entendu les principaux Negocians & Fabriquans du pays : Oüy le Rapport, SA MAJESTÉ ESTANT EN SON CONSEIL, de l'avis de Monſieur le Duc d'Orleans Regent, a ordonné & ordonne que les Burats & Camelots qui ſe fabriquent à Ambert & Paroiſſes des environs dans la Province d'Auvergne, feront fabriquez ; Sçavoir, les Burats ou Camelots ordinaires fur quinze à feize portées, & auront après leur dernier appreft demi-aulne de large & vingt aulnes de long, égales en bonté de la tefte à la queuë : Et les Burats ou Camelots fins vingt-deux à vingt-trois portées, & demi aulne un feize de large fur vingt aulnes de long, & feront auffi égales en bonté de la tefte à la queüe, le tout à peine de confifcation & de Cent livres d'amende. Ordonne Sa Majefté, que les Fabriquans feront tenus de mettre leur nom en fil fur chaque piece d'étoffe qu'ils fabriqueront, ce qu'ils feront auffi tenus de faire à peine d'amende. Ordonne en outre Sa Majefté, qu'après que lefdits Burats ou Camelots auront paffé fous la Calendre, & avant le dernier appreft, à la diligence des acheteurs ils feront vifitez & marquez de deux plombs, l'un en tefte & l'autre en queüe : Que fur celuy qui fera en tefte, les mots de *Burats fins* ou *ordinaires* feront mis pour déterminer la qualité de la piece ; & fur celuy qui fera mis à la queüe, il fera mis les mots de *Fabrique d'Ambert* avec trois fleurs de lys : Et que pour les frais de la marque & vifite il fera payé par lefdits acheteurs & Marchands un fol pour piece, dont moitié pour le compte du Fabriquant. A l'effet de quoy permet aufdits Marchands & acheteurs de la Ville d'Ambert ou autres, de retenir lors de l'achapt fur les pieces qui leur feront venduës en toile par les Fabriquans, fix deniers pour piece pour la moitié que lefdits Fabriquans doivent contribuer à ladite Marque. Ordonne Sa Majefté, que fur le fonds qui proviendra dudit fol pour piece, qui fera payé par moitié entre le Marchand & le Fabriquant, l'Infpecteur des Manufactures de Clermont fera payé de Deux cens livres, au lieu de ce qu'il avoit couftume de recevoir, tant fur la Ville d'Ambert que fur les Parroiffes des environs, & qui compofent le Bureau d'Ambert. Ordonne que le furplus du fonds qui proviendra dudit fol pour piece, au-delà des Deux cens livres, fera employé tant aux frais de la Regie, de la Vifite, Marque, Plombs & autres, qu'aux autres frais & befoins dudit Bureau. Ordonne Sa Majefté, que ladite vifite fera faite, & les plombs & marques appofez par les Gardes & Jurez, ou la perſonne qui ſera prépoſée par eux à cet effet. Enjoint à l'Inſpecteur des Manufactures du Département, de faire de frequentes viſites audit lieu pour tenir ſoigneuſement la main à l'execution du preſent Reglement: Permet néantmoins Sa Majeſté auſdits Fabriquans & Marchands d'Ambert & des environs, lorſqu'ils en ſeront requis, de fabriquer & vendre, ſans tirer à conſequence & ſuivant l'uſage, des Burats ou Camelots deſtinez pour ornemens d'Egliſe ſur quatorze portées; & auront auſſi après le dernier appreſt cinq douziémes d'aulne ſur trente aulnes de long, auſſi égales de la teſte à la queüe: leſquelles étoffes ſeront auſſi viſitées & marquées d'une troiſiéme marque, & differente des autres Burats ou Camelots ordinaires ou fins, pour leſquels les Marchands payeront auſſi un ſol pour piece, & retiendront au Fabriquant lors de l'achat, ſix deniers pour ſa part de la contribution à ladite marque. Enjoint Sa Majeſté au Sr Intendant & Commiſſaire départi pour l'execution de ſes ordres dans la Generalité d'Auvergne, de tenir la main à l'execution du preſent Reglement, qui ſera publié & affiché par tout où beſoin ſera, & ſur lequel ſeront toutes Lettres neceſſaires expediées. FAIT au Conſeil d'Eſtat du Roy, Sa Majeſté y eſtant, tenu à Paris le vingt-ſixiéme jour de Decembre mil ſept cens dix-huit.

Signé PHELYPEAUX.

LOUIS PAR LA GRACE DE DIEU, ROY DE FRANCE ET DE NAVARRE: A noſtre amé & feal Conſeiller en nos Conſeils le Sieur Boucher Preſident en noſtre Cour des Aydes de Paris, & Commiſſaire départi pour l'execution de nos ordres dans la Generalité d'Auvergne, SALUT. Nous vous mandons & ordonnons par ces Preſentes ſignées de Nous, de tenir la main à l'execution de l'Arreſt cy-attaché ſous le Contreſcel de noſtre Chancellerie, cejourd'huy donné en noſtre Conſeil d'Eſtat, Nous y eſtant, pour les cauſes y contenuës. Commandons au premier noſtre Huiſſier ou Sergent ſur ce requis, de ſignifier ledit Arreſt à tous qu'il appartiendra, à ce que perſonne n'en ignore, & de faire pour ſon entiere execution tous Actes & Exploits neceſſaires ſans autre permiſſion; CAR TEL EST NOSTRE PLAISIR. Donné à Paris le vingt-ſixiéme jour de Decembre, l'an de grace mil ſept cens dix-huit, & de noſtre Regne le quatriéme. *Signé* LOUIS. *Et plus bas*, Par le Roy, le Duc D'ORLEANS Regent preſent.

Signé PHELYPEAUX.

ORDONNANCE de Mr Brunet d'Evry Intendant en Auvergne, concernant les Serges & Cadis qui ſe fabriquent dans cette Province.

Du 26. May 1723.

VÛ la Requeſte preſentée par le Sieur Fontfreyde Inſpecteur general des Manufactures d'Auvergne, Limouſin & Xaintonge, les Arreſts du Conſeil d'Eſtat du Roy, des 3. Octobre 1716. & 31. Octobre 1718. la déciſion du Conſeil faite en conſequence de ſes remonſtrances.

NOUS Intendant ſuſdit, Ordonnons que leſdits Arreſts ſeront executez ſuivant leur forme & teneur, ce faiſant, que tous Fabriquans à Serges & Cadis des lieux aux environs de Saint-Flour, Chaudeſaigues, & notamment ceux de S.t Urciſe, ſeront tenus.

ARTICLE PREMIER.

DE fabriquer à l'avenir leſdites Serges & Cadis, ſur onze portées ou liens, compoſez de quatre-vingt-ſeize fils chacun, & paſſez dans des peignes de deux pans & demi, pour avoir au retour du foulon deux pans meſure de Montpellier.

II.

DE laiſſer à la tête de chaque piece quatre doigts de chaîne ſans eſtre remplie de trame, pour qu'on puiſſe compter les fils & les portées.

III.

De changer dans quinzaine leurs Lames, Rots & Mêtiers, & de les remettre à la largeur & grandeur requise, pour qu'ils puissent fabriquer lesdites Serges & Cadis à ladite largeur de deux pans & demi en toile.

Faisons deffenses à tous Particuliers, Marchands & Fabriquans d'exposer en vente après le délay d'un mois, à compter du jour de la publication de la presente Ordonnance, desdits Cadis & Serges d'une autre qualité que celle de la largeur cy-dessus prescrite, à peine contre les contrevenans de deux cens livres d'amende, & de confiscation des pieces; Et aux foulons de les fouler, aux Teinturiers de les teindre, & aux Tondeurs de les apprester, lorsqu'elles ne se trouveront pas conformes au present Reglement, à peine de cent livres d'amende. Enjoignons à nos Subdeleguez, & à tous Juges Royaux & Subalternes de nostre Département, de tenir la main à l'execution de la presente Ordonnance, qui sera lûë, publiée & affichée par tout où besoin sera. Fait à Clermont ce vingt-sixiéme May mil sept cens vingt-trois. *Signé* Brunet d'Evry. *Et plus bas*, Par Monseigneur, Pintart.

ORDONNANCE de Mr Bidé de la Grandville Intendant en Auvergne, concernant les Fabriques d'Ambert & lieux circonvoisins.

Du premier Fevrier 1724.

Sur ce qui Nous a esté representé que malgré tous les soins qu'on s'est donné jusqu'à present pour obliger les Fabriquans des Manufactures d'Ambert & lieux circonvoisins, à fabriquer leurs étoffes sur les largeurs, longueurs & qualitez prescrites par les Reglemens il n'a pas esté possible d'y parvenir; ce qui porte à ce Commerce un prejudice considerable, & pourroit causer dans les suites la perte entiere de ces Manufactures s'il n'y estoit incessamment pourvû : Nous avons crû qu'il estoit de nostre devoir, de donner avis au Conseil de ces abus, & de luy proposer les moyens d'y remedier; lesquels ayant esté agréez, Nous nous sommes déterminez, après avoir vû & examiné les Reglemens de 1669. ensemble l'Arrest du Conseil du 26. Decembre 1718. d'ordonner ce qui suit, Sçavoir.

ARTICLE PREMIER.

QU'A l'avenir les Fabriquans de la Ville d'Ambert & lieux circonvoisins, seront tenus de fabriquer les Camelots ou Burats fins & ordinaires, sur les portées, longueurs, largeurs & qualitez prescrites par ledit Arrest du 26. Decembre 1718 & de porter au Bureau indiqué à la Ville d'Ambert & au Bourg de Cunllat leurs pieces d'étoffes au sortir du Mêtier, & avant d'y estre exposées en vente ou portées à la teinture & apprest, à l'effet d'estre visitées & marquées pour une premiere fois par les Commis préposez, au cas qu'elles soient conformes audit Reglement: & si lesdits Commis y trouvent de la défectuosité, ils les feront saisir, afin que la confiscation en soit ordonnée.

II.

QUE la premiere marque sera empreinte sur chaque piece, d'une encre composée de Noir de fumée, Terebenthine & Huile de noix, pour laquelle il sera payé trois deniers, & le produit employé aux frais des Bureaux & appointemens des Commis.

III.

QUE les Teinturiers & Appresteurs d'étoffes de la Ville d'Ambert seront pareillement tenus de porter au Bureau y establi, les pieces d'étoffes au sortir de leur dernier apprest, pour estre visitées & marquées une seconde fois d'un plomb, pour laquelle marque il sera payé au Commis establi neuf deniers par chacune piece: Et attendu qu'il y a plusieurs Fabriquans qui fabriquent des Camelots de laine teinte, ausquels il donnent eux-mesmes l'apprest sous des presses, au lieu de les faire passer sous la calendre, & que par ce moyen ils les pourroient vendre sans les faire visiter & marquer ; ordonnons qu'ils seront tenus de les porter au Bureau eſtabli en ladite Ville d'Ambert, pour y eſtre viſitées & marquées dudit plomb, pour laquelle marque il ſera payé un ſol par piece, pourvû toutesfois qu'elles n'ayent pas payé le droit de la premiere, auquel cas elles ne payeront que neuf deniers ainſi que des precedentes: ſur leſquels produits l'Inſpecteur des Manufactures ſera payé à l'avenir par les Maîtres-Gardes Jurez des Marchands & Fabriquans de la Ville d'Ambert, de deux cens ſoixante livres pour ce qui luy doit revenir de ſes appointemens, conformément à nos precedentes Ordonnances de reparation du Bourg de Cunllat, des Villes d'Altant, Viverolis & Ambert.

I V.

Que les Commis prépoſez tiendront chacun un Regiſtre fidelle, dans lequel ils enregiſtreront jour par jour le nombre de pieces d'étoffes que chaque Fabriquant fera viſiter & marquer de la marque premiere; & que celuy d'Ambert tiendra de plus un ſecond Regiſtre, dans lequel il enregiſtrera pareillement le nombre de celles qu'il viſitera & marquera au ſortir de la teinture & appreſt: leſquels Regiſtres ſeront paraphez par les Sieurs Dumas, & Duranton Dufraiſſe nos Subdeleguez, que Nous commettons à cet effet.

V.

Faisons deffenſes auſdits Fabriquans d'employer dans la fabrique de leurs étoffes aucune laine de Pelade, beſte morte, & autre de mauvaiſe qualité, ni de les rouler à l'avenir, mais de les plier ſeulement en long: Leur deffendons pareillement de tenir en leurs maiſons, boutiques & magaſins aucuns outils propres à rouler leurs étoffes, de les expoſer en vente, & aux Marchands de les acheter en toile, meſme aux Teinturiers de les recevoir à leur teinture & appreſt, qu'au préalable elles n'ayent eſté marquées de la marque premiere.

V I.

Faisons en outre deffenſes auſdits Fabriquans, Marchands, Commiſſionnaires & autres de cette Generalité, de les recevoir après leur dernier appreſt en leurs maiſons, boutiques & magaſins,

& meſme de les faire ſortir deſdites Manufactures, ſoit en toile & appreſtées, ſans qu'elles ayent eſté marquées dudit plomb, & ce à peine contre les uns & les autres des contrevenans, de confiſcation deſdites étoffes, de deux cens livres d'amende, & de plus grande peine s'il y échoit. Et afin que noſtre preſente Ordonnance ait ſon entiere execution, & pour oſter tout pretexte d'excuſe auſdits Marchands & Fabriquans, leur permettons de vendre & debiter celles qu'ils ont preſentement de défectueuſes ſeulement en largeur, au-deſſus d'un pouce; à l'effet de quoy il ſera appliqué ſur chacune deſdites pieces une marque particuliere, telle qu'elle eſt empreinte cy-à-coſté, & ce en preſence de l'un deſdits Sieurs Dumas & Duranton Dufraiſſe nos Subdeleguez, & du Sieur Fontfreyde Inſpecteur des Manufactures en cette Province, pour enſuite ladite marque eſtre rapportée en noſtre Hoſtel, & briſée en noſtre preſence. Enjoignons auſdits Sieurs Dumas & Duranton Dufraiſſe nos Subdeleguez, meſme audit Sieur de Fontfreyde, de tenir la main chacun en droit ſoy à l'execution de noſtre preſente Ordonnance, qui ſera executée nonobſtant oppoſitions ou appellations quelconques, lûë, publiée & affichée par tout où beſoin ſera dans l'eſtenduë de noſtre Generalité. FAIT à Clermont, ce premier Fevrier mil ſept cens vingt-quatre. *Signé* BIDÉ DE LA GRANDVILLE. *Et plus bas* par Monſeigneur, ANGRAVE.

§. XVIII.

§. XVIII.

MANUFACTURES DE LYON.

ARREST portant Reglement sur les Peluches qui se fabriquent à Lyon.

Du 16. Janvier 1717.

Extrait des Registres du Conseil d'Estat.

LE ROY ayant esté informé que la Manufacture des Peluches qui se fabriquent dans la Ville de Lyon, est considerablement diminuée à cause des abus qui s'y sont introduits par le deffaut de Reglemens qui ayent prescrit les longueur & largeur desdites étoffes; à quoy estant necessaire de pourvoir pour en restablir le Commerce. Oüy le Rapport, SA MAJESTÉ ESTANT EN SON CONSEIL, de l'avis de Monsieur le Duc d'Orleans Regent, a ordonné & ordonne ce qui ensuit.

ARTICLE PREMIER.

LES Peluches qui se fabriqueront à l'avenir dans la Ville de Lyon, composées de laine & poil de chevre, auront au moins une demi-aulne moins un douziéme, ou cinq douziémes de largeur au sortir du mêtier, avant que d'estre portées à la Teinture.

II.

LA Chaîne de laine faisant le corps de l'étoffe, sera composée au moins de trente à trente-deux portées de vingt-quatre fils chacune, & de douze fils par demi-portée ; & lesdits fils seront doubles & deux fois retords.

III.

LA Chaîne de poil qui fait le velouté de l'étoffe, sera

composée au moins de quinze à seize portées de pur poil, ou fil de chevre sans meslange, chaque portée de vingt-quatre fils retords, & chaque demi-portée de douze fils, sans y comprendre les lizieres qui seront aussi garnies d'un nombre suffisant de fils.

I V.

LESDITES pieces de Peluches estant déboüillies & teintes avec le dernier apprest, auront au moins un quartier & demi & un pouce franc de largeur entre les deux lizieres, & vingt-quatre aulnes de longueur.

V.

PERMET Sa Majesté de fabriquer aussi dans ladite Ville de Lyon des peluches, dont la chaîne sera de fil, & la trame de poil ou fil de chevre.

V I.

LA Plie de fil pour les Peluches comprises dans le precedent Article, sera au moins de vingt portées & demie, dont chacune sera composée de vingt fils retords, & lesdites Peluches auront au moins trois huitiémes d'aulne de largeur entre les lizieres au sortir du mêtier, & vingt-huit aulnes de longueur.

V I I.

POUR empêcher qu'il ne se puisse commettre aucun abus dans la fabrique desdites deux differentes especes de Peluches, Veut & ordonne Sa Majesté que celles composées de poil de chevre & laine, ne pourront estre fabriquées que par les Veloutiers ou faiseurs de Velours, & celles composées de poil de chevre & de fil par les seuls Futainiers.

V I I I.

LES Fabriquans seront tenus de mettre leur nom & surnom au chef ou premier bout de la piece sur le mêtier, & de representer aux Maistres & Gardes de leurs Corps les Pieces qu'ils auront fait fabriquer, aussi-tost qu'elles auront esté levées de dessus le mêtier, pour estre par eux visitées & marquées d'un plomb, supposé qu'elles soient fabriquées en conformité du present Reglement; & ledit plomb, dont la matrice sera remise ès mains du Secretaire de l'Hostel de Ville de Lyon, portera l'empreinte de ladite Ville.

I X.

LES Peluches qui seront à l'avenir fabriquées en contravention au present Reglement, seront confisquées avec condamnation de cinquante livres d'amende : Permet néantmoins Sa Majesté aux Fabriquans qui auront chez eux des pieces achevées ou commencées sur le mêtier, lors de la publication dudit Reglement, & aux Marchands qui en seront chargez dans leurs Boutiques & Magasins, de s'en deffaire dans six mois, après qu'elles auront esté de nouveau marquées par les Maistres & Gardes de ladite Ville, d'un plomb d'une nouvelle empreinte, qui sera pour cet effet choisie par le Sieur Prevost des Marchands de ladite Ville, & sera rompuë & brisée en sa presence lorsque ledit terme sera expiré; après lequel les Fabriquans & Marchands ne pourront, sous les mesmes peines, avoir dans leurs Boutiques & Magasins, ni vendre aucune piece qui n'ait les longueur & largeur cy-devant prescrites.

X.

ORDONNE pareillement Sa Majesté, que pour la teinture desdites Peluches, les Reglemens generaux de 1669. seront exactement observez sous les peines y contenuës. Enjoint Sa Majesté au Sieur Intendant & aux Sieurs Prevost des Marchands & E'chevins de la Ville de Lyon, de tenir la main à l'execution du present Reglement, qui sera lû, publié & affiché par tout où besoin sera, à ce que personne n'en ignore, & sur lequel toutes Lettres necessaires seront expediées. FAIT au Conseil d'Estat du Roy, Sa Majesté y estant, Monsieur le Duc d'Orleans Regent present, tenu à Paris le seiziéme jour de Janvier mil sept cens dix-sept. *Signé* PHELYPEAUX.

LOUIS, PAR LA GRACE DE DIEU, ROY DE FRANCE ET DE NAVARRE: A nos amez & feaux Conseillers les Gens tenans nostre Cour de Parlement à Paris,

SALUT. Nous aurions esté informez que la Manufacture des Peluches qui se fabriquent dans la Ville de Lyon, estoit considerablement diminuée à cause des abus qui s'y estoient introduits par le deffaut de Reglemens qui ayent prescrit les longueur & largeur desdites étoffes; à quoy Nous avons pourvû par l'Arrest cy-attaché sous le Contre-scel de nostre Chancellerie, cejourd'huy donné en nostre Conseil d'Estat, Nous y estant, & pour l'execution duquel Nous avons ordonné que toutes Lettres necessaires seroient expediées. A CES CAUSES, de l'avis de nostre très-cher & très-amé Oncle le Duc d'Orleans Regent, de nostre très-cher & très-amé Cousin le Duc de Bourbon, de nostre très-cher & très-amé Oncle le Duc du Maine, de nostre très-cher & très-amé Oncle le Comte de Toulouse, & autres Pairs de France, grands & notables Personnages de nostre Royaume, & de nostre certaine science, pleine puissance & autorité Royale, Nous avons par ces Presentes signées de nostre main, dit & ordonné, disons & ordonnons, Voulons & Nous plaist ce qui ensuit.

ARTICLE PREMIER.

QUE les Peluches qui se fabriqueront à l'avenir dans la Ville de Lyon, composées de laine & de Poil de chevre, auront au moins une demi-aulne moins un douziéme, ou cinq douziémes de largeur au sortir du mestier, avant que d'estre portées à la teinture.

II.

QUE la chaisne de laine faisant le corps de l'étoffe, sera composée au moins de trente à trente-deux portées de vingt-quatre fils chacune, & de douze fils par demi-portée; & lesdits fils seront doubles & deux fois retords.

III.

QUE la chaisne de poil qui fait le velouté de l'étoffe, sera composée au moins de quinze à seize portées de pur poil ou fil de chevre sans meslange, chaque portée de vingt-quatre fils retords, & chaque demi-portée de douze fils, sans y comprendre les lizieres, qui seront aussi garnies d'un nombre suffisant de fils.

I V.

Que lesdites pieces de Peluches estant déboüillies & teintes avec le dernier apprest, auront au moins un quartier & demi & un pouce franc de largeur entre les deux lizieres, & vingt-quatre aulnes de longueur.

V.

Permettons de fabriquer aussi dans ladite Ville de Lyon des Peluches dont la chaisne sera de fil, & la trame de poil ou fil de chevre.

V I.

Que la Plie de fil pour les Peluches comprises dans le précedent article, sera au moins de vingt portées & demie, dont chacune sera composée de vingt fils retords; Et lesdites Peluches auront au moins trois huitiémes d'aulne de largeur entre les lizieres au sortir du mestier, & vingt-huit aulnes de longueur.

V I I.

Et afin qu'il ne se puisse commettre aucun abus dans la fabrique desdites deux differentes especes de Peluches, voulons que celles composées de poil de chevre & laine ne puissent estre fabriquées que par les Veloutiers ou Faiseurs de Velours; & celles composées de poil de chevre & de fil, par les seuls Futainiers.

V I I I.

Voulons aussi que les Fabriquans soient tenus de mettre leur nom & surnom au chef & premier bout de la piece sur le mestier, & de representer aux Maistres & Gardes de leur Corps les pieces qu'ils auront fait fabriquer, aussi-tost qu'elles auront esté levées de dessus le mestier, pour estre par eux visitées & marquées d'un plomb, supposé qu'elles soient fabriquées en conformité des Presentes: Et ledit plomb, dont la matrice sera remise ès mains du Secretaire de l'Hostel de Ville de Lyon, portera l'empreinte de ladite Ville.

I X.

Que les Peluches qui seront à l'avenir fabriquées en contravention aux Presentes, soient confisquées avec condamnation de cinquante livres d'amende. Permettons néantmoins aux

Fabriquans qui auront chez eux des pieces achevées ou commencées sur le mestier lors de la publication des Presentes, & aux Marchands qui en seront chargez dans leurs boutiques & magasins, de s'en deffaire dans six mois, après qu'elles auront esté de nouveau marquées par les Maistres & Gardes de ladite Ville, d'un plomb d'une nouvelle empreinte qui sera pour cet effet choisie par le Sr Prevost des Marchands de ladite Ville, & sera rompuë & brisée en sa presence lorsque ledit terme sera expiré; après lequel les Fabriquans & Marchands ne pourront, sous les mesmes peines, avoir dans leurs boutiques & magasins, ni vendre aucune piece qui n'ait les longueur & largeur cy-devant prescrites.

X.

VOULONS pareillement que pour la teinture desdites Peluches, les Reglemens generaux de 1669. soient exactement observez sous les peines y contenuës. SI VOUS MANDONS que ces Presentes vous ayez à faire lire, publier & registrer, & le contenu en icelles garder & observer selon leur forme & teneur. Voulons qu'aux copies desdites Presentes, collationnées par l'un de nos amez & feaux Conseillers Secretaires foy soit ajoûtée comme à l'original; CAR TEL EST NOSTRE PLAISIR. Donné à Paris le seiziéme jour de Janvier, l'an de grace mil sept cens dix-sept, & de nostre Regne le deuxiéme. *Signé* LOUIS. *Et plus bas*, par le Roy, le Duc D'ORLEANS Regent present, PHELYPEAUX. Et scellé du grand Sceau de cire jaune.

Registrées, Oüy & ce requerant le Procureur General du Roy, pour estre executées selon leur forme & teneur; Et copies collationnées envoyées au Siege Presidial de Lyon, pour y estre lûës, publiées & registrées: Enjoint aux Substituts du Procureur General du Roy d'y tenir la main, & d'en certifier la Cour dans un mois, suivant l'Arrest de ce jour. A Paris en Parlement, le vingt-cinquiéme jour de Fevrier mil sept cens dix-sept.

Signé DONGOIS.

§. XIX.

MANUFACTURES REPANDUËS EN LANGUEDOC, & dans les Generalitez de Riom, d'Ausch, de Montauban & Bordeaux, & en Roussillon.

ARREST concernant la Fabrique des Razes, Cadis, Cordelats, Burats & Estamines qui se font dans la Generalité de Montauban, Pays de Foix, Nebousan, & quatre Vallées d'Aure.

Du 25. Septembre 1677.

Extrait des Registres du Conseil d'Estat.

SUR ce qui a esté representé au Roy en son Conseil par les Marchands, Ouvriers & Manufacturiers de la Generalité de Montauban, Pays de Foix, Nebousan & Quatre-Vallées d'Aure, Nestes, Barousse & Magnoac, que le principal Commerce qui se fait dans ladite Generalité, Pays & Vallées, consiste au débit des étoffes appellées Rases, Cadis, Cordelats, Burats & Estamines, qui sont de laines grossieres & à vil prix, lesquelles on porte vendre en Espagne & en Portugal, & même aux Indes Occidentales, où le bon marché que l'on en fait les fait débiter préferablement à celles qui y viennent d'Angleterre & de Hollande, quoyque beaucoup meilleures. Et comme ce Commerce fait non-seulement subsister la plus grande partie des Villes & Bourgs de ladite Generalité, Pays & Vallées, mais facilite encore la consommation des laines du Pays, lesquelles estant grossieres & de mechante qualité, ne pourroient pas se debiter au dehors, il est important de chercher les moyens de l'entretenir, & de l'establir solidement; ce qui ne peut réüssir sans faire ceſſer le trouble qui eſt donné auſdits Marchands & Ouvriers, par les Commis du Sieur le Poupet prépoſé pour l'execution des Reglemens faits au ſujet des Manufactures, leſquels veulent les obliger de donner auſdites Raſes, Cadis, Cordelats, Burats & Eſtamines les largeur, longueur & teinture portées par leſdits Reglemens contre l'intention de Sa Majeſté, qui n'a pas entendu y comprendre les étoffes de cette nature, comme Elle l'a declaré par les Arreſts des 15. Juillet & 14. Octobre 1673. donnez en faveur des Habitans des Pays de Gevaudan, Velay & Sevennes, & des Marchands de la Ville d'Alby, auſquels Elle a permis de faire des étoffes legeres de la qualité de celles dont il s'agit, en leur donnant la largeur & teinture par eux accoûtumées : à quoy eſtant neceſſaire de pourvoir. Vû leſdits Arreſts, & oüy le Rapport du Sieur Colbert Conſeiller ordinaire au Conſeil Royal, Controlleur general des Finances, SA MAJESTÉ EN SON CONSEIL, a permis & permet auſdits Marchands, Ouvriers & Manufacturiers de ladite Generalité de Montauban, Pays de Foix, Nebouſan & Quatre-Vallées d'Aure, Neſtes, Barrouſſe & Magnoac, de continuer la facture & le débit des Raſes, Cadis, Cordelats, Burats & Eſtamines, en leur donnant la largeur de deux pans un tiers meſure du Pays, & telle longueur qu'ils voudront, & les teignant au petit ou grand teint, ſuivant l'appreſt qu'ils ont accoûtumé de leur donner, & conformément à l'ancien uſage, nonobſtant les Articles XX. XXI. XXX. & XXXVI. des Reglemens & Statuts de l'année 1669. donnez ſur le fait des Manufactures, & autres à ce contraires, auſquels Sa Majeſté a dérogé & déroge en ce regard ſeulement; à la charge par leſdits Marchands, Ouvriers & Manufacturiers, d'executer leſdits Reglemens pour les étoffes de plus grande valeur, & en tous les autres cas ſelon leur forme & teneur, ſous les peines y portées. FAIT au Conſeil d'Eſtat du Roy, tenu à Paris le vingt-cinquiéme jour du mois de Septembre mil ſix cens ſoixante-dix-ſept. Collationné. *Signé* RANCHIN.

LOUIS

LOUIS PAR LA GRACE DE DIEU, ROY DE FRANCE ET DE NAVARRE : Au premier des Huissiers de nos Conseils, ou autre nostre Huissier ou Sergent sur ce requis. Nous te mandons & commandons que l'Arrest dont l'Extrait est cy-attaché sous le Contre-scel de nostre Chancellerie, cejourd'huy donné en nostre Conseil d'Estat, sur la remonstrance des Marchands, Ouvriers & Manufacturiers de la Generalité de Montauban, Pays de Foix, Nebousan & Quatre-Vallées d'Aure, Nestes, Barrousse & Magnoac, tu signifies à tous qu'il appartiendra, à ce qu'ils n'en pretendent cause d'ignorance : Et fais pour l'entiere execution dudit Arrest tous Commandemens, Sommations & autres Actes & Exploits necessaires, sans autre permission, nonobstant les Articles XX. XXI. XXX. & XXXVI. des Reglemens & Statuts de l'année 1669. y mentionnez, & autres à ce contraires, ausquels Nous dérogeons pour ce regard seulement; CAR TEL EST NOSTRE PLAISIR. Donné à Paris le vingt-cinquiéme jour de Septembre, l'an de grace mil six cens soixante-dix-sept, & de nostre Regne le trente-cinquiéme. *Signé* LOUIS. *Et plus bas,* Par le Roy en son Conseil. *Signé* RANCHIN.

ARREST portant Reglement sur la fabrique des Cadis, appellez de Mande, *qui se font dans les Provinces d'Auvergne & de Roüergue.*

Du 31. Octobre 1718.

Extrait des Registres du Conseil d'Estat.

SUR ce qui a esté representé au Roy, estant en son Conseil, par le Syndic general de la Province de Languedoc, que par l'Arrest du 3. Octobre 1716. portant Reglement pour les Cadis & Serges qui se fabriquent dans les Provinces d'Auvergne & Roüergue; Sa Majesté a eû intention que les Fabriquans desdites Provinces se conformassent au Reglement du 20. Octobre 1708. pour les Serges & Cadis du Gevaudan, & à celuy du 19. Decembre 1713. pour les Serges Imperiales ou Sempiternes: mais que sous prétexte que ledit Arrest du 3. Octobre 1716. ne fait pas une mention expresse des Cadis appellez de *Mande*, on fabrique journellement dans lesdites Provinces des Cadis de cette espece, sans y mettre le nombre de fils porté par le susdit Arrest du 20. Octobre 1708. ce qui cause un préjudice considerable aux Fabriques du Gevaudan. Vû lesdits Arrests des 20. Octobre 1708. 19. Decembre 1713. & 3. Octobre 1716. Oüy le Rapport. LE ROY ESTANT EN SON CONSEIL, de l'avis de Monsieur le Duc d'Orleans Regent, a ordonné & ordonne que conformément audit Arrest du 20. Octobre 1708. la chaîne des Cadis appellez de *Mande*, qui seront fabriquez dans lesdites Provinces d'Auvergne & de Roüergue, sera composée de neuf portées & demie de quatre-vingt-seize fils chacune, & passée dans des Peignes ou Rots de deux pans un quart, pour avoir au retour du foulon deux pans mesure de Montpellier, revenant à un tiers & un douziéme d'aulne mesure de Paris, à peine de confiscation desdites étoffes, & de Deux cens livres d'amende. Ordonne au surplus Sa Majesté, que les Serges & Cadis, autres que ceux appellez de *Mande*, & mentionnez dans l'Article premier de l'Arrest du 3 Octobre 1716. seront de onze portées de quatre vingt-seize fils chacune, sous les peines portées par ledit Arrest, qui sera executé selon sa forme & teneur; comme aussi celuy du 20. Octobre 1708. Et Enjoint Sa Majesté aux Sieurs Intendans des Provinces de Languedoc, Montauban & Auvergne, d'y tenir la main. FAIT au Conseil d'Estat du Roy, Sa Majesté y estant, tenu à Paris le trente-uniéme jour d'Octobre mil sept cens dix-huit.

Signé PHELYPEAUX.

LOUIS PAR LA GRACE DE DIEU, ROY DE FRANCE ET DE NAVARRE: A nos amez & feaux les Sieurs Intendans & Commissaires départis pour l'execution de nos ordres dans les Provinces de Languedoc, Montauban & Auvergne, SALUT. Nous vous mandons & enjoignons par ces presentes signées de nostre main, que suivant l'Arrest cy-attaché sous le Contre-scel de nostre Chancellerie, cejourd'huy donné en nostre Conseil d'Estat, Nous y estant, pour les causes y contenuës, vous ayez à vous employer, chacun en droit soy, à l'execution d'iceluy selon sa forme & teneur : Commandons au premier nostre Huissier ou Sergent sur ce requis, de signifier ledit Arrest à tous qu'il appartiendra, & de faire pour son entiere execution tous Actes & Exploits necessaires, sans pour ce demander autre permission; CAR TEL EST NOSTRE PLAISIR. Donné à Paris le trente-uniéme jour d'Octobre, l'an de grace mil sept cens dix-huit, & de nostre Regne le quatriéme. *Signé* LOUIS. *Et plus bas* par le Roy, le Duc D'ORLEANS Regent present, *Signé* PHELYPEAUX. Et scellé.

ARREST portant Reglement pour la fabrique des Etoffes en usage dans les quatre Vallées d'Aure, & lieux circonvoisins près les Pyrenées.

Du 13. Janvier 1721.

Extrait des Registres du Conseil d'Estat.

LE ROY ayant esté informé qu'il se fabrique dans les quatre Vallées d'Aure, Nestes, Barousse & Magnoac, Nebousan, Saint Gaudens & Valentine, & dans les autres endroits circonvoisins dépendant des Intendances de Languedoc & Guyenne, differentes sortes de Cadis, Rases, Burats, Fleurets ou Cordelats, à la fabrique desquels il n'a esté suffisamment pourvû par aucun Reglement; Et qu'encore qu'aucunes desdites étoffes soient assez grossieres, il s'en fait néantmoins un débit considerable en Espagne & autres Pays estrangers: A quoy voulant pourvoir, après avoir entendu, tant les Directeurs de la Chambre de Commerce de Toulouſe, que les Inſpecteurs de Manufactures eſtablis dans les Generalitez de Toulouſe & Auſch, enſemble les Sieurs de Bernage Conſeiller d'Eſtat, & de Leſſeville Maiſtre des Requeſtes, Intendans deſdites Generalitez; Oüy le Rapport. LE ROY ESTANT EN SON CONSEIL, de l'avis de Monſieur le Duc d'Orleans Regent, a Ordonné & ordonne ce qui ſuit.

ARTICLE PREMIER.

Cadis eſtroits ſimples.

LA chaîne des Cadis ordinaires ſera de trente-une portées, à vingt-huit fils chaque portée, dont huit fils pour les deux cordons ou liſieres, faiſant huit cens ſoixante-huit fils, & ſeront travaillez ſur des peignes ou rots de deux pans trois quarts de large, pour revenir après le foulon à deux pans un tiers, & auront de longueur quarante-deux cannes la piece, & vingt-une cannes la demi-piece.

II.

Cadis larges & ſimples.

LA chaîne des Cadis larges ſera de trente-huit portées, à vingt-huit fils chaque portée, compris les liſieres, faiſant mille ſoixante-quatre fils; & ils ſeront travaillez en des rots de la largeur de trois pans deux tiers, pour revenir après le foulon à trois pans, & les pieces auront de longueur trente-cinq à quarante cannes.

III.

Raſes paſſe-communes & communes.

LA chaîne deſdites Raſes ſera de trente-quatre portées de vingt-huit fils chacune, compris les liſieres, faiſant neuf cens cinquante-deux fils, & ſeront travaillées en des rots de deux pans trois quarts de large, pour revenir après le foulon à deux pans un tiers; & leur longueur ſera de vingt-huit à trente cannes.

I V.

Burats grenez à petit grain.

La chaîne desdits Burats sera de trente-quatre portées, à vingt-huit fils chacune, compris les lisieres, faisant neuf cens cinquante-deux fils ; & seront travaillez sur des rots de deux pans trois quarts de large, pour revenir après le foulon à deux pans un tiers ; & les pieces auront de longueur quarante à quarante-deux cannes.

V.

Burats petits à petit grain.

La chaîne desdits Burats sera de trente portées, à vingt-huit fils chaque portée, compris les lisieres, faisant huit cens quarante fils ; & seront travaillez en des rots de deux pans & trois quarts de largeur, pour revenir après le foulon à deux pans un tiers ; & les pieces auront de longueur quarante cannes.

V I.

Burats doubles.

La chaîne desdits Burats sera de trente-sept portées, à seize fils chaque portée, compris les lisieres, faisant cinq cens quatre-vingt-douze fils ; & seront travaillez sur des rots de trois pans de large, pour revenir après le foulon à deux pans & demi, & auront de longueur trente-deux à trente-trois cannes.

V I I.

Burats demi-doubles & communs.

La chaîne desdits Burats sera de vingt-huit portées, à vingt-huit fils chaque portée, compris les lisieres, faisant sept cens quatre-vingt-quatre fils ; & seront travaillez sur des rots de deux pans trois quarts de largeur, pour revenir après le foulon à deux pans un tiers, & auront de longueur quarante à quarante-deux cannes.

VIII.

Fleurets ou Cordelats d'Aure à fil fin.

LA chaîne desdits Fleurets ou Cordelats sera de trente-une portées, à vingt-huit fils chaque portée, faisant huit cens soixante fils ; & seront travaillez sur des rots de trois pans un tiers de large, pour revenir après le foulon à deux pans un tiers.

IX.

Fleurets ou Cordelats d'Aure à fil gros.

LA chaîne desdits Fleurets ou Cordelats sera de trente portées, à vingt-huit fils chaque portée, compris les lisieres ; & seront travaillez en des rots de trois pans un tiers de large, pour revenir après le foulon à deux pans un tiers.

X.

TOUTES autres étoffes de laine non comprises dans les Articles cy-dessus, qui se fabriquent ou pourront à l'avenir se fabriquer dans ledit Pays, ne pourront estre après le foulon, de largeur moindre de deux pans un tiers.

XI.

LES longueurs & largeurs, tant des rots que de toutes lesdites étoffes mentionnées aux precedens Articles, seront mesurées & fixées à la canne de Montauban, conformément à l'Arrest du Conseil du 25. Septembre 1677. rendu pour la fabrique desdites étoffes, & auront les largeurs & longueurs prescrites par les precedens Articles, à peine de confiscation & d'amende, tant contre le Proprietaire que contre le Foulonnier; A cet effet tous les rots seront reformez dans deux mois du jour de la publication du present Arrest, & reduits à la mesure cy-dessus ordonnée.

XII.

TOUTES lesdites étoffes seront fabriquées de bonnes laines, & seront travaillées également dans leur longueur & largeur, à peine de vingt livres d'amende contre les fabriquans qui auront employé des laines de mauvaises qualitez ou inferieures, suivant les differentes especes d'étoffes, ou qui ne les auront pas fabriquées également.

XIII.

COMME aussi toutes lesdites étoffes ne pourront estre tirées à la rame ou autrement avec excès, à peine de confiscation & de cinquante livres d'amende pour chacune desdites pieces d'étoffes qui estant moüillées se trouveront raccourcies plus de demi-canne par piece d'étoffe de vingt-deux cannes de longueur, & à proportion pour les étoffes de plus grandes longueurs.

XIV.

TOUTES lesdites étoffes seront vûës & visitées au retour du foulon par les Juges-Gardes en charge, & par eux marquées de la marque du lieu où elles auront esté faites, si elles sont conformes au present Reglement ; & s'ils y trouvent des défectuositez, ils les feront saisir & en feront leur rapport au Juge de Police des Manufactures, pour en ordonner conformément aux Articles cy-dessus: Et pour faciliter lesdites visites & marque desdites Marchandises, les Consuls de Saint Gaudens, Valentine & quatre Vallées fourniront dans leur Hôtel de Ville un Bureau de la grandeur necessaire, dans lequel les Gardes-Jurez se rendront chaque jour de marché pour lesdites visites, & où les fabriquans seront tenus de porter toutes les étoffes de leur fabrique, pour y estre visitées & marquées.

XV.

LES étoffes desdites fabriques qui seront portées en d'autres lieux pour estre debitées, seront directement transportées dans les Halles ou dans les Bureaux des Gardes, pour y estre de nouveau visitées & marquées du second plomb, si elles sont conformes au present Reglement, sinon confisquées & l'amende prononcée, tant contre les Proprietaires que contre les Gardes de la fabrique qui les auront marquées ne le devant pas.

XVI.

Afin de facilement connoiſtre & diſtinguer les étoffes mentionnées au preſent Reglement, qui auront eſté faites avant ſa publication, d'avec celles qui ne l'auront eſté que depuis en conformité d'iceluy, les Officiers de Police des Manufactures de chaque lieu, aſſiſtez des Maîtres & Gardes ou Jurez de la Draperie en charge, ſeront tenus un mois après la publication du preſent Arreſt, de faire ſans frais une viſite generale dans toutes les Maiſons, Magaſins, Boutiques & Ouvroirs des Marchands fabriquans & ouvriers, & meſme deſdits Gardes & Jurez en charge, & de marquer d'une marque qui ſera faite exprès, toutes les étoffes exprimées par le preſent Reglement, qu'ils y trouveront; Enſuite de quoy la figure de ladite marque ſera empreinte ſur les Regiſtres des Communautez de Drapiers & Sergers, puis miſe en piece en preſence de tous ceux qui auront fait leſdites viſites, dont ſera fait mention ſur les Regiſtres: Et ſera ladite marque differente de celles dont ſeront marquées les étoffes faites en conformité du preſent Statut, & autour d'icelle ſera gravé le nom de la Ville, Bourg ou Village où leſdites étoffes auront eſté faites, ſans y pouvoir mettre le nom ni la marque d'un autre lieu, à peine de confiſcation deſdites étoffes; leſquelles étoffes faites avant le preſent Reglement, non conformes à iceluy, & marquées comme dit eſt, il ſera permis aux Ouvriers & Façonniers qui en auront, de les vendre & debiter pendant le temps de ſix mois après la publication du preſent Arreſt, ſans toutesfois qu'après ledit temps paſſé, il leur ſoit loiſible d'en plus vendre de cette qualité, à peine de confiſcation, d'eſtre les liſieres déchirées publiquement, & de cent livres d'amende contre le Proprietaire, acheteur ou Commiſſionnaire, pour chaque contravention.

XVII.

Toutes les amendes qui ſeront adjugées en conſequence du preſent Arreſt, ſeront appliquables, ſçavoir, moitié à Sa Majeſté,

Majesté, un quart aux Gardes & Jurez en charge, & l'autre quart aux pauvres du lieu où les jugemens portant condamnation desdites amendes seront rendus.

XVIII.

ENJOINT Sa Majesté aux Sieurs Intendans des Provinces & Generalitez de Languedoc, Ausch, Montauban, Bordeaux & Roussillon, de tenir la main à l'execution du present Arrest qui sera lû, publié & affiché dans lesdites Provinces & Generalitez, & dans chacun des lieux où lesdites étoffes sont ou seront fabriquées, & executé selon sa forme & teneur, nonobstant toutes oppositions, dont si aucune intervient, Sa Majesté se reserve la connoissance, & icelle interdit à toutes ses autres Cours & Juges. FAIT au Conseil d'Estat du Roy, Sa Majesté y estant, tenu à Paris le treiziéme jour de Janvier mil sept cens vingt-un. *Signé* PHELYPEAUX.

LOUIS PAR LA GRACE DE DIEU, ROY DE FRANCE ET DE NAVARRE : A nos amez & feaux Conseillers en nos Conseils, les Srs Intendans & Commissaires départis pour l'execution de nos ordres dans les Provinces & Generalitez de Languedoc, Ausch, Montauban, Bordeaux & Roussillon, SALUT. Nous vous mandons & enjoignons par ces Presentes signées de Nous, de tenir chacun en droit soy la main à l'execution de l'Arrest cy-attaché sous le Contre-scel de nostre Chancellerie, cejourd'huy donné en nostre Conseil d'Estat, Nous y estant, pour les causes y contenues : Commandons au premier nostre Huissier ou Sergent sur ce requis, de signifier ledit Arrest à tous qu'il appartiendra, à ce que personne n'en ignore, & de faire pour son entiere execution tous actes & exploits necessaires, sans autre permission ; CAR TEL EST NOSTRE PLAISIR. Donné à Paris le treiziéme jour de Janvier, l'an de grace mil sept cens vingt-un, & de nostre Regne le sixiéme. *Signé* LOUIS, *Et plus bas* par le Roy, le Duc D'ORLEANS Regent present. *Signé* PHELYPEAUX. Et scellé.

ARREST qui permet aux Fabriquans des Provinces de Languedoc, du Roüergue & d'Auvergne, & à ceux des Generalitez de Montauban & d'Ausch, de faire teindre en petit teint les Cadis & les Cordelats de demi-aulne de largeur & au-dessous.

Du 22. Avril 1725.

Extrait des Registres du Conseil d'Estat.

LE ROY estant informé que, quoyque par l'Article XXX. des Reglemens generaux faits pour les Marchands-Maistres Teinturiers en grand & petit teint, des Draps, Serges & autres étoffes de laine du Royaume, registrez en Parlement le 13. Aoust 1669. il ait esté ordonné que les Teinturiers du petit teint ne pourroient teindre autres Marchandises, que frisons, tiretaines, petites sergettes à doubler, façon de Chartres & d'Amiens, & autres pareilles petites étoffes, qui en blanc n'excederoient pas le prix de quarante sols l'aulne; cependant l'on a toûjours esté dans l'usage de teindre en rouge de Brezil, & autres couleurs du petit teint faites avec l'Orseille, le Campesche & autres ingrediens, les Cadis de Gevaudan & des Sevennes, & les Cordelats de Mazamet, de Dourgues, de Boissefon & autres lieux des environs, les Cadis de Roüergue & d'Auvergne, & les Cadis & Cordelats de Montauban, de Toulouse & d'Ausch, qui valent plus de quarante sols l'aune, tant parce que les peuples d'Italie & du Pays situé le long de la Riviere de Gesnes, où ces étoffes sont envoyées & consommées, les preferent estant teintes avec le Brezil & le Campesche, par l'éclat & le brillant qu'elles ont au-dessus de celles teintes en Garence & Pastel, que parce que ces étoffes, quoyqu'au-dessus de quarante sols l'aulne, sont encore d'un si bas prix, qu'on en diminuëroit la consommation, si on ne toleroit qu'elles fussent teintes avec du bois de Brezil & de Campesche, & avec de l'Orseille & autres ingrediens; à quoy Sa Majesté desirant pourvoir. Vû lesdits Reglemens generaux de 1669. ensemble l'avis des Députez du Commerce. Oüy le Rapport du Sieur Dodun Conseiller ordinaire au Conseil Royal, Controlleur general des Finances, SA MAJESTÉ ESTANT EN SON CONSEIL, a permis & permet aux Marchands & Fabriquans, & aux Teinturiers de ladite Province de Languedoc, du Roüergue & d'Auvergne, & à ceux de la Generalité de Montauban & d'Ausch, de teindre & faire teindre en petit teint avec du bois de Brezil & de Campesche, avec de l'Orseille & autres ingrediens, les Cadis & les Cordelats de demi-aulne de largeur & au-dessous, qui se fabriquent dans lesdites Villes & lieux. Ordonne Sa Majesté, que toutes les autres étoffes de laine seront teintes en conformité desdits Reglemens generaux de 1669. qui seront au surplus executez selon leur forme & teneur, en ce qui n'y est pas derogé par le present Arrest. Fait Sa Majesté deffenses ausdits Marchands, Fabriquans & Teinturiers, de mettre & faire mettre au bout desdites Pieces d'étoffes en petit teint, des Rozettes d'autres couleurs que du fond de la piece, sous les peines portées par lesdits Reglemens. Enjoint Sa Majesté aux Sieurs Intendans & Commissaires départis pour l'execution de ses ordres dans la Province de Languedoc, & dans les Generalitez de Riom, de Montauban & d'Ausch, de tenir la main à l'execution du present Arrest, qui sera lû, publié & affiché par tout où besoin sera, & sur lequel seront toutes Lettres necessaires expediées. FAIT au Conseil d'Estat du Roy, Sa Majesté y estant, tenu à Versailles le vingt-deux Avril mil sept cens vingt-cinq. *Signé* PHELYPEAUX.

ARREST qui fait deffenses de mesler les laines de differentes qualitez ; & ordonne que celles destinées pour les Manufactures du Gevaudan, du Roüergue & de l'Auvergne, seront lavées & dégraissées avant que d'y estre envoyées.

Du 13. Aoust 1725.

Extrait des Registres du Conseil d'Estat.

LE ROY estant informé que, quoyque par l'Article XLI. des Reglemens generaux des Manufactures, du mois d'Aoust 1669. il ait esté fait deffenses de mesler les laines de differentes qualitez, & ordonné que celles de mesme qualité seroient emballées séparément, à peine de cent livres d'amende; cependant il arrive journellement que l'on mesle & renferme dans les mesmes balles, des laines de differentes qualitez, pour les vendre aux Fabriquans des Provinces du Gevaudan, du Roüergue & d'Auvergne. Et Sa Majesté estant pareillement informée que ce meslange de laines cause un tort considerable à la Fabrique des étoffes desdites Provinces, & pourroit détruire le commerce qui s'en fait à l'estranger, parce que parmi les laines ainsi meslées les unes se foulant moins que les autres, cela rend les étoffes creuses & imparfaites ; à quoy estant necessaire de pourvoir: vû ledit Article XLI. des Reglemens generaux de 1669. ensemble l'avis des Députez du Commerce; Oüy le rapport du Sieur Dodun Conseiller ordinaire au Conseil Royal, Controlleur general des Finances, SA MAJESTÉ ESTANT EN SON CONSEIL, conformément audit Article XLI. des Reglemens generaux des Manufactures de 1669. a fait & fait très-expresses inhibitions & deffenses à tous Marchands, Trafiquans & Negocians, de faire aucun meslange de laines de differentes qualitez, à peine de confiscation & de cent livres d'amende; Et à tous Fabriquans du Gevaudan, du Roüergue & de l'Auvergne, d'employer d'autres laines aux Etoffes qui se fabriquent dans lesdites Provinces, que celles du Royaume qui s'employent ordinairement dans lesdites Manufactures, ou celles d'Espagne de pareille qualité, conformément aux Reglemens des 20. Octobre 1708. & 19. Decembre 1713. Ordonne Sa Majesté, que les laines destinées pour les Manufactures desdites Provinces du Gevaudan, du Roüergue & d'Auvergne, seront lavées & dégraissées avant de pouvoir y estre transportées. Fait Sa Majesté pareillement deffenses d'envoyer dans lesdites Provinces aucunes balles de laines en surge ou en toison, à peine de confiscation, de cent livres d'amende, & de plus grande peine en cas de recidive. Ordonne en outre Sa Majesté, que lesdites laines seront vûës & visitées par les Gardes-Jurez en charge, & par les Inspecteurs des Manufactures, avant que de pouvoir estre exposées en vente, sous les mesmes peines. Enjoint Sa Majesté aux Sieurs Intendans & Commissaires départis pour l'execution de ses ordres dans la Province de Languedoc, & dans les Generalitez de Riom & de Montauban, comme aussi aux Juges des Manufactures, aux Gardes-Jurez & Inspecteurs des Manufactures, de tenir la main, chacun en droit soy, à l'execution du present Arrest, qui sera lû, publié & affiché par tout où besoin sera, & sur lequel seront toutes Lettres necessaires expediées. FAIT au Conseil d'Estat du Roy, Sa Majesté y estant, tenu à Chantilly le treiziéme Aoust mil sept cens vingt-cinq. *Signé* PHELYPEAUX.

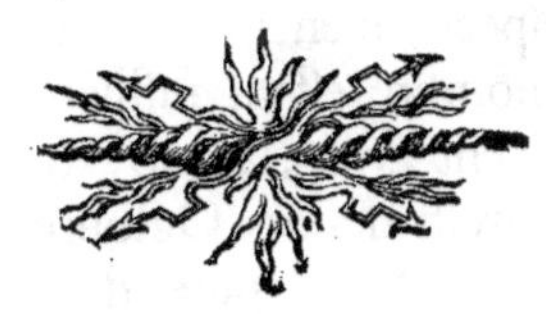

ARREST portant Reglement pour les Cadis qui se fabriquent dans les Provinces d'Auvergne & de Roüergue.

Du 26. Fevrier 1726.

Extrait des Registres du Conseil d'Estat.

SUR ce qui a esté representé au Roy, que par Arrest du Conseil du 28. Octobre 1708. portant Reglement pour les Serges & Cadis du Gevaudan, il a esté ordonné que les chaisnes des Cadis de Mende seroient composées de neuf portées & demie appellées liens, chacune de quatre-vingt-seize fils, & passées dans des peignes de deux pans & un quart, pour avoir lesdits Cadis, au retour du foulon, deux pans mesure de Montpellier, revenant à un tiers & un douziéme d'aulne mesure de Paris: Que suivant l'Arrest du 3. Octobre 1716. portant Reglement pour les Cadis & Serges qui se fabriquent dans les Provinces d'Auvergne & de Roüergue, les Cadis qui s'y fabriquent doivent estre de onze portées de quatre-vingt-seize fils chacune, aussi passées dans des peignes de deux pans & demi, pour avoir au retour du foulon deux pans mesure de Montpellier, revenant à un tiers & un douziéme d'aulne mesure de Paris: Et que comme il se fabrique en Auvergne & en Roüergue des Cadis qui ne se refoulent point, il conviendroit au bien du commerce de ces deux Provinces de permettre aux Ouvriers qui y fabriquent des étoffes de cette espece, d'en monter les chaisnes en neuf portées & demie, ce nombre estant suffisant pour leur donner la qualité qu'elles doivent avoir; à quoy Sa Majesté desirant pourvoir: Vû lesdits Arrests des 20. Octobre 1708. & 3. Octobre 1716. ensemble l'avis des Députez du Commerce; Oüy le Rapport du S.r Dodun Conseiller ordinaire au Conseil Royal, Controlleur general des Finances, LE ROY ESTANT EN

SON CONSEIL, a declaré & declare l'Arrest du 20. Octobre 1708. portant Reglement pour les Serges & Cadis du Gevaudan, commun pour les Provinces d'Auvergne & de Roüergue en ce qui concerne la fabrique des Cadis seulement. Permet en consequence aux Ouvriers qui travaillent dans lesdites Provinces à la fabrique desdites étoffes, d'en monter la chaisne sur leurs mestiers au nombre de neuf portées & demie, chacune de quatre-vingt-seize fils, & passées dans des peignes de deux pans & un quart, pour avoir lesdites étoffes au retour du foulon, deux pans mesure de Montpellier, revenant à un tiers & un douziéme d'aulne mesure de Paris. Veut neantmoins Sa Majesté, s'il est fabriqué dans lesdites Provinces d'Auvergne & de Roüergue des Cadis destinez à estre foulez deux fois, que les chaînes desdites étoffes soient composées de onze portées de quatre-vingt-seize fils chacune, conformément à l'Article premier dudit Arrest du 3. Octobre 1716. qui sera au surplus executé selon sa forme & teneur en ce qui n'y est point derogé par le present Arrest. Enjoint Sa Majesté aux Sieurs Intendans & Commissaires départis pour l'execution de ses ordres dans les Generalitez de Riom & de Montauban, de tenir la main à l'execution du present Arrest, qui sera lû, publié & affiché par tout où besoin sera, à ce que personne n'en ignore. FAIT au Conseil d'Estat du Roy, Sa Majesté y estant, tenu à Marly le ving-six Fevrier mil sept cens vingt-six.

Signé PHELYPEAUX.

ARREST portant Reglement pour les Cadis, Cordelats & Razes qui se fabriquent dans la Generalité de Montauban.

Du 22. Juillet 1727.

Extrait des Registres du Conseil d'Estat.

LE ROY estant informé que les précautions qui ont esté prises jusqu'à present par differens Arrests rendus en son Conseil, pour perfectionner les Cadis, les Cordelats & les Razes qui se fabriquent dans la Generalité de Montauban, ne sont pas suffisantes; & desirant y pourvoir pour le bien de cette fabrique & l'augmentation du Commerce de cette Province : Vû l'avis du Sieur Pajot Intendant & Commissaire départi dans la Generalité de Montauban, ensemble celuy des Députez du Commerce : Oüy le Rapport du Sieur le Peletier Conseiller d'Estat ordinaire & au Conseil Royal, Controlleur general des Finances, LE ROY ESTANT EN SON CONSEIL, a ordonné & ordonne ce qui suit.

ARTICLE PREMIER.

LES Cadis larges qui se fabriquent dans la Ville & dans la Generalité de Montauban, auront au moins trente-six portées de quarante fils chacune, passées dans des peignes appellez *Dix-sept*, de quatre pans & demi de largeur mesure de Montauban, faisant trois quarts & un douziéme d'aulne mesure de Paris; pour avoir au sortir du mêtier quatre pans un quart, ou cinq sixiémes d'aulne, & revenir estant foulez à deux pans & demi, ou demi-aulne de largeur.

II.

LES Cadis ordinaires auront au moins trente-trois portées de quarante fils chacune, passées dans des peignes appellez *Quatorze*,

Quatorze, de trois pans & demi, ou demi-aulne & un ſixiéme de large; pour avoir au ſortir du mêtier trois pans & un quart, ou demi-aulne & un huitiéme, & revenir eſtant foulez à deux pans & un tiers, ou demi-aulne moins un vingt-quatriéme de largeur : Et lorſque les fils des chaînes deſdits Cadis ordinaires ſeront filez plus gros, ils pourront eſtre fabriquez avec trente portées de quarante fils chacune, dans des peignes appellez *Treize*, en obſervant néantmoins, qu'ils ayent tant au ſortir du mêtier qu'au retour du foulon les largeurs preſcrites par le preſent Article.

III.

LES Cordelats tant blancs que mêlez, auront quarante-quatre portées de quarante fils chacune, paſſées dans des peignes appellez *Dix-huit*, de quatre pans trois quarts, ou cinq ſixiémes, & demi d'aulne de large, pour avoir au ſortir du mêtier quatre pans un quart ou cinq ſixiémes d'aulne; & revenir eſtant foulez à trois pans, ou demi-aulne & un douziéme de large : Et lorſque les fils des chaînes deſdits Cordelats ſeront filez plus gros, ils pourront eſtre fabriquez avec quarante-une portées & demie, de quarante fils chacune, dans des peignes appellez *Dix-ſept*, en leur conſervant néantmoins les largeurs ordonnées par le preſent Article, tant au ſortir du mêtier qu'au retour du foulon.

IV.

LES Razes auront trente-cinq portées de quarante fils chacune, paſſées dans des peignes appellez *Quinze*, de trois pans & demi, ou demi-aulne & un demi-tiers de large; pour avoir au ſortir du mêtier trois pans, ou demi-aulne & un douziéme, & revenir eſtant foulez à deux pans un tiers, ou demi-aulne moins un vingt-quatriéme de largeur : Et lorſque les fils des chaînes deſdits Razes ſeront filez plus gros, ils pourront eſtre fabriquez avec trente-trois portées de quarante fils chacune, dans des peignes appellez *Quatorze*, pour avoir toûjours les largeurs ordonnées par le preſent Article, tant au ſortir du meſtier qu'au retour du foulon.

V.

Tous les Fabriquans qui ont des mestiers & des peignes montez sur un moindre compte que celuy cy-dessus ordonné pour chaque qualité d'étoffes, seront tenus de les reformer dans un mois, à compter du jour de la publication du present Arrest; & faute par eux d'y satisfaire dans ledit temps, lesdits mestiers & peignes seront rompus & brisez en presence de l'Inspecteur des Manufactures & des Gardes-Jurez, & les contrevenans condamnez en cinquante livres d'amende.

VI.

Les peignes servant à la fabrique desdites étoffes seront marquez par les Gardes-Jurez, en presence des Juges des Manufactures, d'une marque dont ils conviendront, & qui sera empreinte sur le Registre de l'Hostel de Ville, à peine de cinq livres d'amende contre chaque Fabriquant qui se servira de peignes non marquez.

VII.

Les susdites étoffes seront composées de bonnes laines d'Espagne & de celles du pays, sans y pouvoir employer des laines du Levant de quelque qualité qu'elles soient, à peine de confiscation & de cinquante livres d'amende; à l'effet de quoy fait Sa Majesté très-expresses inhibitions & deffenses à tous Marchands, Fabriquans & autres, de faire entrer, vendre ni débiter dans les Villes & lieux de la Generalité de Montauban où il se fabrique desdites étoffes, aucunes laines du Levant, à peine de confiscation desdites laines, & de cinq cens livres d'amende pour chaque contravention.

VIII.

Les laines burelles, ou autres qui seront employées dans lesdites étoffes de couleur pour faire les chaisnes, seront teintes avant d'estre filées, à peine de confiscation & de cinquante livres d'amende contre le Fabriquant & contre le Teinturier; & à l'égard des Razes messez, le meslange sera fait, tant dans la chaisne que dans la trame.

I X.

Les susdites étoffes seront composées du nombre de fils & de portées, & auront les largeurs prescrites par le present Arrest, à peine de vingt livres d'amende, tant contre le Fabriquant que contre le Tisserand.

X.

Les Fabriquans seront tenus de mettre au chef ou premier bout de chaque piece des susdites étoffes, leur nom & celuy du lieu de la fabrique, en caracteres bien lisibles; comme aussi d'y laisser quatre pouces de la chaisne non tissuë ni fabriquée, & noüée par portées, à peine de confiscation, & de cinquante livres d'amende.

X I.

Deffenses sont faites à tous Marchands & Fabriquans, de vendre ni exposer en vente aucune piece des susdites étoffes, & à tous Particuliers d'en faire fabriquer pour leur usage, qu'elles ne soient conformes au present Arrest, sous les peines portées par les precedens Articles: Et seront les Fabriquans & Tisserands qui auront fabriqué lesdites étoffes en contravention, responsables des confiscations & des amendes qui seront prononcées contre les Marchands qui les auront achetées, ou contre les Particuliers qui les leur auront donné à fabriquer.

X I I.

Un mois après la publication du present Arrest, il sera fait dans la Ville de Montauban, & dans les autres Villes de ladite Generalité où il se fabrique desdites étoffes, une visite generale sans frais, par les Juges des Manufactures assistez des Gardes-Jurez des Fabriquans, dans toutes les Boutiques, Magasins & Ouvroirs des Maistres-Fabriquans & des Tisserands, mesme chez les Gardes-Jurez en exercice, pour y visiter toutes les étoffes des susdites qualitez, qui auront esté fabriquées avant le present Reglement, & les marquer d'un plomb, sur l'un des costez duquel seront gravez ces mots, *Fabrique ancienne*, & sur l'autre, le mois & l'année que ladite marque aura esté apposée; laquelle sera empreinte sur le Registre de l'Hostel de Ville, & ensuite rompuë en presence de ceux qui auront fait ladite visite, dont il sera fait mention sur ledit Registre. Permet Sa Majesté à tous Marchands & Fabriquans qui auront en leur possession des étoffes ainsi marquées, de les vendre & debiter pendant le temps & espace de six mois, à compter du jour de la publication du present Arrest; passé lequel temps elles ne pourront estre exposées en vente, à peine de confiscation & de cent livres d'amende.

XIII.

Les Gardes-Jurez des Fabriquans seront tenus de faire de mois en mois, & plus souvent s'il est necessaire, une visite generale chez tous les Fabriquans & Tisserands, pour examiner s'ils employent dans la fabrication des susdites étoffes le nombre de fils & de portées, & les laines des qualitez prescrites par le present Arrest; chez les Foulonniers & chez les Tondeurs, pour reconnoistre s'ils leur donnent les apprests ordonnez; & chez les Teinturiers, pour examiner les ingrediens qu'ils employent dans la teinture des susdites étoffes: Et en cas qu'ils les trouvent en contravention, ils poursuivront les contrevenans devant les Juges des Manufactures, lesquels prononceront ou des amendes, ou la confiscation des pieces d'étoffes défectueuses, conformément au present Arrest; sans que sous quelque pretexte que ce soit ils puissent en moderer les peines, à peine de repondre en leur propre & privé nom des amendes & confiscations qu'ils auroient dû prononcer, & mesme d'interdiction.

XIV.

Les Consuls de chacune des Villes & lieux de la Generalité de Montauban, dans lesquelles il se fabrique des susdites étoffes, seront tenus de fournir dans l'Hostel de Ville, ou autre lieu plus commode, un Bureau dans lequel les Fabriquans apporteront lesdites étoffes au sortir du Foulon, pour y estre visitées par lesdits Gardes-Jurez, & marquées du plomb ordinaire du lieu, si elles se trouvent fabriquées conformément au present Arrest; Et en cas de contravention, elles seront saisies, & les contrevenans poursuivis devant les Juges des Manufactures à la diligence desdits Gardes-Jurez, comme il est porté par le precedent Article.

X V.

LES amendes qui seront prononcées pour les contraventions faites au present Arrest, seront appliquées, sçavoir moitié à Sa Majesté, un quart aux Gardes-Jurez en charge, & l'autre quart aux pauvres du lieu où les Jugemens portant condamnation desdites amendes seront rendus.

X V I.

ORDONNE au surplus Sa Majesté, que les Reglemens generaux des Manufactures du 13. Aoust 1669. & les Arrests rendus en consequence, seront executez selon leur forme & teneur, en ce qui n'y est pas dérogé par le present Arrest. Enjoint Sa Majesté au Sieur Intendant & Commissaire départi pour l'execution de ses ordres dans la Generalité de Montauban, de tenir la main à l'execution du present Arrest, qui sera lû, publié & affiché par tout où besoin sera, & sur lequel seront toutes Lettres necessaires expediées. FAIT au Conseil d'Estat du Roy, Sa Majesté y estant, tenu à Versailles le vingt-deuxiéme jour de Juillet mil sept cens vingt-sept. *Signé* PHELYPEAUX.

§. XX.

BRETAGNE.

MANUFACTURES ET COMMERCE des Étoffes qui s'y fabriquent.

ARREST qui ordonne, conformément aux Articles XXXIX. & XL. du Reglement sur le fait des Manufactures du Royaume de 1669. que toutes les Étoffes qui seront apportées dans la Province de Bretagne, ou fabriquées en icelle, seront déchargées dans les Bureaux des Marchands en chacune Ville, pour y estre vûës, visitées & plombées, &c.

Du 27. Octobre 1691.

Extrait des Registres du Conseil d'Estat.

LE ROY estant en son Conseil, ayant esté informé qu'encore que par les Articles XXXIX. & XL. du Reglement general de l'année 1669. concernant les Manufactures du Royaume, il soit porté que les étoffes qui se fabriquent dans les Provinces d'iceluy, seront déchargées dans les Bureaux des Villes desdites Provinces où il y en a d'establis, avant que d'estre exposées en vente, pour y estre visitées & marquées; néantmoins cela n'est pas observé dans la Province de Bretagne, d'où il arrive plusieurs abus préjudiciables au Public : à quoy Sa Majesté voulant pourvoir, & empêcher par ce moyen qu'il ne soit porté dans ladite Province de Bretagne aucunes étoffes défectueuses. SA MAJESTÉ ESTANT EN SON CONSEIL, a ordonné & ordonne, conformément ausdits Articles XXXIX. & XL. dudit Reglement de 1669. sur le fait des Manufactures du Royaume, que toutes les étoffes qui seront apportées dans la Province de Bretagne ou fabriquées en icelle, seront déchargées dans les Bureaux des Marchands establis dans chaque Ville, pour y estre vûës & visitées, & mesme marquées, si elles ne le sont pas, de deux plombs, selon & ainsi qu'il est porté par lesdits Articles dudit Reglement, & sur les peines y contenuës. Enjoint au Sieur Commissaire de Sa Majesté en Bretagne, & aux Juges des Manufactures des Villes de ladite Province, de tenir la main, chacun comme il appartiendra, à l'execution du present Arrest. FAIT au Conseil d'Estat du Roy, Sa Majesté y estant, tenu à Versailles le vingt-septiéme jour d'Octobre mil six cens quatre-vingt-onze.

Signé PHELYPEAUX.

ARREST portant deffenses à tous Marchands frequentant les Foires qui se tiennent en Bretagne, d'exposer en vente, vendre, ni acheter aucunes Marchandises dans lesdites Foires, avant le jour marqué pour l'ouverture d'icelles.

Du 13. Juillet 1700.

Extrait des Registres du Conseil d'Estat.

LE ROY ayant esté informé qu'au préjudice des Reglemens faits concernant les Foires qui se tiennent dans l'étenduë du Royaume, quelques-uns des Marchands qui frequentent les Foires de la Province de Bretagne, se sont avisez depuis deux ou trois années, de vendre & acheter la plus grande partie des Marchandises qui sont portées ausdites Foires, quelques jours avant que lesdites Foires soient commencées; de maniere que quand les autres Marchands arrivent au jour marqué pour l'ouverture desdites Foires, ils trouvent presque tous les achats & les fournitures faites ; ce qui pourroit empêcher les Marchands des autres Provinces, de se rendre ausdites Foires en aussi grand nombre qu'ils ont accoûtumé, par l'incertitude du temps auquel elles commenceroient, causer dans les suites la cessation desdites Foires, & faire un préjudice considerable à ladite Province ; à quoy estant necessaire de pourvoir : Vû sur ce l'avis du Sieur de Nointel Conseiller de Sa Majesté en ses Conseils, Maistre des Requestes ordinaire de son Hostel, Commissaire départi en ladite Province pour l'execution des ordres de Sa Majesté ; & oüy le Rapport du Sieur Chamillart Conseiller ordinaire au Conseil Royal, Controlleur general des Finances. LE ROY ESTANT EN SON CONSEIL, a ordonné & ordonne que les Ordonnances, Arrests & Reglemens concernant la Police des Foires, seront executez dans ladite Province de Bretagne selon leur forme & teneur; & en consequence a fait & fait Sa Majesté deffenses à tous Marchands frequentant les Foires qui se tiennent dans ladite Province, d'exposer en vente, vendre ni acheter aucunes Marchandises dans lesdites Foires, avant le jour marqué pour l'ouverture de chacune d'icelles, à peine de confiscation des Marchandises qui seront exposées en vente, ou venduës dans lesdites Foires avant le jour de l'ouverture d'icelles, & de Cinq cens livres d'amende, tant contre le vendeur, que contre l'acheteur, pour la premiere fois, & de deffenses de frequenter lesdites Foires en cas de recidive. Enjoint Sa Majesté au Sieur Commissaire départi pour l'execution de ses ordres en ladite Province de Bretagne, de tenir la main à l'execution du present Arrest, lequel sera lû, publié & affiché dans tous les lieux où se tiennent lesdites Foires, & par tout ailleurs où besoin sera, à ce que personne n'en ignore. FAIT au Conseil d'Estat du Roy, Sa Majesté y estant, tenu à Versailles le treiziéme jour de Juillet mil sept cens. *Signé* PHELYPEAUX.

LOUIS PAR LA GRACE DE DIEU, ROY DE FRANCE ET DE NAVARRE : A nostre amé & feal Conseiller ordinaire en nos Conseils, le Sieur Commissaire départi en la Province

Province de Bretagne, SALUT. Nous vous mandons & ordonnons de tenir la main, & proceder chacun à vostre égard, à l'execution de l'Arrest dont l'Extrait est cy-attaché sous le Contre-scel de nostre Chancellerie, cejourd'huy donné en nostre Conseil d'Estat : Commandons au premier nostre Huissier ou Sergent sur ce requis, de signifier ledit Arrest à tous qu'il appartiendra, à ce qu'ils n'en ignorent, & de faire en outre pour l'entiere execution d'iceluy, dans les temps portez par ledit Arrest, tous Commandemens, Sommations, Contraintes & autres Actes & Exploits requis & necessaires, sans autre permission, nonobstant Clameur de Haro, Chartre Normande & Lettres à ce contraires. Voulons que ledit Arrest soit lû, publié & affiché par tout où besoin sera, à ce que personne n'en prétende cause d'ignorance ; & qu'aux Copies dudit Arrest & des Presentes, collationnées par l'un de nos amez & feaux Conseillers-Secretaires, foy soit ajoûtée comme aux Originaux; CAR TEL EST NOSTRE PLAISIR. Donné à Versailles le treiziéme jour de Juillet, l'an de grace mil sept cens, & de nostre Regne le cinquante-huitiéme. *Signé* LOUIS. *Et plus bas* par le Roy, PHELYPEAUX. Et scellé du grand Sceau de cire jaune.

§. XXI.

MANUFACTURES DE BOURGOGNE.

ARREST & Lettres Patentes sur iceluy en forme de Reglement, pour les Manufactures de Draps & Serges qui se fabriquent dans les Provinces de Bourgogne, Bresse, Bugey, Valromey, & Gex.

Du 21. Aoust 1718.

Extrait des Registres du Conseil d'Estat.

LE ROY s'estant fait representer les Reglemens generaux de 1669. & Arrests du Conseil concernant les Manufactures; & ayant esté informé que les Fabriquans de Draps, Droguets & autres étoffes, aussi-bien que les Ouvriers qui les foulent, tondent, teignent & apprestent dans les Villes, Bourgs & Villages de la Generalité de Bourgogne, Bresse, Bugey, Valromey & Gex, se sont écartez de la disposition desdits Reglemens & Arrests, ce qui cause une infinité d'abus capables de décrediter lesdites Manufactures : à quoy Sa Majesté desirant pourvoir, & ajouster de nouvelles precautions pour assûrer l'execution desdits Reglemens & Arrests, suivant l'avis du Sieur de la Briffe Commissaire départi dans la Generalité de Bourgogne. Oüy le Rapport, SA MAJESTÉ ESTANT EN SON CONSEIL, de l'avis de Monsieur le Duc d'Orleans Regent, a ordonné & ordonne qu'à l'avenir tous les Draps, Serges, Droguets de fil & laine, & autres étoffes, seront fabriquez ainsi qu'il ensuit.

ARTICLE PREMIER.

LES Draps, tant blancs que meslez de couleurs, qui se

fabriquent à Dijon & Selongey, feront montez dans des rots ou peignes d'une aulne trois quarts de largeur ; & la chaîne fera compofée de quatorze cens huit fils, faifant quarante-quatre portées de trente-deux fils chacune, les petits fils & liteaux pour la liziere compris, pour eftre reduits au retour du Foulon à la largeur d'une aulne, les lizieres comprifes.

II.

Les Draps qui fe fabriquent à Semur en Auxois, Auxerre, Montbard, Avalon & Beaune, meflez de differentes couleurs, feront montez dans des rots d'une aulne trois quarts de largeur, & auront en chaîne treize cens foixante-feize fils, faifant quarante-trois portées de trente-deux fils chacune, les petits fils & liteaux qui compofent la liziere compris; & les blancs eftant filez plus fin, auront une portée de trente-deux fils de plus, pour revenir les uns & les autres au retour du foulon à la largeur d'une aulne, les lizieres comprifes.

III.

Les Draps qui fe fabriquent à Saulieu meflez de differentes couleurs, auront en chaîne treize cens quarante fils, faifant quarante-deux portées de trente-deux fils chacune, les liteaux & petits fils qui compofent la liziere compris, & feront montez dans des rots d'une aulne trois quarts; les Draps blancs eftant filez plus fin, auront de plus une portée de trente-deux fils, pour revenir les uns & les autres au retour du foulon à la largeur d'une aulne, les lizieres comprifes.

IV.

Les Draps meflez de differentes couleurs, qui fe fabriquent à Châtillon-fur-Seine, Montcenis, Loüans, la Charité de Mâcon, Cluny & à Paray-le-Monial, avec des laines moins fines & plus groffierement filées, feront montez dans des rots d'une aulne & demie & demi-quart de largeur; & la chaîne fera de douze cens feize fils, faifant trente-huit portées de trente-deux fils chacune, les liteaux & petits fils qui compofent la liziere compris; & les Draps qui feront fabriquez en blanc eftant filez plus fin, auront de plus une portée de trente-deux fils, pour estre réduits les uns & les autres au retour du foulon à une aulne de largeur, les lizieres comprises.

V.

Le contenu aux précedens articles sera observé dans tous les autres lieux où il se fabriquera dans la suite des Draps, suivant les differentes qualitez cy-devant expliquées.

V I.

Les Draps communs nommez *Sardis*, qui se fabriquent à Bourg en Bresse, Pontdevaux, Montluel, la Charité de Mâcon, Cluny & autres lieux, & qui au retour du foulon n'ont qu'une demi-aulne de largeur, seront montez dans des rots d'une aulne de largeur, & la chaisne sera de cinq cens soixante-seize fils, faisant vingt-quatre portées de vingt-quatre fils chacune, non compris un petit liteau servant de liziere, pour estre réduits au sortir du foulon à demi-aulne de largeur.

V I I.

Les Serges d'une aulne de large, drapées façon de Ratine, nommées *Serges du Pays* ou *de Marey*, qui se fabriquent à Dijon, Issurtille, Marey-Villers, Avelange, Avaux, Busserot, Montenaille, Selongey & autres lieux, seront montées dans des rots d'une aulne & demie de largeur, & la chaisne sera composée de deux mille quarante fils, faisant cinquante-une portées de quarante fils chacune, y compris les liteaux formant une petite liziere, pour estre reduites estant foulées à la largeur d'une aulne.

V I I I.

Les Serges de deux tiers de pareille qualité, qui se fabriquent à Dijon, Issurtille, Marey-Villers, Avelange, Avaux, Busserot, Montenaille, & Selongey, auront en chaisne treize cens soixante fils, faisant trente-quatre portées de quarante fils, dans des rots d'une aulne de largeur, compris les liteaux qui composent une petite liziere, pour estre reduites au sortir du foulon à ladite largeur de deux tiers.

I X.

Les Serges de deux tiers, de pareille qualité que celles cy-dessus, qui se fabriquent à la Margelle, auront en chaisne quatorze cens fils, faisant trente-cinq portées de quarante fils chacune, y compris un petit liteau servant de liziere, & seront montées dans des rots de pareille largeur d'une aulne, pour estre reduites à deux tiers de largeur au retour du foulon.

X.

LES Serges de deux tiers, de pareille qualité que celles cy-dessus, qui se fabriquent à Arnay-le-Duc, seront aussi montées dans des rots d'une aulne de largeur; mais attendu que les laines sont filées plus grossierement, la chaisne ne sera que de douze cens quatre-vingt fils, faisant trente-deux portées de quarante fils chacune, les lizieres comprises, pour estre reduites estant foulées à ladite largeur de deux tiers.

X I.

LES Serges qui se fabriquent à Autun, Nolay, Chany, Beaune & Nuits, estant composées de laines filées encore plus grossierement que celles exprimées dans le précedent Article, n'auront en chaisne que douze cens fils, faisant trente portées de quarante fils chacune, les liteaux compris, dans des rots de ladite largeur d'une aulne, pour avoir au retour du foulon deux tiers de largeur.

X I I.

ET afin que toutes les Serges dénommées cy-dessus soient bien conditionnées, elles seront travaillées à deux hommes sur le mestier, & battuës à deux grands coups.

X I I I.

LES Serges mentionnées dans les précedens Articles, qui seront fabriquées avec des laines fines du Pays, auront les lizieres bleuës, & les Serges communes auront des lizieres noires & jaunes, afin qu'elles ne puissent estre confonduës.

X I V.

LES Serges nommées *Failines*, de demi-aulne de largeur, qui se fabriquent en plusieurs des lieux dénommez cy-dessus, auront en chaisne huit cens quatre-vingt fils, faisant vingt-deux portées de quarante fils chacune, la liziere comprise, dans des rots de trois quarts & demi de largeur, pour revenir en ſortant du foulon à ladite largeur de demi-aulne.

X V.

Les Serges *Demi-Londres*, qui ſe fabriquent à Autun, auront en chaiſne dix-huit cens fils, compoſant quarante-cinq portées, dont chacune ſera de quarante fils, pour eſtre reduites au ſortir du foulon, à deux tiers d'aulne de largeur.

X V I.

Les Serges *de Londres*, qui ſe fabriquent dans la Manufacture Royale de Seignelay, ſeront paſſées dans un rot ou peigne d'acier, ſeront compoſées en chaiſne de deux mille trois cens cinquante fils, faiſant ſoixante-douze portées de trente-fils chacune, y compris la liziere, & ſeront travaillées à trame, moulées & battuës à quatre coups, pour avoir au retour du foulon la largeur de deux tiers d'aulne.

X V I I.

Les Serges drapées, nommées *Ratines*, qui ſe fabriquent à Châtillon-ſur-Seine, attendu le filage qui eſt groſſier, auront en chaiſne treize cens quarante-quatre fils, compoſant quarante-deux portées, dont chacune ſera de quarante fils, & ſeront paſſées dans des rots d'une aulne & demie, pour revenir au ſortir du foulon à la largeur d'une aulne.

X V I I I.

Celles qui n'ont que deux tiers de largeur, ſeront compoſées de trente-deux portées de quarante fils chacune, faiſant en tout douze cens quatre-vingt fils pour la chaiſne, dans des rots d'une aulne de largeur.

X I X.

Les Droguets de fil & laine qui ſe fabriquent à Dijon, Selongey, Saulieu, Bourg-en-Breſſe, Pontdevaux, Loüans, la Charité de Mâcon, Cluny, & autres lieux dénommez cy-deſſus, & dans les Villages, par les Maiſtres-Drapiers & Tiſſerands, Droguetiers, & qui ſont travaillez en toile ſans eſtre croiſez ſur le fil le plus fin filé, auront huit cens quatre-vingt fils en chaiſne, compoſant vingt-deux portées de quarante fils, y compris la liziere, dans des rots de trois quarts d'aulne de largeur.

X X.

Les Droguets croisez façon de Serges, fabriquez avec laine sur fil, les plus fin filez, auront en chaisne huit cens fils, faisant vingt portées de quarante fils chacune, la liziere comprise, dans des rots d'une aulne & demie.

X X I.

Ceux qui seront fabriquez sur le fil filé plus gros, & laine commune & grossiere qu'on nomme *Talanche* & *Bauge*, seront passez dans des rots de trois quarts d'aulne de largeur, & auront à proportion du filage plus ou moins grossier, un nombre de portées & de fils suffisant, pour avoir au sortir du foulon demi-aulne de largeur.

X X I I.

Tous les rots servant à fabriquer les étoffes dénommées cy-dessus, & fixées dans leur largeur, seront cachetez du Sceau des Armes de Sa Majesté par l'Inspecteur, ou de son Cachet, & par les Gardes-Jurez de la marque particuliere à la Fabrique de chaque lieu.

X X I I I.

Et attendu que dans la Fabrique des Draps & Serges meslées de differentes couleurs cy-dessus dénommées, il se commet un abus considerable & très-préjudiciable au public, en ce que les Ouvriers pour fabriquer plus facilement & à moins de frais leurs Draps & Serges meslées de differentes couleurs, teignent la chaisne desdits Draps & Serges de blanc en une seule couleur, & la trame en differentes couleurs, ce qui ne paroît pas lorsque les étoffes sont foulées, mais les rend très-défectueuses dans leurs usages, & donne occasion de tromper les Marchands & les Particuliers qui s'en servent; il est fait très-expresses inhibitions & deffenses à tous Maistres-Drapiers & Sergers, de teindre la chaisne desdites étoffes de blanc en une seule couleur, & ordonné que la chaisne & trame à fabriquer lesdits Draps & Serges, seront teintes & meslées également des mesmes couleurs, & en outre frappées à deux grands coups, & bien travaillées & conditionnées, à peine de confiſcation des pieces, & de cinquante livres d'amende pour chacune contravention.

XXIV.

TOUS les Draps & Serges eſtant pour l'uſage des troupes, & le commun du peuple, ne ſeront tirez à rames ni en longueur ni en largeur, & ſeront mis ſur les tendoires pour ſecher ſans aucune extention, à peine de ſaiſie & de confiſcation deſdites étoffes, & de vingt livres d'amende pour chaque piece trouvée en contravention.

XXV.

TOUTES les pieces de Draps & Serges qui ſeront à l'avenir fabriquées dans la Generalité de Bourgogne, ſeront fabriquées en conformité deſdits Reglemens generaux de 1669. & des Articles précedens, & n'auront à l'exception des Droguets, que vingt-une à vingt-trois aulnes de longueur au plus, à peine de vingt livres d'amende pour chaque contravention : Et en cas que trois mois aprés l'enregiſtrement du preſent Reglement, fait dans les Greffes des Juriſdictions des Juges des Manufactures, & au Bureau des Maiſtres & Gardes-Jurez des Maiſtres-Drapiers & des Marchands, il ſoit fabriqué aucune piece de Drap ou Serge qui ait une plus grande longueur, ce qui excedera ladite longueur ſera coupé & donné à l'Hoſpital du lieu où ſera trouvé ledit excedent ; & le contrevenant condamné à ladite amende de vingt livres.

XXVI.

LES Marchands acheteurs ne pourront exiger des Maiſtres-Drapiers, Sergers & Tiſſerands, Droguetiers, Fabriquans d'étoffes & Vendeurs, ſur vingt-une aulnes un quart, plus d'une aulne & un quart, vulgairement appellée vingt-un quart pour vingt aulnes, & des demi-pieces à proportion, à peine de cent livres d'amende. Toutes les pieces d'étoffes ſeront aulnées bords à bois, & ſans que le vendeur ſoit obligé de donner à l'acheteur aucun évent ni excedent d'aulnage ; & pour cet effet il ſera mis ſur chaque piece un bulletin de ce qu'elle contient, afin que le prix en ſoit payé par l'acheteur au vendeur, ſuivant l'aulnage l'aulnage dudit bulletin, après que la vérification en aura esté faite, à peine de cent livres d'amende contre les contrevenans.

XXVII.

Pour la visite & marque des étoffes il sera fourni par les Maires, Eschevins, Juges de Police & des Manufactures, dans chaque Ville & lieu de Fabrique, & aux Marchands pour la vente & débit des étoffes, une chambre d'une grandeur suffisante dans la Maison de Ville, ou dans les Halles, si faire se peut, aux dépens de ladite Ville, pour que les marchandises y soient déposées en seureté; & que la visite de toutes les étoffes de la Fabrique dudit lieu, & de celles qui y sont portées provenant des autres Manufactures du Royaume, ou des Pays estrangers, puisse y estre faite commodément, ainsi qu'il est porté par l'Article XXXIX. du Reglement de 1669.

XXVIII.

Les Marchands Maistres-Teinturiers ne pourront teindre en petit teint aucunes étoffes qui doivent estre teintes de bon teint. Chaque Teinturier sera tenu, à peine de cent cinquante livres d'amende pour chacune contravention, d'appliquer à chaque piece d'étoffe qu'il aura teinte de bon teint, son plomb, autour duquel son nom sera gravé, afin que quand le déboüilly des étoffes aura esté fait, on puisse connoistre celuy qui aura fait la fausse teinture.

XXIX.

Aucunes personnes de quelque autre profession qu'ils soient, s'ils n'ont pas esté reçûs Maistres-Teinturiers, ne pourront s'ingerer à teindre aucunes étoffes, bas, & marchandises de laine, de soye, ni les fils, aucuns habits neufs ou vieux, à peine de trois cens livres d'amende, ainsi qu'il est porté par le premier article des Reglemens de 1669. concernant les Marchands Maistres-Teinturiers, sans préjudice néantmoins de la permission accordée aux Maistres-Drapiers, Sergers, Tisserands, & Maistres-Droguetiers, de teindre les laines servant à la fabrique de leurs étoffes.

XXX.

Les Foulonniers, Tondeurs, Cardeurs, & Apprefteurs d'Etoffes, Draps, Serges & Droguets, ne pourront fe fervir de cardes de fer pour l'appreft defdites étoffes, ni mefme en avoir dans leurs maifons, à peine de cent livres d'amende ; & ne pourront fe fervir pour l'appreft des Draps, Serges, Droguets & autres étoffes, que de chardons : Et afin que le contenu au prefent article foit exactement executé & obfervé, il fera fait chez lefdits Foulonniers, Tondeurs, Cardeurs & Apprefteurs d'étoffes, & chez les Teinturiers, de frequentes vifites par les Juges de Police, l'Infpecteur des Manufactures, & les Maiftres & Gardes des Marchands-Drapiers.

XXXI.

Et d'autant que les Maiftres & Gardes-Jurez des Marchands-Drapiers & Merciers des Villes & lieux où fe débitent les étoffes des Manufactures du Département de Bourgogne, & autres Provinces du Royaume, en faifant leurs vifites n'y ajoûtent point un nouveau plomb, & font appofer leur marque foraine fur le plomb de fabrique, ce qui eft contraire à la difpofition des Reglemens, & empêche que le lieu de la fabrique ne puiffe eftre connu ; les Maiftres & Gardes feront tenus de ne marquer ou faire marquer de la marque foraine fur le plomb de la fabrique ; leur eft enjoint d'y ajoûter un fecond plomb qui contiendra ladite marque foraine, lorfqu'ils auront reconnu que lefdites étoffes ont les longueurs, largeurs & qualitez requifes par le prefent Reglement & ceux de 1669. à peine de dix livres d'amende contre lefdits Maiftres & Gardes pour chaque piece qui aura efté par eux marquée fur le plomb de la marque de fabrique. Et pour connoiftre ceux qui auront contrevenu à ce que deffus, enjoignons aux Gardes-Jurez dans les Fabriques, Gardes des Marchands-Drapiers & Merciers de chaque Communauté, & aux Gardes-Jurez des Maiftres-Drapiers, Sergers, Fabriquans d'étoffes, de faire renouveller tous les ans, lorfqu'ils entreront en exercice, la marque de chaque lieu, avec le chiffre de l'année, à peine de cent livres d'amende contre les contrevenans.

XXXII.

TOUTES les pieces d'étoffes en general, de laine, fil & laine, soye & laine, fil, poil & coton, meslées de couleurs ou non meslées, qui pourront estre exposées en vente, & qui auront cinq aulnes de longueur & plus, seront vûës, visitées & marquées conformément au present Reglement & à ceux de 1669. Et il sera payé pour le droit de visite & marque, un sol ausdits Maistres & Gardes des Drapiers-drapans de la Fabrique de chaque lieu & dépendance d'iceluy pour chaque piece d'étoffes; & le mesme droit sera payé aux Maistres & Gardes des Marchands-Drapiers & Merciers pour le second plomb de la marque foraine & du débit : à l'effet d'estre ledit sol employé à payer les appointemens de l'Inspecteur, suivant la repartition faite par le Commissaire départi en ladite Province, sur chaque corps & Communauté, conformément aux Arrests du Conseil. Et pour cet effet deffenses sont faites à tous Foulonniers, Teinturiers & Appresteurs d'étoffes, qui ne seront éloignez de plus de deux lieuës des Bureaux des Manufactures dénommées dans le present Reglement, de délivrer aucunes pieces d'étoffes sans avoir esté par eux préalablement portées au Bureau des Gardes-Jurez de leur dépendance, ou au plus prochain Bureau, pour y estre vûës, visitées, & marquées quand elles se trouveront conformes audit Reglement : Et faute d'y satisfaire, les pieces seront saisies & confisquées, & en outre les contrevenans seront condamnez pour chaque piece trouvée en contravention, en vingt livres d'amende, dont lesdits Foulonniers, Tondeurs, Appresteurs & Teinturiers seront responsables envers ceux à qui lesdites étoffes appartiendront.

XXXIII.

ET d'autant que les Marchands Maistres-Drapiers, Sergers, & Maistres-Tisserands, Droguetiers & Fabriquans d'étoffes, establis dans le Département de Bourgogne, qui en font leur débit dans les petites Villes, Bourgs & Villages où il se tient des Foires & marchez, dans lesquels il n'y a point de Gardes-Jurez; ce qui donne lieu à des Colporteurs des Provinces voisines, ou autres, non establis dans le Royaume, d'y vendre & débiter des étoffes défectueuses en largeur & qualité, au moyen de quoy ils peuvent les donner à plus bas prix que ne sont venduës celles fabriquées en conformité des Reglemens, & causent un tort considerable aux Marchands de bonne foy; il est enjoint aux Juges de Police & des Manufactures de chaque lieu où il y aura des Foires & marchez, d'y nommer un Marchand & un Maistre-Drapier ou Fabriquant d'étoffes, establis dans les lieux les plus voisins des Villes & lieux où il se tient des Foires & marchez, pour y faire les fonctions de Gardes-Jurez, & y visiter & marquer d'une marque foraine toutes les pieces d'étoffes qui seront apportées dans les Foires & Marchez, & qui seront sans plomb de fabrique & plomb de visite, après qu'elles auront paru avoir les qualitez & largeurs prescrites par les Reglemens de 1669. ou par les Articles précedens; pour raison de laquelle visite & marque il sera payé un sol par piece contenant cinq aulnes & au dessus. Lesdits Juges de chaque lieu seront aussi tenus lorsqu'ils en seront requis, d'accompagner l'Inspecteur des Manufactures, & les Gardes-Jurez des Marchands & Maistres Drapiers-drapans & Fabriquans d'étoffes, & ceux qu'ils auront nommez d'office, dans les visites qu'il conviendra faire, de leur donner aide & main-forte en cas de rebellion, & punir les contrevenans au present Reglement & ceux de 1669. par saisie, confiscation, amende, & autres peines, si le cas y échet, le tout gratuitement & sans frais à l'égard desdits Gardes & Inspecteurs.

XXXIV.

Fait Sa Majesté très expresses inhibitions & deffenses aux Maires & Echevins, & autres Juges des Manufactures, & à leurs Greffiers, d'exiger des Gardes-Jurez des Marchands Drapiers, Sergers & Marchands, aucunes sommes, lorsque lesdits Juges sont par eux requis de les accompagner dans les visites & autres fonctions qu'il convient de faire pour le bien & la perfection de la fabrique des étoffes, sous prétexte de vacations, expedition des Procès-verbaux, d'assistance aux visites & assemblées qui seront jugées necessaires; ni de percevoir pour la reception des Maîtres Drapiers, Sergers, Tifferands, Droguetiers, & des Marchands, lorfqu'ils font élûs Gardes-Jurez, pour en prêter le ferment, plus qu'il n'eft ordonné par lefdits Reglemens de 1669. à peine de concuffion, reftitution & amende, fuivant les cas.

XXXV.

LESDITS Juges feront tenus d'accompagner, quand ils en feront requis, l'Infpecteur des Manufactures & les Gardes-Jurez, dans les vifites qu'il conviendra faire; & leur délivreront les Procès-verbaux gratuitement & fans frais, fur les peines comme deffus.

XXXVI.

LES Gardes-Jurez des Marchands feront tenus à la premiere requifition qui leur en fera faite par l'Infpecteur des Manufactures, de fe tranfporter avec luy chez les Marchands & Ouvriers, pour y faire la vifite des étoffes qui s'y trouveront; à peine contre chacun defdits Gardes-Jurez qui auront refufé de l'accompagner efdites vifites, de Trois cens livres d'amende, au payement de laquelle ils feront condamnez par les Juges des Manufactures, qui ne pourront la remettre ou moderer fous quelque pretexte que ce foit: & en cas de refus de la part defdits Jurez de l'y accompagner, ledit Infpecteur pourra proceder feul à ladite vifite, & faire faifir les étoffes qui fe trouveront défectueufes, fans qu'aucune perfonne puiffe y caufer aucun trouble ni empêchement fous telles peines qu'il appartiendra.

XXXVII.

ORDONNE au furplus Sa Majefté, que les Reglemens generaux de 1669. & Arrefts du Confeil concernant les Manufactures, feront executez felon leur forme & teneur, en ce qu'ils ne font contraires au prefent Reglement, & que pour cet effet toutes Lettres neceffaires feront expediées. FAIT au Confeil d'Eftat du Roy, Sa Majefté y eftant, tenu à Paris le vingt-uniéme jour d'Aouft mil fept cens dix-huit.

Signé PHELYPEAUX.

LOUIS PAR LA GRACE DE DIEU, ROY DE FRANCE ET DE NAVARRE : A nos amez & feaux les Gens tenant nostre Cour de Parlement à Dijon, SALUT. Nous aurions esté informez que les Fabriquans de Draps, Droguets & autres étoffes, aussi bien que les Ouvriers qui foulent, tondent, teignent & apprestent dans les Villes, Bourgs & Villages de nos Provinces de Bourgogne, Bresse, Bugey, Valromey & Gex, s'estoient écarté de la disposition des Reglemens generaux de l'année 1669. & Arrests de nostre Conseil concernant les Manufactures; ce qui auroit causé une infinité d'abus capables de décréditer les Manufactures desdites Provinces, & d'en détruire entierement le commerce : à quoy Nous aurions pourvû par l'Arrest cy-attaché sous le contre-scel de nostre Chancellerie, cejourd'huy donné en nostre Conseil d'estat, Nous y estant, & pour l'execution duquel Nous aurions ordonné que toutes Lettres necessaires seroient expediées : A CES CAUSES, de l'avis de nostre très-cher & très-amé Oncle le Duc d'Orleans petit-fils de France Regent, de nostre très-cher & très-amé Cousin le Duc de Bourbon, de nostre très-cher & très-amé Cousin le Prince de Conty, Princes de nostre Sang; de nostre très-cher & très-amé Oncle le Duc du Maine, de nostre très-cher & très-amé Oncle le Comte de Toulouse, Princes legitimez, & autres Pairs de France, grands & notables Personnages de nostre Royaume, Nous avons par ces Presentes signées de nostre main, dit & ordonné, disons & ordonnons, voulons & nous plaist ce qui ensuit.

ARTICLE PREMIER.

QUE les Draps, tant blancs que de couleurs meslées, qui se fabriquent à Dijon & Selongey, seront montez dans des rots ou peignes d'une aulne trois quarts de largeur, & la chaisne sera composée de quatorze cens huit fils, faisant quarante-quatre portées de trente-deux fils chacune, les petits fils & liteaux pour la liziere compris, pour estre reduits au retour du foulon à la largeur d'une aulne, les lizieres comprises.

I I.

QUE les Draps qui se fabriquent à Semur en Auxois, Auxerre, Montbard, Avalon & Beaune, meslez de differentes couleurs, seront montez dans des rots d'une aulne trois quarts de largeur, & auront en chaisne treize cens soixante & seize fils, faisant quarante-trois portées de trente-deux fils chacune, les petits fils & liteaux qui composent la liziere compris; & les blancs estant filez plus fin, auront une portée de trente-deux fils de plus, pour revenir les uns & les autres au retour du foulon à la largeur d'une aulne, les lizieres comprises.

I I I.

QUE les Draps qui se fabriquent à Saulieu, meslez de differentes couleurs, auront en chaisne treize cens quarante fils, faisant quarante-deux portées de trente-deux fils chacune, les liteaux & petits fils qui composent la liziere compris, & seront montez dans des rots d'une aulne trois quarts: les Draps blancs estant filez plus fin, auront de plus une portée de trente-deux fils, pour revenir les uns & les autres au retour du foulon à la largeur d'une aulne, les lizieres comprises.

I V.

QUE les Draps meslez de differentes couleurs, qui se fabriquent à Châtillon-sur-Seine, Moncenis, Loüans, la Charité de Mâcon, Cluny & à Paray-le-Monial, avec des laines moins fines & plus grossierement filées, seront montez dans des rots d'une aulne & demie demi-quart de largeur; & la chaisne sera de douze cens seize fils, faisant trente-huit portées de trente-deux fils chacune, les liteaux & petits fils qui composent la liziere compris: & les Draps qui seront fabriquez en blanc, estant filez plus fin, auront de plus une portée de trente-deux fils, pour estre reduits les uns & les autres au retour du foulon à une aulne de largeur, les lizieres comprises.

V.

VOULONS que le contenu aux précedens Articles soit observé dans tous les autres lieux où il se fabriquera dans la suite des Draps, suivant les differentes qualitez cy-devant expliquées.

V I.

LES Draps communs, nommez *Sardis*, qui se fabriquent à Bourg en Bresse, Pont-de-Vaux, Montluel, la Charité de Mâcon, Cluny & autres lieux, & qui au retour du foulon n'ont qu'une demi-aulne de largeur, seront montez dans des rots d'une aulne de largeur, & la chaisne sera de cinq cens soixante-seize fils, faisant vingt-quatre portées de vingt-quatre fils chacune, non compris un petit liteau servant de liziere, pour estre réduits au sortir du foulon à demi-aulne de largeur.

V I I.

QUE les Serges d'une aulne de large, drapées façon de Ratine, nommées *Serges du Pays*, ou *de Marey*, qui se fabriquent à Dijon, Issurtille, Marey-Villiers, Avelange, Avaux, Busserot, Montenaille, Selongey & autres lieux, seront montées dans des rots d'une aulne & demie de largeur; & la chaisne sera composée de deux mille quarante fils, faisant cinquante-une portées de quarante fils chacune, y compris les liteaux formant une petite liziere, pour estre réduites estant foulées à la largeur d'une aulne.

V I I I.

QUE les Serges de deux tiers, de pareille qualité, qui se fabriquent à Dijon, Issurtille, Marey-Villiers, Avelange, Avaux, Busserot, Montenaille, & Selongey, auront en chaisne treize cens soixante fils, faisant trente-quatre portées de quarante fils, dans des rots d'une aulne de largeur, compris les liteaux qui composent une petite liziere, pour estre réduites à la sortie du foulon à ladite largeur de deux tiers.

I X.

QUE les Serges de deux tiers, de pareille qualité que celles cy-dessus, qui se fabriquent à la Margelle, auront en chaisne quatorze cens fils, faisant trente-cinq portées de quarante fils chacune, y compris un petit liteau servant de liziere; & seront montées dans des rots de pareille largeur d'une aulne, pour estre réduites à deux tiers de largeur au sortir du foulon.

X.

X.

QUE les Serges de deux tiers, de pareille qualité que celles cy-dessus, qui se fabriquent à Arnay-le-Duc, seront aussi montées dans des rots d'une aulne de largeur; mais attendu que les laines sont filées plus grossierement, la chaisne ne sera que de douze cens quatre-vingt fils, faisant trente-deux portées de quarante fils chacune, les lizieres comprises, pour estre réduites, estant foulées, à ladite largeur de deux tiers.

X I.

QUE les Serges qui se fabriquent à Autun, Nolay, Chagny, Beaune & Nuits, estant composées de laines filées encore plus grossierement que celles exprimées dans le precedent article, n'auront en chaisne que douze cens fils faisant trente portées de quarante fils chacune, les liteaux compris, dans des rots de ladite largeur d'une aulne, pour avoir au retour du foulon deux tiers de largeur.

X I I.

ET afin que toutes les Serges dénommées cy-dessus soient bien conditionnées, ordonnons qu'elles seront travaillées à deux hommes sur le mestier, & battuës à deux grands coups.

X I I I.

VOULONS aussi que les Serges mentionnées dans les precedens articles, qui seront fabriquées avec des laines fines du Pays, auront les lizieres bleuës; & les Serges communes auront des lizieres noires & jaunes, afin qu'elles ne puissent estre confonduës.

X I V.

QUE les Serges nommées *Failines*, de demi-aulne de largeur, qui se fabriquent en plusieurs des lieux dénommez cy-dessus, auront en chaisne huit cens quatre-vingt fils, faisant vingt-deux portées de quarante fils chacune, la liziere comprise, dans des rots de trois quarts & demi de largeur, pour revenir en sortant du foulon à ladite largeur de demi-aulne.

X V.

QUE les Serges *demi-Londres*, qui se fabriquent à Autun,

auront en chaiſne dix-huit cens fils, compoſant quarante-cinq portées, dont chacune ſera de quarante fils, pour eſtre réduites au ſortir du foulon à deux tiers d'aulne de largeur.

XVI.

Que les Serges *de Londres*, qui ſe fabriquent dans la Manufacture Royale de Seignelay, ſeront paſſées dans un rot ou peigne d'acier, ſeront compoſées en chaiſne de deux mille trois cens cinquante fils, faiſant ſoixante-douze portées de trente-huit fils chacune, y compris la liziere; & ſeront travaillées à trames moulées & battuës à quatre coups, pour avoir au retour du foulon la largeur de deux tiers d'aulne.

XVII.

Que les Serges drapées, nommées *Ratines*, qui ſe fabriquent à Châtillon-ſur-Seine, attendu le filage qui eſt groſſier, auront en chaiſne treize cens quarante-quatre fils, compoſant quarante-deux portées, dont chacune ſera de quarante fils, & ſeront paſſées dans des rots d'une aulne & demie, pour revenir au ſortir du foulon à la largeur d'une aulne.

XVIII.

Voulons pareillement que celles qui n'ont que deux tiers de largeur, ſoient compoſées de trente-deux portées de quarante fils chacune, faiſant en tout douze cens quatre-vingt fils pour la chaiſne, dans des rots d'une aulne de largeur.

XIX.

Que les Droguets de fil & laine qui ſe fabriquent à Dijon, Selongey, Saulieu, Bourg en Breſſe, Pont-de-Vaux, Loüans la Charité de Mâcon, Cluny & autres lieux dénommez cy-deſſus, & dans les Villages, par les Maiſtres-Drapiers & Tiſſerands, Droguetiers, & qui ſont travaillez en toile ſans eſtre croiſez ſur le fil le plus fin filé, auront huit cens quatre-vingt fils en chaiſne, compoſant vingt-deux portées de quarante fils, y compris la liziere, dans des rots de trois quarts d'aulne de largeur.

XX.

Que les Droguets croiſez façon de Serges, fabriquez avec

laine ſur fil, les plus fin filez, auront en chaiſne huit cens fils, faiſant vingt portées de quarante fils chacune, la liziere compriſe, dans des rots d'une aulne & demie.

XXI.

ORDONNONS auſſi que ceux qui ſeront fabriquez ſur le fil filé plus gros, & laine commune & groſſiere, qu'on nomme *Talanche* & *Bauge*, ſoient paſſez dans des rots de trois quarts d'aulne de largeur, & ayent à proportion du filage plus ou moins groſſier, un nombre de portées & de fils ſuffiſant, pour avoir au ſortir du foulon une demi-aulne de largeur.

XXII.

ORDONNONS pareillement que tous les rots ſervant à fabriquer les étoffes dénommées cy-deſſus, & fixées dans leur largeur, ſoient cachetez du Sceau de nos Armes par l'Inſpecteur, ou de ſon cachet, & par les Gardes-Jurez de la marque particuliere à la fabrique de chaque lieu.

XXIII.

ET attendu que dans la fabrique des Draps & Serges meſlez de differentes couleurs, cy-deſſus dénommez, il ſe commet un abus conſiderable & très-préjudiciable au Public, en ce que les Ouvriers, pour fabriquer plus facilement & à moins de frais leurs Draps & Serges meſlez de differentes couleurs, teignent la chaiſne deſdits Draps & Serges de blanc en une ſeule couleur, & la trame en differentes couleurs; ce qui ne paroît pas lorſque les étoffes ſont foulées, mais les rend très-défectueuſes dans leur uſage, & donne occaſion de tromper les Marchands & les Particuliers qui s'en ſervent; faiſons très-expreſſes inhibitions & deffenſes à tous Maiſtres-Drapiers & Sergers, de teindre la chaiſne deſdites étoffes de blanc en une ſeule couleur, & ordonnons que la chaiſne & trame à fabriquer leſdits Draps & Serges, ſeront teintes & meſlées également des meſmes couleurs, & en outre frappées à deux grands coups, & bien travaillées & conditionnées, à peine de confiſcation des pieces, & de cinquante livres d'amende pour chaque contravention.

X X I V.

Que tous les Draps & Serges estant pour l'usage des Troupes & le commun du Peuple, ne seront tirez à rames ni en longueur ni en largeur, & seront mis sur les tendoires pour secher, sans aucune extension, à peine de saisie & de confiscation desdites étoffes, & de vingt livres d'amende pour chaque piece trouvée en contravention.

X X V.

Que toutes les pieces de Draps & Serges, qui seront à l'avenir fabriquées dans la Generalité de Bourgogne, seront fabriquées en conformité desdits Reglemens generaux de 1669. & des Articles precedens; & n'auront, à l'exception des Droguets, que vingt-une à vingt-trois aulnes de longueur au plus, à peine de vingt livres d'amende pour chaque contravention : Et en cas que trois mois aprés l'enregistrement des Presentes fait dans les Greffes des Jurisdictions des Juges des Manufactures, & au Bureau des Maistres & Gardes-Jurez des Maistres-Drapiers & des Marchands, il soit fabriqué aucune piece de Drap ou Serge qui ait une plus grande longueur, ce qui excedera ladite longueur sera coupé, & donné à l'Hospital du lieu où sera trouvé ledit excedent, & le contrevenant condamné à l'amende de vingt livres.

X X V I.

Que les Marchands acheteurs ne pourront exiger des Maistres-Drapiers, Sergers & Tisserands, Droguetiers & Fabriquans d'étoffes, & Vendeurs, sur vingt-une aulnes un quart, plus d'une aulne & un quart, vulgairement appellée vingt-un quart pour vingt aulnes, & des demi-pieces à proportion, à peine de cent livres d'amende. Toutes les pieces d'étoffes soient aulnées bords à bois, & sans que le vendeur soit obligé de donner à l'acheteur aucun évent ni excedent d'aulnage ; & pour cet effet, il soit mis sur chaque piece un bulletin de ce qu'elle contiendra, afin que le prix en soit payé par l'acheteur au vendeur, suivant l'aulnage dudit bulletin, aprés que la vérification en aura esté faite, à peine de cent livres d'amende contre les contrevenans.

XXVII.

ORDONNE que pour la visite & marque des étoffes, il soit fourni par les Maires, Eschevins, Juges de Police & des Manufactures, dans chaque Ville & lieu de Fabrique, & aux Marchands pour la vente & débit des étoffes, une chambre d'une grandeur suffisante dans la Maison de Ville, ou dans les Halles, si faire se peut, aux dépens de ladite Ville, pour que les Marchandises y soient déposées en seureté, & que la visite de toutes les étoffes de la fabrique dudit lieu, & de celles qui y seront portées provenant des autres Manufactures du Royaume, ou des Pays estrangers, puisse y estre faite commodément, ainsi qu'il est porté par l'Article XXXIX. du Reglement de 1669.

XXVIII.

QUE les Marchands Maistres-Teinturiers ne pourront teindre en petit teint, aucunes étoffes qui doivent estre teintes de bon teint. Chaque Teinturier sera tenu, à peine de cent cinquante livres d'amende pour chacune contravention, d'appliquer à chaque piece d'étoffe qu'il aura teinte de bon teint, son plomb, autour duquel son nom sera gravé; afin que quand le déboüilly des étoffes aura esté fait, on puisse connoistre celuy qui aura fait la fausse teinture.

XXIX.

QU'AUCUNES personnes de quelque art & profession qu'ils soient, s'ils n'ont point esté reçûs Maistres-Teinturiers, ne pourront s'ingerer à teindre aucunes étoffes, bas & marchandises de laine, de soye, ni les fils, aucuns habits neufs ou vieux, à peine de trois cens livres d'amende, ainsi qu'il est porté par le premier Article des Reglemens de 1669. concernant les Marchands Maistres-Teinturiers, sans préjudice néantmoins de la permission accordée aux Maistres-Drapiers, Sergers, Tisserands & Maistres-Droguetiers, de teindre les laines servant à la fabrique de leurs étoffes.

XXX.

QUE les Foulonniers, Tondeurs, Cardeurs, & Appresteurs d'étoffes, Draps, Serges & Droguets, ne pourront se servir de cardes de fer pour l'appreſt deſdites étoffes, ni meſme en avoir dans leurs maiſons, à peine de cent livres d'amende; Et ne pourront ſe ſervir pour l'appreſt des Draps, Serges, Droguets & autres étoffes, que de chardons : Et afin que le contenu au preſent Article ſoit exactement executé & obſervé, il ſera fait chez leſdits Foulonniers, Tondeurs, Cardeurs & Appreſteurs d'étoffes, & chez les Teinturiers, de frequentes viſites par les Juges de Police, l'Inſpecteur des Manufactures, & les Maiſtres & Gardes des Marchands-Drapiers.

XXXI.

Et d'autant que les Maiſtres & Gardes-Jurez des Marchands-Drapiers & Merciers des Villes & lieux où ſe débitent les étoffes des Manufactures du Département de Bourgogne & autres Provinces du Royaume, en faiſant leurs viſites, n'y ajoûtent point un nouveau plomb, & font appoſer leur marque foraine ſur le plomb de fabrique, ce qui eſt contraire à la diſpoſition des Reglemens, & empeſche que le lieu de la fabrique ne puiſſe eſtre connu; les Maiſtres & Gardes ſeront tenus de ne marquer ou faire marquer de la marque foraine ſur le plomb de la fabrique; & leur enjoignons d'y ajoûter un ſecond plomb qui contiendra ladite marque foraine, lorſqu'ils auront reconnu que leſdites étoffes ont les longueurs & qualitez requiſes par ces Preſentes & les Reglemens de 1669. à peine de dix livres d'amende contre leſdits Maiſtres & Gardes, pour chaque piece qui aura eſté par eux marquée ſur le plomb de la marque de fabrique: Et pour connoiſtre ceux qui auroient contrevenu à ce que deſſus, enjoignons aux Gardes-Jurez dans les Fabriques, Gardes des Marchands-Drapiers & Merciers de chaque Communauté, & aux Gardes-Jurez des Maiſtres-Drapiers, Sergers, Fabriquans d'étoffes, de faire renouveller tous les ans, lorſqu'ils entreront en exercice, la marque de chaque lieu, avec le chiffre de l'année, à peine de cent livres damende contre les contrevenans.

XXXII.

Que toutes les pieces d'étoffes en general, de laine, fil &

laine, ſoye & laine, fil, poil & coton, meſlées de couleurs, ou non meſlées, qui pourront eſtre expoſées en vente, & qui auront cinq aulnes de longueur & plus, ſeront vûës, viſitées & marquées conformément à ces Preſentes & aux Reglemens de 1669. & il ſera payé pour le droit de viſite & marque un ſol auſdits Maiſtres & Gardes des Drapiers-drapans de la Fabrique de chaque lieu & dépendance d'iceluy, pour chaque piece d'étoffes; Et le meſme droit ſera payé aux Maiſtres & Gardes des Marchands Drapiers & Merciers pour le ſecond plomb de la marque foraine & du débit, à l'effet d'eſtre ledit ſol employé à payer les appointemens de l'Inſpecteur, ſuivant la repartition faite par noſtre Commiſſaire départi en ladite Province, ſur chaque Corps de Communauté, conformément aux Arreſts de noſtre Conſeil: Et pour cet effet, deffendons à tous Foulonniers, Teinturiers & Appreſteurs d'étoffes, qui ne feront eloignez de plus de deux lieuës du Bureau des Manufactures dénommées dans ces Preſentes, de délivrer aucunes pieces d'étoffes, ſans avoir eſté par eux préalablement portées au Bureau des Gardes-Jurez de leur dépendance, ou au plus prochain Bureau, pour y eſtre vûës, viſitées, & marquées quand elles ſe trouveront conformes à ces Preſentes; Et faute d'y ſatisfaire, les pieces ſeront ſaiſies & confiſquées, & en outre les contrevenans ſeront condamnez pour chaque piece trouvée en contravention, en vingt livres d'amende, dont leſdits Foulonniers, Tondeurs, Appreſteurs & Teinturiers ſeront reſponſables envers ceux à qui leſdites étoffes appartiendront.

XXXIII.

Et d'autant que les Marchands, Maiſtres-Drapiers, Sergers, & Maiſtres-Tiſſerands, Droguetiers & Fabriquans d'étoffes, eſtablis dans le Département de Bourgogne, qui en font leur débit dans les petites Villes, Bourgs & Villages où il ſe tient des Foires & Marchez, dans leſquels il n'y a point de Gardes-Jurez, ce qui donne lieu à des Colporteurs des Provinces voiſines, ou autres, non eſtablis dans noſtre Royaume, d'y vendre & débiter des étoffes défectueuſes en largeur & qualité, au moyen de quoy ils peuvent les donner à plus bas prix que ne ſont venduës celles fabriquées en conformité des Reglemens, & cauſent un tort conſiderable aux Marchands de bonne foy; enjoignons aux Juges de Police & des Manufactures de chaque lieu où il y aura des Foires & Marchez, d'y nommer un Marchand & un Maiſtre-Drapier ou Fabriquant d'étoffes, eſtablis dans les lieux les plus voiſins des Villes & lieux où il ſe tient des Foires & Marchez, pour y faire les fonctions de Gardes-Jurez, & y viſiter & marquer d'une marque foraine toutes les pieces d'étoffes qui ſeront apportées dans les Foires & Marchez, & qui ſeront ſans plomb de fabrique & plomb de viſite, après qu'elles auront paru avoir les qualitez & largeurs preſcrites par les Reglemens de 1669. ou par les articles precedens, pour raiſon de laquelle viſite & marque il ſera payé un ſol par piece contenant cinq aulnes & au deſſus. Leſdits Juges de chaque lieu ſeront auſſi tenus, lorſqu'ils en ſeront requis, d'accompagner l'Inſpecteur des Manufactures, & les Gardes-Jurez des Marchands & Maiſtres-Drapiers-drapans & Fabriquans d'étoffes, & ceux qu'ils auront nommez d'office, dans les viſites qu'il conviendra faire, de leur donner aide & main forte en cas de rebellion, & punir les contrevenans à ces Preſentes & aux Reglemens de 1669. par ſaiſie, confiſcation, amende, & autres peines ſi le cas y échet, le tout gratuitement & ſans frais à l'égard deſdits Gardes & Inſpecteur.

XXXIV.

FAISONS très-expreſſes inhibitions & deffenſes aux Maires & Eſchevins, & autres Juges des Manufactures, & à leurs Greffiers, d'exiger des Gardes-Jurez des Marchands-Drapiers, Sergers, & Marchands, aucunes ſommes, lorſque leſdits Juges ſeront par eux requis de les accompagner dans les viſites & autres fonctions qu'il convient de faire pour le bien & la perfection de la fabrique des étoffes, ſous pretexte de vacations, expedition de Procès-verbaux, d'aſſiſtance aux viſites & aſſemblées qui ſeront jugées neceſſaires; ni de percevoir pour la reception des Maiſtres-Drapiers, Sergers, Tiſſerands, Droguetiers & des Marchands,

Marchands, lorſqu'ils ſont élûs Gardes-Jurez, pour en preſter le ſerment, plus qu'il n'eſt ordonné par leſdits Reglemens de 1669. à peine de concuſſion, reſtitution, & amende ſuivant les cas.

XXXV.

VOULONS que leſdits Juges ſoient tenus d'accompagner, quand ils en ſeront requis, l'Inſpecteur des Manufactures & les Gardes-Jurez, dans les viſites qu'il conviendra faire, & leur delivreront les Procès verbaux gratuitement & ſans frais, ſur les peines comme deſſus.

XXXVI.

QUE les Gardes-Jurez des Marchands ſeront tenus à la premiere requiſition qui leur en ſera faite par l'Inſpecteur des Manufactures, de ſe tranſporter avec luy chez les Marchands & Ouvriers, pour y faire la viſite des étoffes qui s'y trouveront, à peine contre chacun deſdits Gardes-Jurez qui auront refuſé de l'accompagner eſdites viſites, de trois cens livres d'amende; au payement de laquelle ils ſeront condamnez par les Juges des Manufactures, qui ne pourront la remettre ni moderer ſous quelque prétexte que ce ſoit: & en cas de refus de la part deſdits Jurez de l'y accompagner, ledit Inſpecteur pourra proceder ſeul à ladite viſite, & faire ſaiſir les étoffes qui ſe trouveront défectueuſes, ſans qu'aucune perſonne puiſſe y cauſer aucun trouble ni empêchement ſous telles peines qu'il appartiendra.

XXXVII.

ORDONNONS au ſurplus, que les Reglemens generaux de 1669. & Arreſts de noſtre Conſeil concernant les Manufactures ſeront executez ſelon leur forme & teneur, en ce qu'ils ne ſont point contraires à ces Preſentes: SI VOUS MANDONS que ces Preſentes vous ayez à faire lire, publier & regiſtrer, & le contenu en icelles garder & obſerver ſelon leur forme & teneur: Voulons qu'aux copies dudit Arreſt & des Preſentes, collationnées par l'un de nos amez & feaux Conſeillers-Secretaires, foy ſoit ajoûtée comme à l'original; CAR TEL EST NOSTRE PLAISIR. Donné à Paris le vingt-uniéme jour d'Aouſt, l'an de grace mil ſept cens dix-huit, & de noſtre Regne le troiſiéme. *Signé* LOUIS. *Et plus bas* par le Roy, le Duc D'ORLEANS Regent preſent. *Signé* PHELYPEAUX.

Regiſtrées, oüy & ce requerant le Procureur General du Roy; à la diligence duquel, copies deſdits Arreſt du Conſeil, Lettres Patentes & du preſent Arreſt ſeront envoyées dans tous les Bailliages, & Sieges de ce Reſſort, pour y eſtre lûës, publiées, regiſtrées, & leſdits Arreſts du Conſeil & Lettres Patentes executez ſelon leur forme & teneur: Enjoint aux Subſtituts dudit Procureur General du Roy d'y tenir la main, & certifier la Cour de leurs diligences dans quinze jours prochains. Fait en la Chambre des Vacations à Dijon, le Jeudi treize Octobre mil ſept cens dix-huit; & ont eſté leſdits Arreſt du Conſeil & Lettres Patentes lûs & publiez à l'audience de ladite Chambre le meſme jour.

Signé GUYTON.

ARREST concernant les Manufactures des Draps d'Avalon.

Du 9. Aouſt 1721.

Extrait des Regiſtres du Conſeil d'Eſtat.

LE ROY eſtant informé que dans la viſite que l'Inſpecteur des Manufactures de Bourgogne a faite dans la Ville d'Avalon, il auroit trouvé que les Ouvriers ne ſe conformoient pas dans la fabrique de leurs Draps, à ce qui leur eſt preſcrit par l'Article II. des Lettres Patentes du 21. Aouſt 1718. portant Reglement pour les Manufactures des Provinces de Bourgogne, Breſſe, Bugey & Gex, leurs meſtiers n'eſtant montez pour les Draps de differentes couleurs, que de quarante-deux portées de trente-deux fils chacune, au lieu de quarante-trois portées; & les Draps blancs de quarante-trois portées de trente-deux fils chacune, au lieu de quarante-quatre portées: Que cet Inſpecteur ayant demandé à ces Ouvriers la raison de cette diminution de portées, ils l'auroient assûré ne pouvoir faire autrement; parce que les laines qu'ils emploient à ces Draps sont plus communes, & le filage plus grossier que dans les autres Villes de Bourgogne où il y a des Manufactures establies, & que leurs Draps ainsi fabriquez, sont de la largeur ordonnée: Vû aussi lesdites Lettres Patentes du 21. Aoust 1718. l'avis du Sieur de la Briffe Intendant en Bourgogne, celuy de l'Inspecteur des Manufactures, ensemble l'avis des Députez au Conseil de Commerce, desquels avis il resulte qu'il n'y a aucun inconvenient de permettre ausdits Fabriquans d'Avalon, de fabriquer leurs Draps ainsi qu'il est proposé. Oüy le rapport du Sieur le Pelletier de la Houssaye Conseiller d'Estat ordinaire, & au Conseil de Regence pour les Finances, Controlleur general des Finances, LE ROY ESTANT EN SON CONSEIL, de l'avis de Monsieur le Duc d'Orleans Regent, a permis & permet ausdits Ouvriers & Fabriquans de la Ville d'Avalon, de fabriquer les Draps meslez, de quarante-deux portées de trente-deux fils chacune; & les Draps blancs, de quarante-trois portées de trente-deux fils chacune, sans qu'il puisse estre rien diminué de ce qui est prescrit par ledit Reglement du 21. Aoust 1718. par rapport à la longueur & à la largeur de leurs étoffes, & sans tirer à consequence pour ce qui est ordonné à l'égard des autres lieux de Manufactures désignez dans ledit Reglement, lequel sera au surplus executé selon sa forme & teneur Enjoint Sa Majesté au Sieur de la Briffe Intendant & Commissaire départi pour l'execution de ses ordres dans le Département de Bourgogne, de tenir la main à l'execution du present Arrest, sur lequel seront toutes Lettres necessaires expediées. FAIT au Conseil d'Estat du Roy, Sa Majesté y estant, tenu à Paris le neufviéme jour d'Aoust mil sept cens vingt-un. *Signé* PHELYPEAUX.

LOUIS PAR LA GRACE DE DIEU, ROY DE FRANCE ET DE NAVARRE: A nostre amé & feal Conseiller en nos Conseils, Maistre des Requestes ordinaire de nostre Hostel, le Sieur de la Briffe Intendant de Justice, Police, & Finances en Bourgogne: Nous vous mandons & enjoignons par ces presentes signées de Nous, de tenir la main à l'execution de l'Arrest cy-attaché sous le Contre-scel de nostre Chancellerie, cejourd'huy donné en nostre Conseil d'Estat, Nous y estant, pour les causes y contenuës: Commandons au premier nostre Huissier ou Sergent sur ce requis, de signifier ledit Arrest à tous qu'il appartiendra, à ce que personne n'en ignore, & de faire pour son entiere execution tous Actes & Exploits necessaires, sans autre permission ; CAR TEL EST NOSTRE PLAISIR. Donné à Paris le neufviéme jour d'Aoust, l'an de grace mil sept cens vingt-un, & de nostre Regne le sixiéme. *Signé* LOUIS. *Et plus bas* par le Roy, le Duc D'ORLEANS Regent present.

Signé PHELYPEAUX.

---

§. XXII.

MANUFACTURES ET COMMERCE des Draperies dans le Département de Metz.

ARREST pour l'observation des Reglemens generaux des Manufactures des trois Eveschez de Metz, Toul & Verdun, portant Exemption des droits de Sortie pour les Draperies qui passeront de l'interieur du Royaume dans l'estenduë desdits trois Eveschez.

Du 25. Janvier 1716.

Extrait des Registres du Conseil d'Estat.

SUR ce qui a esté representé au Roy, en son Conseil, au sujet des abus qui se commettent dans les Villes & Pays des trois Eveschez de Metz, Toul & Verdun, au préjudice des

Edits, Declarations & Reglemens concernant les Manufactures, l'introduction des Draperies estrangeres, & l'usage des toiles & étoffes des Indes & de la Chine; Sa Majesté auroit cy-devant ordonné l'envoy d'un Inspecteur des Manufactures à Metz, pour veiller à l'observation desdits Reglemens, ainsi qu'il se pratique dans les autres Provinces du Royaume; à l'establissement duquel Inspecteur, les differentes Communautez de Marchands & Ouvriers de la Ville de Metz s'estant opposées, & les uns & les autres ayant esté entendus, ainsi que ledit Inspecteur devant le Sieur Robin Commissaire ordonnateur, en l'absence du Sieur de Saint Contest Intendant, qui en auroit dressé son Procès verbal, & iceluy envoyé au Conseil. Vû ledit Procès verbal, l'Arrest d'enregistrement au Parlement de Metz, du 2. Juin 1670. de l'Edit de 1669. contenant les Reglemens generaux des Manufactures, & autres pieces & Memoires: Le Roy voulant que les mesmes regles sur une matiere aussi importante soient gardées & observées dans tout son Royaume; & desirant en même temps traiter favorablement ses sujets desdits trois Eveschez. Oüy le Rapport, SA MAJESTÉ EN SON CONSEIL, a ordonné & ordonne que les Edits, Ordonnances, Arrests & Reglemens concernant les Manufactures, l'introduction des Draperies estrangeres, & les deffenses du port & usage des toiles peintes & étoffes des Indes & de la Chine, & notamment l'Arrest du Conseil du 4. Janvier dernier, seront executez selon leur forme & teneur dans l'estenduë des Villes & Pays des trois Eveschez de Metz, Toul & Verdun : à l'effet de quoy il y sera incessamment estabil un Inspecteur, pour veiller à l'observation desdits Edits, Ordonnances, Arrests & Reglemens. Ordonne en outre Sa Majesté, que les Draperies & étoffes de laines de toutes sortes, qui se transporteront des Provinces du dedans du Royaume dans lesdites Villes & Pays de Metz, Toul & Verdun, seront doresnavant exemptes de tous droits de sortie, passant par les Bureaux de Châlons & de Sainte Menehould. Enjoint Sa Majesté aux Sieurs Commissaires départis dans le Pays de Metz, Toul & Verdun, & dans la Generalité de Champagne, de tenir la main, chacun en droit soy, à l'execution du present Arrest, qui ſera lû, publié & affiché par tout où beſoin ſera. FAIT au Conſeil d'Eſtat du Roy, tenu à Paris le vingt-cinquiéme jour de Janvier mil ſept cens ſeize. Collationné. *Signé* GOUJON.

LOUIS PAR LA GRACE DE DIEU, ROY DE FRANCE ET DE NAVARRE : A nos amez & feaux Conſeillers en nos Conſeils, Maiſtres des Requeſtes ordinaires de noſtre Hoſtel, les Sieurs Commiſſaires départis pour l'execution de nos ordres dans le Pays de Metz, Toul & Verdun, & dans la Generalité de Champagne, SALUT. Suivant l'Arreſt dont l'extrait eſt cy-attaché ſous le Contre-ſcel de noſtre Chancellerie, cejourd'huy donné en noſtre Conſeil d'Eſtat, au ſujet des abus qui ſe commettent dans leſdites Villes & Pays au préjudice des Edits, Declarations & Reglemens concernant les Manufactures, l'introduction des Draperies eſtrangeres & l'uſage des toiles & étoffes des Indes & de la Chine, Nous vous enjoignons de tenir la main chacun en droit ſoy, à l'execution dudit Arreſt. Commandons au premier noſtre Huiſſier ou Sergent ſur ce requis, de ſignifier ledit Arreſt à tous qu'il appartiendra, à ce qu'aucuns n'en ignorent, & de faire en outre pour l'entiere execution d'iceluy tous Commandemens, Sommations & autres Actes & Exploits neceſſaires, ſans autre permiſſion. Voulons que ledit Arreſt ſoit lû, publié & affiché par tout où beſoin ſera; CAR TEL EST NOSTRE PLAISIR. Donné à Paris le vingt-cinquiéme jour de Janvier, l'an de grace mil ſept cens ſeize, & de noſtre Regne le premier. Par le Roy en ſon Conſeil, le Duc d'ORLEANS Regent preſent. *Signé* GOUJON.

ARREST qui ordonne l'establissement d'un Bureau dans chacune des Villes de Metz, Toul & Verdun, & autres du Département de Metz, pour la Visite & Marque des Etoffes.

Du 12. Septembre 1717.

Extrait des Registres du Conseil d'Estat.

LE ROY ayant ordonné par Arrest de son Conseil du 25. Janvier 1716. que les Edits, Ordonnances, Arrests & Reglemens concernant les Manufactures, seroient executez à l'avenir dans les Evesches de Metz, Toul & Verdun, & qu'il seroit envoyé un Inspecteur pour veiller à leur observation. Ces dispositions generales auroient esté publiées dans ledit Pays, & l'Inspecteur envoyé: Et comme l'un des principaux objets de ces Reglemens a esté de bannir les fraudes & les abus qui peuvent se commettre, tant dans la fabrication que dans la vente des Etoffes & Marchandises, à quoy l'on ne sçauroit parvenir sans l'establissement d'un Bureau où lesdites Etoffes & Marchandises soient visitées & marquées par les Gardes & Jurez, pour en reconnoistre la bonne ou mauvaise qualité, & assûrer la foy du Commerce: Quoyque cet establissement ait déja esté ordonné en general par lesdits Reglemens, il auroit esté jugé à propos pour prévenir toute difficulté, d'y pourvoir en particulier pour ledit Département de Metz, Toul & Verdun, de la maniere portée par les Articles XXXIX. & XLII. des Reglemens generaux du mois d'Aoust 1669. & par l'Arrest du Conseil du 3. Juillet 1677. Oüy le rapport, SA MAJESTÉ ESTANT EN SON CONSEIL, de l'avis de Monsieur le Duc d'Orleans Regent, a ordonné & ordonne que conformément ausdits Reglemens generaux du mois d'Aoust 1669. & à l'Arrest du

Conſeil du 3. Juillet 1677. il ſera eſtabli un Bureau dans chacune deſdites Villes de Metz, Toul & Verdun, & autres dudit Département où il ſera jugé neceſſaire, lequel Bureau ſera fourni par les Officiers des Hoſtels de Ville, ſoit dans les Hoſtels de Ville ou ailleurs; dans lequel tous les Draps, Serges, & autres E'toffes, tant celles fabriquées dans la Ville où le Bureau ſera eſtabli, que celles fabriquées dans les lieux circonvoiſins, ſeront portées au retour du Foulon, & enſuites vûës & viſitées par les Gardes & Jurez-Drapiers en charge, & par eux marquées de la marque du Lieu où elles auront eſté faites, ſi elles ſont conformes auſdits Reglemens; & en cas de défectuoſité, ſaiſies, & la confiſcation ordonnée. Seront pareillement portées audit Bureau les E'toffes & Marchandiſes qui ſeront deſtinées pour la conſommation des Villes où le Bureau ſera eſtabli, pour eſtre auſſi viſitées & marquées, à l'exception de celles qui auront eſté marquées à Paris, Calais & Saint Vallery, dont les marques & Plombs ſeront ſeulement reconnus: Et ſera tenu bon & fidelle Regiſtre par leſdits Gardes & Jurez-Drapiers, ou leur Prépoſé, de toutes leſdites Marchandiſes, du nom des Marchands auſquels elles appartiendront, du jour qu'elles auront eſté déchargées, & de celuy qu'elles auront eſté renduës; & ſera payé un ſol par Piece ſeulement, pour ſubvenir aux frais de Marque & de Bureau, ſans que ledit Droit puiſſe eſtre augmenté pour quelque cauſe & occaſion que ce ſoit, le tout ſous les peines portées par leſdits Reglemens du mois d'Aouſt 1669. Fait Sa Majeſté très-expreſſes inhibitions & deffenſes à tous Rouliers, Voituriers & autres, de décharger les Ballots & Marchandiſes arrivant dans l'une deſdites Villes, en autre lieu que dans le Bureau qui ſera eſtabli pour la viſite, à peine de cinq cens livres d'amende, & de confiſcation des chevaux & équipages. Enjoint Sa Majeſté au Sieur de Harlay, Intendant de Metz, Toul & Verdun, de tenir la main à l'execution du preſent Arreſt. FAIT au Conſeil d'Eſtat du Roy, Sa Majeſté y eſtant, tenu à Paris le douziéme jour de Septembre mil ſept cens dix-ſept.

Signé PHELYPEAUX.

LOUIS

LOUIS PAR LA GRACE DE DIEU, ROY DE FRANCE ET DE NAVARRE: A nôtre amé & feal Conseiller en nos Conseils, Maistre des Requestes ordinaire de nôtre Hôtel, le Sr de Harlay Intendant de Justice, Police & Finances en la Generalité de Metz, SALUT. Nous vous mandons & enjoignons par ces presentes signées de Nous, de tenir la main à l'execution de l'Arrest cy-attaché sous le contre-scel de nôtre Chancellerie, cejourd'huy donné en nôtre Conseil d'Estat, Nous y estant; lequel Nous commandons au premier nôtre Huissier ou Sergent sur ce requis, de signifier à tous qu'il appartiendra, à ce qu'aucun n'en ignore, & de faire pour son entiere execution tous Actes & Exploits necessaires, sans autre permission; CAR TEL EST NOSTRE PLAISIR. Donné à Paris le douziéme jour de Septembre, l'an de grace mil sept cens dix-sept, & de nôtre Regne le troisieme. *Signé* LOUIS. *Et plus bas* par le Roy, le Duc d'Orleans Regent present. *Signé* PHELYPEAUX.

---

§. XXIII.

MANUFACTURES DE LA FLANDRE FRANÇOISE.

ORDONNANCE du Magistrat de Lille, concernant la Manufacture de Sayeterie & de Bourgeterie de Lille.

Du 22. Mars 1718.

NOUS REWART, Mayeur, Eschevins, Conseil, & Huit-Hommes de la Ville de Lille. Les troubles de la Guerre & l'interruption du Commerce ayant introduit du relaschement dans l'exactitude prescrite par nos Ordonnances precedentes, pour la longueur & largeur des étoffes qui se fabriquent par les Sayeteurs & Bourgeteurs de cette Ville; Et la Chambre de

Commerce de Lille, eſtablie par le Roy, nous ayant porté à y faire attention: pour reſtablir & ſouſtenir ces Manufactures dans leur reputation, de l'avis de ladite Chambre, & après avoir entendu plusieurs Marchands & pluſieurs Manufacturiers de cette Ville, Nous avons ordonné & ſtatué ce qui ſuit.

Article Premier.

Que les Polimits, Lampareilles, & Picoſtes fines, entrefines & ſuperfines, ſeront larges de treize tailles en couleur, & treize tailles & demie lorſqu'elles ſeront blanches; & ſeront longues de quarante aulnes pour une piece, de ſoixante aulnes pour une piece & demie, & de quatre-vingt aulnes pour une double piece.

I I.

Et comme il y a des Royaumes & des Provinces où l'on a accouſtumé d'envoyer des pieces plus courtes deſdits Polimits & Picoſtes, nous permettons d'en faire auſſi de trente-ſix aulnes pour une piece; de cinquante - quatre aulnes pour une piece & demie, & de ſoixante & douze aulnes pour une double piece.

I I I.

Les Lanilles ou petits cinq quarts ſeront larges de dix-neuf tailles en blanc, & longs de trente-ſix aulnes pour une piece, & de cinquante-quatre aulnes pour une piece & demie.

I V.

Les Bouracans ſeront larges de dix-huit tailles en couleur, & longs de trente-ſix, quarante ou quarante-quatre aulnes.

V.

Les Quinettes ou Bouſis, ſeront larges de treize tailles en couleur, & treize tailles & demie en blanc; & ſeront longs de trente-ſix & cinquante-quatre aulnes, tant en blanc qu'en couleur.

V I.

Les petits Camelots, dits Sept huitiemes, ſeront larges de

treize tailles en couleur, & treize tailles & demie en blanc; & feront longs de trente-fix & cinquante-quatre aulnes, tant en blanc qu'en couleur.

VII.

Les Cinq huitiemes feront larges de onze tailles & demie en blanc, & onze tailles en couleur; & feront longs de trente-fix & cinquante-quatre aulnes.

VIII.

Lesquelles largeurs & longueurs Nous voulons eftre exactement gardées & obfervées, parmi une aulne de remede au plus, pour la longeur de la piece de quarante aulnes, & les plus longues & plus courtes à proportion, & un huitieme d'une taille de remede en la largeur, conformément aux anciennes Ordonnances; à peril que la piece fera delitée au deffaut de largeur, & coupée au deffaut de longueur, fans pouvoir eftre plombée dans l'un ni l'autre defdits cas.

IX.

Et à l'égard des Polimits de laine, façon d'Angleterre, unis, rayez, meflez & jafpez, les plus larges feront de treize tailles & demie, & les plus eftroits de douze tailles, à la longueur que les Marchands les demanderont.

X.

Les Camelots ou Polimits en foye & laine, unis, meflez ou jafpez, feront larges de treize tailles en couleur.

XI.

Les Camelots ou Polimits en grains, à deux ou quatre marches, meflez de foye, poil de Chevre, ou pure laine, feront larges de feize tailles en couleur, & de feize tailles un poulce en blanc.

XII.

Les Camelots ou Polimits en laine, dits fix quarts, meflez en foye, poil de Chevre, ou pure laine, feront larges de vingt-cinq tailles en blanc, avec faculté pour cette efpece feulement, de les faire en blanc jufqu'à vingt-fept & vingt-neuf tailles en largeur.

XIII.

Les Calmandes larges auront ſeize tailles, les Calmandes ordinaires onze tailles & demie, & les demi-Calmandes dix tailles de largeur.

XIV.

Les Creſpons de laine, ou meſlez de laine & de fil, auront en blanc, avant d'eſtre foulez, treize ou dix-ſept tailles de largeur,

XV.

Les Creſpons en ſoye, façon d'Angleterre, ſeront larges de dix, onze, douze ou treize tailles, & au deſſus.

XVI.

Lesquelles largeurs repriſes ès Articles IX. X. XI. XII. XIII. XIV. & XV. ſeront obſervées aux peril & amende contenus en l'Article VIII. pour la largeur.

XVII.

Et afin que le preſent Reglement ſoit ponctuellement executé, Nous ordonnons aux Fabricateurs de cette Ville de mettre leur enſeigne ou marque à toutes les pieces qu'ils feront.

XVIII.

Les Maiſtres des Corps de Stils des Sayeteurs & Bourgeteurs ſeront tenus d'appoſer le premier plomb ſur chaque piece à la requiſition du Fabricateur, lorſque les pieces ſeront ſur l'outil ; du nombre deſquels plombs qu'ils appoſeront chez chaque Fabricateur, leſdits Maiſtres tiendront note ſur une feüille qui leur ſera donnée, & qu'ils dépoſeront chaque ſemaine aux Siéges de la Sayeterie & Bourgeterie ſuivant leur competence, pour eſtre confrontées aux décharges de chaque Fabricateur, lorſqu'ils recevront le plomb de Manufacture de Lille, qui leur ſera donné par les Egards.

XIX.

Les Fabricateurs ſeront tenus de porter aux Egards toutes les pieces qu'ils fabriqueront, pour y recevoir ledit plomb de Manufacture de Lille, lorſqu'elles auront les dimenſions requiſes ; & lorſqu'elles ſeront défectueuſes, elles ſeront delitées ou coupées comme il eſt dit cy-deſſus : leſquels Egards tiendront note ſur une feüille, des pieces qui leur ſeront apportées, pour eſtre ladite feüille confrontée ſur la fin de chaque mois avec la charge des plombs d'outils de chaque Fabricateur, pour reconnoiſtre ſi toutes les pieces qui ſe fabriquent en cette Ville ſont portées aux E'gards.

XX.

Si les Fabricateurs ſont trouvez en deffaut d'avoir mis leur marque ou enſeigne ſur quelque piece, ſans avoir reçû le premier plomb ſur l'outil, ou s'ils s'émancipoient de vendre ou diſpoſer de quelque piece ſans l'avoir portée aux E'gards & reçû le plomb de Manufacture de Lille; en chacun deſdits cas, ils ſeront condamnez pour la premiere fois en dix florins d'amende pour chaque piece, la deuxiéme fois ſuſpendus de leur Maiſtriſe pour trois mois, & la troiſiéme fois ils ſeront caſſez & perdront à toûjours leur Maiſtriſe,

XXI.

Et afin que les pieces ayent quelque remarque par les deux bouts, Nous voulons que la marque ou enſeigne du Maiſtre ſoit à un bout, & les deux plombs à l'autre; ordonnons aux Plombeurs de s'y conformer.

XXII.

Nous deffendons à toutes perſonnes, Marchands, Boutiquiers & autres, de vendre ni acheter aucune piece d'étoffe fabriquée en cette Ville, qui n'aura point de plomb de Manufacture de Lille, à peril de dix florins d'amende.

XXIII.

Et afin que les Marchands & Boutiquiers ne ſoient pas ſurpris, & que les Marchandiſes fabriquées en cette Ville, qu'ils ont chez eux, ſoient garnies de plomb; Nous ordonnons auſdits Marchands & Boutiquiers, d'en faire leur declaration dans quinzaine pour tout délay à Joſeph de Varle demeurant ruë du Plat, pour les Manufactures de Sayeterie, & à Eſtienne-François Berthe demeurant ruë des Jeſuites, pour les Manufactures de la Bourgeterie; leſquels ſeront tenus de ſe rendre chez eux pour les plomber ſans frais pour cette fois en dedans le mois, Nous reſervant de les récompenſer de leurs peines: Voulons que ledit temps paſſé, les étoffes fabriquées en cette Ville, qui ſeront trouvées ſans plomb, ſoient cenſées en fraude de la preſente Ordonnance ; & ceux chez qui elles ſeront trouvées, ſoient condamnez en dix florins d'amende pour chaque piece.

XXIV.

Nous accordons auſſi un mois aux Fabricateurs pour tout ce qu'ils ont commencé ou préparé, pendant lequel temps les E'gards en uſeront comme ils faiſoient avant la preſente Ordonnance.

XXV.

Et ayant appris que les Camelots & Calmandes qu'on veut faire teindre écarlates, ne peuvent point ſouffrir de plomb lorſqu'elles ſont en corroye & en teinture; Nous ordonnons aux teinturiers qui ſeront chargez de les teindre, d'avertir leſdits de Varle ou Berthe, chacun à leur égard, afin qu'ils viennent oſter les plombs de Manufacture de Lille, qui ſe trouveront apposez auſdites pieces, & tiennent note du nombre de pieces & de leur qualité auſquelles ils auront oſté les plombs; afin que lorſqu'elles ſeront teintes, en recevant le ſerment du Teinturier que ce ſont les meſmes, ils puiſſent y appoſer de nouveaux plombs de Manufacture de Lille, en payant par le Teinturier un patar de chaque plomb nouveau qui ſera appliqué; ce qui devra ſe faire fidellement, à peril de dix florins d'amende ſans aucune diminution à l'égard du Teinturier, & de caſſation à l'égard des Commis; lequel patar ſera repeté par le Teinturier, de celuy qui luy aura envoyé les pieces à teindre.

XXVI.

Deffendons aux Teinturiers, Calendreurs & Appreſteurs, de recevoir chez eux aucune piece fabriquée en cette Ville, qu'elle n'ait eſté égardée & plombée, à peril de dix florins d'amende pour chaque piece.

XXVII.

Nous ordonnons aux Calendreurs de couper un coin des pieces où ſont les plombs, pour les laiſſer pendre à coſté & les conſerver en leur entier, à peril de trois florins d'amende pour chaque piece, lorſqu'ils les auront effacez en les faiſant paſſer par leur calendre.

XXVIII.

DEFFENDONS pareillement à toutes perſonnes telles qu'elles puiſſent eſtre, autres que les Commis prépoſez pour plomber, d'appliquer aucun plomb aux Marchandiſes, à peril d'eſtre punis comme fauſſaires.

XXIX.

PERMETTONS aux E'gards de faire donner le plomb d'appreſt aux Marchandiſes foraines dont la fabrique eſt permiſe par les Ordonnances des Souverains du Pays, lorſqu'elles auront les qualitez cy-deſſus requiſes ; deffendant comme autrefois aux Teinturiers, Calendreurs & Appreſteurs, d'en recevoir chez eux ſans leſdits plombs d'appreſt, à peril de dix florins d'amende pour chaque piece.

XXX.

ET pour parvenir plus facilement à la découverte des contraventions à la preſente Ordonnance, les Maiſtres Sayeteurs & Bourgeteurs feront les viſites en la maniere accouſtumée, ſauf & excepté ſeulement que chez les Marchands & Boutiquiers ils ſe feront aſſiſter de deux Eſchevins.

XXXI.

VOULONS au ſurplus, que les Ordonnances qui ont eſté faites cy-devant pour le maintien des deux Corps, ſeront executées ſelon leur forme & teneur, pour ce qui n'eſt point dérogé par la preſente Ordonnance.

XXXII.

LES Sieges de la Sayeterie & Bourgeterie continuëront de connoiſtre comme ils ont fait juſqu'à preſent de toutes contraventions, chacun pour ce qui eſt de ſa competence ; & ne pourront leſdits Sieges moderer leſdites peines & amendes.

XXXIII.

LES Peres, Meres, Maiſtres & Maiſtreſſes ſeront reſponſables des fautes de leurs Enfans, Valets & Servantes.

Et pour que perſonne n'en ignore, la preſente Ordonnance ſera lûë, publiée & affichée par tout où beſoin ſera. FAIT en Conclave, la Loy aſſemblée, le vingt-deux de Mars mil ſept cens dix-huit. *Signé* H. I. HERRENG.

ORDONNANCE de M.r Meliand Intendant en Flandre, concernant les Manufactures de Sayeterie & Bourgeterie, qui ſe fabriquent tant à Lille que dans la Chaſtellenie de ladite Ville.

Du 14. Aouſt 1719.

LE Reglement fait par les Magiſtrats de la Ville de Lille le 22. Mars 1718. pour reſtablir dans leur premier luſtre les Manufactures de Sayeterie & de Bourgeterie, qui font le fond du Commerce de cette grande Ville, ayant eu tout le ſuccès que l'on pouvoit en eſperer, en remettant la confiance entre les Ouvriers & les Marchands, & entre les Negocians de cette Ville & ceux des Pays eſtrangers; il ne reſte plus pour augmenter encore davantage la reputation que ces Manufactures ont acquiſe, qu'à ranimer la bonne foy & l'exactitude des Ouvriers du Plat-Pays.

Comme les étoffes qu'ils font, pechent ordinairement dans les longueurs & largeurs, eſtant differentes de celles qui ſe fabriquent à Lille, & ſouvent meſme differentes entre elles, il eſt neceſſaire de pourvoir à un pareil relâchement qui peut donner lieu à bien des abus, leſquels ſont tous également préjudiciables au commerce; c'eſt ce qui a déterminé les Magiſtrats de la Ville de Lille, & les Directeurs & Syndics de la Chambre de Commerce qui y eſt eſtablie, à Nous faire à cet égard leurs repreſentations: Et c'eſt pour tâcher de mettre l'uniformité dans ce travail, ſuivant les ordres que nous avons reçûs du Conſeil, que nous ordonnons que toutes les étoffes de laine meſlées de ſoye, de lin, poil de chevre, coton, & generalement toutes autres de telle

telle qualité qu'elles puissent estre, qui se feront dans les Villes, Bourgs & Villages de la Chastellenie de Lille, dont la fabrication leur est permise, pour pouvoir les faire entrer dans cette Ville pour y recevoir le plomb d'apprest, auront les longueurs & largeurs suivantes.

ARTICLE PREMIER.

QUE les Polimis, Lampareilles, & Picostes fines, entrefines & superfines, seront larges de treize tailles en couleur, & treize tailles & demie lorsqu'elles seront blanches ; & seront longues de quarante aulnes pour une piece, de soixante aulnes pour une piece & demie, & de quatre-vingt aulnes pour une double piece.

II.

COMME il y a des Provinces & des Royaumes où l'on a coustume d'envoyer des pieces desdits Polimis & Picostes plus courtes, nous permettons d'en faire aussi de trente-six aulnes pour une piece; de cinquante-quatre aulnes pour une piece & demie, & de soixante-douze aulnes pour une double piece.

III.

LES Lanilles, ou petits cinq quarts, seront larges de dix-neuf tailles en blanc, & longs de trente-six aulnes pour une piece, & de cinquante-quatre aulnes pour une piece & demie.

IV.

LES Bouracans seront larges de dix-huit tailles en couleur; & longs de trente-six, quarante ou quarante-quatre aulnes.

V.

LES Quinettes, ou Bousis, seront larges de treize tailles en couleur, & de treize tailles & demie en blanc; & seront longs de trente-six & cinquante-quatre aulnes, tant en blanc qu'en couleur.

VI.

LES petits Camelots, dits *Sept-huitiemes*, seront larges de treize tailles en couleur, & de treize tailles & demie en blanc; & seront longs de trente-six aulnes & cinquante-quatre aulnes, tant en blanc qu'en couleur.

VII.

Les Cinq-huitiémes seront larges de onze tailles & demie en blanc, & de onze tailles en couleur; & seront longs de trente-six & cinquante-quatre aulnes.

VIII.

Et à l'égard des Polimis de laine, façon d'Angleterre, unis, rayez, meslez & jaspez, les plus larges seront de treize tailles & demie, & les plus étroits de douze tailles, à la longueur que les Marchands les demanderont.

IX.

Les Camelots, ou Polimis en soye & laine, unis, meslez ou jaspez, seront larges de treize tailles en couleur.

X.

Les Camelots ou Polimis en grains, à deux ou quatre marches, meslez de soye, poil de chevre ou pure laine, seront larges de seize tailles en couleur, & de seize tailles un pouce en blanc.

XI.

Les Camelots, ou Polimis en laine, dits *Six-quarts*, meslez en soye, poil de chevre ou pure laine, seront larges de vingt-cinq tailles en blanc; avec faculté pour cette espece seulement, de les faire en blanc jusqu'à vingt-sept & vingt-neuf tailles en largeur.

XII.

Les Calmandes larges auront seize tailles; les Calmandes ordinaires onze tailles & demie; & les demi-Calmandes dix tailles de largeur.

XIII.

Les Crespons de laine, ou meslez de laine & de fil, auront en blanc, avant d'estre foulez, treize ou dix-sept tailles de largeur.

XIV.

Les Crespons en soye, façon d'Angleterre, seront larges de dix, onze, douze ou treize tailles, & au-dessus.

XV.

Lesquelles largeurs & longueurs Nous voulons estre

exactement gardées & observées, parmi une aulne de remede au plus pour la longueur des pieces de quarante aulnes, & les plus longues & les plus courtes à proportion, & un huitieme d'une taille de remede en la largeur : Les pieces défectueuses dans les longueurs & largeurs cy-dessus, ne pourront estre admises dans la Ville de Lille pour y recevoir le plomb d'apprest; mais celles qui pecheront en longueur, seront coupées, & les lizieres de celles défectueuses en largeur seront déchirées.

XVI.

Les Magistrats & Gens de Loy des Villes, Bourgs & Villages où il se fabrique des étoffes des qualitez cy-dessus, feront apposer à chaque piece le plomb du mestier, sur lequel d'un costé l'aulnage sera renseigné, & sera mis de l'autre le nom & la marque du lieu de la Fabrique; Deffendant ausdits Magistrats & Gens de Loy, ou autres personnes jurées, préposées de leur part, de mettre ledit plomb aux pieces qui seront trouvées défectueuses dans leurs longueurs & largeurs.

XVII.

Ordonnons à tous Fabriquans de mettre leur marque ou enseigne à un bout des pieces qu'ils fabriqueront, & à l'autre bout d'y faire mettre le plomb du mestier, comme il est marqué à l'Article cy-dessus.

XVIII.

Les Sieges de la Sayeterie & Bourgeterie establis dans la Ville de Lille pour la connoissance des causes au sujet des défectuositez des Manufactures, continuëront de connoistre, comme ils ont fait jusqu'à present, de toutes contraventions, chacun pour ce qui est de sa competence, en observant les Ordonnances faites à ce sujet par les Magistrats de ladite Ville.

XIX.

Les Peres & Meres, Maistres & Maistresses seront responsables des fautes de leurs Enfans, Valets & Servantes.

Et pour que personne n'en ignore, la presente Ordonnance sera lûë, publiée & affichée par tout où il appartiendra. Fait à

Lille le quinziéme Aoust mil sept cens dix-neuf. *Signé* MELIAND. *Et plus bas* par Monseigneur, REMOND.

Extrait des Registres du Conseil d'Estat.

LE ROY estant informé de la necessité qu'il y a de faire cesser les abus qui se commettent dans la fabrique des étoffes de laine, establie à Lille, connuë sous le nom de Sayeterie & Bourgeterie, par rapport aux longueurs & largeurs desdites étoffes: Et Sa Majesté s'estant fait representer le Reglement fait par le Magistrat de ladite Ville le 22. Mars 1718. concernant ladite Manufacture, par l'examen duquel ayant esté observé que ledit Reglement contenoit quelques Articles qui ne pouvoient que difficilement s'appliquer aux Ouvriers de la campagne, quoy que ceux de la Ville y soient assujettis, ensorte qu'il pourroit survenir de l'embarras dans l'execution dudit Reglement dans le plat-pays; pour à quoy obvier, le Sieur Meliand Maistre des Requestes, Intendant & Commissaire départi dans la Flandre Françoise, auroit en consequence des ordres du Conseil de Sa Majesté, rendu le 15. Aoust 1719. son Ordonnance, dans laquelle il auroit inseré tous les Articles du Reglement du 22. Mars 1718. qui peuvent sans inconvenient estre observez par les Ouvriers de la campagne. Et Sa Majesté desirant procurer l'utilité & l'avantage du commerce des Manufactures dont il s'agit: Vû lesdits Reglement & Ordonnance, ensemble l'avis dudit Sieur Meliand, Oüy le rapport, LE ROY EN SON CONSEIL, a approuvé & homologué, approuve & homologue tant le Reglement fait le 22. Mars 1718. par les Rewart, Mayeur, Eschevins, Conseil & Huit-Hommes de la Ville de Lille, que ladite Ordonnance renduë par ledit Sieur Meliand le 15. Aoust de la presente année 1719. concernant les Manufactures de Sayeterie & de Bourgeterie, le tout annexé à la Minute du present Arrest, pour estre lesdits Reglement & Ordonnance executez selon leur forme & teneur; sçavoir ledit Reglement dans la Ville de Lille, & ladite Ordonnance dans le plat-pays de la Chastellenie de Lille; à l'effet de quoy lesdits Reglement & Ordonnance feront lûs, publiez & affichez; fçavoir ledit Reglement du 22. Mars 1718. dans les lieux accouftumez de la Ville de Lille, & ladite Ordonnance dans les Bourgs & Parroiffes du plat-pays de la Chaftellenie de Lille, où befoin fera, à ce que perfonne n'en ignore. Enjoint Sa Majefté audit Sieur Intendant & Commiffaire départi en Flandre, de tenir la main à l'execution du prefent Arreft. FAIT au Confeil d'Eftat du Roy, tenu à Paris le cinquiéme jour de Septembre mil fept cens dix-neuf. *Signé* RANCHIN.

LOUIS PAR LA GRACE DE DIEU, ROY DE FRANCE ET DE NAVARRE: A noftre amé & feal Confeiller en nos Confeils, Maiftre des Requeftes ordinaire de noftre Hoftel, le S.r Meliand Intendant & Commiffaire départi pour l'execution de nos ordres en Flandre, SALUT. Nous vous mandons & enjoignons de tenir la main à l'execution de l'Arreft dont l'extrait eft cy-attaché fous le Contre-fcel de noftre Chancellerie, cejourd'huy donné en noftre Confeil d'Eftat pour les caufes y contenuës: Commandons au premier noftre Huiffier ou Sergent fur ce requis, de fignifier ledit Arreft à tous qu'il appartiendra, à ce que perfonne n'en ignore, & de faire pour fon entiere execution toutes lectures, publications, & tous exploits & actes neceffaires, fans autre permiffion; CAR TEL EST NOSTRE PLAISIR. Donné à Paris le cinquiéme jour de Septembre, l'an de grace mil fept cens dix-neuf, & de noftre Regne le cinquiéme. Par le Roy en fon Confeil, le Duc D'ORLEANS Regent prefent, *Signé* RANCHIN. Et fcellé du grand Sceau de cire jaune.

ARREST concernant les Hautelisseurs de Lannoy.

Du 29. Juillet 1721.

Extrait des Registres du Conseil d'Estat.

VÛ par le Roy en son Conseil le Reglement fait le 22. Mars 1718. par les Rewart, Mayeur, Eschevins, Conseil & huit-Hommes de Lille, pour les Manufactures de Sayeterie & de Bourgeterie qui se fabriquent dans ladite Ville; l'Ordonnance renduë le 15. Aoust 1719. par le Sieur Meliand Intendant en Flandre, dans laquelle, pour éviter l'embarras qui pouvoit survenir dans l'execution dudit Reglement parmi les Ouvriers de la Campagne, ausquels plusieurs Articles d'iceluy ne pouvoient s'appliquer que difficilement; & en consequence des ordres du Conseil, il a inferé tous les Articles dudit Reglement qui peuvent sans inconvenient estre observez par les Ouvriers de la Campagne: L'Arrest du Conseil du 5. Septembre suivant, portant homologation tant dudit Reglement du Magistrat de Lille, que de l'Ordonnance dudit Sieur Intendant, pour estre executez selon leur forme & teneur; Sçavoir, ledit Reglement dans la Ville de Lille, & ladite Ordonnance dans le plat-pays de la Chastellenie de Lille: La Requeste des Prevost & Eschevins de Lannoy, presentée au Conseil, tant en leur nom qu'en celuy des Egards, Jurez, & du Corps des Hautelisseurs de Lannoy, joint à eux le Sieur Prince d'Isanghien, Seigneur de ce lieu, tendante à ce qu'il plust à Sa Majesté ordonner que les Arrests du Parlement de Flandre des 27. Janvier 1690. 23. Avril 1693. 17. Novembre 1700. 12. Novembre 1715. 14. Fevrier 1716. & 24. Decembre 1718. rendus entre les Sayeteurs & Bourgeteurs de Lille, & le Magistrat de la même Ville, d'une part, & les Hautelisseurs de Lannoy d'autre part, seront executez selon leur forme & teneur; ce faisant, declarer que par l'Arrest du Conseil du 5. Septembre 1719. portant homologation du Reglement du Magistrat de Lille, du 22. Mars 1718. & de l'Ordonnance du Sieur Intendant de Flandre du 15. Aoust 1719. Sa Majesté n'a point entendu assujettir les Hautelisseurs de Lannoy aux Reglemens approuvez par ledit Arrest, & introduire aucun changement par rapport à la Manufacture de ce lieu. Les moyens d'oppositions que forment le Magistrat & les Manufacturiers de Lannoy à l'execution du Reglement dudit Sieur Meliand, confirmé par ledit Arrest du Conseil du 5. Septembre 1719. fondez premierement sur ce que ladite Ville joüit de Privileges considerables qui luy ont esté concedez par Lettres Patentes de Philippes le Bon Duc de Bourgogne, Comte de Flandre, des années 1458. & 1459. confirmez par Lettres Patentes du Roy Loüis XI. du 24. Octobre 1463. Secondement, sur les differens Statuts & Reglemens qui ont esté faits par les Seigneurs de Lannoy, à ce autorisez par les Souverains pour la police des Manufactures d'ouvrages de Haute-lice qui s'y faisoient dessors, establissement des Maistres & Ouvriers, & fonctions des Egards, d'une maniere si détaillée qu'il ne reste rien à desirer pour empescher les fraudes dans la fabrication des étoffes; laquelle Manufacture s'est, dit-on, beaucoup perfectionnée, & est fort en réputation par l'attention qu'ont les Egards de n'accorder le plomb de la Ville qu'aux étoffes qui sont des longueurs, largeurs & qualitez prescrites par ces Statuts & Reglemens. Troisiemement, sur ce que la Ville de Lannoy se trouve comprise dans les remonstrances faites en 1563. inserées dans un Decret du Conseil Privé de Bruxelles, du 13. Decembre de la même année, par les Villes de Gand, Bruges, & autres Villes fermées, au sujet des Mestiers de Haute-lice, Tripes & Bourgeterie; d'où l'on tire la consequence que la Ville de Lannoy doit estre distinguée des Bourgs & Parroisses du plat-pays. En quatrieme lieu, sur les six Arrests du Parlement de Flandre cy-dessus dattez, rendus à l'occasion des differens Procez que le Magistrat & les Manufacturiers de Lannoy ont soûtenu contre les Maistres Sayeteurs & Bourgeteurs de

Lille, dans quelques-uns desquels le Magistrat de la Ville s'est rendu Partie intervenante, lesquels Arrests ont maintenu ceux de Lannoy dans leurs droits & possession à l'égard de leurs Manufactures, & ont ordonné que les étoffes fabriquées à Lannoy, qui seroient apportées à Lille pour y estre teintes & apprestées, recevroient le plomb de ladite Ville moyennant le salaire de trois patars : Au moyen desquelles observations ceux de Lannoy prétendent que le Reglement du Sieur Intendant de Flandre du 15. Aoust 1719, ainsi que l'Arrest du 5. Septembre suivant, ne peuvent & ne doivent pas les regarder. Les Arrests du Parlement de Flandre, & autres titres sur lesquels les moyens d'opposition de ceux de Lannoy sont fondez. Le Memoire des Directeurs & Syndic de la Chambre de Commerce establie à Lille, ausquels la Requeste de ceux de Lannoy & les pieces y jointes ont esté communiquées ; ledit Memoire tendant à ce que les Reglemens faits tant par le Magistrat de Lille, que par ledit Sieur Meliand les 22. Mars 1718. & 15. Aoust 1719. homologuez par Arrest du Conseil du 5. Septembre suivant, soient executez dans toute l'estenduë de la Chastellenie de Lille sans exception. Les reponses de ladite Chambre de Commerce aux moyens d'opposition de ceux de Lannoy, lesquelles se reduisent à dire que la Police des Manufactures pour les longueurs & largeurs ne peut estre exactement observée, ni le commerce des étoffes fidellement fait, si elle n'est fixée par un Reglement qui comprenne les Fabriques tant de la Ville de Lille, que celles de la campagne dans l'estenduë de la Chastellenie de Lille : Et que si les Ouvriers des Bourgs & Villages de ladite Chastellenie avoient la liberté de fabriquer à leur gré les étoffes qu'on fait à Lille sous prétexte de Privileges & d'anciens Statuts, qu'il convient souvent de restreindre & de changer suivant les circonstances des temps, les Manufactures de la campagne détruiroient infailliblement celles de la Ville de Lille, dont la reputation est grande en tout pays. Vû pareillement l'avis dudit S.r Meliand Intendant dans la Flandre Françoise, ensemble celuy des Députez au Conseil de Commerce :

Et

Et Sa Majesté desirant prevenir les abus, & maintenir la reputation des Manufactures de Lille sans donner atteinte aux Privileges de la Ville de Lannoy : Oüy le rapport du S.[r] le Pelletier de la Houssaye Conseiller d'Estat ordinaire & au Conseil de Regence pour les Finances, Controlleur general des Finances, LE ROY EN SON CONSEIL, sans s'arrester à l'opposition formée par les Prevost & Eschevins, & le corps des Hautelisseurs de Lannoy, joint à eux le Sr Prince d'Isanghien Seigneur dudit lieu, a ordonné & ordonne que l'Arrest du Conseil du 5. Septembre 1719. portant homologation tant du Reglement du Magistrat de Lille du 22. Mars 1718. que de l'Ordonnance dudit Sieur Meliand du 15. Aoust 1719. concernant les Manufactures de Sayeterie & de Bourgeterie, qui se fabriquent tant à Lille que dans l'estendue de la Chastellenie de ladite Ville, ensemble lesdits Reglement & Ordonnance, seront executez selon leur forme & teneur ; sçavoir ledit Reglement dans la Ville de Lille, & ladite Ordonnance dans les Villes, Bourgs & autres lieux du plat-pays de la Chastellenie de Lille, & nommément à Lannoy : Et en cas que les étoffes fabriquées par lesdits Ouvriers de Lannoy, qui seront apportées à Lille pour y recevoir l'apprest & y estre plombées & venduës, se trouvent défectueuses & non conformes à ce qui est porté par ladite Ordonnance du Sieur Meliand du 15. Aoust 1719. ordonne Sa Majesté que la connoissance des saisies qui pourront estre faites desdites étoffes, sera portée pardevant le Sieur Intendant de Flandre, ou en son absence pardevant son Subdelegué, pour juger de la contravention, sauf l'appel au Conseil. Fait Sa Majesté deffenses à tous autres Juges d'en connoistre, à peine de nullité, cassation des procedures, & de cinq cens livres d'amende, jusqu'à ce que par Sa Majesté il en ait esté autrement ordonné. Et sera le present Arrest executé nonobstant oppositions ou appellations quelconques, dont si aucunes interviennent, Sa Majesté s'en reserve la connoissance & à son Conseil, & l'interdit à toutes ses Cours & autres Juges. FAIT au Conseil d'Estat du Roy, tenu à Paris le vingt-neufviéme jour de Juillet mil sept cens vingt-un. Collationné, *Signé* RANCHIN.

LOUIS PAR LA GRACE DE DIEU, ROY DE FRANCE ET DE NAVARRE: A nostre amé & feal Conseiller en nos Conseils, & en nostre Conseil d'Estat, le Sieur Meliand Intendant & Commissaire departi pour l'execution de nos ordres en Flandre. Nous vous mandons de tenir la main à l'execution de l'Arrest dont l'extrait est cy-attaché sous le Contre-scel de nostre Chancellerie, cejourd'huy donné en nostre Conseil d'Estat, qui vous renvoye la connoissance des saisies des étoffes y exprimées. Commandons au premier nostre Huissier ou Sergent sur ce requis, de signifier ledit Arrest à tous qu'il appartiendra, à ce qu'aucun n'en ignore, & de faire pour son entiere execution tous exploits requis & necessaires, deffenses y contenuës sur les peines y portées, nonobstant oppositions ou appellations quelconques, dont si aucunes interviennent, Nous nous en reservons & à nostre Conseil la connoissance, que Nous interdisons à toutes nos Cours & Juges; CAR TEL EST NOSTRE PLAISIR. Donné à Paris le vingt-neufviéme jour de Juillet, l'an de grace mil sept cens vingt-un, & de nostre Regne le sixiéme. Par le Roy en son Conseil, le Duc D'ORLEANS Regent present, *Signé* RANCHIN. Et scellé.

§. XXIV.

MANUFACTURES DE DAUPHINÉ.

ARREST qui ordonne que dans la vente & débit qui se sera en Dauphiné des étoffes de toutes qualitez, on se servira de l'Aulne de Paris, & non de la Canne.

Du 27. Octobre 1687.

Extrait des Registres du Conseil d'Estat.

LE ROY estant en son Conseil, ayant par Arrest d'iceluy du 24. Juin dernier, ordonné qu'à l'avenir & à commencer au premier jour de Septembre aussi dernier, tous Fabriquans, Ouvriers, Marchands, & autres qui vendent & achetent des étoffes & marchandises en sa Province de Languedoc, soit de laine, soye, fil, & autres de quelque qualité qu'elles soient, seroient tenus & obligez dans la vente & débit de leurs marchandises, soit en gros ou en détail, de se servir de l'Aulne mesure de Paris, au lieu de Cannes, desquelles cannes Sa Majesté auroit deffendu l'usage en ladite Province de Languedoc : Comme aussi Elle auroit ordonné par le même Arrest, que doresnavant les Ouvriers, Fabriquans, & Marchands de Draps de ladite Province de Languedoc, seroient aussi tenus & obligez d'aulner leurs marchandises, sçavoir les Draps estamets, & Ratines, par le milieu de l'étoffe, & non par la liziere; & les Serges, Droguets, & autres pieces de Marchandises de Laine, de demi-aulne & au-dessous d'icelle, par la plus courte liziere. Et Sa Majesté ayant esté informé que dans sa Province de Dauphiné, l'on se sert de la même mesure de canne, qui est beaucoup plus grande que l'aulne de Paris de deux tiers, & que l'on y commet les mêmes abus que l'on commettoit en Languedoc, au mesurage des étoffes, des Draps, & autres pieces de Laine; à quoy estant necessaire & important au Commerce de remedier, & empescher les difficultez & les procez entre les Marchands qui trafiquent en ladite Province de Dauphiné, à cause des réductions qu'il leur convient faire à l'occasion des differentes mesures & maniere de s'en servir, en faisant garder le même Reglement en ladite Province de Dauphiné que l'on a fait pour celle de Languedoc. Oüy sur ce le Sieur Marquis de Louvois Sur-Intendant general des Bastimens de Sa Majesté, Arts & Manufactures de France, & tout consideré, SA MAJESTÉ ESTANT EN SON CONSEIL, a ordonné & ordonne qu'à l'avenir & à commencer au premier jour de Janvier de l'année prochaine 1688. tous Trafiquans, Ouvriers, Marchands, & autres qui vendent & achetent des étoffes & marchandises en ladite Province de Dauphiné, soit de laine, soye, fil, & autres de quelque qualité qu'elles soient, seront tenus & obligez dans la vente & débit de leurs marchandises, soit en gros ou en détail, de se servir de L'aulne mesure de Paris, au lieu de Cannes; desquelles Cannes, Sa Majesté a deffendu & deffend très-expressément l'usage en ladite Province de Dauphiné, à peine contre les convenans d'amende arbitraire, appliquable moitié aux Dénonciateurs, & moitié aux Hospitaux generaux. Ordonne en outre Sa Majesté, que doresnavant les Ouvriers, Fabriquans, & Marchands de Draps de ladite Province de Dauphiné, seront aussi tenus & obligez d'aulner leurs marchandises, sçavoir les Draps estamets & Ratines, par le milieu de l'étoffe, & non par la liziere; & les Serges, Droguets, & autres pieces de Marchandises de laine, de demi-aulne & au-dessous d'icelle, par la plus courte liziere, à peine de confiscation desdites étoffes. Enjoint Sa Majesté à l'Intendant de Justice, Police, & Finances en ladite Province de Dauphiné, de tenir la main à l'execution & observation du present Arrest, qui sera lû, publié & affiché par tout où besoin sera, afin qu'aucun n'en prétende cause d'ignorance. FAIT au Conseil d'Estat du Roy, Sa Majesté y estant, tenu à Fontainebleau le vingt-septiéme jour d'Octobre mil six cens quatre-vingt-sept. *Signé* LE TELLIER.

ARREST portant permission aux Fabriquans de la Province de Dauphiné, de faire & fabriquer des Ratines, des Serges & des Estamets de trois quarts de large, pour estre envoyez dans les Pays estrangers, sans que les susdites étoffes puissent estre débitées dans ladite Province, ni dans les autres Provinces du Royaume, si elles ne sont des largeurs prescrites par les Reglemens generaux de 1669.

Du 25. Fevrier 1698.

Extrait des Registres du Conseil d'Estat.

VÛ par le Roy estant en son Conseil, les Memoires dressez le 3. du mois de Janvier dernier par les principaux Marchands & Fabriquans de la Province de Dauphiné, assemblez par ordre de Sa Majesté avec les Maires des Villes de Grenoble, Romans & Crest, & l'Inspecteur des Manufactures de ladite Province, en presence du Sieur Bouchu Conseiller de Sa Majesté en tous ses Conseils, Maistre des Requestes ordinaire de son Hostel, Commissaire départi pour l'execution de ses ordres en ladite Province de Dauphiné, sur le commerce & sur la fabrique des étoffes de laine de ladite Province; contenant qu'ils auroient reconnu que l'obligation où ils estoient depuis les Reglemens generaux de l'année 1669. concernant les Manufactures du Royaume, de faire les Serges, Ratines & Estamets d'une aulne de large, les empêchoit d'en continuer le commerce & le débit dans le pays estranger, où l'on ne les demande ni veut que de la largeur de trois quarts, qui est celle qu'ils avoient accoustumé de leur donner avant ladite année 1669. ce qui auroit obligé lesdits Marchands & fabriquans d'en faire de temps en temps leurs remonstrances à Sa Majesté, laquelle auroit eu la bonté de leur permettre provisionnellement de continuer la fabrique desdites étoffes de ladite largeur de trois quarts, en attendant qu'il eust esté fait un Reglement définitif sur les Manufactures de ladite Province. Et pour y parvenir, Sa Majesté auroit envoyé en l'année 1694. dans ladite Province de Dauphiné le Sr Cauviere Inspecteur des Manufactures à Marseille, lequel, après avoir visité les Manufactures de ladite Province, auroit non seulement connu la necessité de continuer ladite largeur de trois quarts pour lesdites étoffes, mais encore auroit proposé ausdits Marchands & Fabriquans diverses précautions pour la perfection des étoffes qui se fabriquent dans ladite Province, lesquelles ils auroient approuvées par leurs Déliberations: Et depuis ledit Sieur Bouchu les ayant encore assemblez par ordre de Sa Majesté, ils auroient pris de nouvelles Déliberations en conformité des premieres. Et d'autant qu'à chaque changement d'Inspecteur ils seroient sujets à estre recherchez sur ladite largeur, ils supplient Sa Majesté d'y pourvoir définitivement. Vû aussi les Memoires dudit Sr Cauviere, l'avis dudit Sr Bouchu, & celuy des principaux Marchands de Paris ausquels Sa Majesté a fait communiquer lesdites Déliberations, le tout vû & consideré: Oüy le rapport du Sr Phelypeaux de Pontchartrain Conseiller ordinaire au Conseil Royal, Controlleur general des Finances, LE ROY ESTANT EN SON CONSEIL, a permis & permet aux Fabriquans de ladite Province de Dauphiné, de faire & fabriquer des Ratines, des Serges & des Estamets de trois quarts de large, pour estre envoyez dans les Pays estrangers, & sans que les étoffes de ladite largeur puissent estre venduës ni débitées dans ladite Province de Dauphiné, ni dans les autres Provinces du Royaume, si elles ne sont des largeurs prescrites par les Reglemens generaux du mois d'Aoust 1669. sous les peines portées par iceux. Ordonne Sa Majesté, que conformément ausdites Déliberations prises par les Marchands & Fabriquans de ladite Province en l'année 1694. & à celles par eux prises le 3.e jour du mois de Janvier dernier, les Serges & Ratines qui se feront pour estre de trois quarts de large, seront composées de quarante portées à quarante-six fils chacune, & les Estamets qui se feront pareillement pour estre de trois quarts de large, seront composez de trente-deux portées à trente-deux fils chacune; & que lesdites étoffes auront au moins une aulne de large sur le mestier, pour revenir estant foulées & apprestées à ladite largeur de trois quarts; comme aussi, que les Serges & Ratines qui se feront pour estre d'une aulne de large, seront composées de cinquante-quatre portées à quarante fils chacune, & les Estamets qui se feront pareillement pour estre d'une aulne de large, seront composez de trente-huit portées à trente-deux fils chacune; & que lesdites étoffes auront un aulne un tiers sur ledit mestier, pour revenir estant foulées & apprestées à ladite largeur d'une aulne. Fait Sa Majesté deffenses aux Fabriquans de mettre aucune liziere ni litteau ausdits Estamets, soit qu'ils soient de trois quarts ou d'une aulne de large, à peine de confiscation & de cent livres d'amende. Ordonne en outre Sa Majesté, que les Draps forts qui se fabriquent à Saint Jean en Royan, seront fabriquez des laines du pays ou autres de pareille qualité, & seront composez au moins de quarante-huit portées à trente-deux fils chacune, pour revenir bien foulez & apprestez à la largeur d'une aulne; Que les Draps communs & ordinaires seront fabriquez des mesmes laines, & composez de quarante à quarante-deux portées à trente-deux fils chacune, pour revenir estant bien foulez & apprestez à ladite largeur d'une aulne: Que les Draps qui se fabriquent à Chabeüil seront fabriquez de fleurs ou prime laine du pays, ou autres de pareille qualité, & seront composez de quarante-six portées au moins, chacune de trente-deux fils, pour revenir estant bien foulez & apprestez à la largeur d'une aulne. Fait Sa Majesté deffenses à tous Fabriquans qui fabriqueront des Draps, d'employer ni d'avoir chez eux de la laine pelade, à peine de confiscation & de vingt livres d'amende. Ordonne encore Sa Majesté, que les Cordillats peignez qui se fabriquent à Crest, seront composez de vingt-huit portées à quarante fils chacune: Que les Cordillats enversins & communs qui se fabriquent audit lieu de Crest, seront composez de vingt-cinq portées à trente-deux fils chacune: Que les Sergettes ou Demi-Ratines, seront composées de vingt-six portées à quarante fils chacune: Que les Cordillats communs qui se fabriquent à Chabeüil, seront composez de vingt-quatre portées à trente-deux fils chacune: & que lesdits Cordillats & lesdites Sergettes ou Demi-Ratines, auront deux tiers de large sur le mestier, pour revenir estant bien foulez & apprestez, à la largeur de demi-aulne. Veut & entend Sa Majesté, que les pieces desdites Serges, Ratines, Estamets, Draps, Cordillats & Sergettes, soient égales & uniformes en force & en bonté dans toute leur étenduë; que lesdites étoffes soient aulnées par le dos, & non par la liziere: & qu'au surplus lesdits Reglemens generaux de l'année 1669. soient executez selon leur forme & teneur, même pour les peines y portées en cas de contravention à ce qui est ordonné pour la fabrique & largeur des étoffes mentionnées au present Reglement, pour l'execution duquel toutes Lettres necessaires seront expediées. FAIT au Conseil d'Estat du Roy, Sa Majesté y estant, tenu à Versailles le vingt-cinquiéme jour du mois de Fevrier mil six cens quatre-vingt-dix-huit. *Signé* COLBERT. Et scellé du Sceau en cire rouge, sur un cordonnet de parchemin.

ORDONNANCES de M.rs les Intendans dans la Province de Dauphiné, concernant les Manufactures de leurs Départemens.

Des 18. Decembre 1710. & 13. Janvier 1723.

VÛ la Deliberation tenuë par les Fabriquans du lieu de Roybons le 30. Aoust dernier, sur la requisition du S.r David Inspecteur du commerce & manufactures de cette Province, en presence du Chastelain dudit lieu, & la Lettre à Nous écrite par M. Desmaretz Ministre d'Estat, Controlleur general des Finances, en date du 7. Octobre dernier, & après avoir entendu les Marchands de Romans.

Nous Intendant susdit, ordonnons que ladite Deliberation sera executée suivant sa forme & teneur; Et en consequence, que les Ratines

Ratines qui ſe fabriqueront à l'avenir dans ledit lieu de Roybons & ſon département, ſeront d'une aulne de largeur; à l'effet de quoy les Fabriquans mettront ſoixante-neuf portées à toutes les pieces de Ratines, & les tiendront en toile à une aulne & demie de largeur, pour qu'eſtant foulées elles ſoient d'une aulne franche. Et ſera procedé contre les contrevenans, en conformité des Arreſts & Reglemens rendus ſur le fait des Manufactures. FAIT à Grenoble le dixiéme Decembre mil ſept cens dix. *Signé* BAUYN, *Et plus bas* par Monſeigneur, DE MONTIGNY. Collationné.

ESTANT neceſſaire de regler la maniere dont l'étoffe appellée *Finette* doit eſtre fabriquée en cette Province, & de fixer les portées & le nombre de fils dont elle doit eſtre compoſée, pour prevenir les abus qui pourroient ſe commettre par les Fabriquans: Vû la Lettre à Nous écrite par M.r de Machault Conſeiller d'Eſtat & au Conſeil de Commerce, le cinquieme du courant.

Nous ordonnons aux Fabriquans des étoffes appellées *Finettes*, de n'employer que des laines du Bas-Dauphiné, ou autres de pareille qualité, filées plus fin que celles dont on ſe ſert à faire les Ratines, ſans qu'ils puiſſent y meſler aucune laine appellée Pelade. Seront tenus de faire cette étoffe de trente-huit portées, compoſées chacunes de quarante fils, battuës à trois coups ſur le Meſtier, pour eſtre réduite à cinq huit de large ſortant du foulon. Chaque piece de cette étoffe aura quarante aulnes de longueur, & un petit liteau bleu ou rouge de même qualité que celle de la piece, au milieu de laquelle les Fabriquans auront attention de jetter quatre lizieres de la même qualité, à la diſtance d'un pouce chacune, pour avoir la liberté de partager la piece. Pour pouvoir connoiſtre & compter les portées cy-deſſus ordonnées, ils ſeront tenus de laiſſer aux deux bouts de chacune piece un ſixiéme d'aulne de fils ou frange, & de ſe conformer au contenu en la preſente Ordonnance, à peine de confiſcation des étoffes, & de cinquante livres d'amende pour chaque contravention: Enjoignons à l'Inſpecteur des Manufactures de cette Province, & aux Gardes-Jurez, de tenir la main à l'execution de la presente Ordonnance, qui sera lûë, publiée & affichée par tout où besoin sera, à ce que personne n'en ignore. FAIT à Grenoble le douziéme Decembre mil sept cens vingt-trois. *Signé* BOUCHER D'ORSAY. *Et plus bas*, par Monseigneur, BOULOUD. Collationné.

---

§. XXV.

LANGUEDOC.

REGLEMENS GENERAUX POUR CETTE PROVINCE.

ARREST qui regle les largeurs & qualitez des Draps qui se fabriquent en Languedoc pour les Echelles du Levant.

Du 15. May 1676.

Extrait des Registres du Conseil d'Estat.

LE Roy ayant esté informé des abus qui se commettent en la fabrique des draps qui se façonnent dans les Manufactures de Languedoc, & particulierement de ceux dont le débit se fait aux Echelles du Levant ; Et Sa Majesté desirant establir un ordre tant pour la fabrique que qualité desdits draps, afin de maintenir dans les Pays estrangers la reputation que les Manufactures du Royaume s'y sont acquises: Et Oüy sur ce le rapport du Sieur Colbert Conseiller du Roy en ses Conseils, au Conseil Royal, Controlleur General des Finances, & tout consideré, SA MAJESTÉ EN SON CONSEIL, a ordonné & ordonne qu'il ne sera fabriqué à l'avenir dans les Manufactures de Languedoc & autres du Royaume, pour le commerce des Echelles du Levant, que trois ſortes & façons de draps; ſçavoir la premiere ſorte, nommée *Refins,* trente-ſixains pour les couleurs doubles, & vingt-huit ou trentains pour les couleurs ſimples, de pure laine de Segovie tant à la chaiſne qu'en la trame; la ſeconde, nommée *Fins,* vingt-ſixains de laine du pays dans la chaiſne, & de laine d'Eſpagne dans la trame; & la troiſiéme ſorte, nommée *Communs,* vingtains, de laine du pays tant en la chaiſne qu'en la trame; leſquelles trois ſortes de draps, Sa Majeſté veut eſtre faites d'une aulne & un ſixieme de largeur entre les deux lizieres, & marquées de la marque de l'Ouvrier qui les aura façonnées, & du lieu de la fabrique, avec une inſcription de la qualité du drap, & de ſa deſtination pour le commerce du Levant. Fait Sa Majeſté deffenſes à tous Ouvriers & Facturiers de ladite Province de Languedoc, & autres du Royaume, de faire & façonner pour leſdites Echelles de Levant & autres pays de l'Orient, que des draps des trois ſortes cy-deſſus, ni de les envelopper, ſous quelque pretexte que ce ſoit, dans des enveloppes qui puiſſent marquer une autre qualité que celle du drap qui ſe trouvera dans l'enveloppe; ſçavoir, les draps de la premiere qualité dans des toilettes de taffetas; ceux de la ſeconde, dans des toilettes moitié taffetas & moitié canevas ou treillis; & ceux de la troiſiéme dans des toilettes de treillis, à peine de confiſcation des draps qui ſeront trouvez d'une autre qualité, & de deux mille livres d'amende, applicable moitié à Sa Majeſté, & l'autre au profit des Maiſtres & Gardes de la Draperie des lieux où les draps auront eſté ſaiſis. Veut Sa Majeſté, que les litages & teintures deſdits draps ſoient faits en conformité des Reglemens generaux du mois d'Aouſt 1669. ſous les peines y portées, & à cette fin, qu'ils ſoient vûs, viſitez & marquez par leſdits Maiſtres & Gardes-Jurez, & par les Commis employez pour l'execution deſdits Reglemens. Enjoint Sa Majeſté au Sieur Daguesseau Intendant de Juſtice, Police & Finances en Languedoc, de tenir la main à l'execution du preſent Arreſt, qui ſera executé nonobſtant oppoſitions ou empêchemens quelconques, dont ſi aucuns interviennent, Sa Majeſté s'en eſt reſervé à Elle & à ſon Conſeil la connoissance, icelle interdit & deffend à tous autres Juges. FAIT au Conseil d'Estat du Roy, tenu à Saint Germain en Laye le quinziéme May mil six cens soixante-seize. *Signé* COQUILLE.

ARREST qui ordonne à tous Fabriquans, Ouvriers, Marchands & autres, vendant ou achetant des Etoffes ou Marchandises en Languedoc, soit de laine, soye, fil, ou autre nature, de se servir dans la vente & débit qu'ils en feront, de l'Aulne de Paris au lieu de la Canne.

Du 24 Juin 1687.

Extrait des Regiſtres du Conseil d'Estat.

LE ROY estant en son Conseil, ayant esté informé que selon l'usage de la Province de Languedoc, les Marchands, Ouvriers & autres qui fabriquent & vendent des Marchandises de laine, soye ou fil, se servent pour mesurer leurs étoffes d'une mesure appellée *Canne*, qui est plus grande que l'aulne de Paris de deux tiers, & que cette mesure qui n'est point en usage dans les autres Provinces du Royaume, oblige les Marchands qui trafiquent en ladite Province de Languedoc, à des reductions d'où il arrive beaucoup de difficultez, & fait souvent naistre des Procès entre les uns & les autres sur ce sujet; à quoy Sa Majesté jugeant necessaire au bien du commerce de remedier, en rendant uniforme la mesure ou canne de ladite Province de Languedoc à l'aulne mesure de Paris, & pourvoir en mesme temps aux plaintes qui lui ont esté faites par les Corps des Marchands-Drapiers de la Ville de Lyon, & de plusieurs autres Villes considerables du Royaume, d'un abus manifeste qui se commet depuis plusieurs années en ladite Province de Languedoc, sur l'aulnage ou cannage des pieces de drap qui se debitent, à cause que les Fabriquans ou Marchands desdits draps, au lieu de les canner ou aulner par le dos ou milieu desdits draps, qui est l'endroit où les autres Fabriquans de draps des autres Provinces du Royaume mesurent leurs pieces, ils les cannent & aulnent par la liziere; ce qui fait que quand un Marchand croit avoir acheté quinze aulnes de drap, il ne s'en trouve par l'endroit que quatorze aulnes ou quatorze aulnes & demie, dont lesdits Marchands reçoivent un notable préjudice, sans aucun recours sur ce sujet contre les Ouvriers ou Marchands, lesquels se deffendent sur la Coustume establie à cet égard en ladite Province: Oüy sur ce le Sieur Marquis de Louvois Sur-Intendant general des Bastimens de Sa Majesté, Arts & Manufactures du Royaume, & tout consideré, SA MAJESTÉ ESTANT EN SON CONSEIL, a ordonné & ordonne qu'à l'avenir, & à commencer du premier jour du mois de Septembre prochain, tous Fabriquans, Ouvriers, Marchands, & autres qui vendent & achetent des étoffes & Marchandises en ladite Province de Languedoc, soit de laine, soye, fil, & autres de quelque qualité qu'elles soient, seront tenus & obligez dans la vente & débit de leurs marchandises, soit en gros ou en détail, de se servir de l'Aulne mesure de Paris au lieu des Cannes; desquelles cannes Sa Majesté a deffendu & deffend très-expressément l'usage en ladite Province de Languedoc, à peine aux contrevenans d'amende arbitraire, applicable moitié aux Dénonciateurs & moitié aux Hospitaux generaux. Ordonne en outre Sa Majesté, que doresnavant les Ouvriers, Fabriquans & Marchands de draps de ladite Province de Languedoc, seront aussi tenus & obligez d'aulner leurs marchandises, sçavoir les draps estamets & Ratines, par le milieu de l'étoffe & non par la liziere; & les Serges, Droguets & autres pieces de marchandise de laine, de demi-aulne & au-dessous d'icelle, par la plus courte liziere; à peine de confiscation desdites étoffes. Enjoint Sa Majesté à l'Intendant de Justice, Police & Finances en Languedoc, de s'employer à tenir la main à l'execution & observation du present Arrest, qui sera lû, publié & affiché par tout où besoin sera, afin qu'aucun n'en prétende cause d'ignorance.

Fait au Conſeil d'Eſtat du Roy, Sa Majeſté y eſtant, tenu à Verſailles le vingt-quatrieme Juin mil ſix cens quatre-vingt-ſept.

Signé Le Tellier.

ARREST portant permiſſion aux Ouvriers en Draps de la Province de Languedoc, de marquer leur nom & celuy de leur demeure ſans abbreviation, à la teſte des pieces d'étoffes en toile, avec de la laine d'une couleur differente de celle de la piece.

Du 4. Novembre 1687.

Extrait des Regiſtres du Conſeil d'Eſtat.

LE ROY eſtant en ſon Conſeil, ayant eſté informé des abus qui ſe commettent dans ſa Province de Languedoc en la Manufacture de Draperie, par l'inobſervance des Reglemens ſur ce faits, particulierement en ce qui regarde la Marque qui doit eſtre miſe à la teſte des pieces de drap, laquelle marque doit contenir le nom de l'Ouvrier qui a fabriqué l'étoffe & celuy de ſa demeure; ayant eſté reconnu par les Commis prépoſez pour la viſite des Manufactures, que la pluſpart deſdits Ouvriers font ladite marque de fil à l'aiguille après la manufacture deſdits draps; ce qui eſt très-facile à oſter, & donne occaſion aux Ouvriers de changer, quand il leur plaiſt, leur nom, & celuy du lieu de la Facture, s'eſtant trouvé bien ſouvent que l'on a fait paſſer par ce moyen des draps de la Montagne pour des draps de Carcaſſone, & ceux de Carcaſſone pour des draps d'Angleterre; ce qui n'arriveroit pas ſi ladite marque ſe faiſoit ſuivant ce qui eſt preſcrit par le LI.e Article du Reglement general concernant les Manufactures, lequel porte que le nom de l'Ouvrier doit eſtre marqué à la teſte de l'étoffe, & fabriqué ſur le meſtier, & non fait à l'aiguille. Les Marchands ont allegué pour leurs deffenſes, que la pluſpart des Ouvriers ne connoiſſant aucune lettre, ne ſont pas capables de les employer à la teſte de leurs ouvrages, & qu'en outre il faut plus de temps pour faire cette marque au meſtier, que celuy qui eſt neceſſaire pour travailler la piece d'étoffe entiere: Et d'autant que l'on a trouvé que ces raiſons n'eſtoient pas ſans fondement, & que pour remedier à l'inconvenient qui peut arriver de faire ladite marque à l'aiguille, l'on a propoſé un expedient qui peut ſuppléer à la marque qui devroit eſtre faite ſur le meſtier, qui eſt de faire marquer les draps en toile lors qu'ils ſont encore ſur le meſtier, avec de la laine d'une couleur differente de celle de la piece, & d'y faire employer le nom de l'Ouvrier, & celuy du lieu où le drap ſe fabrique, ſans aucune abbreviation; cette maniere de marquer le drap ne pouvant eſtre oſtée comme celle de fil à l'aiguille, parce que lors que la piece de drap eſt portée au foulon, la marque de laine s'incorpore de telle ſorte avec le drap, que l'on ne la peut non plus oſter ni effacer que ſi elle avoit eſté faite au meſtier ſuivant les Reglemens. Et Sa Majeſté eſtant bien-aiſe de faciliter aux Ouvriers le moyen de faire leurs ouvrages avec œconomie & moins de perte de temps, pourvû qu'il n'en puiſſe arriver d'abus; & ayant eſté bien informée que la marque faite en laine en la maniere décrite cy-deſſus, ne peut eſtre contrefaite, & eſt auſſi bonne & auſſi difficile à oſter que ſi elle avoit eſté faite au meſtier: Oüy ſur ce le Sieur Marquis de Louvois Secretaire d'Eſtat, Sur-Intendant & Ordonnateur general des Baſtimens de Sa Majeſté, Arts & Manufactures du Royaume, & tout conſideré, SA MAJESTÉ ESTANT EN SON CONSEIL, ſans avoir égard à ce qui eſt porté par le LI.[e] Article du Reglement general concernant les Manufactures, du mois d'Aouſt de l'année 1669. a permis & permet aux Ouvriers en fait de Draperie de ſa Province de Languedoc, de marquer à l'avenir, ſi bon leur ſemble, leur nom & celuy de leur demeure ſans abbreviation, à la teſte des pieces d'étoffes en toile, avec de la laine d'une couleur differente de celle de la piece où ſera ladite marque, au lieu de la faire ſur le meſtier; en ſorte que la piece eſtant portée au foulon, ladite marque de laine s'incorpore de maniere avec ladite piece, qu'elle ne puisse estre non plus ostée ni effacée que si elle avoit esté faite au mestier. Veut au surplus Sa Majesté, que ledit Reglement general concernant les Manufactures soit exactement observé, & que suivant iceluy nulle marque ne puisse estre faite de fil à l'aiguille sur les chefs des pieces, sous les peines portées par iceluy contre ceux qui y contreviendront. Enjoint Sa Majesté à l'Intendant & Commissaire départi en sa Province de Languedoc pour l'execution de ses ordres, de tenir exactement la main à l'observation & execution du present Arrest. FAIT au Conseil d'Estat du Roy, Sa Majesté y estant, tenu à Fontainebleau le quatrieme Novembre mil six cens quatre-vingt-sept.

Signé PHELYPEAUX.

ARREST portant deffenses aux Ouvriers de se servir de marques estrangeres pour marquer leurs Draps.

Du 16. Mars 1688.

Extrait des Registres du Conseil d'Estat.

LE ROY estant en son Conseil, ayant esté informé que les Manufacturiers de Draps de la Ville de Carcassone, lorsqu'ils ont fait une piece de Drap fort fine, mettent à la teste d'icelle & à costé de leur nom, la Marque des meilleurs Ouvriers d'Angleterre, d'où il arrive que les Marchands de Paris & de Lyon, & autres qui achetent lesdites pieces de Draps, coupent le nom de l'ouvrier dudit Carcassone, & y laissent seulement la Marque estrangere que les Manufacturiers y ont mise, & vendent ensuite ces Draps comme s'ils estoient d'Angleterre : Et Sa Majesté voulant pour le bien du Public, & celuy du Commerce, remedier à un abus de si grande consequence : Oüy sur ce le Sieur Marquis de Louvois, Sur-Intendant general des Bastimens de Sa Majesté, Arts & Manufactures de France,

& tout

& tout consideré, SA MAJESTÉ ESTANT EN SON CONSEIL, a deffendu & deffend très expressément à tous Ouvriers de Draps dudit Carcassone, & autres, de mettre sur les pieces d'étoffes qu'ils fabriquent & fabriqueront cy-après, aucune Marque d'Angleterre, ni autre estrangere, pour quelque cause & & pretexte que ce soit, à peine de confiscation desdites pieces d'étoffes, & de Deux cens livres d'amende; & aux Marchands qui les acheteront ainsi marquées, de pareille amende de Deux cens livres, au payement desquelles ils seront contraints sans déport, en vertu du present Arrest, à l'execution duquel Sa Majesté enjoint à l'Intendant de Justice, Police & Finances en Languedoc, de tenir la main, & de le faire lire & publier dans ladite Ville de Carcassone, & par tout ailleurs où besoin sera, afin qu'aucun n'en prétende cause d'ignorance. FAIT au Conseil d'Estat du Roy, Sa Majesté y estant, tenu à Versailles le seizieme jour de Mars mil six cens quatre-vingt huit.

Signé PHELYPEAUX.

LOUIS PAR LA GRACE DE DIEU, ROY DE FRANCE ET DE NAVARRE: A nostre amé & féal Conseiller en nostre Conseil d'Estat, Maistre des Requestes ordinaire de nostre Hostel, Intendant de Justice, Police & Finances en Languedoc, le Sieur de Basville, SALUT. Nous voulons & & vous mandons par ces presentes signées de nostre main, que suivant l'Arrest cy-attaché sous le contre-scel de nostre Chancellerie, cejourd'huy donné en nostre Conseil d'Estat, Nous y estant, vous ayez à tenir la main à l'execution d'iceluy selon sa forme & teneur: Commandons au premier nostre Huissier ou Sergent sur ce requis, de faire pour ladite execution tous Exploits, Significations, & autres Actes requis & necessaires, sans pour ce demander autre congé ni permission; CAR TEL EST NOSTRE PLAISIR. Donné à Versailles le seizieme jour de Mars, l'an de grace mil six cens quatre-vingt-huit, & de nostre Regne le quarante-cinquieme. *Signé* LOUIS, *Et plus bas* par le Roy. PHELYPEAUX.

ARREST qui permet aux Commis des Manufactures en Languedoc, d'aller seuls en visite chez les Marchands de leurs Départemens.

Du 2. Septembre 1689.

Extrait des Registres du Conseil d'Estat.

SUR ce qui a esté representé au Roy, estant en son Conseil, qu'il arrive des contestations dans la fonction des Commis des Manufactures de la Province de Toulouse, en ce que les Marchands prétendant que le Reglement concernant les Manufactures ne donne la faculté de faire des visites chez eux qu'aux Gardes & Jurez seulement, ils refusent de se soumettre à celle des Commis desdites Manufactures; de sorte que bien que plusieurs desdits Marchands ayent dans leurs Boutiques & Magasins des étoffes défectueuses, néantmoins comme lesdits Gardes & Jurez estant de la même Profession, peuvent se trouver dans les mêmes fautes & contraventions qu'eux, ils les tolerent, & ainsi il n'y a personne qui puisse y veiller; ce qui fait que ces contraventions se perpetuënt au préjudice du Commerce & du Public, & même d'autant plus impunément en la Ville de Toulouse, que les Capitouls d'icelle font difficulté d'en prendre connoissance, nonobstant qu'elle leur soit attribuée par ledit Reglement concernant les Manufactures: à quoy estant necessaire de pourvoir, SA MAJESTÉ ESTANT EN SON CONSEIL, a ordonné & ordonne que les Gardes & Jurez des Marchands de ladite Ville de Toulouse, & autres de ladite Province de Languedoc, seront tenus à la premiere requisition qui leur en sera faite par lesdits Commis des Manufactures, de se transporter avec eux chez lesdits Marchands, pour y estre fait visite des étoffes qui s'y trouveront, à peine contre chacun desdits Gardes & & Jurez qui auront refusé d'accompagner lesdits Commis esdites visites, de Trois cens livres d'amende, que Sa Majesté declare estre dès à present encouruë, & au payement de laquelle Elle veut qu'ils soient condamnez par les Juges ordinaires des Manufactures, sans que ladite amende puisse estre reputée comminatoire, ni que sous quelque pretexte que ce soit ils en puissent estre déchargez. Permet Sa Majesté ausdits Commis des Manufactures, audit cas de refus de la part desdits Gardes & Jurez de les accompagner, de proceder seuls à ladite visite & saisie de celles des étoffes qui se trouveront défectueuses, faisant deffenses à toutes personnes de leur donner aucun trouble ni empeschement, sous telles peines qu'il appartiendra. Veut en outre Sa Majesté, que les étoffes défectueuses qui se trouveront chez les Marchands de ladite Ville de Toulouse, soient portées dans l'Hostel commun de ladite Ville, pour estre procedé par les Capitouls d'icelle au jugement des contraventions, conformément au Reglement concernant lesdites Manufactures, à peine par lesdits Capitouls d'en estre responsables en leur propre & privé nom. Enjoint Sa Majesté à l'Intendant de Justice, Police & Finances en ladite Province de Languedoc, de tenir la main à l'execution du present Arrest. FAIT au Conseil d'Estat du Roy, Sa Majesté y estant, tenu à Marly le deuxiéme jour du mois de Septembre mil six cens quatre-vingt-neuf. *Signé* LE TELLIER.

ARREST portant Reglement pour les Draps dont le commerce se fait en Levant.

Du 22. Octobre 1697.

Extrait des Registres du Conseil d'Estat.

LE ROY ayant esté informé que les largeurs qui sont prescrites par les Reglemens generaux faits en l'année 1669. pour les Manufactures de Draperie du Royaume, ne conviennent pas aux draps dont la vente & la consommation se fait dans les Eſchelles du Levant; & qu'il eſt important pour en faciliter le commerce, de regler la qualité des laines qui doivent y eſtre employées, & la maniere d'y faire travailler : Sa Majeſté deſirant d'y pourvoir, auroit fait prendre les avis des principaux Fabriquans qui travaillent à ces ſortes de draps, & des principaux Marchands qui en font le commerce, ſur les Reglemens qui ſont à faire pour la qualité des laines qui y doivent entrer, pour les largeurs qui doivent eſtre données à ces draps, & pour tout ce qui concerne leur fabrique & perfection; leſquels avis ayant eſté rapportez à Sa Majeſté, & les ayant fait examiner par les perſonnes les plus éclairées en ces matieres : Oüy le rapport du Sieur Phelypeaux de Pontchartrain Conſeiller ordinaire au Conſeil Royal, Controlleur general des Finances, SA MAJESTÉ ESTANT EN SON CONSEIL, a ordonné & ordonne que les draps qui ſe feront à l'avenir dans les Manufactures des Provinces de Languedoc, Provence & Dauphiné, & dans les autres Manufactures du Royaume, pour eſtre envoyez en Levant, ſeront fabriquez en la maniere qui enſuit.

ARTICLE PREMIER.

LES draps appellez *Mahous*, ne pourront eſtre fabriquez qu'avec la laine Reſin-Villecaſtin, Reſin-Segovie, ou Refleurette-Segovie, tant en chaiſne qu'en trame. Ils auront au moins trois mille ſix cens fils en chaiſne, & ſeront montez dans des rots de deux aulnes & demie; pour revenir au retour du foulon, à la largeur d'une aulne un tiers entre deux lizieres.

II.

LES draps appellez *Londrines premieres larges*, ſeront faits avec la laine Prime-Segovie, tant en chaiſne qu'en trame, & auront trois mille deux cens fils au moins en chaiſne, dans des rots de deux aulnes un tiers; pour revenir au retour du foulon, à la largeur d'une aulne un quart entre les lizieres.

III.

LES draps appellez *Londrines ſecondes*, ſeront fabriquez de laine Soria, ou autre de pareille qualité en chaiſne, & de Seconde

Segovie en trame, & auront deux mille ſix cens fils au moins en chaiſne, dans des rots de deux aulnes un quart ; pour revenir au retour du foulon, à une aulne un ſixieme de large entre deux lizieres.

I V.

Les draps appellez *Londres larges*, ſeront fabriquez avec le refleuret de laine de Languedoc, Bas-Dauphiné, Gandie, Albaraſin, & autre de pareille qualité, & auront deux mille quatre cens fils en chaiſne, dans des rots de deux aulnes un quart; pour revenir au retour du foulon, à la largeur d'une aulne un quart entre deux lizieres.

V.

Les draps appellez *Londres*, ſeront fabriquez avec le fleuret de la laine de Languedoc, Bas-Dauphiné, Gandie, Albaraſin, ou autre de pareille qualité, & ſeront compoſez de deux mille fils en chaiſne, dans des rots de deux aulnes un huitieme ; pour revenir bien foulez à la largeur d'une aulne & ~~un fixieme~~ entre deux lizieres.

V I.

Les draps appellez *Seizains*, ſeront fabriquez avec les laines de Languedoc, Bas-Dauphiné, ou d'Eſpagne de pareille qualité, & auront ſeize cens fils en chaiſne, dans des rots de deux aulnes, pour revenir au retour du foulon à la largeur d'une aulne entre deux lizieres.

V I I.

Les draps appellez *Abouchouchou*, deſtinez pour l'Egypte, ſeront fabriquez avec les laines de Beziers, Narbonne, ou d'Eſpagne de pareille qualité, & auront ſeize cens fils en chaiſne, dans des rots de deux aulnes, pour avoir au retour du foulon la largeur d'une aulne entre deux lizieres.

V I I I.

Les Marchands-fabriquans & les Entrepreneurs des Manufactures, ne pourront employer aux draps cy-deſſus autres laines que celles déſignées dans les précedens Articles pour chacune qualité de drap, ni ſe ſervir de la laine Pelade, ſoit pour le meslange ou autrement ; le tout à peine de confiscation des draps pour la premiere fois, & de cent livres d'amende outre la confiscation en cas de recidive.

I X.

SERONT les draps cy-dessus, uniformes en force & bonté dans toute l'estenduë de la piece, tant en largeur qu'en longueur, sans aucune difference ; & ne pourront les Tisserands & Ouvriers ourdir les chaisnes desdites étoffes, sinon aux largeurs cy-dessus exprimées, ni employer des laines d'autres qualitez, ni plus fines à un bout de la piece qu'en tout le reste, sur les mesmes peines.

X.

LES draps seront clos, serrez, & non creux ni lâches, & à cet effet les Tisserands seront tenus de battre les draps suffisamment sur le mestier, & de les bien remplir de trame ; à quoy les Marchands & Artisans tiendront la main, sous peine de telle amende qui sera reglée par les Juges des Manufactures, selon la qualité du deffaut, soit contre le Marchand-fabriquant, soit contre le Tisserand, mesme de confiscation des draps, s'il y échet. Seront tenus les Marchands & Fabriquans, & les Entrepreneurs des Manufactures, de marquer & faire marquer sur le chef & premier bout de chacune piece de drap, leur nom, celuy du lieu où le drap sera fabriqué, encore qu'il soit teint & appresté dans un autre lieu, & la qualité du drap, avec le numero de la piece, en la maniere prescrite par les Arrests du Conseil des 4. Novembre 1687. & 7. Avril 1693. & sous les peines y portées.

X I.

TOUS les draps cy-dessus seront foulez avec le savon, & non avec de la terre, sous peine de cinquante livres d'amende contre les Foulonniers.

X I I.

SERONT lesdits draps tondus de bien près, & les Tondeurs & Appresteurs leur donneront tous les apprests & toutes les tontures necessaires pour les rendre parfaits en bonté & beauté, à quoy les Marchands-fabriquans & Entrepreneurs des Manufactures tiendront la main, à peine de telle amende qui sera reglée par les Juges des Manufactures, selon la qualité du deffaut, soit contre le Fabriquant, soit contre le Tondeur, mesme de confiscation des draps s'il y échet.

XIII.

Ne pourront les Tondeurs & Pareurs se servir de cardes de fer pour coucher & garnir lesdits draps, à peine de trente livres d'amende.

XIV.

Les Marchands-fabriquans & Entrepreneurs des Manufactures, feront tondre leurs draps d'affinage, avant que de les envoyer en teinture, à peine de vingt livres d'amende pour chacune piece.

XV.

Et ne pourront les Teinturiers recevoir les draps, ni les mettre en couleur, qu'ils ne soient ainsi tondus, sous pareille peine.

XVI.

Les Marchands-fabriquans, les Entrepreneurs de Manufactures & les Teinturiers, seront tenus de se conformer aux Reglemens generaux des Teinturiers, pour les draps & autres étoffes qu'ils teindront & feront teindre en grandes & hautes couleurs, comme écarlatte, cramoisy, soupe-en-vin & autres couleurs parfaites; & ne pourront employer pour faire lesdites teintures, que les ingrediens permis par lesdits Reglemens generaux de l'année 1669. Et seront pareillement tenus de mettre dans les teintures la quantité suffisante d'ingrediens pour donner le corps & la vivacité necessaire aux couleurs, sous les peines portées par lesdits Reglemens.

XVII.

Les draps cy-dessus seront visitez trois fois par les Gardes & Jurez en charge: la premiere fois en toile au sortir du mestier, & avant que d'estre portez au foulon, pour examiner s'ils sont conformes au present Reglement, tant dans la qualité des laines, que dans le travail & la fabrique: la seconde fois au retour du foulon, pour en examiner le foulage, estre lesdits draps aulnez, & y estre apposé un plomb sur lequel sera marqué le nombre d'aulnes que contiendra la piece: & la troisieme, après qu'ils auront esté apprestez & teints, pour reconnoistre s'ils n'auront point esté tirez avec excès par le moyen des rames; sçavoir, de plus de trois quarts d'aulne sur une piece de trente aulnes, & ainsi à proportion d'un plus ou moins grand aulnage; s'ils auront esté teints de bonne teinture, & si on leur aura donné tous les apprests necessaires pour les rendre plus parfaits; & en ce cas ils seront marquez du plomb de fabrique.

XVIII.

Les Gardes & Jurez seront tenus dans chacune desdites visites, de saisir & arrester les pieces de drap dans lesquelles ils trouveront quelque contravention au present Reglement, & de la faire juger par les Juges des Manufactures; ausquels Sa Majesté enjoint de s'y conformer pour les peines qui y sont ordonnées.

XIX.

Et en cas que le deffaut provienne de l'abus des rames, les Marchands & Fabriquans seront condamnez pour la premiere fois en cent livres d'amende, avec confiscation des draps; & en cas de recidive, seront declarez déchûs de leur Maistrise.

XX.

Les Marchands-fabriquans & Entrepreneurs des Manufactures, seront tenus d'aulner lesdits draps par le dos, & non par la liziere, & de se servir de l'aulne de Paris, suivant les Arrests des 14. Juin & 27. Octobre 1697. sous les peines y portées.

XXI.

Les draps tant blancs que teints, destinez pour le Levant, seront representez, avant que d'estre envoyez à Marseille, ni aux Foires de Beaucaire, Pezenas, Montagnac & autres, à l'Inspecteur des Manufactures dans le Département duquel ils auront esté fabriquez, pour estre visitez & examinez; & s'ils sont des laines, largeurs & qualitez portées par le present Reglement, estre par luy marquez sans frais, suivant l'Arrest du 1.er Septembre 1693. à peine de cinquante livres d'amende contre le Fabriquant, pour chacune piece qui n'aura pas esté marquée par ledit Inspecteur.

XXII.

LEDIT Inſpecteur ſera tenu de ſaiſir & arreſter les pieces qu'il trouvera défectueuſes, pour les faire juger par les Juges des Manufactures; Et en cas que les pieces défectueuſes ayent eſté marquées par les Gardes & Jurez, ils ſeront condamnez ſolidairement en cent livres d'amende.

XXIII.

ET en outre ſeront encore leſdits draps viſitez à Marſeille, avant que de pouvoir eſtre chargez pour le Levant, par l'Inſpecteur qui y eſt eſtabli, & par deux Marchands; pour en eſtre les qualitez, matieres, appreſts, longueurs, largeurs & teintures par eux examinées, & en cas de contravention au preſent Reglement, eſtre les peines portées par iceluy, ordonnées par les Maire, Eſchevins & Députez du Commerce, ſuivant ledit Arreſt du 1.er Septembre 1693. Seront au ſurplus leſdits Reglemens generaux de l'année 1669. concernant les Manufactures, executez & obſervez par leſdits Marchands, Fabriquans, Entrepreneurs de Manufactures, Teinturiers, Tondeurs & Appreſteurs, pour la fabrique, les teintures & appreſts deſdits draps, & pour les peines y portées en cas de contravention, en ce qu'il n'y eſt changé ni dérogé par le preſent Reglement; pour l'execution duquel, & des Arreſts y mentionnez, ſeront toutes Lettres neceſſaires expediées. FAIT au Conſeil d'Eſtat du Roy, Sa Majeſté y eſtant, tenu à Fontainebleau le vingt-deuxieme jour d'Octobre mil ſix cens quatre-vingt-dix-ſept. *Signé* PHELYPEAUX.

ARREST qui ordonne que les Draps qui se feront à l'avenir dans les Manufactures du Royaume pour estre envoyez en Levant, seront fabriquez en la maniere prescrite par ledit Arrest.

Du 20. Novembre 1708.

Extrait des Registres du Conseil d'Estat.

LE ROY ayant esté informé que les dispositions contenuës dans le Reglement fait en l'année 1697. par Arrest du Conseil du 22. Octobre, n'estoient pas suffisantes pour asseûrer la perfection des draps qui se fabriquent dans la Province de Languedoc, en Provence & en Dauphiné, & qui se peuvent fabriquer en d'autres Provinces du Royaume pour le commerce des Eschelles de Levant; Sa Majesté auroit fait dresser sur les Memoires venus de Levant, & sur les diverses remonstrances qui luy ont esté faites, le projet d'un nouveau Reglement contenant tout ce qui est porté dans ledit Reglement de 1697. concernant la fabrication desdits draps, avec les additions & explications qui ont paru necessaires, en sorte que ledit nouveau Reglement pourra seul suffire au lieu dudit Reglement de 1697. & servir de regle pour la fabrique des draps propres pour le commerce de Levant. Sa Majesté auroit ensuite fait prendre les avis des principaux Fabriquans qui travaillent à ces sortes de draps, & des principaux Marchands qui en font commerce; lesquels avis ayant esté rapportez à Sa Majesté, Elle les auroit fait examiner par les personnes les plus éclairées en ces matieres: Et voulant que ledit Reglement soit executé à l'avenir; Oüy le rapport du Sieur Desmaretz Conseiller ordinaire au Conseil Royal, Controlleur general des Finances, SA MAJESTÉ ESTANT EN SON CONSEIL, a ordonné & ordonne que les draps qui se feront à l'avenir dans les Manufactures des Provinces de Languedoc, Provence &

Dauphiné, & dans les autres Manufactures du Royaume, pour estre envoyez en Levant, seront fabriquez en la maniere qui ensuit; auquel effet Sa Majesté a dispensé & dispense les Fabriquans & Negocians, de suivre les dispositions contenuës audit Arrest du Conseil du 22. Octobre 1697. en ce qu'elles ne se trouveroient pas conformes au present Arrest.

ARTICLE PREMIER.

LES draps appellez *Mahous* ne pourront estre fabriquez qu'avec la laine Refin-Villecastin, Refin-Segovie, ou Refleurette-Segovie, tant en chaisne qu'en trame: ils auront au moins Trois mille six cens fils en chaisne, & seront montez dans des rots de deux aulnes & un douze, pour revenir au retour du foulon à la largeur d'une aulne & un tiers entre les deux lizieres: Et sera le mot *Mahous* marqué sur le chef ou premier bout de chacune piece desdits draps, en la maniere qui sera cy-après expliquée.

II.

LES draps appellez *Londrins premiers* seront faits avec la laine Prime-Segovie, tant en chaisne qu'en trame, & auront Trois mille deux cens fils au moins en chaisne, dans des rots de deux aulnes, pour revenir au retour du foulon à la largeur d'une aulne un quart entre les lizieres: Et seront les mots *Londrin premier* marquez au chef ou premier bout de chaque piece.

III.

LES draps appellez *Londrins seconds* seront fabriquez de laine Soria, ou autre de pareille qualité en chaisne, & de Seconde-Segovie en trame, & auront Deux mille six cens fils au moins en chaisne, dans des rots de deux aulnes moins un seize, pour revenir au retour du foulon à une aulne un sixieme de large entre deux lizieres: Et seront les mots *Londrin second* marquez au chef ou premier bout de chaque piece.

IV.

LES draps appellez *Londres larges*, seront fabriquez avec le refleuret de la laine de Languedoc, Bas-Dauphiné, Gandie, Roussillon, grand Albarazin, & autres de pareille qualité, &

auront Deux mille quatre cens fils en chaiſne, dans des rots de deux aulnes un huit, pour revenir au retour du foulon à la largeur d'une aulne un quart entre les lizieres: Et feront ces mots *Londres large* marquez au chef & premier bout de chaque piece.

V.

Les draps appellez *Londres* feront fabriquez avec le fleuret de la laine de Languedoc, Bas-Dauphiné, Rouſſillon, Gandie, petit Albarazin, ou autres de pareille qualité, & feront compoſez de Deux mille deux cens fils en chaiſne, dans des rots de deux aulnes, pour revenir au retour du foulon à la largeur d'une aulne & un ſixieme entre les lizieres: Et fera le mot *Londres* mis au chef ou premier bout de chaque piece.

VI.

Les draps appellez *Seizains* feront fabriquez avec les laines de Languedoc, Bas-Dauphiné ou d'Eſpagne de pareille qualité, & auront Mille ſix cens fils en chaiſne, dans des rots d'une aulne ſept huitiemes, pour revenir au retour du foulon à la largeur d'une aulne entre deux lizieres: Et fera le mot *Seizain* marqué au chef & premier bout de chaque piece.

VII.

Les draps appellez *Abouchouchou*, deſtinez pour l'Egypte, feront fabriquez avec les laines d'Arragon ou de Languedoc de pareille qualité, & auront Mille ſix cens fils en chaiſne, dans des rots de deux aulnes, pour avoir au retour du foulon la largeur d'une aulne & un ſeize entre deux lizieres: Et fera le mot *Abouchouchou* marqué au chef ou premier bout de chaque piece.

VIII.

Les Marchands-fabriquans & les Entrepreneurs des Manufactures ſe conformeront au nombre de fils cy-deſſus exprimé pour chaque qualité de drap, & ne pourront y employer d'autres laines que celles marquées dans les Articles précedens, ni ſe ſervir de la laine Pelade, ſoit pour le mêlange ou autrement, le tout à peine de confiſcation des draps pour la premiere fois, & de Cent livres d'amende outre la confiſcation en cas de recidive.

I X.

Les Marchands-fabriquans & les Entrepreneurs des Manufactures ne pourront faire d'autres draps pour le Levant, que ceux des qualitez portées par le present Reglement, à peine de confiscation.

X.

Les draps qui ne seront pas de la qualité désignée par les mots qui auront esté mis au chef ou premier bout de chaque piece, ne pourront estre marquez pour aucune autre qualité, & seront confisquez.

X I.

Les draps seront uniformes en force & bonté dans toute l'estenduë de la piece, tant en largeur qu'en longueur, sans aucune difference; Et ne pourront les Tisserands & Ouvriers ourdir ou passer les chaisnes, sinon aux largeurs cy-dessus exprimées, ni employer des laines d'autres qualitez, ni plus fines à un bout de la piece qu'en tout le reste, à peine de confiscation des draps pour la premiere fois, & de cent livres d'amende outre la confiscation en cas de recidive.

X I I.

Les draps seront clos & serrez, & non creux ni lâches; & à cet effet les Tisserands seront tenus de tremper en pleine eau la trame des draps *Mahous, Londrins premiers & seconds*, & de battre suffisamment & également les draps sur le mestier, de les bien remplir de trame, observant de ne pas laisser courir les fils; à quoy les Marchands-fabriquans & Entrepreneurs des Manufactures tiendront la main, à peine de telle amende qu'il conviendra selon la qualité du deffaut, & qui sera prononcée, soit contre le Marchand-fabriquant ou Entrepreneur de Manufacture, soit contre le Tisserand, & même de confiscation s'il y échoit.

X I I I.

Les Marchand-fabriquans & les Entrepreneurs des Manufactures feront mettre au chef ou premier bout de chaque piece de drap sur le mestier, ou à l'aiguille le drap estant encore en toile, leur nom & celuy de leur demeure sans abbréviation, outre la qualité du drap, enſemble le numero de la piece, ſoit que leſdits draps doivent eſtre teints ou non : Et ſeront leſdites marques faites avec de la laine d'une couleur differente de celle de la piece de drap ; en ſorte que le drap eſtant porté au foulon, leſdites marques de laine s'incorporent avec la piece, & qu'elles ne puiſſent eſtre non plus oſtées ni effacées que ſi elles avoient eſté faites au meſtier ; le tout à peine de douze livres d'amende pour chacune piece de drap où la qualité du drap, le nom du Maiſtre-fabriquant, celuy du lieu de ſa demeure, & le numero de la piece n'auront pas eſté mis dans la forme cy-deſſus.

XIV.

POURRONT néantmoins leſdits Marchands-fabriquans & Entrepreneurs des Manufactures, ſi bon leur ſemble, outre leſdites marques faites ſur le meſtier ou à l'aiguille avec de la laine en la maniere cy-deſſus preſcrite, ajouſter aux pieces de drap ſujettes à la teinture, d'autres marques à l'aiguille faites avec du fil de lin, de chanvre ou de coton, ou autres matieres, avec leſquelles ils mettront une ſeconde fois au chef ou premier bout de chaque piece de drap, la qualité du drap, le nom du Maiſtre-fabriquant, celuy de ſa demeure ſans abbreviation, & le numero de la piece.

XV.

FAIT Sa Majeſté deffenſes aux Marchands-fabriquans & Entrepreneurs de Manufactures, d'acheter des draps Mahous, Londrins premiers & ſeconds en toile, d'autres Fabriquans, & d'y mettre leur nom, à peine de confiſcation.

XVI.

LES draps ſeront dégraiſſez & foulez avec du ſavon, & non avec de la terre ou aucune leſſive, à peine de cinquante livres d'amende contre les Foulonniers ; Sa Majeſté leur faiſant deffenſes d'avoir chez eux ni dans leurs moulins à foulon aucune terre ni leſſive, ſur les meſmes peines.

XVII.

LES draps ſeront tondus de bien près avant que d'eſtre envoyez à la teinture, & les tondeurs & Appreſteurs leur donneront tous les appreſts & toutes les tontures neceſſaires pour les rendre parfaits en bonté & en beauté; à quoy les Marchands-fabriquans & les Entrepreneurs de Manufactures tiendront la main, à peine de telle amende qu'il sera reglé par les Juges des Manufactures selon la qualité du deffaut, soit contre le Fabriquant, soit contre le Tondeur, mesme de confiscation des draps s'il y échoit.

XVIII.

Les Tondeurs & Pareurs ne pourront se servir de cardes de fer pour coucher & garnir les draps; & ne pourront les garnir de long, à peine de trente livres d'amende.

XIX.

Les Marchands-fabriquans & Entrepreneurs des Manufactures feront tondre leurs draps d'affinage, en faisant donner trois façons au moins aux draps fins, & deux façons au moins aux draps communs, avant que de les envoyer à la teinture, à peine de vingt livres d'amende pour chaque piece.

XX.

Ne pourront les Teinturiers recevoir les draps chez eux, ni les mettre en teinture, qu'ils ne soient tondus, ainsi qu'il est prescrit par le precedent Article, sous les peines y portées.

XXI.

Les Marchands-fabriquans, les Entrepreneurs des Manufactures & les Teinturiers, seront tenus de se conformer aux Reglemens generaux des Teintures de l'année 1669. pour les draps & autres étoffes qu'ils teindront & feront teindre en grandes & hautes couleurs, comme écarlate, cramoisy, soupe-en-vin & autres couleurs parfaites; sans que pour faire lesdites teintures ils puissent employer d'autres ingrediens que ceux permis par lesdits Reglemens generaux: Et seront pareillement tenus de mettre dans les teintures la quantité suffisante d'ingrediens pour donner le corps & la vivacité necessaire aux couleurs, sous les peines portées par lesdits Reglemens.

XXII.

Les draps seront visitez trois fois par les Gardes-Jurez en Charge, dans leur Bureau: La premiere fois en toile au sortir du mestier & avant que d'estre portez au foulon, pour examiner s'ils sont conformes au present Reglement, tant dans la qualité des laines que dans le travail & la fabrique: La seconde fois au retour du foulon, pour examiner le foulage; estre lesdits draps aulnez, & y estre apposé un plomb sur lequel sera marqué le nombre d'aulnes que contiendra la piece: Et la troisieme fois après qu'ils auront esté apprestez & teints, pour reconnoistre s'ils n'auront point esté tirez avec excès par le moyen des rames, sçavoir de plus de trois quarts d'aulne sur une piece de trente aulnes, & ainsi à proportion d'un plus ou moins grand aulnage, s'ils auront esté teints en bonne teinture, & si on leur aura donné tous les apprests necessaires pour les rendre plus parfaits; & en ce cas, ils seront marquez du plomb de fabrique.

XXIII.

Les Jurez-Gardes tiendront un seul Registre pour lesdites trois Visites; & les pages de ce Registre seront divisées en trois colomnes, dont la premiere contiendra la date du jour que le drap aura esté apporté au Bureau en toile, & la qualité du drap, avec le nom du Marchand-fabriquant, & le numero de la piece de drap: la seconde colomne contiendra la date du jour que la même piece de drap aura esté rapportée au Bureau après le foulon, & la quantité d'aulnes qu'elle contiendra: & la troisiéme colomne contiendra la date du jour que la piece de drap sera apportée au Bureau pour la troisieme fois après la teinture & l'apprest, avec la couleur du drap & la quantité d'aulnes qui s'y trouvera; en sorte que ce qui concernera chaque piece de drap, sera écrit sur les mêmes lignes, ainsi qu'il ensuit: Et sera ledit Registre paraphé par le Juge de Police du lieu.

MODELLE DE REGISTRE.

1.re Visite	2.e Visite.	3.e Visite.
1.er Septembre, Mahous.	16. Septembre.	8. Octobre
Boulharies. 320.	15. aulnes & demie.	16. aulnes, Bleu.

XXIV.

Les Foulonniers pourront oster des draps teints en bleu ou en verd

verd, avant que de les faire dégorger, le plomb qui y aura esté mis à la seconde visite; & seront tenus avant que d'oster ce plomb, de marquer à un bout de la piece avec du fil blanc l'aulnage de la piece qui se trouvera marqué sur le plomb.

XXV.

LES Gardes-Jurez seront tenus dans chacune de ces visites, de saisir & arrester les pieces de drap dans lesquelles ils trouveront quelque contravention au present Reglement, & de les faire juger par les Juges des Manufactures, ausquels Sa Majesté enjoint de s'y conformer, & de condamner les Contrevenans aux peines qui y sont ordonnées.

XXVI.

EN cas que le deffaut provienne de l'abus des Rames, les Marchands-fabriquans seront condamnez pour la premiere fois en cent livres d'amende, avec confiscation des draps; & en cas de recidive, seront declarez déchûs de leur Maistrise.

XXVII.

LES Foulonniers, Teinturiers, Tondeurs, Affineurs, & autres travaillant aux apprests des draps, seront responsables envers les Marchands-fabriquans, chacun de ce qui concerne leur travail, & des amendes ou autres peines ausquelles le deffaut de leur travail aura donné lieu.

XXVIII.

LES Marchands-fabriquans, & les Entrepreneurs des Manufactures qui se trouveront avoir donné des ordres pour le travail, apprest, ou teinture des draps en contravention au present Reglement, seront condamnez au double des amendes cy-dessus ordonnées, outre la confiscation des draps défectueux, dans les cas où elle doit avoir lieu suivant le present Reglement, sans préjudice des peines cy-dessus ordonnées contre les Foulonniers, Tondeurs, Teinturiers & autres travaillant aux apprests des draps; & sans que lesdits Marchands-fabriquans puissent exercer aucun recours contre eux, ausdits cas.

XXIX.

LES Marchands-fabriquans, & les Entrepreneurs des

Manufactures seront tenus d'aulner les draps par le dos, & non par la liziere, & de se servir de l'aulne de Paris, suivant les Arrests du Conseil des 14. Juin & 27. Octobre 1687. sous les peines y portées.

XXX.

Les draps tant blancs que teints, destinez pour le Levant, seront representez avant que d'estre envoyez à Marseille, ni aux Foires de Beaucaire, Pezenas, Montagnac & autres, à l'Inspecteur des Manufactures dans le Département duquel ils auront esté fabriquez, pour, en cas qu'ils ayent esté marquez du plomb de fabrique par les Gardes-Jurez, estre par ledit Inspecteur visitez & examinez de nouveau; & s'ils sont des laines, largeurs & qualitez portées par le present Reglement, ils seront par luy marquez sans frais, suivant l'Arrest du 1.er Septembre 1693. à peine de cinquante livres d'amende contre le Fabriquant, pour chacune piece qui n'aura pas esté marquée par ledit Inspecteur; & si lesdits draps n'ont point esté marquez par les Gardes-Jurez, ils seront renvoyez à leur Bureau par ledit Inspecteur, pour estre par eux visitez & examinez, & marquez du plomb de Fabrique, s'ils sont trouvez de bonne qualité : après quoy ils seront rapportez audit Inspecteur, pour estre par luy examinez & marquez s'il y échet, & ensuite envoyez à Marseille ou aux Foires.

XXXI.

Ledit Inspecteur sera tenu de saisir & arrester les pieces qu'il trouvera défectueuses, pour les faire juger par les Juges des Manufactures; & en cas que les pieces défectueuses ayent esté marquées par les Gardes-Jurez, ils seront condamnez solidairement en cent livres d'amende.

XXXII.

Les draps seront encore visitez à Marseille, avant que de pouvoir estre envoyez en Levant, par l'Inspecteur qui y est estabili, & par deux Marchands nommez par les Maire & Eschevins & Députez du Commerce; pour en estre les qualitez, matieres, apprests, longueurs, largeurs & teintures par eux examinées, & en cas de contravention au present Reglement, estre les peines portées par iceluy, ordonnées par lesdits Maire, Eschevins & Députez du Commerce, suivant l'Arrest du Conseil du 1.er Septembre 1693. Et s'il se trouve des draps qui n'ayent point esté marquez par les Gardes-Jurez du lieu de fabrique, ou par l'Inspecteur des Manufactures du Département, ils ne pourront estre marquez par celuy de Marseille, quand mesme ils seroient conformes au present Reglement; & ledit Inspecteur de Marseille sera tenu de les renvoyer à celuy du Département dans lequel ils auront esté fabriquez, pour les faire visiter & marquer par les Gardes-Jurez du lieu de Fabrique, & ensuite par ledit Inspecteur du Département, après quoy ils pourront estre renvoyez à Marseille.

XXXIII.

Si les draps qui auront esté jugé défectueux par les Maire, Eschevins & Députez du Commerce à Marseille, ont esté marquez par les Inspecteurs des Manufactures de la Province de Languedoc, ou autres dans les Départemens desquels les draps auront esté fabriquez, lesdits Maire & Eschevins de Marseille remettront au Sieur Intendant de Provence une copie de leur Jugement, pour estre par luy envoyée au Sieur Controlleur General des Finances, & y estre pourvû contre l'Inspecteur des Manufactures qui aura marqué lesdits draps défectueux, ainsi qu'il appartiendra.

XXXIV.

Seront au surplus les Reglemens generaux de l'année 1669. concernant les Manufactures, executez & observez par les Marchands-fabriquans, Entrepreneurs des Manufactures, Teinturiers, Tondeurs & Apprесteurs, pour la fabrique, teinture & aprest des draps, & pour les peines y portées en cas de contravention, en ce qu'il n'y est changé ni dérogé par le present Reglement; pour l'execution duquel & des Arrests y mentionnez, seront toutes Lettres necessaires expediées. Fait au Conseil d'Estat du Roy, Sa Majesté y estant, tenu à Versailles le vingtiéme Novembre mil sept cens huit. *Signé* Phelypeaux.

LOUIS PAR LA GRACE DE DIEU, ROY DE FRANCE ET DE NAVARRE, Dauphin de Viennois, Comte de Valentinois, Dyois, Provence, Forcalquier & Terres adjacentes : A nos amez & feaux Conseillers en nos Conseils les Sieurs Intendans & Commissaires départis pour l'execution de nos ordres dans les Provinces de nostre Royaume, SALUT. Nous vous mandons & enjoignons par ces presentes signées de Nous, de tenir la main à l'execution de l'Arrest cy-attaché sous le Contre-scel de nostre Chancellerie, cejourd'huy donné en nostre Conseil d'Estat, Nous y estant, pour les causes y contenuës; lequel Nous commandons au premier nostre Huissier ou Sergent sur ce requis, de signifier à tous qu'il appartiendra, à ce qu'ils n'en ignorent, & de faire pour l'entiere execution d'iceluy tous Commandemens, Sommations, & autres Actes & Exploits necessaires sans autre permission; CAR TEL EST NOSTRE PLAISIR. Donné à Versailles le vingtiéme jour de Novembre, l'an de grace mil sept cens huit, & de nostre Regne le soixante-sixiéme. *Signé* LOUIS. *Et plus bas* par le Roy Comte de Provence, *Signé* PHELYPEAUX. Et scellé

ARREST portant Reglement pour la fabrique des Serges Imperiales & Sempiternes.

Du 19. Decembre 1713.

Extrait des Registres du Conseil d'Estat.

LE ROY estant informé que le commerce des Serges Imperiales ou Sempiternes, qui pourroit estre très considerable dans la Province de Languedoc, est extrémement diminué, parce que les ouvriers se sont relâchez sur les longueur, largeur & qualité que ces étoffes doivent avoir, & qui ont esté fixées par les Ordonnances provisoires du Sieur de la Moignon de Basville Conseiller d'Estat ordinaire, Commissaire départi en ladite Province, à quoy Sa Majesté desirant pourvoir par un Reglement qui establisse autant qu'il sera possible l'uniformité dans la fabrique de ces étoffes, & en assûre & augmente le debit dans les Pays estrangers. Vû lesdites Ordonnances des 21. Octobre 1702. 20. Octobre 1704. & 4. Fevrier 1712. & l'avis du Sieur de la Moignon de Basville: Oüy le rapport du Sieur Desmaretz Conseiller ordinaire au Conseil Royal, Controlleur general des Finances, SA MAJESTÉ ESTANT EN SON CONSEIL, a ordonné & ordonne que les Serges Imperiales ou Sempiternes qui se feront à l'avenir dans la Province de Languedoc, seront fabriquées en la maniere qui suit.

ARTICLE PREMIER.

LES Serges Imperiales ou Sempiternes seront fabriquées de laine fine de toison du Pays de Languedoc, ou à leur deffaut de laine d'Espagne de pareille qualité.

II.

LESDITES Etoffes contiendront quarante-trois portées & demie de quarante fils chacune, faisant dix-sept cens quarante fils, qui seront passées sur les Mêtiers dans des peignes larges de quatre pans, pour avoir quatre pans moins un pouce au sortir du Mêtier, & trois pans & demi au retour du foulon.

III.

LES Serges Imperiales du Gevaudan, qui sont de moindre valeur & fabriquées differemment que celles des autres lieux, seront de dix-neuf portées de quatre-vingt-seize fils chacune, & passées dans des peignes ou rots de quatre pans moins un doigt, pour avoir en toile quatre pans moins deux doigts de large, & au retour du foulon trois pans & demi mesure de Montpellier, qui reviennent à trois quarts d'aulne mesure de Paris, conformément à la déliberation prise par les Marchands de la Ville de Marvejole & de Saint Larger, le 12. Octobre 1711.

IV.

TOUTES ces Serges auront douze cannes quatre pans de

longueur en toile, pour revenir à douze cannes foulées, qui font vingt aulnes de Paris. Pourront néantmoins les Fabriquans doubler ou tripler ladite longueur ſur le Mêtier pour leur commodité, à la charge par eux de les marquer par des montres à chaque douze cannes quatre pans, qu'ils ſeront obligez de couper avant que de les expoſer en vente : fait deffenſes Sa Majeſté aux Canneurs de les meſurer autrement.

V.

LES Ouvriers ſeront obligez de mettre à un coin du chef de chaque piece le nom du lieu où elles ſeront faites, avec du fil ou coton lorſque la piece eſt en toile; *Sevennes* à celles qui y ſeront fabriquées; *Gevaudan* à celles qu'on fabrique dans ce pays-là: Et il en ſera uſé de même à l'égard de celles qui ſe fabriquent dans les autres Villes & Dioceſes de la Province, afin que la déſignation du lieu ne puiſſe eſtre changée lorſque la piece aura eſté foulée.

VI.

LES Tondeurs ſeront tenus à peine de cinquante livres d'amende, lorſqu'ils plieront quelque piece, de laiſſer dehors le bout où ſera le nom du lieu de la Fabrique.

VII.

FAIT Sa Majeſté deffenſes à tous Fabriquans d'expoſer en vente leſdites Serges Imperiales, que des qualitez cy-deſſus énoncées, à peine de confiſcation des pieces & de deux cens livres d'amende, aux Foulons de les fouler, aux Teinturiers de les teindre, & aux Tondeurs de les appreſter, que lorſquelles ſeront conformes au preſent Reglement, à peine de cent livres d'amende; & auſdits Marchands de vendre leſdites Marchandiſes d'une qualité pour l'autre, & de faire dans les balles ſous quelque prétexte que ce puiſſe eſtre, aucun mêlange deſdites étoffes de Gevaudan, avec celles fabriquées dans d'autres lieux, à peine de trois mille livres d'amende, de confiſcation deſdites balles, & d'interdiction du Commerce pendant un an.

VIII.

NE pourront leſdites étoffes ſortir de la Province de

Languedoc, qu'après avoir esté visitées & marquées dans les Villes de Montpellier ou Nismes, par les Inspecteurs des Manufactures de ces Départemens, conjointement avec deux Marchands ou Négocians qui seront nommez tous les ans dans chacune desdites Villes par le Sieur Commissaire departi en ladite Province, qui tiendront un Regiſtre exact de toutes celles qui seront marquées, & donneront des certificats de la visite qui en aura esté faite; faisant Sa Majesté très expresses deffenses aux Commis des Fermes, de les expedier ni laisser passer que sur lesdits certificats. Enjoint Sa Majesté audit S.r de Lamoignon de Basville de tenir la main à l'execution du present Arrest, qui sera lû, publié & affiché par tout où besoin sera, luy attribuant à ces fins toute Jurisdiction. FAIT au Conseil d'Estat du Roy, Sa Majesté y estant, tenu à Versailles le dix-neufvieme jour de Decembre mil sept cens treize. *Signé* PHELYPEAUX.

LOUIS PAR LA GRACE DE DIEU, ROY DE FRANCE ET DE NAVARRE: A nôtre amé & feal Conseiller ordinaire en nostre Conseil d'Estat, le S.r de Basville Intendant de Justice en nostre Province de Languedoc, SALUT. Nous vous mandons & enjoignons par ces presentes signées de nostre main, d'executer l'Arrest cy-attaché sous le contre-scel de nôtre Chancellerie, cejourd'huy donné en nôtre Conseil d'Estat, Nous y estant, pour les causes y contenuës: Commandons au premier nostre Huissier ou Sergent sur ce requis, de signifier ledit Arrest à tous qu'il appartiendra, & faire pour l'entiere execution d'iceluy tous commandemens, sommations, deffenses sur les peines y contenuës, & autres Actes & Exploits necessaires, sans autre permission; CAR TEL EST NOSTRE PLAISIR. Donné à Versailles le dix-neufvieme jour de Decembre, l'an de grace mil sept cens treize, & de nôtre Regne le soixante-onzieme. *Signé* LOUIS. *Et plus bas* par e Roy, PHELYPEAUX. Et scellé.

ARREST qui deffend de porter les laines du Languedoc hors du Royaume & de cette Province, sans une permission de M.r l'Intendant.

Du 7. Avril 1714.

Extrait des Regiſtres du Conſeil d'Eſtat.

LE ROY ayant eſté informé que les Laines de la Province de Languedoc, ſous pretexte d'eſtre commercées dans les Provinces voiſines, ſont tranſportées hors du Royaume, en telle ſorte que les Fabriquans de ladite Province en manquent pour la fabrique de leurs étoffes: à quoy eſtant neceſſaire de pourvoir. Oüy le rapport du Sieur Deſmaretz Conſeiller ordinaire au Conſeil Royal, Controlleur General des Finances, SA MAJESTÉ EN SON CONSEIL, a fait très expreſſes inhibitions & deffenſes à toutes Perſonnes, d'acheter aucunes laines de la Province de Languedoc pour les porter hors du Royaume, à peine de confiſcation, & de trois mille livres d'amende, qui ne pourra eſtre réduite ni moderée, dont un tiers appartiendra au Dénonciateur, un tiers aux Pauvres des Lieux, & un tiers au Fermier du Domaine: Et à l'égard des Laines qui ſeront deſtinées pour eſtre employées aux Manufactures eſtablies dans les autres Provinces du Royaume, Veut Sa Majeſté qu'elles ne puiſſent ſortir de ladite Province de Languedoc, que ſur une permiſſion par écrit du Sieur de Baſville Conſeiller d'Eſtat ordinaire, Intendant de Juſtice, Police & Finances en ladite Province, qui ſera accordée ſur une ſoumiſſion de rapporter dans le délay qui ſera reglé, un certificat que leſdites Laines ſont arrivées au lieu de leur deſtination. Enjoint Sa Majeſté au Fermier de ſes Fermes, & à ſes Directeurs, Commis, & Prépoſez aux Bureaux de Sortie, de tenir la main à l'execution du preſent Arreſt, à peine d'en repondre en leur propre & privé nom. Et ſera le preſent Arreſt

Arrest lû, publié & affiché par tout où besoin sera. FAIT au Conseil d'Estat du Roy, tenu à Versailles le septiéme jour d'Avril mil sept cens quatorze. Collationné, *Signé* DUJARDIN.

LOUIS PAR LA GRACE DE DIEU, ROY DE FRANCE ET DE NAVARRE : Aux Fermiers de nos Fermes, leurs Commis, Directeurs & Préposez aux Bureaux de Sortie. Nous vous enjoignons de tenir la main à l'execution de l'Arrest dont l'extrait est cy-attaché sous le Contre-scel de nostre Chancellerie, cejourd'huy donné en nostre Conseil d'Estat, concernant les Laines de la Province de Languedoc. Commandons au premier nostre Huissier ou Sergent sur ce requis, de le signifier à tous qu'il appartiendra, à ce qu'aucun n'en ignore, & de faire en outre pour l'entiere execution d'iceluy tous Commandemens, Sommations, Exploits & autres Actes necessaires, sans autre permission. Voulons que ledit Arrest soit lû, publié & affiché par tout où besoin sera, & qu'aux copies d'iceluy, collationnées par l'un de nos amez & feaux Conseillers-Secretaires, foy soit ajoutée comme aux originaux; CAR TEL EST NOSTRE PLAISIR. Donné à Versailles le septieme Avril l'an de grace mil sept cens quatorze, & de nostre Regne le soixante-onziéme. Par le Roy en son Conseil, *Signé* DUJARDIN. Et scellé.

ARREST portant establissement d'une Inspection & Visite generale à Montpellier, des Draps qui se fabriquent en Languedoc pour le commerce du Levant.

Du 16. May 1714.

Extrait des Registres du Conseil d'Estat.

LE ROY ayant esté informé que les Reglemens cy-devant faits pour assûrer la bonne qualité & perfection des Draps qui se fabriquent dans la Province de Languedoc pour le commerce des Echelles du Levant, n'estoient pas exactement observez ; à quoy Sa Majesté desirant pourvoir, à l'effet que les Marchands & Fabriquans ne puissent s'écarter de la disposition desdits Reglemens, ni transporter hors du Royaume aucune piece de Draps, sans qu'elle ait esté préalablement visitée par plusieurs personnes qui y apportent toute l'intelligence & attention necessaires : Vû le Memoire du Député de la Province de Languedoc au Conseil de commerce, & l'avis du Sieur de Basville Conseiller d'Estat ordinaire, Intendant de ladite Province ; Oüy le Rapport du Sieur Desmaretz Conseiller ordinaire au Conseil Royal, Controlleur general des Finances, SA MAJESTÉ ESTANT EN SON CONSEIL, a ordonné & ordonne.

ARTICLE PREMIER.

QUE tous les Draps qui ont esté ou seront fabriquez dans la Province de Languedoc pour le commerce des Echelles du Levant, seront portez en la Ville de Montpellier & déposez dans un Bureau, où leurs qualitez, matieres, apprests, longueurs, largeurs & teintures seront examinées par l'Inspecteur des Manufactures establi en ladite Ville, conjointement avec deux Negocians, lesquels seront nommez par le Sieur Intendant de ladite Province, & par luy changez tous les ans, s'il l'estime necessaire.

II.

ORDONNE aussi Sa Majesté, que ceux desdits Draps qui par la visite auront esté reconnus fabriquez & apprestez conformément aux dispositions portées par l'Arrest de Reglement du 20. Novembre 1708. y seront plombez d'une marque particuliere ; & que l'Inspecteur & les deux Negocians qui les auront visitez, en donneront leur Certificat, contenant qu'une telle balle, d'une telle qualité & marque, & d'un tel numero, a esté par eux vûë, examinée & plombée : le tout néantmoins sans prejudice de la visite & marque, qui seront observées dans la Ville de Marseille en la maniere accoûtumée.

III.

FAIT Sa Majesté très expresses inhibitions & deffenses à tous Negocians, Marchands, Fabriquans & autres, à peine de confiscation, & de cinq cens livres d'amende pour chacune contravention, de faire sortir de ladite Province aucuns desdits Draps, qu'après qu'ils auront esté visitez & marquez en la forme cy-dessus prescrite.

IV.

FAIT pareillement Sa Majesté deffenses aux Receveurs, Controlleurs & Commis de ses Fermes, de laisser transporter lesdits Draps hors de ladite Province, qu'après avoir par eux vérifié le plomb apposé sur les balles en ladite Ville de Montpellier, & s'estre fait representer le Certificat qui y aura esté délivré.

V.

ENJOINT Sa Majesté à l'Inspecteur préposé en la Ville de Marseille, & aux deux Negocians qui y sont nommez par les Maire, Eschevins & députez, à l'effet de visiter les Draps destinez pour les Echelles du Levant, de renvoyer incessamment au Sieur Intendant de la Province de Languedoc, les Draps fabriquez en ladite Province, qui n'auront pas esté visitez & marquez en la Ville de Montpellier, & dont le Certificat ne leur sera pas representé; pour estre les contrevenans condamnez aux peines portées par le present Arrest; sans que, pour quelque cause & pretexte que ce soit, le transport puisse en estre permis hors du Royaume. FAIT au Conseil d'Estat du Roy, Sa Majesté y estant, tenu à Marly le seiziéme jour de May mil sept cens quatorze. *Signé* PHELYPEAUX.

LOUIS PAR LA GRACE DE DIEU, ROY DE FRANCE ET DE NAVARRE, Dauphin de Viennois, Comte de Valentinois, Dyois, Provence, Forcalquier & Terres adjacentes: à nos amez & feaux Conseillers en nos Conseils les Sieurs Intendans & Commissaires départis pour l'execution de nos ordres dans les Provinces & Generalitez du Royaume, SALUT. Nous vous mandons & enjoignons par ces Presentes signées de Nous, de tenir la main à l'execution de l'Arrest cy-attaché sous le contre-scel de nostre Chancellerie, cejourd'huy donné en nostre Conseil d'Estat, Nous y estant, pour les causes y contenuës; lequel Nous Commandons au premier nostre Huissier ou Sergent sur ce requis, de signifier à tous qu'il appartiendra, à ce qu'ils n'en ignorent, & de faire pour l'entiere execution d'iceluy tous Commandemens, Sommations & autres Actes & Exploits necessaires, sans autre permission; CAR TEL EST NOSTRE PLAISIR. Donné à Marly le seiziéme jour de May, l'an de grace mil sept cens quatorze, & de nostre Regne le soixante-douziéme. *Signé* LOUIS. *Et plus bas,* Par le Roy Dauphin Comte de Provence en son Conseil. PHELYPEAUX. Et scellé.

ARREST portant que les Draps destinez pour le Levant qui ne se trouveront pas conformes aux Reglemens, seront confisquez, & les Fabriquans condamnez en cent livres d'amende.

Du 31. Juillet 1714.

Extrait des Registres du Conseil d'Estat.

LE ROY estant informé que les peines de confiscation & d'amende portées par les precedens Reglemens, n'empêchent point les Fabriquans de draps pour les Eschelles du Levant, d'y contrevenir; & que ceux desdits draps qui ont esté trouvez défectueux, & coupez par morceaux après que le chef & les lizieres en ont esté déchirées, ne laissent point d'estre transportez & debitez en Levant, ce qui est capable de faire préjudice à la reputation des draps fabriquez dans le Royaume; à quoy Sa Majesté voulant pourvoir : Oüy le rapport du Sieur Desmaretz Conseiller ordinaire au Conseil Royal, Controlleur general, des Finances, SA MAJESTÉ EN SON CONSEIL a ordonné & ordonne que les draps destinez pour le commerce du Levant, qui ne se trouveront pas conformes à la disposition des Reglemens, seront confisquez, & les Fabriquans seront condamnez en cent livres d'amende. Veut & ordonne Sa Majesté, qu'en cas de recidive les Fabriquans soient en outre interdits pour toûjours de travailler des draps pour le Levant; Et fait très-expresses inhibitions & deffenses, sous les mesmes peines, à tous autres Fabriquans de leur prester leur nom, sans que lesdites peines puissent estre reputées comminatoires & moderées pour quelque prétexte & cause que ce soit. Ordonne aussi Sa Majesté, que ceux desdits draps dont la confiscation aura esté prononcée, seront à l'avenir teints en noir, à l'effet qu'ils ne puissent estre transportez dans les Eschelles du Levant. Enjoint Sa Majesté au Sieur Intendant de la Province de Languedoc, de tenir la main à l'execution du present Arrest, qui sera lû, publié & affiché par tout où besoin sera. FAIT au Conseil d'Estat du Roy, tenu à Marly le trente-unieme Juillet mil sept cens quatorze. Collationné, *Signé* RANCHIN.

LOUIS PAR LA GRACE DE DIEU, ROY DE FRANCE ET DE NAVARRE: A nostre amé & feal Conseiller en nos Conseils, & en nostre Conseil d'Estat, le Sieur de Basville Intendant & Commissaire départi pour l'execution de nos ordres en la Province de Languedoc, SALUT. Nous vous mandons & enjoignons de tenir la main à l'execution de l'Arrest dont l'extrait est cy-attaché sous le Contre-scel de nostre Chancellerie, cejourd'huy donné en nostre Conseil d'Estat pour les causes y contenuës. Commandons au premier nostre Huissier ou Sergent sur ce requis, de signifier ledit Arrest aux y dénommez & à tous autres qu'il appartiendra, à ce qu'aucun n'en ignore, & de faire pour son entiere execution tous Exploits necessaires; CAR TEL EST NOSTRE PLAISIR. Donné à Marly le trente-unieme Juillet l'an de grace mil sept cens quatorze, & de nostre Regne le soixante-douzieme. Par le Roy en son Conseil. Collationné, *Signé* RANCHIN. Et scellé.

ARREST portant Reglement pour le lavage des laines.

Du 4. Septembre 1714.

Extrait des Registres du Conseil d'Estat.

VÛ au Conseil d'Estat du Roy le Procès verbal fait par les Commis des Marchands des Manufactures au Département de Montpellier & de Nîmes, en presence des Consuls de la Ville de Beaucaire, & des Marchands de laines des Provinces de Languedoc, Provence & Dauphiné, assemblez pendant la Foire tenuë en ladite Ville le 15. Juillet dernier, sur les moyens de remedier au deffaut du lavage des laines, qui cause une perte considerable aux Fabriquans, par la necessité où ils se trouvent de les relaver une deuxieme fois avant de les employer en étoffes: Et les Marchands de laine ayant representé que, si l'on régloit le lavage des laines par le déchet qui en survient lorsqu'elles sont employées, ils seroient exposez à des contestations continuelles avec les Fabriquans, qui sous prétexte d'avoir souffert un déchet plus grand que celuy qui auroit esté fixé, se voudroient dispenser d'en payer le prix: Et lesdits Marchands estant convenus que leurs laines doivent estre lavées de façon que les Fabriquans ne soient pas obligez de les relaver avant de les employer en étoffes; & que pour establir la bonne foy qui doit regner principalement dans le Commerce, il est necessaire de deffendre également ausdits Marchands & aux Fabriquans, de vendre ou acheter des laines qui ayent besoin d'estre lavées une seconde fois. Vû aussi l'Article XLI. des Reglemens generaux des Manufactures, faits en 1669. qui deffend de mesler des laines de plusieurs qualitez, de les moüiller & les tenir en lieu humide, à peine de cent livres d'amende pour chaque contravention; & l'avis du Sieur de Lamoignon de Basville Conseiller d'estat ordinaire, Intendant en la Province de Languedoc: Oüy le rapport du Sieur Desmaretz Conseiller ordinaire au Conseil Royal, Controlleur general des Finances, LE ROY EN SON CONSEIL, a ordonné & ordonne que les laines seront lavées de telle façon qu'elles puissent estre employées en étoffes sans estre relavées. Fait Sa Majesté deffenses aux Marchands, de les vendre ni les exposer en vente autrement; & aux Fabriquans de les acheter, à peine de trente livres d'amende pour chaque balle, tant contre le vendeur que contre l'acheteur; & en cas de recidive, de cent livres d'amende & de confiscation desdites laines, à la reserve seulement des laines d'Espagne qui seroient lavées, lesquelles pourront estre venduës sur le lavage d'Espagne: Et conformément à l'Article XLI. des Reglemens generaux des Manufactures, Sa Majesté fait deffenses aux Marchands de laines de les moüiller ni de les tenir en lieu humide, à peine de cent livres d'amende pour chaque contravention. Enjoint Sa Majesté aux Jurez-Gardes de la Draperie & aux Inspecteurs des Manufactures, de visiter lesdites laines, tant en temps de Foire qu'en tout autre temps, & de saisir & arrester celles qui ne seront pas suffisamment lavées, ou qui seront meslangées, pour estre ensuite jugées par le Sieur Intendant de la Province, & les Marchands condamnez aux peines portées par le present Arrest. FAIT au Conseil d'Estat du Roy, tenu à Fontainebleau le quatrieme jour de Septembre mil sept cens quatorze.

Signé RANCHIN.

LOUIS PAR LA GRACE DE DIEU, ROY DE FRANCE ET DE NAVARRE, Dauphin de Viennois, Comte de Valentinois, Dyois, Provence, Forcalquier & Terres Adjacentes: Au premier nostre Huissier ou Sergent sur ce requis. Nous te mandons & commandons que l'Arrest dont l'Extrait est cy-attaché sous le Contre-scel de nostre Chancellerie, cejourd'huy donné en nostre Conseil d'Estat, portant Reglement pour le lavage des laines, tu signifies à ceux qu'il appartiendra, à ce qu'aucun n'en ignore: Et fais en outre pour l'entiere execution dudit Arrest tous Commandemens, Sommations, deffenses y contenuës, sur les peines y portées, & tous autres Exploits neceſſaires, nonobſtant Clameur de Haro, Charte Normande & Lettres à ce contraires. Voulons qu'aux Copies dudit Arreſt & des Preſentes, collationnées par l'un de nos amez & feaux Conſeillers-Secretaires, foy ſoit ajoûtée comme aux originaux; CAR TEL EST NOSTRE PLAISIR. Donné à Fontainebleau le quatrieme jour de Septembre, l'an de grace mil ſept cens quatorze, & de noſtre Regne le ſoixante-douzieme. Par le Roy Dauphin, Comte de Provence, en ſon Conſeil. *Signé* RANCHIN.

ARREST ſervant de Reglement pour la fabrique des Draps deſtinez pour les Echelles du Levant.

Du 29. Janvier 1715.

Extrait des Regiſtres du Conſeil d'Eſtat.

LE ROY ayant eſté informé qu'il ſe commet dans les Provinces de Languedoc, Provence & Dauphiné, pluſieurs abus en la fabrique des draps deſtinez pour les Echelles du Levant, & que les precedens Reglemens n'y ont pas ſuffiſamment pourvû: à quoy Sa Majeſté deſirant remedier, afin que les differentes eſpeces de draps ne puiſſent eſtre confonduës, & que le Commerce s'en faſſe avec toute la fidelité neceſſaire, pour l'entretenir & l'augmenter; après avoir vû & examiné les Memoires donnez, tant par les Fabriquans que par les Inſpecteurs des Manufactures, & l'avis du Sieur de Baſville Conſeiller d'Eſtat ordinaire, Intendant de ladite Province de Languedoc: Oüy le rapport du Sieur Deſmaretz Conſeiller ordinaire au Conſeil Royal, Controlleur general des Finances, SA MAJESTÉ EN SON CONSEIL, a ordonné & ordonne.

ARTICLE PREMIER.

QUE le Reglement du 20. Novembre 1708. ſera executé ſelon

ſelon ſa forme & teneur, tant pour ce qui concerne la qualité des laines, le nombre des fils & la largeur des rots, que le nom du Fabriquant, qui doit eſtre inſcrit ſur le chef de chaque piece de drap, & les autres diſpoſitions & peines contre les contrevenans, qui y ſont contenuës.

I I.

LES draps Londres larges, qui doivent eſtre de deux mille ſix cens fils, ſeront filez tant en chaiſne qu'en trame au grand roüet ſans manivelle, après avoir eſté cardez à la petite carde ſur le genou; ce qui eſt vulgairement appellé *à la mode de Hollande*. Les Londres qui ont eſté reglez à deux mille fils, & les ſeizains qui ſont de ſeize cens fils, ſeront filez à l'ancien uſage de Languedoc, qu'on y appelle *mode de France;* ce qui ſera obſervé à peine de confiſcation, & de cent livres d'amende.

I I I.

ORDONNE auſſi Sa Majeſté ſous les meſmes peines, que les lizieres des Londres larges ſeront blanches, que celles des Londres ſeront noires, que celles des Seizains ſeront meſlées de blanc & de noir, & que celles-cy ſeront plus eſtroites que celles des Londres larges & Londres, & ne pourront avoir qu'un pouce ou environ de largeur. Permet Sa Majeſté aux Fabriquans de donner pluſieurs couleurs aux lizieres des draps fins à leur choix, en obſervant néantmoins, afin que la difference en ſoit marquée, que le rouge ne ſera employé que pour les lizieres des Mahous, le verd pour celles des Londrins premiers, & le bleu pour celles des Londrins ſeconds.

I V.

ORDONNE pareillement Sa Majeſté, que les draps Mahous, Londrins premiers & ſeconds ne pourront doreſnavant eſtre fabriquez en Languedoc, que dans les Villes & Fauxbourgs de Carcaſſone & de Clermont, & dans les Manufactures particulieres auſquelles Sa Majeſté a permis d'y travailler: Deffend Sa Majeſté de fabriquer dans leſdits lieux aucuns Londres larges, ni Londres, ni Seizains, à peine de confiſcation.

V.

Et pour ce qui concerne lesdits Londres larges, Londres & Seizains, permet Sa Majesté de les fabriquer en ladite Province de Languedoc, dans l'estenduë des Dioceses de Carcassone, Limoux, Saint-Pons & Castres; où, sous la même peine de confiscation, fait Sa Majesté très-expresses inhibitions & deffenses de fabriquer aucuns draps Mahous, Londrins premiers & seconds.

Enjoint Sa Majesté aux Sieurs Intendans & Commissaires départis dans les Provinces de Languedoc, Provence & Dauphiné, de tenir la main à l'execution du present Arrest, & à l'Inspecteur des Manufactures estabIi à Marseille de s'y conformer, & de renvoyer audit Sieur de Basville tous les draps qui n'auront pas esté fabriquez en ladite Province suivant la disposition des Reglemens. Et sera le present Arrest lû, publié & affiché par tout où besoin sera, & registré dans les Registres des Corps & Communautez des Fabriquans, à la diligence des Inspecteurs preposez pour les Manufactures. Fait au Conseil d'Estat du Roy, tenu à Versailles le vingt-neufvieme jour de Janvier mil sept cens quinze. Collationné, *Signé* Goujon.

Louis par la Grace de Dieu, Roy de France et de Navarre, Dauphin de Viennois, Comte de Valentinois, & Dyois, Provence, Forcalquier & Terres Adjacentes: à nos amez & feaux Conseillers en nos Conseils, les Sieurs Intendans & Commissaires departis pour l'execution de nos ordres dans les Provinces de Languedoc, Provence & Dauphiné, Salut. Suivant l'Arrest dont l'Extrait est cy-attaché sous le contre-Scel de nostre Chancellerie, cejourd'huy donné en nostre Conseil d'Estat, portant Reglement pour les draps qui se fabriquent en France, & qui sont destinez pour les Echelles du Levant, Nous vous enjoignons de tenir la main à l'execution d'iceluy: Commandons au premier nostre Huissier ou Sergent sur ce requis, de signifier ledit Arrest aux y dénommez, & à tous qu'il appartiendra, à ce qu'aucuns n'en ignorent,

& de faire en outre pour l'execution d'iceluy tous Commandemens, Sommations, deffenſes y contenuës, & autres Actes & Exploits neceſſaires, ſans autre permiſſion. Voulons que ledit Arreſt ſoit lû, publié & affiché par tout où beſoin ſera, & regiſtré dans les Regiſtres des Corps & Communautez des Fabriquans, à la diligence des Inſpecteurs préposez pour les Manufactures. Voulons en outre qu'aux Copies dudit Arreſt & des preſentes, collationnées par l'un de nos amez & feaux Conſeillers-Secretaires, foy ſoit ajoutée comme aux Originaux; CAR TEL EST NOSTRE PLAISIR. Donné à Verſailles le vingt-neufvieme jour de Janvier, l'an de grace mil ſept cens quinze, & de noſtre Regne le ſoixante-douzieme. Par le Roy Dauphin, Comte de Provence, en ſon Conſeil, *Signé* GOUJON. Et ſcellé du grand Sceau de cire jaune.

ARREST portant Reglement pour la fabrique des Cordelats.

Du premier Fevrier 1716.

Extrait des Regiſtres du Conſeil d'Eſtat.

VU au Conſeil d'Eſtat du Roy le Procès verbal du Sieur Paignon Inſpecteur des Manufactures au Département de Montpellier, du 21. Septembre dernier, contenant que les principaux Marchands & Negocians qui ſe ſont trouvez à la Foire de Pezenas, ayant examiné les pieces de Cordelats-Molletons, Cordelats-larges & Cordelats-Redins, fabriquées en conſequence de l'Ordonnance renduë le 28. Juin 1714. par le Sieur de Baſville Conſeiller d'Eſtat ordinaire & Intendant en la Province de Languedoc, ſont convenus que les pieces fabriquées par les nommez la Boucé & Eſeande du lieu de Boiſſezon, eſtant de la qualité qui convient à leur commerce, tant pour la largeur que pour la force & épaiſſeur, il ſeroit neceſſaire qu'il pluſt à Sa

Majesté d'ordonner que le mesme nombre de fils & de portées, & la mesme largeur, seront observez à l'avenir dans la fabrique desdites étoffes. Vû aussi l'avis dudit Sieur de Basville, portant qu'il y a lieu d'accorder le Reglement demandé: Oüy le rapport, LE ROY ESTANT EN SON CONSEIL, de l'avis de Monsieur le Duc d'Orleans Regent, a ordonné que les étoffes appellées *Cordelats*, qui se fabriquent en la Province de Languedoc, seront faites en la maniere cy-après; sçavoir,

ARTICLE PREMIER.

LES Cordelats étroits auront vingt-huit portées de trente-deux fils chacune, passées dans des lames & rots de quatre pans mesure de Montpellier, faisant cinq sixiemes d'aulne mesure de Paris, pour revenir au retour du foulon à la largeur de demi-aulne de ladite mesure entre les lizieres.

II.

LES Cordelats larges auront trente-quatre portées de trente-deux fils chacune, passées dans des lames & rots de cinq pans de largeur mesure de Montpellier, composant une aulne un vingt-quatrieme mesure de Paris, pour revenir au retour du foulon à demi-aulne demi-quart de ladite mesure entre les deux lizieres.

III.

LES Cordelats appellez *Redins*, auront trente-quatre portées de trente-deux fils chacune; & seront passées dans des lames & rots de cinq pans mesure de Montpellier, pour revenir au retour du foulon à demi-aulne demi-quart les lizieres comprises.

IV.

ORDONNE Sa Majesté, que des pieces de Cordelats fabriquées par lesdits la Bouée & Eseande, il en sera coupé des morceaux de demi-aulne, qui seront cachetez aux armes du Sieur de Basville, & envoyez dans les Villes & lieux de fabrique desdits Cordelats, à l'effet d'y estre gardez dans les Hostels de Ville, & servir d'échantillon, matrice & modelle pour ceux qui seront fabriquez à l'avenir,

V.

ORDONNE au surplus Sa Majesté, que l'Arrest du Conseil du 23. Septembre 1677. sera executé pour les Cordelats qui se fabriquent dans la Generalité de Montauban, Pays de Foix, Nebousan, les quatre Vallées d'Aure, Neste, Barrouse & Magnoac. Enjoint Sa Majesté audit Sieur de Basville de tenir la main à l'execution du present Arrest. FAIT au Conseil d'Estat du Roy, Monsieur le Duc d'Orleans Regent present, tenu à Paris le premier jour de Fevrier mil sept cens seize.

Signé PHELYPEAUX.

ARREST portant deffenses à tous Ouvriers, Marchands & autres, de faire sortir de la Province de Languedoc aucuns Draps Londres, *ou* Londres larges *en blanc, & autres Draps pour les Echelles du Levant, qu'ils n'ayent esté mis en couleur & reçû les derniers apprests.*

Du 7. Juillet 1716.

Extrait des Registres du Conseil d'Estat.

SUR ce qui a esté representé au Roy par les Gens des trois Estats de la Province de Languedoc, que l'on rebutoit dans les Echelles du Levant une grande quantité de draps Londres & Londres larges fabriquez en Languedoc, soit par la défectuosité de la teinture, soit parce qu'ils estoient affoiblis par la rame: qu'après avoir discuté cette affaire avec plusieurs habiles Négocians, & en avoir conferé avec le Sieur de Basville Intendant de ladite Province, ils ont trouvé que le mal provenoit de ce que les Marchands de Marseille achetoient ces draps en blanc, les faisoient ensuite teindre & apprester chez eux, souvent en fausse teinture, & les tiroient avec tant d'excès à la rame, qu'ils gagnoient sur l'aulnage de chaque piece deux ou trois aulnes: Que sur les differentes plaintes qui ont esté portées aux Commissaires des Estats, il a esté déliberé à l'Assemblée desdits Estats tenus à Nîmes en 1714. de faire à ce sujet leurs très-humbles remonstrances à Sa Majesté, à ce qu'il luy plust deffendre la sortie de la Province de Languedoc des draps en blanc de cette espece, & ordonner que ceux qui sortiroient en blanc hors de la Province, seroient marquez d'une marque differente de celle qui est apposée à ceux qui ont reçû les derniers apprests; & que jusqu'à ce qu'il eût plû à Sa Majesté de deffendre la sortie de ces draps en blanc, il ne seroit accordé aucune gratification aux Ouvriers pour lesdits draps: Que ladite demande auroit esté renvoyée au Sieur de Basville, pour y estre pourvû sur son avis. Vû la Déliberation sur ce prise par les Gens des trois Estats de la Province de Languedoc, le 12. Decembre 1714. l'Article VIII. du Cahier presenté à Sa Majesté en 1715. l'avis du Sieur de Basville, & celuy des Députez au Conseil de Commerce: Oüy le rapport, LE ROY EN SON CONSEIL ayant égard à la demande faite par les Gens des trois Estats de ladite Province du Languedoc, par l'Article VIII. du Cahier de l'année 1715. a autorisé & autorise la Déliberation par eux prise le 12. Decembre 1714. & en consequence fait deffenses à tous Ouvriers, Marchands & autres, de faire sortir de ladite Province aucuns draps Londres ou Londres larges en blanc, & autres draps destinez pour les Echelles du Levant, qu'ils n'ayent esté mis en couleur & reçû les derniers apprests. FAIT au Conseil d'Estat du Roy, tenu à Paris le septiéme jour de Juillet mil sept cens seize. Collationné, *Signé* RANCHIN.

ARREST concernant le Bureau eſtabli à Montpellier, pour la Viſite generale & Marque des Draps deſtinez pour les Echelles du Levant.

Du 5. Mars 1718.

Extrait des Regiſtres du Conſeil d'Eſtat.

VÛ au Conſeil d'Eſtat du Roy l'Arreſt rendu en iceluy le 16. May 1714. portant eſtabliſſement d'une Inſpection & Viſite generale à Montpellier, des draps qui ſe fabriquent en Languedoc pour le Commerce du Levant : Et Sa Majeſté eſtant informée qu'il ſurvient chaque jour au Bureau de ladite Viſite differentes conteſtations auſquelles il eſt neceſſaire de remedier ; Oüy le rapport, LE ROY ESTANT EN SON CONSEIL, de l'avis de Monſieur le Duc d'Orleans Regent, a ordonné & ordonne ce qui enſuit.

ARTICLE PREMIER.

LES Cachets deſtinez pour la marque des draps ſeront dépoſez dans un cabinet fermant à deux clefs, dont l'une ſera au pouvoir de l'Inſpecteur, & l'autre entre les mains d'un des Negocians nommez par le Sieur Intendant de la Province.

II.

AUSSI-TOST que les draps ſeront arrivez au Bureau, le Commiſſionnaire auquel ils auront eſté addreſſez, aura ſoin d'avertir l'Inſpecteur & les deux Negocians commis à l'Inſpection, qui ſeront tous tenus de ſe trouver le lendemain audit Bureau à dix heures du matin, à l'effet de viſiter leſdits draps, & les marquer s'ils les trouvent de la qualité requiſe, à peine contre l'Inſpecteur & les deux Negocians, de repondre en leur propre & privé nom du retardement de la Voiture chargée deſdits Draps.

III.

Les certificats qui seront délivrez pour l'expedition des draps, seront signez par l'Inspecteur, & par un des Negocians au moins.

IV.

Si lors de la Visite des draps l'Inspecteur & les deux Negocians sont de differens avis, la voix des deux Negocians dont le sentiment sera conforme, ne sera comptée que pour une; & s'ils ne peuvent convenir avec ledit Inspecteur, ils auront recours au Sieur Intendant, qui nommera, s'il l'estime necessaire, deux personnes entenduës pour regler la contestation.

V.

Les balles de draps seront visitées suivant l'ordre de leur arrivée dans le Bureau, sans aucune preference.

VI.

Le Controlleur & le Concierge qui sont establis dans les Bureaux, & qui doivent répondre de toutes les Marchandises qui y sont portées, auront seuls le soin des Emballages, dont le prix sera reglé par le Sieur Intendant de la Province,

VII.

Le Controlleur sera tenu d'inserer dans son Registre, à costé de chaque balle, les noms de ceux qui les auront visitées & marquées.

VIII.

Il sera aussi obligé de remettre tous les trois mois au Sieur Intendant de la Province un estat signé par luy & par lesdits deux Negocians, contenant le nombre & la qualité des draps qui auront passé audit Bureau, & un double dudit estat à l'Inspecteur pour estre envoyé au Conseil.

IX.

Le Controlleur & le Concierge donneront tous les mois au Sieur Intendant un estat de la dépense qui se fera audit Bureau, pour le bois, chandelles & plomb; & ledit estat sera préalablement visé par l'Inspecteur, & par les deux Negocians.

X.

X.

Tous les Employez audit Bureau feront gratuitement leurs fonctions, & ne pourront sous aucun pretexte exiger des Particuliers aucun salaire ni aucune contribution, à peine de destitution. Fait au Conseil d'Estat du Roy, Sa Majesté y estant, tenu à Paris le cinquieme jour de Mars mil sept cens dix-huit.

Signé Phelypeaux.

ORDONNANCE de M.r de Bernage Intendant en Languedoc, qui regle la largeur & les qualitez des Cadis, Serges, & autres Etoffes qui se fabriquent dans les Sevennes, & lieux circonvoisins.

Du 29. Avril 1719.

SUR ce qui Nous a esté representé par le S.r Pichol commis à l'inspection des Manufactures au Département de Nismes, que les Ordonnances renduës par M.r de Basville les 16. May 1716. 22. Decembre 1711. & 17. Mars 1714. pour la largeur & qualité des cadis, serges, & autres étoffes qui se fabriquent dans les Sevennes, n'estoient pas executées; ce qui porte un préjudice considerable au Commerce, & pourroit causer dans les suites la perte de ces Manufactures par l'avidité des Fabriquans, s'il n'y estoit promptement remedié en renouvellant les Reglemens portez par lesdites Ordonnances.

Vû lesdites Ordonnances;

Article Premier.

Nous ordonnons que les Cadis des Sevennes, pour presser ou friser, seront de vingt-cinq portées de quarante fils chacune, passez au quatorze; qu'ils auront de large deux pans & tiers en toile, mesure de Montpellier, pour avoir deux pans au moins au retour du foulon, & que chaque piece ne pourra estre que de la longueur de quarante cannes tout au plus sortant du foulon.

II.

Les Cadis larges qui sont faits aux Villes & lieux de Sommieres, Nages, Calvisson, Sinsan, Vergese, Saint Cosme, Junas, Aubais, Combas, Vic, Canes, Moulesan, Saint Mamet, Saint Genieis, Fons, Saint Bauzille, Ners, Cassagnolles, Marvejols, Massane, Cardet, Lezan, Saint Jean de Serres, Canaules, Quissac, & autres lieux de la Vaunage, seront de vingt-huit portées de quarante fils chacune; qu'ils auront deux pans trois quarts de large en toile, pour avoir demi-aulne au sortir du foulon, conformément à l'Ordonnance de M.r de Basville du 22. Octobre 1695.

III.

Les Cadis estroits qui se font dans les lieux de la Vaunage cy-dessus mentionnez, seront de vingt cinq portées, passez au treize; & ils auront deux pans & tiers en toile, pour avoir deux pans sortant du foulon.

IV.

Les Cadis larges appellez *Tramieres,* qui sont faits aux lieux de Sauve, Quissac, & autres lieux, seront de trente-quatre portées de quarante fils chacune, passez au quatorze; & ils auront trois pans un quart en toile, pour avoir au moins deux pans deux tiers de large sortant du foulon.

V.

Les Cadis forts qui se font au Vigan & à Saint Laurent, seront de trente portées de quarante fils chacune, passez au quinze; & auront deux pans & demi de large en toile, pour avoir deux pans au retour du foulon.

VI.

Les Serges *façon d'Alais* qui se font à Anduse, seront de trente portées de quarante fils chacune, passées au quatorze; & elles auront deux pans trois quarts de large en toile, pour avoir deux pans un tiers de large sortant du foulon.

VII.

LES Serges appellées *Mialet*, feront au moins de vingt-fix portées de quarante fils chacune, paffées au quatorze ; & elles auront deux pans & tiers de large en toile, pour avoir deux pans au moins fortant du foulon.

VIII.

LES Serges Imperiales, feront de quarante-trois portées & demie de quarante fils chacune, paffées au quinze ; & elles auront quatre pans moins deux pouces de large, & douze cannes quatre pans de longueur en toile, pour avoir trois pans & demi de largeur, & douze cannes de longueur fortant du foulon : & elles feront cannées feparément piece par piece, ayant tefte & queuë, conformément aux Ordonnances de Mr de Bafville des 21. Octobre 1702. & 20. Octobre 1704.

IX.

LES Serges Imperiales, qui feront achetées en toile pour eftre reduites en peffots, auront trois pans au moins de large fortant du foulon, & ne pourront avoir au-delà de douze cannes quatre pans de longueur en toile, conformément à la fufdite Ordonnance du 21. Octobre 1702.

X.

LES Drapades fines qui fe font à Sommieres ou aux environs, feront de trente-huit portées de quarante fils chacune, paffées au feize ; & elles auront quatre pans de large en toile, pour avoir trois pans fortant du foulon.

XI.

LES Drapades communes qui fe font audit Sommieres ou aux environs, feront de trente-fix portées de quarante fils chacune, paffées au feize ; & elles auront en toile trois pans deux tiers de large, pour avoir deux pans & demi de large fortant du foulon.

XII.

LES Ratines qui fe font audit Sommieres ou aux environs, feront de trente-fix portées de trente-fix fils chacune, paffées au quatorze ; & elles auront en toile trois pans & demi, pour avoir deux pans trois quarts de large ſortant du foulon.

XIII.

Les ſuſdites étoffes ne pourront eſtre fabriquées que des laines cy-après; ſçavoir les Cadis larges & eſtroits, des laines du Pays, Provence, Eſpagne, & Catalogne.

XIV.

Les Serges façon d'Alais, celles appellées *Mialet*, les Imperiales & Peſſots, les Ratines & les Drapades ſeront faites des laines d'Eſpagne, de Catalogne, & du Pays, & non d'autres.

XV.

Faisons deffenſes d'employer dans leſdites étoffes aucunes laines de Smirne, Salé, Conſtantinople, Tunis, & autres de Barbarie & du Levant; Et ne pourront leſdits Ouvriers avoir chez eux aucunes deſdites laines, ſous quelque pretexte que ce ſoit, à peine de confiſcation.

XVI.

Ne pourront pareillement eſtre employées dans leſdites étoffes aucunes laines Pelades de quelque Pays qu'elles ſoient, à peine de confiſcation deſdites étoffes. Deffendons encore aux Fabriquans de faire aucun meſlange des laines, à peine de trois cens livres d'amende, & de confiſcation, conformément aux Reglemens generaux des Manufactures, & à l'Ordonnance de M.r de Baſville du 6. Juin 1694.

XVII.

Faisons encore deffenſes aux Ourdiſſeurs qui travaillent dans le Pays des Sevennes & la Vaunage, d'ourdir aucunes chaiſnes d'un moindre nombre de portées & de fils, que celuy qui eſt porté par la preſente Ordonnance; & aux Tiſſerands, de monter leſdites chaiſnes, & de leur donner une moindre largeur, à peine de dix livres d'amende & de confiſcation des étoffes.

XVIII.

Enjoignons aux Tiſſerands deſdites étoffes de les battre ſuffiſamment pour qu'elles ſoient bien tiſſuës, & de les bien remplir de trame, à peine de dix livres d'amende pour la premiere contravention, de vingt livres pour la ſeconde, & d'eſtre interdits de travailler de leur meſtier pendant une année, pour la troiſiéme.

XIX.

DEFFENDONS aux Foulonniers de ſe ſervir d'aucune leſſive ni chaux pour dégraiſſer leſdites étoffes; & ils ne pourront les dégraiſſer qu'avec du ſavon, à peine de cent livres d'amende.

XX.

LES confiſcations appartiendront moitié aux Pauvres des lieux, & moitié au Corps des Marchands ou Facturiers; & les étoffes confiſquées ſeront coupées de trois en trois cannes, en preſence des Maire & Conſuls qui auront prononcé ladite confiſcation, pour n'eſtre debitées qu'en détail.

XXI.

ENJOIGNONS aux Inſpecteurs des Manufactures de tenir la main à l'execution de la preſente Ordonnance, laquelle ſera lûë, publiée par tout où beſoin ſera, & regiſtrée ès Regiſtres des Corps des Marchands & Facturiers. FAIT à Montpellier le vingt-neufvieme Avril mil ſept cens dix-neuf. *Signé* DE BERNAGE, *Et plus bas*, par Monſeigneur, JOURDAN, Collationné.

ARREST qui ordonne l'execution des Reglemens generaux concernant le nombre des Fils, & la largeur des Serges & autres eſpeces d'Etoffes.

Du 19. Janvier 1723.

Extrait des Regiſtres du Conſeil d'Eſtat.

LE ROY eſtant informé que les ſerges fabriquées dans les Villes d'Uſez, d'Alais, & autres Villes & lieux de la Province de Languedoc, n'ont pas la largeur portée par les Reglemens qui ont eſté rendus en differens temps; & que les Ouvriers dont la contravention eſt reconnuë, prétendent ſe diſculper en ſouſtenant que le deffaut de largeur eſt provenu de ce que ces étoffes ont eſté trop foulées, & qu'ils y ont employé le nombre de fils qui leur eſtoit preſcrit; ce qui ne peut plus eſtre vérifié quand ces étoffes ont eſté enlevées de deſſus les meſtiers, & que la chaiſne eſt meſlée & confonduë avec la trame: Et Sa Majeſté s'eſtant fait repreſenter le Reglement du 20. Octobre 1708. par lequel il auroit eſté entr'autres choſes ordonné que les Fabriquans de Mende & de Marvejols ſeroient tenus de laiſſer à la teſte de chaque piece de ſerge ou cadis, quatre doigts de la chaiſne ſans eſtre remplie de trame, en ſorte qu'on puiſſe compter les fils & les portées de chaiſnes: laquelle diſpoſition Sa Majeſté ayant eſtimé neceſſaire de faire obſerver dans les Villes & autres lieux où il ſe fabrique des ſerges, cadis & autres étoffes dont la chaiſne eſt de laine peignée, appellée *Eſtame,* afin d'aſſûrer plus parfaitement l'execution des Reglemens, & de faire ceſſer tous pretextes d'abus & de contravention: Oüy le rapport du Sieur Dodun, Conſeiller ordinaire au Conſeil Royal & au Conſeil de Regence, Controlleur general des Finances. SA MAJESTÉ ESTANT EN SON CONSEIL, de l'avis de Monſieur le Duc d'Orleans Regent, a ordonné & ordonne que les Reglemens generaux de 1669. & autres depuis rendus concernant le nombre des fils & largeur pour chaque eſpece d'étoffe, ſeront executez ſelon leur forme & teneur; & en conſequence, que du jour de la publication du preſent Arreſt, tous les Ouvriers qui fabriquent des ſerges, cadis & autres eſpeces d'étoffes auſquelles ils employent des chaiſnes de laine peignée, appellée *d'Eſtame,* tant en la Province de Languedoc que dans les autres Provinces du Royaume, ſeront tenus de laiſſer à la teſte de chaque piece la longueur de quatre pouces aux chaiſnes, ſans les remplir & couvrir de la trame, à l'effet que les fils & les portées de chaiſnes puiſſent eſtre comptez, pour reconnoiſtre ſi le nombre fixé par les Reglemens a eſté obſervé, à peine de confiſcation deſdites étoffes, & de vingt livres d'amende pour chaque contravention; leſquelles confiſcation & amende ne pourront eſtre remiſes ni moderées par les Juges, à peine d'en repondre en leur propre & privé nom, & d'interdiction. Enjoint Sa Majesté aux Sieurs Intendans & Commissaires départis dans les Provinces, de tenir la main à l'execution du present Arrest. FAIT au Conseil d'Estat du Roy, Sa Majesté y estant, tenu à Versailles le dix-neufvieme jour de Janvier mil sept cens vingt-trois. *Signé* PHELYPEAUX.

LOUIS PAR LA GRACE DE DIEU, ROY DE FRANCE ET DE NAVARRE: A nos amez & feaux Conseillers en nos Conseils les Sieurs Intendans & Commissaires départis dans les Provinces & Generalitez du Royaume, SALUT. De l'avis de nostre très-cher & très-amé Oncle le Duc d'Orleans Regent, Nous vous mandons & enjoignons par ces presentes signées de Nous, de tenir chacun en droit soy la main à l'execution de l'Arrest cy-attaché sous le Contre-scel de nostre Chancellerie, cejourd'huy donné en nostre Conseil d'Estat, Nous y estant, pour les causes y contenues: Commandons au premier nostre Huissier ou Sergent sur ce requis, de signifier ledit Arrest à tous qu'il appartiendra, à ce que personne n'en ignore, & de faire pour son entiere execution tous Actes & Exploits necessaires sans autre permission, nonobstant clameur de Haro, Charte Normande & Lettres à ce contraires. Voulons qu'aux copies dudit Arrest & des presentes, collationnées par l'un de nos amez & feaux Conseillers-Secretaires, foy soit ajoûtée comme aux Originaux; CAR TEL EST NOSTRE PLAISIR. Donné à Versailles le dix-neufvieme jour de Janvier, l'an de grace mil sept cens vingt-trois, & de nostre Regne le huitieme. *Signé* LOUIS. *Et plus bas,* Par le Roy Dauphin, Comte de Provence, le Duc D'ORLEANS Regent present. *Signé* PHELYPEAUX. Et scellé.

ORDONNANCE de M.r de Bernage Intendant en Languedoc, au ſujet du filage des Laines pour la fabrique des Cadis, Serges de laine & fil, & autres petites étoffes.

Du 17. Juin 1723.

ESTANT informé que pluſieurs Fabriquans des Cadis, ſerges de laine & fil, & autres petites étoffes qui ſe fabriquent dans le Dioceſe de Rieux, font filer depuis quelque temps leurs laines au grand roüet façon de Hollande, contre la diſpoſition des Reglemens, & l'uſage qui s'obſerve dans les autres lieux de la Province où il ſe fabrique de pareilles étoffes: Et pour faire ceſſer un abus ſi préjudiciable au Commerce, Nous faiſons très-expreſſes deffenſes aux Fabriquans des cadis, ſerges de laine & fil, & autres petites étoffes, ſoit dans le Dioceſe de Rieux ou ailleurs, de faire filer leurs laines à façon de Hollande, à peine de cent livres d'amende, & de confiſcation deſdites étoffes pour la premiere fois, & de plus grande en cas de recidive. Enjoignons aux Jurez-Gardes, & à l'Inſpecteur des Manufactures du Département, de tenir la main à l'execution de noſtre preſente Ordonnance, & de faire briſer les tours à façon de Hollande qu'ils trouveront chez leſdits Fabriquans. Et ſera la preſente Ordonnance lûë, publiée & affichée par tout où beſoin ſera. FAIT à Montpellier le dix-ſept Juin mil ſept cens vingt-trois. *Signé* DE BERNAGE, *Et plus bas*, par Monſeigneur JOURDAN, Collationné.

ORDONNANCE

ORDONNANCE de M.r de Bernage Intendant en Languedoc, portant que les Tisserands se serviront d'un Rot particulier pour chaque espece de Drap, & que les rots seront marquez.

Du 3. Juillet 1723.

VÛ la Lettre de M.r de Machault du 30. May dernier, portant que le Conseil a jugé à propos que les Tisserands fussent tenus de monter chaque espece de drap dans un Rot particulier, proportionné au nombre des fils & à la largeur du drap, & que lesdits rots fussent marquez du nom du drap auquel il est destiné: Nous ordonnons aux Tisserands de se servir pour chaque qualité de drap, d'un rot qui luy soit propre, & proportionné à la largeur & au nombre des fils; & que sur chacun desdits rots, le nom & la qualité du drap auquel il sera destiné, sera gravé en grosses Lettres, & ensuite noircies: Faisons deffenses ausdits Tisserands de monter leurs draps sur d'autres rots que ceux de la qualité requise pour chaque espece de drap, à peine de dix livres d'amende pour la premiere contravention, & de cinquante livres en cas de recidive. Enjoignons aux Inspecteurs & Gardes-Jurez de tenir la main à l'execution de la presente Ordonnance, qui sera lûë, publiée & affichée par tout où besoin sera. FAIT à Montpellier le trois Juillet mil sept cens vingt-trois. *Signé* DE BERNAGE, *Et plus bas* par Monseigneur, JOURDAN, Collationné.

ARREST qui ordonne aux Juges des Manufactures, de se conformer au Reglement du 20. Novembre 1708. à peine d'amende & d'interdiction contre les Gardes-Jurez qui auront marqué des pieces d'étoffes défectueuses.

Du premier Mars 1723.

Extrait des Registres du Conseil d'Estat.

LE ROY s'estant fait representer l'Arrest de Reglement du 20. Novembre 1708. par lequel la maniere de fabriquer les draps destinez pour estre envoyez en Levant, auroit esté prescrite; & auroit esté ordonné, Article XXXI. que les Inspecteurs des Manufactures seroient tenus de saisir & arrester les pieces qu'ils trouveroient défectueuses, pour les faire juger par les Juges des Manufactures; & qu'en cas que ces pieces défectueuses eussent esté marquées par les Gardes-Jurez, ceux-cy seroient condamnez solidairement en cent livres d'amende: Et Sa Majesté estant informée que les Gardes-Jurez de la Ville de Carcassone, ont la facilité de marquer dans leurs visites plusieurs pieces des draps du Levant, ce qui seroit capable de diminuer la reputation que les draps fabriquez dans le Royaume y ont acquise, & de faire tort aux Ouvriers qui s'attachent de travailler fidellement; d'autant plus que les Inspecteurs & autres personnes préposées dans les Villes de Marseille & de Montpellier pour les visite & marque de ces draps, ne peuvent en reconnoistre souvent les desfauts sans déplier toutes les pieces, ce qui causeroit un grand retardement à leur débit, & en gesneroit trop le Commerce, & sont obligez de renvoyer dans les lieux de fabrique les pieces qui ne peschent que par l'apprest, ou taches dans la couleur faciles à reparer; ce qui constituë les Fabriquans dans des frais considerables, & les engage quelquefois de les envoyer en Levant par des voyes obliques & frauduleuses, pour éviter cette dépense, & se dispenser de representer une seconde fois leurs draps dans les Bureaux d'Inspection : à quoy Sa Majesté desirant pourvoir. Oüy le rapport du Sieur Dodun Conseiller ordinaire au Conseil Royal, Controlleur general des Finances, SA MAJESTÉ ESTANT EN SON CONSEIL, a ordonné & ordonne que l'Arrest de Reglement du 20. Novembre 1708. sera executé selon sa forme & teneur; & en consequence, que les Juges des Manufactures seront tenus de s'y conformer, sans pouvoir moderer, pour quelque cause & pretexte que ce soit, les confiscations & amendes portées par ledit Reglement, & encouruës par les Fabriquans qui y auront contrevenu, à peine par lesdits Juges d'estre en leur propre & privé nom responsables desdites amendes & confiscations, & d'interdiction. Ordonne aussi Sa Majesté, que sur les procez verbaux qui en seront dressez par un des Inspecteurs des Manufactures, establis dans la Province de Languedoc, & qui seront par luy remis ès mains du Sieur Intendant de ladite Province, les Gardes-Jurez qui auront marqué des pieces de drap défectueuses, au préjudice de la disposition des Reglemens, soient condamnez solidairement pour chacune desdites pieces en cent livres d'amende, & destituez, s'il y échet, de leurs fonctions, par des Jugemens qui seront rendus par ledit Sieur Intendant, auquel Sa Majesté en attribuë toute Jurisdiction & connoissance, qu'Elle interdit à toutes ses Cours & autres Juges. FAIT au Conseil d'Estat du Roy, Sa Majesté y estant, tenu à Versailles le premier jour de Mars mil sept cens vingt-trois. *Signé* PHELYPEAUX.

ORDONNANCE de Mr *de Bernage Intendant en Languedoc, concernant la fabrique des Droguets façon d'Angleterre.*

Du 31. Decembre 1725.

SUR ce qui Nous a esté representé qu'on fabrique dans la Ville & Diocese de Carcassone, & autres lieux de cette Province, des Droguets façon d'Angleterre sans aucun Reglement, ce qui pourroit détruire ce commerce s'il n'y estoit pourvû. Vû les ordres du Roy à Nous addressez par la Lettre de M.[r] le Controlleur general du 9. Novembre dernier, & les Articles du Reglement projetté par les principaux Marchands & Fabriquans de la Ville de Carcassone, ensemble l'avis du Sr de la Geniere Inspecteur des Manufactures, Nous ordonnons qu'à l'avenir, & jusqu'à ce que par Sa Majesté il en ait esté autrement ordonné, les Marchands & Fabriquans de droguets dans toute l'estenduë de cette Province seront tenus de se conformer aux Reglemens cy-après.

ARTICLE PREMIER.

IL sera permis de fabriquer des Droguets façon d'Angleterre au petit mestier dans le Diocese & Ville de Carcassone, Cité, Saptes, & Conques, & autres lieux de la Province, même d'en fabriquer au grand mestier, jusqu'à ce qu'il en ait esté autrement ordonné par Sa Majesté.

II.

LES droguets au grand mestier seront composez en chaisne de mille neuf cens fils, & passez dans des rots de la largeur de huit pans & demi mesure de Carcassone, faisant une aulne sept douziemes mesure de Paris, pour avoir chaque piecé au retour du foulon une aulne de largeur, non compris les lizieres.

III.

Les droguets au petit meſtier ſeront compoſez de neuf cens cinquante fils en chaiſne, paſſez dans des rots de quatre pans un quart pour revenir au retour du foulon à demi-aulne de largeur, non compris les lizieres.

IV.

Les droguets ſeront compoſez tant en chaiſne qu'en trame, de laines fines de Narbonne, Beziers, & autres de pareille qualité, teintes en laines, meſlées à la carde, avec deffenſes d'y employer des laines d'une qualité inferieure.

V.

Les droguets fabriquez dans la Ville de Carcaſſone, Cité, Saptes, & Conques, auront les lizieres de couleur rouge & blanche; & ceux qui ſeront fabriquez dans les lieux circonvoiſins, & autres de la Province, auront les lizieres vertes & blanches.

VI.

On ne pourra ſe ſervir du petit meſtier dans la Ville & Dioceſe de Carcaſſone, que pour la fabrique des droguets ſeulement, ſans qu'il ſoit permis de s'en ſervir pour y fabriquer aucunes autres ſortes d'étoffes, conformément à l'Arreſt du Conſeil du 31. Decembre 1719. & ſous les peines y contenuës.

VII.

Les Peignes ou rots deſtinez pour la fabrique des droguets, ſeront marquez de ces mots, *Rots pour les Droguets,* avec deffenſes de les employer à d'autres uſages, & de ſe ſervir d'autres peignes ou rots pour la fabrique des droguets.

VIII.

Chaque piece de droguet ſera de quarante aulnes de longueur au retour du foulon, deux aulnes plus ou moins.

IX.

Tous les droguets cy-deſſus ſeront foulez & dégraiſſez avec le ſavon ſeul; & les Foulonniers ne pourront y employer aucune ſorte de terre, ni de leſſive, ni en avoir dans leurs maiſons ou dans les moulins à foulon, ſous quelque pretexte que ce puiſſe eſtre, à peine de cent livres d'amende pour la premiere fois, & de punition corporelle en cas de recidive: Et pour cet effet faiſons deffenſes à toutes Perſonnes, Voituriers & autres, de porter & voiturer dans les maiſons des Foulonniers, ou dans les moulins à foulon, aucune ſorte de terre ni cendres deſtinées pour le foulage, à peine de confiſcation des chevaux, mulets & autres beſtes de charge pour la premiere fois, & de cent livres d'amende, outre la confiſcation, en cas de recidive; leſdites confiſcations appliquables au Denonciateur, & à ceux qui feront les captures, & l'amende appliquable conformément aux Reglemens generaux.

X.

Les Marchands-fabriquans ſe conformeront au nombre de fils porté par l'Article II. & ne pourront y employer d'autres laines que celles marquées dans l'Article IV. du preſent Reglement, à peine de confiſcation pour la premiere fois, & de cent livres d'amende, outre la confiſcation, en cas de recidive; leſdites confiſcations & amendes appliquables comme deſſus.

X I.

Les Droguets ſeront viſitez trois fois par les Gardes-Jurez, dans leur Bureau ; la premiere fois en toile, pour en examiner le travail & la fabrique ; la ſeconde, au retour du foulon, pour en examiner le foulage & les aulner; & la troiſieme après qu'ils auront eſté appreſtez, pour reconnoiſtre s'ils auront eſté fabriquez en conformité du preſent Reglement.

X I I.

Faisons deffenſes de paſſer les Droguets à la rame, ſous quelque cauſe & pretexte que ce ſoit, à peine pour la premiere fois de confiſcation des pieces qui ſeront trouvées en contravention; & en cas de recidive, de cent livres d'amende outre la confiſcation. Enjoignons aux Inſpecteurs des Manufactures & aux Jurez-Gardes, de faire de frequentes viſites ſur les meſtiers, & de couper ſur le champ toutes les pieces qu'ils trouveront n'eſtre pas montées au nombre de fils porté par le preſent Reglement, & d'en dreſſer Procès verbal.

XIII.

Et pour aſſûrer l'execution du preſent Reglement à l'avenir, tous les Droguets précedemment fabriquez, ſeront, dans deux mois à compter de cejourd'huy, marquez d'une marque particuliere qui ſera choiſie par le Sieur de Murat noſtre Subdelegué à Carcaſſone, & dans les autres Dioceſes de la Province par nos Subdeleguez des Chefs-lieux; laquelle marque ſera appoſée auſdites pieces par l'Inſpecteur & les Jurez-Gardes; & ſera enſuite ladite marque briſée en preſence de nos Subdeleguez, qui en garderont une empreinte pour ſervir de piece de comparaiſon. Et après ledit temps paſſé, faiſons deffenſes à tous Marchands & Fabriquans d'avoir dans leurs maiſons, boutiques & magazins, de vendre & expoſer en vente aucuns Droguets non conformes au preſent Reglement, s'ils n'ont eſté marquez en la forme cy-devant preſcrite, à peine de confiſcation.

XIV.

Seront au ſurplus les Reglemens generaux de l'année 1669. concernant les Manufactures & l'ordre qui y a eſté eſtabli, tant pour la Juriſdiction, élection des Jurez-Gardes, Maîtriſe des Fabriquans & des Teinturiers, teintures & appreſts, executez ſelon leur forme & teneur, & ſous les peines y énoncées, en ce qui n'y eſt changé ni derogé par le preſent. Fait à Montpellier le dernier Decembre mil ſept cens vingt-cinq.

Signé de Bernage.

TEINTURES.

ARREST qui regle les teintures en noir qui se font dans la Province de Languedoc.

Du 5. Novembre 1687.

Extrait des Registres du Conseil d'Estat.

SUR la Requeste presentée au Roy, estant en son Conseil, par les Marchands-Teinturiers de la Province de Languedoc, tendante à ce que pour les causes & considerations y contenuës, il leur soit permis de faire trois degrez de teinture pour les étoffes de laine qui doivent estre mises en noir; sçavoir de teindre les draps fins en noir dans un bon guesde en bleu-pers avec garance, comme ils ont fait jusqu'à present, conformément au IXe Article du Reglement du mois d'Aoust 1669. les draps communs du prix de trois, quatre ou six livres l'aulne, en bleu-turquin, & les étoffes de plus bas prix en bleu celeste simplement: Et Sa Majesté, aprés avoir vû les Memoires & avis qui luy ont esté donnez sur ce sujet, voulant regler & fixer en Languedoc le pied de la teinture en noir desdites étoffes de laine; Oüy sur ce le Sieur Marquis de Louvois Sur-Intendant general des Bastimens de Sa Majesté, Arts & Manufactures de France, SA MAJESTÉ ESTANT EN SON CONSEIL, a ordonné & ordonne, que l'Article IX. dudit Reglement du mois d'Aoust 1669. concernant les teintures, sera suivi & executé par lesdits Marchands & Maistres-Teinturiers à l'égard des draps noirs depuis le prix de quatre livres l'aulne jusqu'à celuy de trois livres; & quant aux draps & autres étoffes de laine du prix de trois livres l'aulne & au dessous, qu'ils seront teints en bleu-celeste. Ordonne en outre Sa Majesté, que dans tous les endroits de ladite Province de Languedoc où il y aura des Teinturiers establis, & où il se fera des teintures, il y aura à l'égard des étoffes

teintes

teintes en noir, de mediocre & de bas prix, un échantillon ou matrice dans un dépost public, pour servir de regle tant ausdits Teinturiers & Marchands, qu'aux Commis des Manufactures & aux Juges d'icelles. Enjoint Sa Majesté à l'Intendant de la Justice, Police & Finances en ladite Province de Languedoc, de tenir la main à l'execution du present Arrest, qui sera lû, publié & affiché par tout où besoin sera, afin qu'aucun n'en prétende cause d'ignorance. FAIT au Conseil d'Estat du Roy, Sa Majesté y estant, tenu à Fontainebleau le cinquieme jour de Novembre mil six-cens quatre-vingt-sept. *Signé* PHELYPEAUX.

ARREST portant Reglement pour la culture & l'apprest du Pastel.

Du 17. Octobre 1699.

Extrait des Registres du Conseil d'Estat.

SUR la Requeste presentée au Roy, estant en son Conseil, par les Députez des Estats de la Province de Languedoc, contenant qu'il se faisoit autrefois un commerce très-considerable dans le haut Languedoc, du Pastel qui se cultivoit & préparoit dans les Dioceses de Toulouse, Alby, Lavaur, Saint-Papoul, Bas-Montauban & Mirepoix; & que le peu de soin que les Particuliers ont pris depuis plusieurs années pour ladite culture & apprest, en a diminué toute la qualité; ce qui paroist dans les teintures, qui sont à present d'une qualité inferieure à celles que l'on faisoit autrefois: Que l'usage du Pastel a esté reconnu si necessaire pour la perfection des teintures, que dans l'instruction generale qui fut donnée en l'année 1669. par ordre de Sa Majesté, pour la teinture des Manufactures de laines de toutes couleurs, & pour la culture des drogues & ingrediens qu'on y employe, il y a une instruction particuliere pour la culture & préparation du Pastel, & sur la maniere de l'employer aux teintures avec l'Indigo, dans la vûë de procurer la consommation de ces deux ingrediens, qui entrent concurremment dans la composition des mesmes couleurs, lesquelles sont cependant moins bonnes & moins parfaites quand l'Indigo est employé seul; ce qui a donné lieu à en deffendre entierement l'usage par l'Edit de 1601. & par les Arrests du Conseil des années 1634. & 1643. mais que ladite Instruction de l'année 1669. n'ayant pas esté suivie d'aucun Reglement qui ait ordonné l'execution de ce qui est prescrit pour la culture des terres propres au Pastel, ou pour l'apprest du Pastel, on peut dire qu'on n'observe plus toutes les regles qui donnoient le bon Pastel qu'on reconnoit encore dans toutes les anciennes teintures; & qu'il n'y a pas lieu d'esperer d'en restablir l'ancienne bonne qualité, s'il n'est pourvû d'un Reglement qui instruise un chacun de ce qu'il doit faire; sans quoy l'usage du bon Pastel se perdra entierement, & les Dioceses qui en ont retiré par le passé des secours considerables, seront privez des avantages que ledit Pastel peut leur donner. Que le projet de ce Reglement ayant esté proposé par les Députez de l'année derniere, Sa Majesté l'auroit renvoyé au Sieur de Lamoignon de Basville Conseiller d'Estat, Intendant de Justice, Police & Finances en ladite Province de Languedoc, pour en avoir son avis, lequel auroit fait assembler ce qu'il y a de personnes les plus intelligentes dans ladite Province, & fait discuter tous les Articles, & jugé qu'il sera fort avantageux s'il est authorisé des Députez desdits Estats, suppliant très-humblement Sa Majesté de l'approuver, confirmer & authoriser, & d'en ordonner l'execution. Vû ladite Requeste, les Articles proposez pour ledit Reglement, l'avis du Sieur de Lamoignon de Basville Conseiller d'Estat & Intendant en ladite Province, ladite Instruction faite en l'année 1669. les Memoires donnez par les Marchands-Teinturiers du grand & bon teint de la Ville de Paris, & par ceux qui font commerce des drogues & ingrediens qui entrent dans la composition des teintures; le tout vû & consideré: Oüy le rapport du S.r de Chamillart conseiller ordinaire au Conseil Royal, Controlleur general des Finances, LE ROY

ESTANT EN SON CONSEIL, a ordonné & ordonne que le contenu esdits Articles de Reglement proposez par lesdits Députez de la Province de Languedoc, pour la culture & préparation du Pastel, dont la teneur ensuit, sera suivi & executé dans tous les lieux de ladite Province où se fera ladite culture & préparation du Pastel.

ARTICLE PREMIER.

LES terres grasses au premier degré, & celles qui ne sont ni maigres ni grasses, seront beschées tous les ans une fois, & labourées ensuite avec la charruë avant que d'y jetter la semence. Dans les Dioceses où l'on travaille la terre avec une besche appellée *Anduzar,* on continuëra dans cet usage, en observant de former des sillons de huit pans de large, sur lesquels on semera la graine de Pastel, qui se trouvera suffisamment couverte en abbattant les mottes de terre avec la herse. On pourra mettre un peu de fumier aux terres qui ne seront pas grasses.

II.

LES terres ainsi préparées seront semées de la graine de bon Pastel, appellée *Loujau,* qui est violette, & de celle appellée *Caulene,* qui est jaune tirant sur le violet; lesquelles seront séparées, autant qu'il se pourra, de la graine du *Pastel-Bourdagne,* qui est jaune & dont la feüille est veluë, jusqu'à ce que par les soins qu'on prendra d'arracher tous les ans dans le mois de Septembre la tige de tout le Pastel-Bourdagne, il n'y ait plus d'autre graine que celle du bon Pastel.

III.

LA graine de Pastel sera semée à la fin de la Lune de Fevrier, ou au premier quartier de la Lune de Mars, & à toutes les Lunes jusqu'au mois de May. Si celle qui aura esté semée au mois de Fevrier & Mars, n'a pas paru, & qu'on ait lieu de croire qu'elle n'a pas germé, elle sera semée comme le bled, & couverte en abbattant les mottes avec la herse, comme il a esté déja dit; & on ne pourra mesler avec la graine de Pastel d'autres graines, soit feves ni autres legumes, ni y souffrir des choux &

des chardons ſervant à tirer le poil aux draps, ni autres herbes quelles qu'elles ſoient.

I V.

CEUX qui auront ſemé des legumes ou autres grains avec le paſtel, ſeront condamnez en cinquante livres d'amende par les Maire, Capitouls, & Conſuls de la Ville chef de Dioceſe, au profit des pauvres du Dioceſe où le paſtel ſera trouvé; & ledit paſtel ſera arraché aux frais & dépens du Proprietaire de la terre, à la diligence du Commis Inſpecteur du Dioceſe.

V.

LORSQUE le paſtel aura pouſſé, & commencera de paroiſtre, il ſera cerclé pour eſtre nettoyé & purgé de toutes herbes eſtrangeres; ce qui ſera renouvellé de mois en mois, même plus ſouvent s'il y ſurvient de l'herbe : Et l'on arrachera pour lors tout le paſtel qui aura la feüille veluë.

V I.

LA feüille du paſtel ne pourra eſtre cueillie que lorſqu'elle commencera de jaunir, & qu'elle ſera un peu flétrie; ce qui n'arrive d'ordinaire qu'à la mi-Juin pour la premiere cueillette : elle ne ſera cueillie qu'en temps ſec, & deux heures avant midy pour éviter la roſée du matin; & elle ſera ſecouée en la cueillant, pour faire tomber la terre ou ſable.

V I I.

CE qui eſt preſcrit cy-deſſus pour la premiere recolte ou cueillette du paſtel, ſera obſervé pour la ſeconde, troiſieme & quatrieme cueillette, qui ſeront faites à un mois l'une de l'autre ſi la ſaiſon le permet. Toutes leſdites cueillettes ſeront faites en coupant les feüilles du paſtel avec la main, ſans pouvoir y employer aucun outil de fer, ni couper le paſtel à la quatrieme & derniere cueillette entre deux terres, à peine d'eſtre jettée, & de cinquante livres d'amende.

V I I I.

IL ne ſera fait que quatre recoltes ou cueillettes du paſtel dans l'année; & après la quatrieme le paſtel ſera arraché, & il n'en ſera laiſſé que ce qui ſera neceſſaire pour produire la quantité de graines qui devra estre semée l'année suivante.

I X.

EN arrachant le pastel on observera d'arracher tout le pastel bastard appellé bourdagne, qui a la feüille veluë, au lieu que le bon pastel qui est de deux especes, sçavoir le Loujau & la Caulene, a la feüille unie & sans poil.

X.

LES Maires, Capitouls & Consuls des Villes & Lieux où croist le pastel, feront faire une visite après le 15. Octobre de chaque année, des terres qui produisent le pastel, pour vérifier si le pastel qui n'est pas reservé pour graine a esté arraché; si parmi celuy qui n'a pas esté arraché, on a pris le soin d'oster le pastel bastard qui a la feüille veluë; & au cas que cette qualité de pastel n'ait pas esté separée de l'année, ceux qui seront préposez à faire la visite la feront arracher sur le champ en leur presence aux dépens des Proprietaires des terres, & dresseront leur procès verbal, qu'ils envoyeront à l'Inspecteur estabIi dans chaque Diocese.

X I.

APRÉS que la feüille du pastel aura esté cueillie, elle sera gardée à l'ombre dans un lieu sec, estenduë sur le pavé, & remuée de temps en temps pour l'empescher de s'échauffer; & lorsqu'elle sera flétrie, elle sera mouluë au moulin destiné à cet usage, jusqu'à ce que les costes du pastel ayent esté écrasées, & que la feüille soit réduite en une paste fine: Et le Conducteur du moulin ne pourra sabler le fond d'iceluy, sous pretexte que la feüille s'enfuit dessous la meule.

X I I.

LA feüille qui sera échauffée, & celle qui sera meslée avec quelques autres feüilles ou herbes que ce soit, sera confisquée pour estre jettée, & celuy qui l'aura presentée à moudre sera condamné en vingt-cinq livres d'amende, comme aussi celuy qui l'aura mouluë; à quoy les Maires, Capitouls & Consuls des Villes & Lieux tiendront la main, en visitant souvent lesdits moulins.

XIII.

LA feüille du pastel reduite en paste, sera portée au sortir du moulin dans un lieu carrelé bien uni, qui ait une pente, où la paste soit à couvert de la pluye, néantmoins exposé au soleil du midy; dans lequel lieu du costé le plus élevé, joignant la muraille, il sera fait un monceau de ladite paste, le plus pressé & le plus serré qu'il sera possible, pour s'y nourrir, s'égouter & purger de sa mauvaise séve.

XIV.

CETTE paste restera ainsi en monceau pendant huit jours, après lesquels on la remuëra, pourvû que le vent du midy ne souffle pas, parce qu'il la feroit corrompre; & après l'avoir remise en monceau, comme il a esté dit, elle y restera pendant trois semaines: Et s'il arrive que la paste s'entr'ouvre en se dessechant, les fentes ou crevasses seront fermées en pressant la paste; & les trous que les grosses mouches y pourront faire, seront bouchez après avoir osté ce qu'elles auront gâté, qui se trouve blanc, en telle sorte que l'air ne puisse pas penetrer dans la paste.

XV.

LE pastel de la seconde cueillette ne pourra estre joint à celuy de la premiere, sous quelque pretexte que ce soit; ce qui sera observé à l'égard des deux autres cueillettes, dont la paste sera mise à part pour acquerir le dépost necessaire pour se nourrir & se purger de son mauvais suc: Et ceux qui contreviendront au present article, seront condamnez en vingt-cinq livres d'amende, & leur pastel confisqué & jetté.

XVI.

TROIS semaines après le depost desdites pastes, elles seront mises en petits pains appellez *Cocs* ou *Cocagnes*, lesquels seront formez dans un moule de bois, pour pouvoir estre chacun du poids qui sera marqué cy-après; Et seront lesdits pains pressez & serrez dans les mains de trois personnes, en passant de l'une à l'autre.

XVII.

CHACUN de ces Cocs ou pains sera du poids de vingt-quatre

onces, pour peser estant sec trois quarts de livre; & l'on ne pourra le faire d'un poids plus fort ni plus foible.

XVIII.

Les cocs ou pains de pastel venant d'estre formez, après avoir esté bien pressez & serrez, seront mis sur des clayes à couvert de la pluye, à l'ombre autant qu'il se pourra, où ils resteront jusqu'à ce qu'ils soient bien secs & qu'ils ne puissent pas s'échauffer, & pour cet effet ils resteront au moins quinze jours sur les clayes.

XIX.

Les Marchands Pasteliers tiendront les cocs du Pastel en lieux secs où ils ne puissent pas s'échauffer, d'où ils les feront porter dans l'agrenoir ou magasin. Ce lieu doit estre beaucoup plus long que large, bien pavé, carrelé & cimenté, un peu en pente vers la porte; & il ne doit prendre jour que d'un costé & par des fenestres élevées, afin que les vents ne puissent refroidir le pastel lorsqu'il sera moüillé. Il doit estre assez grand pour la preparation de cent mille Cocs de pastel au moins, à cause que la bonté de l'apprest du pastel dépend en partie de la grande quantité en laquelle il est apresté.

XX.

Le pastel ne pouvant estre bien appresté par les Marchands Pasteliers, si les pains ne sont bien secs, ils ne pourront se disposer à le moüiller que quelques jours avant les Festes de Noël, cet intervalle estant necessaire depuis la cueillette pour donner le temps aux cocs de bien sécher: mais aussi les Marchands ne pourront moüiller le pastel plus tard qu'à la fin de Janvier, parce que le froid de la saison, en concentrant la chaleur que le pastel moüillé produit, le rend meilleur.

XXI.

L'agrenoir ou Magasin sera bien nettoyé auparavant d'y faire apporter les cocs de pastel, lesquels ne pourront estre rompus ou écrasez, que les Maire, Capitouls & Consuls des Lieux n'ayent esté appellez pour les faire examiner en leur presence, & rejetter les cocs ou pains qui se trouveront échauffez; duquel examen il ſera dreſſé procès verbal par leſdits Maires, Capitouls & Conſuls, dont il ſera donné copie aux Marchands Paſteliers, le tout ſans frais.

XXII.

APRÉS cette viſite, les cocs de paſtel ſeront caſſez avec des maſſes de bois, & reduits en deux ou trois morceaux, parce qu'ils prendroient trop d'eau s'ils eſtoient reduits en poudre: Et on ne pourra preparer moins de cent mille cocs à la fois; & ceux qui en auront moins ſe joindront entre eux pour faire cette quantité, parce qu'elle eſt neceſſaire pour faire un bon appreſt.

XXIII.

POUR moüiller le paſtel on ſe ſervira de l'eau de Riviere la plus battue, comme eſt celle qui ſort des moulins à foulon: Et ſi l'on eſt obligé de ſe ſervir d'eau de fontaine ou de puits, on la laiſſera repoſer; mais on prendra garde de n'employer aucune eau qui ſoit infecte, ſale ou bourbeuſe.

XXIV.

LA quantité d'eau qu'on doit employer à moüiller le paſtel, revient à vingt-quatre livres d'eau poids de table, pour chaque millier de cocs ou pains de paſtel; & cette eau ſera jettée en differents temps, ainſi qu'il ſera dit cy-après. D'abord, il ſera fait une couche de cocs écraſez, d'un demi-pied de hauteur, & ſur la longueur qui conviendra à la quantité de paſtel qu'on voudra appreſter; & après avoir jetté un peu d'eau à differentes repriſes ſur tous les endroits de cette couche, elle ſera relevée ſur un coſté de l'agrenoir; & il ſera fait une ſeconde couche qui ſera moüillée, comme il a eſté déja dit, & relevée ſur la premiere. On continuëra ainſi de moüiller chaque couche, & de les relever les unes ſur les autres ſans les preſſer, parce qu'elles s'affaiſſent aſſez de leur propre poids, juſqu'à la hauteur de trois pans & demi; & à meſure qu'on aura relevé une couche, on rendra le deſſus uni, & on y jettera encore un peu d'eau; & dans ces deux moüillages il ſera employé la moitié de l'eau qui aura eſté deſtinée pour moüiller le paſtel, & il reſtera en cet eſtat pendant trois jours: ce délay paſſé il ſera remué, & deux jours après on donnera

donnera au paſtel l'autre moitié de l'eau deſtinée pour le moüiller; qui eſt douze livres d'eau poids de table ſur chaque millier de cocs.

XXV.

On connoiſtra ſi le paſtel a eſté trop ou trop peu moüillé, ou s'il l'eſt ſuffiſamment, en jettant un outil de fer appellé *Bigos*, en pluſieurs endroits de la pile ou monceau; ſi le bigos entre trop aiſément, le paſtel aura eſté trop abbreuvé, auquel cas il faudra le laiſſer égoûter pendant deux ou trois jours; & s'il n'enfonce qu'avec peine, il n'aura pas eſté aſſez moüillé, & dans ce dernier cas il faudra au pluſtoſt & avant qu'il s'échauffe, l'abbreuver à proportion de ce qu'on jugera devoir eſtre neceſſaire, en telle ſorte toutefois qu'il ne faille pas y revenir une ſeconde fois; parce que la nouvelle eau le refroidiroit & le gaſteroit entierement, & il vaut mieux que le paſtel manque d'eau, que s'il étoit trop abbreuvé: Et ſi le paſtel n'eſt ni trop mou ni trop ſec, il aura toute l'eau qui luy eſt neceſſaire; & il ſera obſervé que le paſtel ſouffre plus ou moins d'eau, ſuivant l'humidité ou la ſechereſſe de l'année en laquelle il a eſté cueilli.

XXVI.

Aprés que le paſtel aura eſté ſuffiſamment moüillé, on luy fera perdre ſon eau en le tournant, & le renverſant d'un coſté de l'agrenoir ſur l'autre avec une pelle, ſans néantmoins le preſſer en le mettant en monceau; on le laiſſera au contraire ſe ſouſtenir de luy-meſme, afin de luy laiſſer la tranſpiration libre; & on tiendra le deſſus du monceau ou pile uni, afin que l'air le penetre. Ce travail appellé *Vaute*, ſera renouvellé de trois en trois jours pendant le premier mois, & une fois la ſemaine pendant le ſecond mois, & le mois ſuivant de dix en dix jours, & enſuite de quinze en quinze jours, juſqu'à ce qu'enfin il ait perdu toute ſa chaleur, laquelle ſe conſerve autant qu'il reſte d'humidité dans le paſtel; ce qui dure juſqu'à la fin du mois de Juillet, lorſque l'hyver n'a pas eſté rude.

XXVII.

A chacune deſdites Vautes on obſervera que, ſi le paſtel a fait une croute ſur le pavé ou contre la muraille, il faudra le jetter afin qu'il ne gâte pas le bon paſtel, celuy qui ſe met en croute eſtant pourri.

XXVIII.

Aprés que le paſtel aura perdu ſa chaleur, on le laiſſera en pile pendant deux mois ſans le remuer, pour luy laiſſer acquerir toute ſa force, & il ne pourra eſtre expoſé en vente qu'à la fin de l'année en laquelle il aura eſté moüillé. On pourra auſſi le garder juſqu'à huit ans, pendant leſquels il deviendra toûjours meilleur, en le faiſant remuer de trois en trois mois pour éviter qu'il ne s'échauffe.

XXIX.

Auparavant que le paſtel ſoit expoſé en vente, les Marchands-Paſtelliers en feront faire un eſſay en preſence des Maire, Capitouls & Conſuls de la Ville Chef de Dioceſe, ou par ceux des lieux où le Paſtel aura eſté recueilli; & s'il eſt de bonne qualité, il en ſera expedié ſans frais un Certificat au Marchand, & les balles du paſtel ſeront plombées & marquées des armes du lieu où ledit eſſay aura eſté fait; & ſi le paſtel n'eſt pas bon & recevable, il ſera confiſqué & jetté en preſence deſdits Maire, Capitouls & Conſuls.

XXX.

Chaque Particulier qui fera du paſtel, après que l'eſſay aura eſté fait, & que les balles ſeront plombées & marquées, ſera tenu de donner une declaration du poids & de la quantité des balles aux Maires, Capitouls & Conſuls des Villes Chefs de Dioceſe, & de la date du jour des eſſais qui auront eſté faits.

XXXI.

Il ſera tenu un Regiſtre par les Maires, Capitouls & Conſuls des Villes Chefs de Dioceſe, des eſſais qui ſeront faits, & du nombre de balles qui auront eſté plombées, de leur poids, & du nom des Particuliers à qui elles appartiendront; & par la comparaiſon qui ſera faite de ce Regiſtre avec celuy que tiendra l'Inſpecteur de chaque Dioceſe, il ſera vérifié ſi tout le paſtel qui aura eſté fait dans le meſme Dioceſe a eſté eſſayé & plombé: &

les Particuliers & Marchands qui auront vendu le pastel sans l'avoir fait essayer, seront condamnez en l'amende.

XXXII.

Il sera nommé en chaque Diocese où croist le pastel, une personne capable, pour visiter les terres qui seront semées de pastel, & tous les endroits où il sera preparé, tenir registre de la quantité du pastel qui sera fait, & dresser procès verbal des contraventions qui seront faites au present Reglement; lesquelles seront jugées dans chaque Diocese par les Maire, Capitouls & Consuls de la Ville capitale du Diocese, avec deux Maistres Teinturiers, s'il y en a sur les lieux, & deux Marchands-Pastelliers: Et seront lesdits Préposez payez par chacun desdits Dioceses. Enjoint Sa Majesté audit Sieur de Lamoignon de Basville, de faire publier, afficher & executer le present Arrest, pour l'execution duquel toutes Lettres necessaires seront expediées. Fait au Conseil d'Estat du Roy, Sa Majesté y estant, tenu à Fontainebleau le dix-septieme jour d'Octobre mil six cens quatre-vingt-dix-neuf. *Signé* Phelypeaux.

Louis par la grace de Dieu, Roy de France et de Navarre: A nostre amé & feal Conseiller ordinaire en nos Conseils le Sieur de Lamoignon de Basville, Intendant de Justice en nostre Province de Languedoc, Salut. Nous vous mandons & ordonnons par ces Presentes signées de nostre main, d'executer l'Arrest cy-attaché sous le Contre-scel de nostre Chancellerie, cejourd'huy donné en nostre Conseil d'Estat, Nous y estant, sur la Requeste des Députez des Estats de nostre Province, portant Reglement pour la culture & preparation du pastel. Commandons au premier nostre Huissier ou Sergent sur ce requis, de faire pour l'entiere execution dudit Arrest, & de ce que vous ordonnerez en consequence, tous exploits, significations & autres actes de Justice que besoin sera, sans pour ce demander autre permission; Car tel est nostre plaisir. Donné à Fontainebleau le dix-septieme jour d'Octobre, l'an de grace mil six cens quatre-vingt-dix-neuf, & de nostre Regne le cinquante-septième. *Signé* LOUIS. *Et plus bas* par le Roy PHELYPEAUX. Et scellé.

ARREST concernant la Teinture des Draps de Languedoc destinez pour le Levant.

Du 18. Avril 1713.

Extrait des Registres du Conseil d'Estat.

LE ROY ayant ordonné au Sieur de Basville Conseiller d'Estat ordinaire & Intendant en Languedoc, de faire teindre plusieurs pieces de draps Londrins & Londres en couleur écarlate & cramoisy, pour regler la quantité de cochenille qui doit entrer dans la teinture des draps fabriquez pour les Eschelles de Levant. Vû les Procès verbaux des Sieurs Lamarque & Pagnon Inspecteurs des Manufactures en Languedoc, l'avis de la Chambre de Commerce de la Ville de Marseille, & celuy dudit Sieur de Basville : Oüy le rapport du Sieur Desmaretz Conseiller ordinaire au Conseil Royal, Controlleur general des Finances, SA MAJESTÉ EN SON CONSEIL, a ordonné & ordonne que pour la teinture des draps destinez pour le Levant, tant Londrins que Londres larges, en couleur écarlate, cramoisy, & soupe-en-vin, il sera employé au moins une livre trois quarts de cochenille, poids de Marc, pour chaque piece tirant de quinze à dix-huit aulnes : Et à l'effet de reconnoistre si ladite quantité de cochenille y aura esté employée, ordonne Sa Majesté que de la piece de drap appartenant à Pignol teinte en écarlate, & de celle de Jarla teinte en cramoisy, il sera coupé des échantillons de demi-aulne chacun, lesquels, après avoir esté cachetez aux armes dudit Sieur de Basville, seront envoyez aux Jurez Gardes des lieux de fabrique, aux Teinturiers, aux Inspecteurs de Languedoc, & à celuy de Marseille, pour servir à juger si la quantité de cochenille portée par le present Arrest, aura esté employée; & au cas que les draps n'ayent pas le mesme fonds de cochenille que les échantillons, veut Sa Majesté qu'ils soient confisquez. Ordonne Sa Majesté, que les couleurs cy-dessus ne pourront estre brunies qu'avec l'alun & l'eau chaude, faisant deffenses aux Teinturiers d'y employer de l'Orseille, ni d'en avoir chez eux, à peine de confiscation des draps, & de trois cens livres d'amende pour la premiere fois; & en cas de recidive, d'interdiction de la Maistrise, & d'estre leurs boutiques fermées conformément à l'Article V. du Reglement des Teinturiers du 13. Juillet 1669. Enjoint Sa Majesté aux Commissaires départis dans les Provinces où il se fait des draps pour le Levant, de tenir la main à l'execution du present Arrest, & de s'adresser au Sieur de Basville pour avoir des échantillons pareils à ceux qui ont esté approuvez pour la Province de Languedoc. FAIT au Conseil d'Estat du Roy, tenu à Versailles le dix-huitieme jour d'Avril mil sept cens treize. Collationné.

Signé DUJARDIN.

LOUIS PAR LA GRACE DE DIEU, ROY DE FRANCE ET DE NAVARRE, Comte de Provence, Forcalquier & Terres adjacentes: A nostre amé & feal Conseiller en nos Conseils, Maistre des Requestes ordinaire de nostre Hostel, le Sieur Lebret Commissaire départi pour l'execution de nos ordres en Provence, SALUT. Nous vous mandons & enjoignons de tenir la main à l'execution de l'Arrest dont l'extrait est cy-attaché sous le Contre-scel de nostre Chancellerie, cejourd'huy donné en nostre Conseil d'Estat, concernant la teinture des draps Londrins. Commandons au premier nostre Huissier ou Sergent sur ce requis, de signifier ledit Arrest à tous qu'il appartiendra, à ce qu'aucun n'en ignore, & de faire pour l'entiere execution d'iceluy tous Commandemens, Sommations, Exploits & autres Actes necessaires, sans autre permission; CAR TEL EST NOSTRE PLAISIR. Donné à Versailles le dix-huit Avril, l'an de grace mil sept cens treize, & de nostre Regne le soixante-dixieme. Par le

Roy Comte de Provence, en ſon Conſeil. *Signé* **DUJARDIN.** Et ſcellé du grand Sceau de cire jaune.

ARREST qui ordonne l'execution de celuy cy-deſſus.

Du 13. Aouſt 1725.

LE ROY eſtant informé que le 2. Janvier de la preſente année 1725. Loüis Cauviere Inſpecteur des draps & autres étoffes de laine du Royaume qui paſſent par le Bureau de Marſeille avant d'eſtre envoyées dans le Levant, en procedant en la maniere ordinaire à la viſite de ces étoffes, auroit ſaiſi ſix pieces de draps Londrins teints en écarlatte, & quatre pieces de draps teints en cramoiſy, de la Fabrique de Guillaume Liquier de Clermont en Languedoc, & appartenans à Jean & Antoine Allut Négocians à Montpellier, ſur le fondement qu'on n'a pas employé à la teinture de ces draps la quantité de cochenille fixée par l'Arreſt du Conſeil du 18. Avril 1713. & qu'ils n'ont ni le fonds ni la vivacité de couleurs des échantillons deſtinez par cet Arreſt pour ſervir de matrices; & que ces motifs ont déterminé les Echevins & Députez de la Chambre de Commerce de Marſeille à ordonner la confiſcation deſdits draps, par Ordonnance du 16. du même mois de Janvier dernier: Et Sa Majeſté eſtant pareillement informée que l'affranchiſſement de tous droits d'Entrée ſur deux cens dix quintaux de cochenille par chacun an, n'a eſté accordé par Arreſt du Conſeil du 3. Decembre 1712. aux Fabriquans de la Province de Languedoc qui fabriquent des draps deſtinez pour les Eſchelles du Levant, que dans la vûë de leur faciliter les moyens de rendre ces étoffes auſſi parfaites pour la teinture, qu'elles le ſont par la qualité des laines, & par la maniere dont elles ſont fabriquées & appreſtées, & qu'il convient au bien du commerce important que l'on fait de ces étoffes dans le Levant, que ledit Arreſt du 18. Avril 1713.

soit executé selon sa forme & teneur. Vû ledit Arrest du 3. Decembre 1712. celuy du 18. Avril 1713. le Procès verbal de saisie dudit Inspecteur du 2. Janvier dernier, l'Ordonnance des Eschevins & Députez de la Chambre de Commerce de Marseille du 16. du même mois; le Memoire du S.r Joubert Syndic de la Province de Languedoc, ensemble l'avis des Députez du Commerce: Oüy le rapport du Sieur Dodun Conseiller ordinaire au Conseil Royal, Controlleur general des Finances, SA MAJESTÉ ESTANT EN SON CONSEIL, a ordonné & ordonne que ledit Arrest du Conseil du 18. Avril 1713. sera executé selon sa forme & teneur, & sans que la confiscation ordonnée par iceluy des étoffes pour la teinture desquelles on n'aura pas employé la quantité de cochenille fixée, & qui ne se trouveront pas du fonds & de la vivacité de couleurs des échantillons matrices, puisse estre reputée comminatoire. Fait néantmoins Sa Majesté par grace, & sans tirer à consequence, mainlevée desdites dix pieces de draps saisies & confisquées, lesquelles seront renduës ausdits Jean & Antoine Allut pour les faire remettre dans la teinture, & leur faire donner le fonds & la vivacité de couleurs requises, avant de les pouvoir envoyer hors du Royaume. FAIT au Conseil d'Estat du Roy, Sa Majesté y estant, tenu à Versailles le treizieme jour d'Aoust mil sept cens vingt-cinq. *Signé* PHELYPEAUX.

ARREST qui ordonne qu'il sera teint trois pieces de draps pour servir de comparaison pour les couleurs des draps Londres larges qui se fabriquent en Languedoc, Dauphiné & Provence.

Du premier Fevrier 1727.

Extrait des Registres du Conseil d'Estat.

VÛ au Conseil d'Estat du Roy, Sa Majesté y estant, l'Arrest du Conseil du 18. Avril 1713. par lequel il a entre autres choses esté ordonné que pour la teinture des draps destinez pour le Levant, tant Londrins premiers & seconds, que Londres larges, en couleurs écarlate, cramoisy, soupe-en-vin, il seroit employé au moins une livre trois quarts de Cochenille, poids de Marc, pour chaque piece de quinze à dix-huit aulnes de longueur : Le Memoire des Maistres Teinturiers de la Ville de Carcassone, par lequel ils ont representé que la quantité de Cochenille reglée par ledit Arrest du 18. Avril 1713. suffit pour la teinture des draps Londrins premiers & seconds, mais qu'elle n'est pas suffisante pour les draps Londres larges ; parce que ces derniers se fabriquent avec une laine bien plus commune, & pesent six à sept livres de plus que les premiers ; pourquoy ils ont demandé qu'il fust ordonné qu'il seroit doresnavant employé deux livres de Cochenille pour la teinture de chaque piece de drap Londre large ; & que pour pouvoir repondre de leurs teintures, les Fabriquans fussent tenus à l'avenir de leur fournir la Cochenille en graine & non pilée, se soumettant de la piler en leur presence : Autre Memoire des Fabriquans de draps de la mesme Ville, par lequel ils sont convenus que par rapport à la difference du poids d'un drap Londrin premier & second, & mesme à la qualité de la laine, il faudroit effectivement deux livres

livres de Cochenille pour rendre la couleur d'un Londre large aussi belle que celle d'un Londrin premier & second; mais que les Londres larges estant d'une qualité bien inferieure aux autres, il n'est pas necessaire que les couleurs en soient égales. Et Sa Majesté faisant attention qu'en comparant les draps Londres larges aux draps Londrins premiers & seconds, on pourroit arrester les draps Londrins larges, sur le fondement qu'on n'en trouveroit pas la couleur si vive; à quoy sa Majesté desirant pourvoir: Vû pareillement l'avis donné par le S.r de Bernage de S.t Maurice Intendant en Languedoc, après avoir entendu les principaux Marchands, Fabriquans & Teinturiers, & les Inspecteurs des Manufactures, ensemble l'avis des Députez du Commerce. Oüy le rapport du Sieur le Peletier Conseiller d'Estat ordinaire & au Conseil Royal, Controlleur general des Finances, LE ROY ESTANT EN SON CONSEIL, a ordonné & ordonne que ledit Arrest du Conseil du 18. Avril 1713. sera executé selon sa forme & teneur; en consequence, qu'il sera teint incessamment trois pieces de draps Londres larges, l'une en couleur escarlate, l'autre en cramoisy, & la troisieme en soupe-en-vin; pour la teinture de chacune desquelles pieces il sera employé une livre & trois quarts de Cochenille, poids de Marc, & de bonne qualité. Veut Sa Majesté que lesdites pieces, après avoir esté teintes, soient coupées par morceaux de demi-aulne chacun, qui seront cachetez aux Armes du S.r de Bernage de S.t Maurice, & ensuite envoyez aux Jurez-Gardes des lieux de Fabrique, aux Teinturiers & aux Inspecteurs de Languedoc & de Marseille, pour servir d'eschantillons ou pieces de comparaison pour les couleurs des Londres larges seulement, & reconnoistre si la quantité de Cochenille reglée par ledit Arrest du 18. Avril 1713. aura esté employée. Fait Sa Majesté deffenses aux Inspecteurs des Manufactures, de saisir les draps Londres larges qui se trouveront avoir le mesme fond de Cochenille que lesdits eschantillons. Ordonne en outre Sa Majesté, que les Fabriquans donneront doresnavant aux Teinturiers la Cochenille en graine & non pilée, à condition que les Teinturiers la feront piler en presence des Fabriquans, & qu'ils seront responsables de la qualité de leurs teintures. Enjoint sa Majesté aux Sieurs Intendans & Commissaires départis pour l'execution de ses ordres dans les Provinces de Languedoc, Provence & Dauphiné, de tenir la main à l'execution du present Arrest, qui sera lû, publié & affiché par tout où besoin sera, & sur lequel seront toutes Lettres necessaires expediées. FAIT au Conseil d'Estat du Roy, Sa Majesté y estant, tenu à Versailles le premier jour de Fevrier mil sept cens vingt-sept. *Signé* PHELYPEAUX.

LOUIS PAR LA GRACE DE DIEU, ROY DE FRANCE ET DE NAVARRE, Dauphin de Viennois, Comte de Valentinois & Dyois, Provence, Forcalquier & Terres adjacentes: A nos amez & feaux Conseillers en nos Conseils, les Sieurs Intendans & Commissaires départis pour l'execution de nos ordres dans nos Provinces de Languedoc, Provence & Dauphiné, SALUT. Nous vous mandons & enjoignons par ces presentes signées de nous, de tenir, chacun en droit soy, la main à l'execution de l'Arrest cy-attaché sous le Contre-scel de nostre Chancellerie, cejourd'huy donné en nostre Conseil d'Estat, Nous y estant, pour les causes y contenuës. Commandons au premier nostre Huissier ou Sergent sur ce requis, de signifier ledit Arrest à tous qu'il appartiendra, à ce que personne n'en ignore, & de faire pour son entiere execution tous actes & exploits necessaires, sans autre permission. Voulons qu'aux Copies dudit Arrest & des Presentes, collationnées par l'un de nos amez & feaux Conseillers-Secretaires, foy soit ajoûtée comme à l'Original; CAR TEL EST NOSTRE PLAISIR. Donné à Versailles le premier jour de Fevrier, l'an de grace mil sept cens vingt-sept, & de nostre Regne le douziéme. *Signé* LOUIS, *Et plus bas* par le Roy Dauphin, Comte de Provence, *Signé* PHELYPEAUX. Et scellé.

REGLEMENS PARTICULIERS pour quelques Villes, Bourgs & lieux de Languedoc.

§. XXVI.

MANUFACTURES DE TOULOUSE.

ARREST qui ordonne des peines contre les Marchands & Commissionnaires de la Ville de Toulouse, qui ne feront pas porter, enregistrer & plomber au Bureau de la Bourse, tous les Draps & E'toffes, pour estre visitez par les Gardes-Jurez des Marchands.

Du 5. Juin 1708.

Extrait des Registres du Conseil d'Estat.

LE ROY ayant esté informé des contestations survenuës entre les Marchands de la Ville de Toulouse, & le Sieur Bertrand Inspecteur des Manufactures, & le Syndic de la Ville, pour sçavoir si le Bureau de la Boüille, qui est le dépost des marchandises de laine qu'on fabrique & transporte dans la ville, où elles doivent estre vûës, visitées & marquées par les Jurez-Gardes des Marchands, doit subsister dans la Maison de la Bourse où il est presentement placé, ou establi, suivant la prétention dudit Inspecteur & du Syndic de la Ville, dans ladite Maison, attenant & separé seulement par une muraille du Bureau de la Commutation, où toutes sortes de marchandises sont portées, & les droits accoustumez payez à la Ville: Estant informé aussi par les vérifications que le Sieur de Basville Conseiller d'Estat ordinaire, Intendant du Languedoc, a fait faire par son

Subdelegué, que ledit Bureau offert par les Capitouls de Toulouse est de quinze toises de longueur, sur cinq & quelques pieds de largeur, au lieu que celuy de la Bourse n'a que six toises quatre pieds de longueur sur la largeur de quatre toises, en sorte qu'il ne peut contenir toutes les marchandises des Marchands, dont partie sont débitées sans estre visitées & marquées: ledit Inspecteur prétend encore que les Marchands de la Ville ne font pas passer au Bureau de la Bourse les marchandises, comme il paroist par la conference des Registres de la Commutation avec ceux des Gardes-Marchands de ladite Bourse, ce qui est sujet à de grandes fraudes qui pourroient devenir plus importantes: Et Sa Majesté y voulant pourvoir. Vû l'avis dudit S.r de Basville, le procès verbal de son Subdelegué à Toulouse, avec les pieces y jointes: Oüy le rapport du Sieur Desmarests Conseiller ordinaire au Conseil Royal, Controlleur general des Finances, LE ROY EN SON CONSEIL, avant faire droit sur les contestations, a ordonné & ordonne que dans trois mois sera tenu une Assemblée de Bourgeoisie dans l'Hostel de Ville de Toulouse, & une Assemblée du Corps des Marchands de ladite Ville de Toulouse dans la Maison de la Bourse, pour déliberer dans chacune desdites Assemblées sur ce qui sera le plus convenable au Commerce & au Public, pour l'establissement du Bureau dans lequel se fera la visite & la marque desdits draps & autres étoffes, & sur la dépense qu'il sera necessaire de faire pour rendre ledit Bureau commode & propre ausdites visites & marques: Et seront les procez-verbaux desdites Assemblées, & lesdites Deliberations qui seront prises, remis ensuite au Sieur de Basville Conseiller d'Estat, Intendant de Languedoc, pour, iceux vûs & rapportez à Sa Majesté avec son avis, y estre pourvû ainsi qu'il appartiendra: & cependant ordonne que lesdits Reglemens concernant les Manufactures, Arrests & Ordonnances renduës en consequence, seront executez selon leur forme & teneur; ce faisant, que lesdits draps & étoffes continueront d'estre portées du Bureau de la Commutation en celuy de la Bourse par les Marchands à qui elles appartiendront, ou par lesdits Commissionnaires, pour eſtre viſitées dans ledit Bureau à la Bourſe par les Jurez-Gardes des Marchands, & le plomb y eſtre appoſé ſi elles ſont de la qualité requiſe; ſinon ſaiſies, & les peines portées par le Reglement, ordonnées par les Juges des Manufactures ſuivant les deffauts qui ſe trouveront : auquel effet leſdits draps & étoffes ſeront délivrées auſdits Marchands & Commiſſionnaires, par les Commis du Bureau de la Commutation, après qu'elles auront eſté enregiſtrées jour par jour, ce qu'ils ſeront tenus de faire ſans frais, avec le nom des Marchands & Commiſſionnaires à qui ils les remettront, ſur un Regiſtre particulier qui en ſera tenu par les Commis du Bureau de la Commutation. Ordonne Sa Majeſté qu'il ſera tenu pareillement un Regiſtre dans ledit Bureau de la Bourſe, ſur lequel tous les draps & étoffes qui y entreront jour par jour ſeront enregiſtrez ſans frais, enſemble leſdits noms deſdits Marchands ou Commiſſionnaires qui les y feront apporter, leſquels Regiſtres ſerviront de controlle l'un à l'autre, & ſeront repreſentez pardevant leſdits Juges des Manufactures, toutesfois & quantes que bon leur ſemblera, & au moins tous les trois mois, & vérifiez l'un ſur l'autre; Et en cas qu'il ſe trouve par la vérification des Regiſtres, qu'il y ait des draps & étoffes ſur le Regiſtre du Bureau de la Commutation, qui ne ſoient pas ſur le Regiſtre du Bureau de la Bourſe, les Marchands ou Commiſſionnaires pour le compte deſquels les draps ou étoffes auront eſté enregiſtrées au Bureau de la Commutation, ſeront condamnez par les Juges des Manufactures à une amende, juſqu'à concurrence de la valeur de la marchandiſe qui n'aura pas eſté enregiſtrée & plombée au Bureau de la Bourſe, ce qui ſera executé nonobſtant oppoſitions ou appellations quelconques ; ladite amende appliquable conformément aux Reglemens de l'année 1669. concernant les Manufactures: Enjoint Sa Majeſté audit Sieur Intendant en la Province de Languedoc, de tenir la main à l'execution du preſent Arreſt. FAIT au Conſeil d'Eſtat du Roy, tenu à Verſailles le cinquieme jour de Juin mil ſept cens huit. Collationné, *Signé* DUJARDIN.

ARREST concernant les Etoffes appellées Mignonettes, Grisettes, Burats, *& autres de pareille qualité qui se fabriquent à Toulouse.*

Du 24. May 1723.

Extrait des Registres du Conseil d'Estat.

LE ROY estant informé qu'au préjudice des Reglemens generaux du mois d'Aoust 1669. concernant les Manufactures, & de l'Arrest du Conseil du 5. Aoust 1698. rendu pour la Ville de Toulouse, qui ordonnent que toutes les étoffes, tant de soye que de laine & fil, seront portées dans une Chambre ou dans un Bureau à ce destiné, pour y estre visitées & marquées s'il y a lieu, avant que de pouvoir estre exposées en vente, & seront assujetties au payement d'un sol par piece pour ledit droit de marque; les Ouvriers qui fabriquent dans la Ville de Toulouse des étoffes nommées *Mignonettes, Grisettes,* & autres composées de laine & de soye, refusent de les porter audit Bureau, pour y estre visitées & marquées, & de payer le sol pour piece: Vû l'avis du Sieur de Bernage Conseiller d'Estat, Intendant en Languedoc: Oüy le rapport du Sieur Dodun Conseiller ordinaire au Conseil Royal, Controlleur general des Finances, SA MAJESTÉ ESTANT EN SON CONSEIL, a ordonné & ordonne que les Reglemens generaux du mois d'Aoust 1669. concernant les Manufactures, & l'Arrest du Conseil du 5. Aoust 1698. seront executez selon leur forme & teneur, & en consequence, que les étoffes appellées *Mignonettes, Grisettes, Burats,* & autres de pareille qualité de soye & laine, qui se fabriquent dans la Ville de Toulouse, seront portées dans le Bureau estabili dans ladite Ville, en consequence dudit Arrest du 5. Aoust 1698. pour y estre visitées & marquées si elles sont trouvées de la qualité requise; & que le sol par piece sera payé pour lesdites étoffes, & perçû en la maniere portée par les Reglemens, pour le produit servir au payement des appointemens de l'Inspecteur. Fait deffenses à tous Fabriquans, Marchands & Negocians d'exposer en vente aucunes desdites étoffes, qu'elles n'ayent esté préalablement visitées & marquées, à peine de confiscation desdites étoffes & de cinquante livres d'amende. Enjoint Sa Majesté au Sieur Intendant de la Province de Languedoc de tenir la main à l'execution du present Arrest, qui sera executé nonobstant oppositions ou appellations quelconques, dont si aucunes interviennent, Sa Majesté se reserve & à son Conseil la connoissance, qu'Elle interdit à toutes ses Cours & autres Juges. FAIT au Conseil d'Estat du Roy, Sa Majesté y estant, tenu à Versailles le vingt-quatrieme jour de May mil sept cens vingt-trois. *Signé* PHELYPEAUX.

---

§. XXVII.

MANUFACTURES DE MONTPELLIER.

STATUTS & Reglemens pour la fabrique des Couvertures de laine, authorisez par Ordonnance de M.r de Basville Intendant en Languedoc.

Du 30. Decembre 1710.

ARTICLE PREMIER.

LEs Couvertures appellées *Grand-Marchand blanc*, & *Grand-Marchand roux*, marquées de trois barres & demie, venant du Pareur & prestes à vendre, peseront chacune six livres le moins, & sept livres le plus.

II.

LES Couvertures appellées *Passe-grand-Marchand*, tant blanc que roux, marquées de quatre barres & demie, venant du Pareur

& preſtes à vendre, peſeront chacune neuf livres le moins, & dix livres le plus.

III.

Les Couvertures appellées *Reforme-Marchand*, tant blanc que roux, marquées de cinq barres & demie, venant du Pareur & preſtes à vendre, peſeront chacune onze livres le moins, & douze livres le plus.

IV.

Les Couvertures appellées *Extraordinaire-Marchand*, tant blanc que roux, marquées de ſix barres & demie, venant du Pareur & preſtes à vendre, peſeront chacune treize livres le moins, & quatorze livres le plus.

V.

Les Couvertures appellées *Grand-fin*, tant blanc que roux, marquées de quatres barres, venant du Pareur & preſtes à vendre, peſeront chacune ſix livres le moins, & ſept livres le plus.

VI.

Les Couvertures appellées *Paſſe-grand-fin*, tant blanc que roux, marquées de cinq barres, venant du Pareur & preſtes à vendre, peſeront chacune neuf livres le moins, & dix livres le plus.

VII.

Les Couvertures appellées *Reforme-fin*, tant blanc que roux, marquées de ſix barres, venant du Pareur & preſtes à vendre, peſeront chacune onze livres le moins, & douze livres le plus.

VIII.

Les Couvertures appellées *Extraordinaire-fin*, tant blanc que roux, marquées de ſept barres, venant du Pareur & preſtes à vendre, peſeront chacune treize livres le moins, & quatorze livres le plus.

IX.

Les Couvertures appellées *Paſſe-extraordinaire-fin*, tant blanc que roux, marquées de huit barres, venant du Pareur & preſtes à vendre, peſeront chacune quinze livres le moins, & ſeize livres & demie le plus.

X.

X.

Les Couvertures appellées *Repaſſe-extraordinaire-fin*, tant blanc que roux, marquées de neuf barres, venant du Pareur & preſtes à vendre, peſeront chacune dix-ſept livres le moins, & dix-huit livres & demie le plus.

X I.

Les Couvertures *Grand-repaſſe-extraordinaire-fin*, tant blanc que roux, marquées de dix barres, venant du Pareur & preſtes à vendre, peſeront chacune dix-neuf livres le moins, & vingt-une livres le plus.

X I I.

Les Couvertures appellées *Grand-repaſſe-extraordinaire-fin à la Reforme*, tant blanc que roux, marquées de onze barres, venant du Pareur & preſtes à vendre, peſeront chacune vingt-une livres le moins, & vingt-trois livres le plus.

X I I I.

Les grandes Couvertures fines, tant en blanc que roux, marquées de douze barres, venant du Pareur & preſtes à vendre, peſeront chacune vingt-trois livres le moins, & vingt-cinq le plus.

X I V.

Les grandes couvertures, tant en blanc que roux, marquées de treize barres, venant du Pareur & preſtes à vendre, peſeront chacune vingt-cinq livres le moins, & vingt-ſept le plus.

X V.

Les grandes Couvertures fines, tant en blanc que roux, marquées de quatorze barres, venant du Pareur & preſtes à vendre, peſeront chacune vingt-ſept livres le moins, & vingt-neuf le plus.

X V I.

Les grandes Couvertures fines, tant en blanc que roux, marquées de quinze barres, venant du Pareur & preſtes à vendre, peſeront chacune vingt-neuf livres le moins, & trente-une le plus.

X V I I.

Les grandes Couvertures fines, tant en blanc que roux,

marquées de ſeize barres, venant du Pareur & preſtes à vendre, peſeront chacune trente-une livres le moins, & trente-trois le plus.

XVIII.

Les grandes Couvertures fines, tant en blanc que roux, marquées de dix-ſept barres, venant du Pareur & preſtes à vendre, peſeront chacune trente-trois livres le moins, & trente-cinq livres le plus.

Et il ne pourra eſtre fabriqué aucune Couverture au-deſſus du poids de trente-cinq livres.

XIX.

Les Couvertures appellées *Peiguées façon d'Angleterre*, marquées de deux croix, venant du Pareur & preſtes à vendre, peſeront chacune dix livres le moins, & douze livres le plus; elles ſeront fabriquées de laine fine de pays, ou de laine Refin d'Eſpagne.

XX.

Les Couvertures appellées *Peiguées façon d'Angleterre*, marquées de trois croix, venant du Pareur & preſtes à vendre, peſeront douze livres le moins, & quatorze livres le plus; & ſeront fabriquées de ladite laine d'Eſpagne ou de pays.

XXI.

Les Couvertures fines appellées *Peiguées façon d'Angleterre*, marquées de quatre croix, venant du Pareur & preſtes à vendre, peſeront chacune quatorze livres le moins, & ſeize livres le plus, & ne pourront eſtre fabriquées que de laine refin de pays, ou refin d'Eſpagne.

XXII.

Les Couvertures très-fines appellées *Peiguées façon d'Angleterre*, marquées de cinq croix, venant du Pareur & preſtes à vendre, peſeront chacune ſeize livres le moins, & dix-huit livres le plus.

Celles qui ſeront fabriquées & marqués de ſix croix, peſeront dix-huit livres le moins, & vingt livres le plus; elles ſeront fabriquées de laine refin d'Eſpagne, ou refin de Pays.

XXIII.

Les Couvertures appellées *Façon de Roüen*, feront fabriquées de laine de Conftantinople ou d'ailleurs, & feront marquées de barres comme les Couvertures ordinaires, & peferont le mefme poids.

XXIV.

Les Couvertures appellées *Grifes*, fe feront du poids à la volonté des Marchands, attendu qu'elles font de très-bas prix, & pour des pauvres gens.

XXV.

Seront toutes lefdites Couvertures faites de bonne laine, nette & de bon poil, de toutes les qualitez énoncées au prefent Reglement, fur peine pour chacune Toillerade de vingt Naucades, de fix livres d'amende payable par les Marchands-Fabriquans à qui elles appartiendront, pour la premiere fois; & de cinquante livres d'amende, outre la confifcation, en cas de recidive.

XXVI.

Toutes les Couvertures feront apportées au Bureau des Jurez-Gardes Fabriquans, pour y eftre vifitées, pefées & marquées d'un plomb, fuivant les Reglemens generaux; & eftant trouvées de qualitez énoncées par le prefent Reglement, feront marquées par les Jurez-Gardes, aufquels fera payé un fol par piece pour ladite marque. Ne pourront lefdites Couvertures pefer que le poids fpecifié aux Articles contenus au prefent Reglement, tant pour le plus que pour le moins; & au cas de contravention audit poids, les Fabriquans à qui elles appartiendront, payeront vingt fols d'amende pour chaque piece foit petite ou grande, pour la premiere fois; & en cas de recidive, de plus grandes peines.

XXVII.

Les Maiftres Tifferands feront obligez de bien tiftre les Couvertures fans laiffer courir aucuns fils, à peine d'amende; & marqueront lefdites Couvertures de la marque du Marchand auquel elles appartiendront, fans pouvoir y mettre un plus grand nombre de barres que celuy porté par le present Reglement, à peine de trois livres d'amende par Naucade.

X X V I I I.

LES Pezelles desdites Couvertures seront retirées par les Marchands ausquels lesdites Couvertures appartiendront, en payant audit Tisserand ce qu'ils conviendront pour raison d'iceux.

X X I X.

LES Foulons fouleront, nettoyeront & dégorgeront bien lesdites Couvertures, afin qu'elles ayent un corps capable de soutenir le garnissage du Pareur.

X X X.

LES Maistres Pareurs épinseront, nettoyeront & couperont les nœuds ausdites Couvertures, auparavant que de les garnir, & empescheront que les femmes ou autres personnes tirent aucune duitte & bout d'icelles, ni aucun fil du long; & en cas que les Foulons leur ayent apporté dans leur maison quelque Couverture grasse, mal nette ou mal foulée, ils ne pourront les garnir qu'au préalable ils n'avertissent les Marchands ausquelles elles appartiendront, à peine de trois livres d'amende par Naucade.

X X X I.

LES Maistres Pareurs seront tenus de bien & dûëment garnir lesdites Couvertures, ne point les effondrer; & lorsqu'elles seront garnies, ils les visiteront, afin qu'il ne s'y trouve aucun trou ni envaladure, ni autres défauts: ils auront soin de les raccommoder avant de les rendre aux Marchands ausquels elles se trouveront appartenir, à peine de trois livres d'amende par Naucade.

X X X I I.

NE pourront lesdits Pareurs se servir de Cardes de fer pour garnir lesdites Couvertures, ni en tenir dans leur maison; mais se serviront de chardons seulement, à peine de trente livres d'amende pour chacune contravention.

X X X I I I.

TOUTES les amendes qui seront adjugées en conséquence du present Reglement, & pour les contraventions à iceluy, seront applicables, sçavoir moitié à Sa Majesté, un quart aux Gardes-Jurez, & l'autre quart aux Pauvres des Hospitaux.

XXXIV.

Les Marchands-fabriquans, Ouvriers ou autres qui seront condamnez, seront contraints par corps au payement des sommes portées par les Jugemens qui auront esté rendus par les Juges des Manufactures, nonobstant toutes Lettres de Respit, surséance & deffense qu'ils pourroient obtenir, suivant & conformément aux Reglemens generaux donnez par Sa Majesté en l'année 1669.

XXXV.

Pour parvenir à l'execution du present Reglement, & empêcher les fraudes qui pourroient estre faites par les Marchands-Fabriquans, Pareurs, Tisserands, Ouvriers qui n'en voudroient point souffrir l'execution, lesdits Tisserands seront obligez immédiatement après avoir monté sur les mestiers le nombre de Couvertures que les Marchands-fabriquans leur auront donné à faire, de les venir dénoncer aux Gardes-Jurez en leur Bureau, ou à leur Commis, à peine de trente livres d'amende pour la premiere fois, & en cas de recidive à une plus grande amende, & interdits de la Maistrise.

XXXVI.

Seront au surplus les Reglemens generaux de l'année 1669. concernant les Manufactures, executez & observez par les Marchands-fabriquans, Tondeurs, Appresteurs & Tisserands, pour les peines y portées en cas de contravention, en ce qu'il n'y est changé ni dérogé par le present Reglement: Et pour la Jurisdiction des Procès, differends & payemens des Ouvriers, les Gardes-Jurez se pourvoyront pardevant les Maire, Consuls & Juges des Manufactures, ainsi qu'il leur est prescrit par les Reglemens de 1669. & Arrests du Conseil rendus en consequence.

NICOLAS DE LAMOIGNON, CHEVALIER, Comte de Launay-Courson, Seigneur de Bris, Vaugrigneuse, Marquis de Lamothe-Chandenier, Beuxe & autres lieux, Conseiller d'Estat ordinaire, Intendant de Justice, Police & Finances en la Province de Languedoc.

VÛ le Memoire à Nous presenté par le Sieur Paignon Inspecteur du Commerce & des Manufactures de cette Province, tendant à ce qu'il Nous plût de donner un nouveau Reglement pour la fabrique des Couvertures de laine qui se fabriquent en cette Ville & aux environs, en ce que dans le Reglement par Nous donné en l'année 1694. les qualitez des Couvertures au-dessus de celles de onze barres n'y sont pas exprimées; & estant necessaire d'y pourvoir pour le bien & avantage de cette Manufacture: Vû ledit Reglement, le Memoire des Gardes-Jurez du Corps des Marchands, Fabriquans & autres, & sur l'avis du Syndic general de la Province, Nous ordonnons que les presens Statuts & Reglement qui contiennent trente-six Articles, seront executez suivant leur forme & teneur par les Marchands-fabriquans, Façonniers desdites Couvertures, sur les peines y contenuës. Ordonnons en outre aux Jurez-Gardes de faire des exactes visites, non-seulement dans leur Bureau lors de la marque desdites Couvertures, mais encore de les visiter chez les Ouvriers, Pareurs & autres, & même chez les Marchands-fabriquans: & en cas de Contravention aux presens Statuts & Reglement, ils se pourvoyront pardevant les Maire, Consuls & Juges des Manufactures, ausquels enjoignons de juger les contraventions au present Reglement en conformité d'iceluy; & audit Sieur Paignon Inspecteur, de tenir la main à son entiere execution, & de Nous avertir des contraventions, & à sa diligence faire enregistrer les presens Statuts & Reglemens au Greffe de l'Hostel de Ville de Montpellier, avec nostre presente Ordonnance, pour estre ensuite imprimée aux dépens du Corps des Marchands-fabriquans, & en estre fourni des exemplaires à tous lesdits Marchands-fabriquans, Façonniers & Ouvriers, afin que personne ne l'ignore. FAIT à Montpelier le trente Decembre mil sept cens dix. *Signé* DE LAMOIGNON. *Et plus bas* par Monseigneur, CAROUGE.

---

§. XXVIII.

MANUFACTURE DE CARCASSONE.

STATUTS & Reglement pour la Manufacture des Draps de Carcassone, Cité, Saptes & Conques, arrestez en presence & sous l'authorité du Juge-Mage & Lieutenant general en la Seneschaussée de Carcassone & Beziers : Ensemble les Arrest du Conseil, & Lettres Patentes de Sa Majesté portant authorisation d'iceux, & l'Arrest d'Enregistrement au Parlement de Toulouse.

Du 26. Octobre 1666.

Extrait des Registres du Conseil d'Estat.

AUjourdhuy second jour du mois de Septembre 1666. pardevant Nous François de Roux Conseiller du Roy en ses Conseils, President au Presidial, Juge-Mage & Lieutenant general en la Seneschaussée de Carcassone & Beziers, sont comparus les Sieurs Vitalis de Figuieres, Bernard Viguier, François Ribals, & Pierre Taillant, tous quatre Consuls de la Ville de Carcassone, lesquels nous ont dit & remontré avoir reçû ordre de Sa Majesté d'examiner l'estat auquel sont les Manufactures & Teintures des draps qui se travaillent dans les Villes de Carcassone, Cité, Saptes & Conques, & rechercher avec soin tous les moyens possibles pour les ameliorer & les rendre d'un débit plus aisé & plus utile pour en faciliter le commerce; lesquels dits Consuls obéïssant aux ordres de Sa Majesté, auroient de nostre Ordonnance fait publier à son de trompe par toute ladite Ville & Faux-bourgs de Carcassone, Cité, Saptes & Conques, que les Marchands, Ouvriers & Habitans d'icelles eussent à s'assembler à cejourd'huy pardevant Nous, une heure de relevée, pour examiner l'estat auquel sont lesdites Manufactures, restablir icelles, & pour les rendre de durée & dans une perfection entiere, donner leur avis pour faire des Statuts & Reglemens sous le bon plaisir de Sadite Majesté. Auquel jour & heure sont aussi comparus devant Nous les Sieurs Grandier Bourgeois Marchand, Cusson, Turle, Fournier, Castel aussi Bourgeois Marchand, Raynault, Alboüy, Grandier, Fabre, Rivals, Voisins, Calvi, & autres Marchands Drapiers dudit Carcassone, les Sieurs de Varennes, Cabrier, André, & autres lieux de Saptes & Conques: ensemble le Sieur Fairin Surposé des Marchands, M.e Calvet Surposé des Pareurs & Tondeurs, M.e Gilbert Caissac Surposé des Tisseurs, Jean Dupuy Surposé des Cardeurs, & M.e Vidal Surposé des Cardasseurs, & autres Ouvriers de pareille nature desdits lieux de Carcassone, Cité, Saptes, faisant & representant par leur nombre la plus grande & saine partie des Marchands Drapiers & de Laines, Tisseurs, Cardeurs, Foulonniers, Pareurs & Teinturiers desdites Villes ; lesquels Nous ont d'une voix dit qu'ils sont prests d'obéïr & executer avec soumission & respect les ordres de Sa Majesté, comme ils ont toûjours fait: Et pour cet effet, par l'avis & en la presence desdits susnommez, les Articles cy-après, ont esté digerez & arrestez, pour estre executez selon leur forme & teneur dans l'estenduë desdites Villes & lieux, sous le bon plaisir du Roy & de Nosseigneurs de son Conseil, qui seront très-humblement suppliez les vouloir homologuer, ensemble M.e François Grandier, Guiot, Fabre, Pitancier, Belet & Masse, & autres Teinturiers.

ARTICLE PREMIER.

LES Marchands, tant des Villes & Parroisses de Carcassone, Cité,

Cité, Saptes & Conques, que Forains, ne pourront acheter ni faire acheter des Marchandises ausdites Villes & Parroisses les jours de Dimanche & Festes annuelles, Festes de Nostre Dame & des Apostres.

I I.

LES Foulonniers & Mouliniers ne pourront faire travailler à aucuns des moulins à drap lesdits jours des Dimanches & Festes cy-dessus, depuis la minuit de la veille jusqu'à l'autre minuit ensuivant.

I I I.

TOUS Maistres qui feront faire des draps fins de Carcassone, Cité, Saptes & Conques, façon d'Espagne, de Hollande, d'Angleterre, & des draps larges, communs, seaus & sezains, qui se font de present esdites Villes, feront un Corps de mestier; à la charge qu'ils auront chacun au moins deux mestiers battans actuellement ausdits draps fins façon d'Espagne, de Hollande & d'Angleterre, si mieux ils n'aiment faire cent pieces de drap commun: Et presteront le serment pardevant le Juge-Mage, Lieutenant né & general Juge de Police, & se feront inscrire sur le Registre de la Communauté dudit Corps.

I V.

TOUS Drapans estrangers qui voudront s'establir ausdites Villes de Carcassone, Cité, Saptes & Conques, seront reçûs dans ledit Corps de mestier, en faisant apparoir qu'ils ont esté passé Maistres aux lieux qu'ils auront quittez, ou faisant chef-d'œuvre, ou après deux ans d'apprentissage, le tout à leur choix; en appellant pour examiner ledit chef-d'œuvre, ledit Juge-Mage & deux Marchands qui seront par luy nommez, & en la presence des Bailles & Surposez dudit mestier en charge, & sans frais.

V.

PARCEQUE le plus grand desordre qui arrive en la Manufacture desdits draps, vient de ce que toutes sortes de personnes indifferemment se meslent d'en faire fabriquer, sans avoir fait aucun apprentissage ni aucune experience de ladite fabrique, il ne leur sera plus permis d'en faire ou faire fabriquer à l'avenir, qu'il n'ayent fait apprentiſſage de deux années dans ladite Ville de Carcaſſone, Cité, Saptes & Conques, & demeuré deux années après dans l'un deſdits lieux en qualité de ſerviteur: Et ceux qui auront fait leur apprentiſſage ailleurs que dans leſdits lieux, parce que les Manufactures y ſont fort differentes, & beaucoup inferieures à celles deſdits Carcaſſone, Cité, Saptes & Conques, ſeront néantmoins obligez de demeurer pendant trois ans dans un deſdits lieux en qualité de ſerviteurs; excepté les fils des Marchands-Drapiers deſdites Villes, leſquels ayant fait leur apprentiſſage pendant deux années dans une d'icelles ou ailleurs, pourront faire fabriquer des draps: à la charge toutefois que les uns & les autres deſdits Aſpirans ſe preſenteront devant les Bailles ou Surpoſez, pour eſtre reçûs en ladite faculté & Corps de meſtier, & rapporteront certificat de leur Religion, bonne vie & mœurs, les actes de leur apprentiſſage, & atteſtation du ſervice qu'ils auront rendu dans leſdits lieux, dont ils remettront un extrait pardevers leſdits Surpoſez & Députez, qui tiendront un Regiſtre exact de leur preſentation, remiſe deſdits actes, & de leur reception, qui ſera faite en payant le droit de la Chapelle; ſans leſquelles formalitez il ne ſera permis à perſonne de s'ingerer à faire fabriquer aucuns draps dans leſdites Villes de Carcaſſone, Cité, Saptes & Conques, à peine de confiſcation, & de cent livres d'amende appliquable au grand Hoſpital deſdits lieux.

VI.

POUR regler & gouverner ledit meſtier, & empêcher qu'il ne ſe commette aucuns abus en ladite Manufacture, il ſera fait & élû chacune année quatre Bailles ou Surpoſez-Marchands, ſuivant l'ancienne couſtume, le jour & Feſte de l'Aſcenſion, leſquels ſeront pris & choiſis, ſçavoir Trois deſdites Villes de Carcaſſone & Cité, & Un deſdits lieux de Saptes & Conques, par la pluralité des voix & ſuffrages: & preſteront le ſerment ès mains dudit Lieutenant general au Siege de Police de ladite Ville, qui preſidera & authoriſera leur élection; deux deſquels Bailles & Surpoſez ſeront changez tous les ans, & en leur place & lieu ſera procedé à l'élection de deux nouveaux, pour estre joints aux deux anciens qui seront restez de l'année précedente; lesquels anciens ne pourront estre continuez après lesdites deux années, pour quelque cause & occasion que ce soit: Et en cas de contravention au present Reglement par le défaut des Teinturiers, Cardeurs, Pareurs, Tondeurs & autres Ouvriers servant à la Manufacture desdits draps, lesdits Bailles & Surposez appelleront les Surposez du mestier qui aura manqué, pour la juger conjointement avec eux.

VII.

LESDITS Marchands-Surposez s'assembleront deux fois la semaine dans la Ville de Carcassone, en la Chambre commune du Corps dudit mestier, sçavoir les Mardi & Samedi, ausquels jours toutes les pieces de drap qui auront esté fabriquées en ladite Ville & Cité de Carcassone seront apportées, pour estre visitées & marquées d'une marque qui sera faite à cet effet; sçavoir, une fois lorsqu'elles seront en toile, & l'autre après la teinture & dernier apprest: desquelles visites & marques sera tenu un Registre par lesdits Bailles & Surposez, qui sera paraphé par premier & dernier folio, par ledit Sieur Juge-Mage, & enfermé sous la clef dans ladite Chambre de Communauté. Et pour faire ladite visite & marque des draps qui seront faits ausdits lieux de Saptes & Conques, un desdits Bailles & Surposez ira une fois la semaine seulement esdits lieux; lequel Baille ne pourra estre Marchand demeurant actuellement à Saptes & à Conques: Et desdites visites & marques il sera tenu un pareil Registre, qui sera paraphé & enfermé de mesme que pour les draps de Carcassone & de Cité.

VIII.

PARCEQUE dans lesdites Villes de Carcassone, Cité, Saptes & Conques, on travaille des draps à façon d'Espagne & de Hollande, & des larges communs de ladite Ville, de seaus & sezains, afin que chacunes desdites especes de draperie se fassent dans la perfection qu'elles doivent estre, aucun Marchand desdites Villes ne pourra à l'avenir faire fabriquer des draps à la façon d'Espagne très-fins, qu'ils ne soient composez de la plus fine laine, dite *Refleurette de Segovie*, & qu'ils n'ayent le nombre de trois mille ſix cens filets, ou du moins trois mille quatre cens de large; que la laine dudit drap ſoit filée à rebours, & la trame à droit, & l'étaille de treize pans meſure de Carcaſſone, revenant en drap parfait à une aulne & demie meſure de Paris: Et la piece ſera de vingt-ſix à vingt-ſept aulnes, parce qu'elle ſera mieux & plus commodément foulonnée, en ce qu'elle ne ſera ſi chancellante qu'elle ſeroit eſtant plus petite.

I X.

COMME auſſi, qu'aucun Marchand ne pourra faire facturer aucun drap à la façon d'Angleterre, qu'il ne ſoit de laine de Segovie ſeconde toute pure, & du nombre de trois mille deux cens filets ou trois mille filets en chaiſne, la chaiſne filée à rebours, & la trame à droit, & l'eſtaille de douze pans & demi meſure de Carcaſſone, revenant en drap parfait à une aulne & un tiers meſure de Paris: Et la piece ſera de la longueur dite au précedent Article.

X.

DE meſme, qu'aucun deſdits Marchands ne pourra à l'avenir faire façonner aucun drap à façon de Hollande, qu'il ne ſoit composé de laine de Segovie, Cavere ou Albarazin fin, & qu'il n'ait pareillement le nombre de trois mille deux cens fils, ou trois mille en chaiſne, la chaiſne & trame filées comme au ſuſdit, l'eſtaille de douze pans, pour revenir en drap parfait à une aulne & un tiers aulnage de Paris; & la piece de la longueur ſuſdite.

X I.

AUCUN deſdits Marchands ne pourra faire facturer aucun drap de Carcaſſone commun, qu'il ne le compoſe de laine de Beziers ou Narbonne de la plus fine, & du nombre de deux mille ſix cens, ou deux mille quatre cens filets en chaiſne; la chaiſne & trame filées comme les précedens, & l'eſtaille de douze pans, revenant à cinq quartiers aulnage de Paris; la piece de la longueur dite au VIII.e Article.

X I I.

NE pourra encore aucun deſdits Marchands, faire facturer des draps de Seau, qu'il ne les compoſe de la meſme laine de Beziers ou Narbonne, & du nombre de deux mille filets en chaiſne, la chaiſne & trame filées comme les ſuſdits, & que l'eſtaille ait dix pans & quart, pour revenir en drap parfait à une aulne entre deux lizieres meſure de Paris, & la piece de la longueur cy-deſſus.

XIII.

FINALEMENT, il ne ſera permis à aucun deſdits Marchands de faire fabriquer des draps Sezains dudit Carcaſſone, qui ſont les moindres qui ſe facturent, qu'ils ne ſoient compoſez de laine du Dioceſe de Carcaſſone, baſſe-Courbiere, & Migea de Beſiers ou Narbonne, & du nombre de ſeize cens filets, la chaiſne & trame filées à l'ordinaire, & que l'eſtaille ait dix pans un quart, pour revenir à une aulne entre deux lizieres aulnage de Paris, & la piece de la longueur que deſſus.

XIV.

LORSQUE les Bailles & Surpoſez trouveront que les draps qui leur ſeront preſentez ſeront bien conditionnez par la matiere, la façon, longueur & largeur, ſi ceux à la façon d'Eſpagne, d'Angleterre & de Hollande ſont de la qualité des draps très-fins, ils ſeront marquez d'une marque de plomb, ayant d'un coſté l'effigie du Roy avec ces mots, *Loüis XIV. Reſtaurateur des Arts & du Commerce*, & de l'autre les armes de la Ville & du lieu où ils ſeront fabriquez, & autour deſquelles ſera écrit, *Draperie Royale de Carcaſſone, Cité, Saptes ou Conques :* Et au chef de la piece ſera mis le nom de l'Ouvrier avant que d'eſtre portée au foulon, qui ſera compoſé en partie de coton, comme on faiſoit anciennement.

XV.

S'ILS les font de la ſeconde qualité, ils ſeront marquez d'un plomb, à un côté duquel ſera écrit *Drap ſecond* du lieu de ſa fabrique; & de l'autre coſté les armes dudit lieu, & au chef de la piece le nom de l'Ouvrier compoſé comme dit eſt cy-deſſus.

XVI.

TOUS les autres draps ſeront auſſi marquez d'une marque de plomb, où ſeront d'un coſté les armes de la Ville, & de l'autre le nom du drap, & au chef de la piece le nom de l'Ouvrier, composé comme dit est.

XVII.

CHAQUE Maistre dudit mestier aura sa marque particuliere, qui sera mise & écrite sur les Registres communs dudit Corps, de laquelle ils seront tenus de marquer leurs draps avant de les faire porter à la Chambre commune où s'assembleront les Bailles & Surposez, sans qu'ils puissent appliquer ladite marque qu'aux draps de leur fabrique, à peine de confiscation & de trois cens livres tournois d'amende.

XVIII.

ET afin que les Bailles & Surposez ne puissent estre prévenus pour ou contre aucuns, seront lesdites marques cachées dans un repli du drap, qui sera à cet effet lié ou cousu.

XIX.

POUR faire plus exactement ladite visite, il y aura des échantillons de draps de tous les susdits ordres, des mieux facturez, en ladite Chambre commune, ausquels seront confrontées les pieces de draps qui seront apportées, pour sçavoir de quelles marques elles seront & devront estre marquées.

XX.

SI lesdits draps ne sont de la qualité requise, ils seront coupez & mis en pieces, & seront marquez par lesdits Bailles & Surposez, d'une marque particuliere, & rendus aux Maistres pour s'en servir & leurs Ouvriers & domestiques seulement : Et le Maistre ou Ouvrier qui aura failli, sera condamné en cent livres d'amende au moins.

XXI.

LES Surposez & Députez dudit Corps des Marchands, vacqueront incessamment à ce que les Artisans & Ouvriers qui travaillent à la fabrique des draps, fassent chacun en droit soy leur travail dans la perfection & loyauté qu'il faut : à ce sujet pourront aller, quand bon leur semblera, aux maisons des Maistres Tisseurs, pour voir sur leurs mestiers si la chaisne desdits draps sera de la largeur convenable à celle que doivent avoir lesdits draps, ainsi qu'il est dit cy-devant; & en cas de contravention, le Maistre payera cinq livres d'amende, sçavoir, moité aux Pauvres dudit mestier, le quart aux Surposez, & l'autre quart pour les necessitez du Corps.

XXII.

Aucun Marchand ne pourra vendre ni debiter des pieces, ni mesme des draps, qu'ils n'ayent esté visitez & marquez, à peine de confiscation & de trois cens livres d'amende pour la premiere fois, & pour la seconde de cinq cens livres, & en cas de recidive degradé du Corps de mestier & confiscation de sa marchandise.

XXIII.

Si aucun Manufacturier ou autre abusoit de la marque d'une autre Ville que celle où il aura esté fait, ou appliquoit, ou faisoit appliquer la sienne à aucun drap estranger, il sera appliqué au Carcan durant six heures au milieu de la Place publique, avec un écriteau portant la fausseté par luy commise; Et à cet effet deffenses au Foulon de recevoir aucuns draps sans la marque de la visite des Surposez, faite & écrite comme il est dit cy-devant, à peine de vingt livres d'amende pour chaque piece de drap.

XXIV.

Les Marchands-Drapiers, ni autres desdites Villes, ne pourront acheter aucun drap estranger en toile, hors des environs dudit Carcassone ni d'ailleurs, pour après y mettre son nom & sa marque, afin de le vendre & debiter comme de sa facture, à peine de cent livres d'amende pour chaque piece de drap, & de confiscation; d'autant que cela apporte un notable préjudice aux veritables & loyaux Facturiers des susdites Villes, dans les pays où le debit s'en fait, lesdits draps n'estant jamais dans l'ordre & perfection de ceux qui se font entierement dans lesdites Villes: Et sur les mesmes peines aucun Marchand ne pourra envoyer ausdites Villes de Carcassone, Cité, Saptes & Conques, les draps qui auront esté achetez à S.t Chinian, Bederieux, S.t Pons & autres lieux, pour y recevoir le dernier apprest ni teinture, à peine de confiscation.

XXV.

Tous les draps seront mesurez par le dos, & non par les lizieres, par ceux qui sont à ce commis par lesdits Bailles & Surposez, avant que d'estre exposez en vente; & deffenses de mettre à la rence ni aux moulins aucuns draps étroits, dits *façon du Seau, Saptes* & *Sezains*, à peine de confiscation.

XXVI.

Les Maistres particuliers, en recevant des Laveurs de laine, des Drousseurs, Cardeurs & Fileurs les ouvrages par eux faits, s'ils les trouvent défectueux, ils les apporteront en la Chambre commune dudit Corps de mestier; & en la presence des Ouvriers ils formeront leurs plaintes, afin d'y estre pourvû par amende arbitraire.

XXVII.

Si le Foulon par sa negligence gaste les draps, les laisse chauffer, percer, évuider, ou trop fouler, ensorte qu'il y ait de manque à la laise, il sera puni d'amende à la discretion des Bailles & Surposez, suivant la faute & le dommage.

XXVIII.

Les Fouloniers ne pourront employer de la terre Coquene, autrement dite *de battant*, pour nettoyer les draps; mais employeront le savon que les Marchands leur fourniront, conformément aux Arrests sur ce rendus par le Parlement de Toulouse, sur les peines portées par iceux, & de cent livres d'amende, applicable à l'Hospital general du lieu, sans en pouvoir estre déchargez sous quelque prétexte que ce soit, attendu que ladite terre altere la couleur des draps, qui est une des belles qualitez qui le composent.

XXIX.

Afin de perfectionner davantage les draps qui seront teints en noir, les bien dégraisser, teindre, & empêcher qu'ils ne sentent la graisse & ne barboüillent, les Marchands seront obligez de les faire passer trois fois au Moulin, l'une en blanc, l'autre en bleu, & l'autre en noir; & deux fois les draps de couleur & les Bures;

Bures : Et pour cet effet sera establi nombre suffisant de moulins à foulon.

XXX.

PARCEQUE les draps, après qu'ils sont reduits en toile, reçoivent leur perfection de l'apprest ou façon qu'on leur donne, lesdits Marchands seront obligez, lesdits draps estant revenus du foulon fort, de leur faire donner le Bertaud, & une tondure après le premier garniment, qui est le demi poil ; ensuite les faire tondre deux fois, & les regarnir & tondre deux autres fois, après quoy ils seront encore regarnis, ce qui s'appelle *la quatre eau* : & estant tondus à suffisance, jusques à ce que le poil soit court à suffisance, comme le plus beau drap d'Angleterre & de Hollande, ils ne seront après qu'acatis, pressez à froid seulement, & non à chaud.

XXXI.

SI les Tondeurs laissent échauffer, pourrir, tacher ou évider un drap, ils seront mulctez d'amende.

XXXII.

SI les Tisseurs font de vilaines lizieres, ils seront à l'amende de vingt sols pour chaque piece.

XXXIII.

S'ILS laissent leurs ouvrages sales, sans tirer les filets, l'amende sera de deux sols.

XXXIV.

LESDITS Tisseurs seront aussi obligez de refaire les filets tous employez; & si les filets sont plus près que de deux doigts, ils payeront un sol d'amende.

XXXV.

S'IL y a deux filets rompus qui courent deux doigts, l'amende sera d'un sol.

XXXVI.

S'ILS font des trous de navette, ou brulures au drap, l'amende sera de cinq sols pour chaque trou.

XXXVII.

S'ILS font des pas de chat, ou grapes, l'amende ſera de cinq ſols pour chacun.

XXXVIII.

S'ILS font des demi-claires voyes ou entre-bas, l'amende ſera de ſix deniers, & deux ſols pour les entieres; & ſi la chaiſne n'eſt pas bien bandée, l'amende ſera de ſix ſols.

XXXIX.

SI le drap n'eſt pas bien frappé, ou s'il eſt inégalement tiſſu, l'amende ſera de vingt ſols,

XL.

LES Fourlanſûres ou Lardages porteront un ſol d'amende pour chacune; & pour douze doubtes d'huites, auſſi un ſol.

XLI.

UN Tiſſeur ou autre, ne pourra quitter ſon Maiſtre qu'après qu'il aura achevé la piece qui ſera ſur le meſtier, & ſera tenu d'avertir ſon Maiſtre en montant la piece : Et ſi ledit Ouvrier luy doit quelque choſe, le Maiſtre chez lequel il ira, ſera obligé de payer ou de donner aſſûrance à celuy que ledit Ouvrier quittera, meſme ce qu'il devra pour les fautes par luy commiſes en ſa beſogne.

XLII.

DE meſme auſſi le Maiſtre ne pourra congedier un Ouvrier, qu'il ne l'ait averti trois jours auparavant : ce qui ſera de meſme pour les autres Ouvriers à l'égard de leurs Maiſtres.

XLIII.

SI les Nopances ou Eſpincheuſes font faute en nopant les draps, elles ſeront miſes en amende au jugement des Maiſtres.

XLIV.

LES Bailles & Surpoſez qui viſiteront, auront pour la premiere & petite marque un ſol; & pour la grande des draps fins, trois ſols.

XLV.

TOUTES perſonnes qui voudront ſe faire Apprentifs dudit meſtier de Drapier, ſeront obligez de bien & dûëment ſervir les Maiſtres ſous leſquels ils ſeront ſujets, l'eſpace de trois années, prenant feu, lieu & demeure; & ne pourront ſe faire paſſer Maiſtres, que premierement les Maiſtres ſous leſquels ils auront fait leur apprentiſſage, n'ayent certifié eſtre contens de leur ſervice.

XLVI.

Les Apprentifs ayant fait leur temps, & leurs Maiſtres eſtant contens, avant que de ſe pouvoir faire paſſer Maiſtres seront tenus donner chacun ſoixante ſols, pour eſtre employez en œuvres pies; ſçavoir, quarante ſols pour le treſor de la Parroiſſe du Maiſtre, & vingt ſols pour la Confrairie du Patron dudit meſtier en la Parroiſſe.

XLVII.

Ledit Apprentif ſera obligé d'appeller les anciens Gardes ou Surpoſez de la Maiſtriſe dudit meſtier, en preſence deſquels le Memorial ſera lû, afin de ſçavoir ſi ſon temps eſt achevé ou non, & ſi ſon Maiſtre eſt content, & ce fait amené au ſerment en Juſtice.

XLVIII.

Lorsque le Maiſtre voudra mener un Apprentif au ſerment, il ſera tenu de venir le Samedy au Bureau, & d'aller prendre les Bailles qui ſeront en ſemaine pour conduire ledit Apprentif devant ledit Sieur Juge-Mage, où il preſtera le ſerment de bien & fidellement ſervir ſon Maiſtre, & garder les Ordonnances.

XLIX.

Si aucun Maiſtre venoit à mourir avant que le temps de ſon Apprentif fuſt expiré, la Veuve dudit Maiſtre pourra luy faire achever ſon temps, ſi mieux n'aime en faire remiſe aux Bailles & Surpoſez, qui ſeront obligez de le pourvoir d'un autre Maiſtre.

L.

Si aucun ſe vouloit faire recevoir Apprentif dudit meſtier, ayant pour lors des enfans, il le pourra faire; mais leſdits enfans ſeront auſſi tenus faire le meſme apprentiſſage pour eſtre dudit meſtier, excepté les enfans qu'il aura après ſon paſſé-maiſtre.

L I.

Et d'autant que le nombre des Artisans est bien petit à present, eu égard au nombre des draps qui se font dans les Villes & lieux, notamment des Pareurs & Tisseurs; & que la petitesse de leur nombre procede, ou des maladies contagieuses, & autres populaires arrivées assez souvent dans lesdites Villes, qui ont emporté la plus grande partie des Maistres desdits Arts, ou de la difficulté qu'il y a de passer Maistres en iceux, à cause des empêchemens que les anciens Maistres apportent à la reception des Aspirans à ladite Maistrise, par les grands frais qu'ils les obligent de faire pour y parvenir, notamment en des banquets, repas, ou estrenes, où ils consomment le meilleur de leur bien; estant necessaire pour le bien & l'utilité de la Manufacture desdits draps, que le nombre des Artisans soit plus grand, afin que lesdits Marchands ne soient pas obligez de bailler leurs draps à travailler hors ladite Ville, & ne perdent pas l'occasion de les voir & visiter tous les jours, comme ils ont accoustumé, lesdits anciens Maistres desdits Arts ne pourront pas à l'avenir exiger des Aspirans à la Maistrise desdits Arts, aucuns repas, estrenes ni autres frais, que le simple droit de la Chapelle, suivant & conformément au privilege qu'il plaira à Sa Majesté leur accorder, à peine par les contrevenans d'estre privez à l'avenir de l'employ que lesdits Marchands leur donnent en ladite Facture. Et afin que le present Article soit ponctuellement observé, les Surposez desdits Arts ne pourront admettre aucun Aspirant à ladite Maistrise, ni les recevoir qu'en presence desdits Bailles, ou d'un d'iceux, qui signeront leurs Lettres, à peine d'estre déchûs de leur reception ; & ausdits Maistres, à peine de vingt-cinq livres d'amende applicable comme dessus.

L I I.

Les Maistres desdites factures de draps en toutes autres Fabriques sans exception, seront libres de se servir & faire travailler sous eux telles personnes qu'ils aviseront bon estre, soit Compagnons reçûs audit mestier, ou autres personnes, soit Forains ou Estrangers; deffenses à toutes personnes de les empêcher ni troubler lesdits Ouvriers en leur travail, à peine de cent livres d'amende, & d'interdiction pour six mois à ceux qui seroient Maistres ou Jurez dudit mestier, qui auront fait ledit trouble & empêchement.

L I I I.

Il sera libre aux Maistres & Compagnons dudit mestier, de travailler aux heures que bon leur semblera des jours non deffendus.

L I V.

Les Ouvriers qui quitteront leur travail pour aller en débauche hors l'heure du repas, sans la permission de leur Maistre, payeront dix sols d'amende applicable à la Confrairie du Patron dudit mestier; & à cet effet deffenses à tous Taverniers, Cabaretiers ou autres, de retirer chez eux à boire & à manger pendant les jours de travail & hors les heures de dîner & souper, aucuns Compagnons de quelque sorte de Manufacture que ce soit, à peine aux Taverniers de trois livres d'amende, & de garder maison fermée pendant trois jours.

L V.

Les Bailles & Surposez dudit mestier qui seront en charge, avec les anciens, feront élection de quatre Surposez-Visiteurs de laine, desquels en sera changé deux tous les ans, & presteront le serment en justice pardevant le Sieur Juge-Mage, de bien & dûëment faire leur charge.

L V I.

Nul Marchand ne pourra exposer aucune laine en vente, que premierement elle n'ait esté vûë & visitée par lesdits Surposez Visiteurs de laine, à peine de confiscation d'icelles, ou d'amende arbitraire par Justice.

L V I I.

Aucuns Regratiers ne pourront acheter des laines dans les halles ou marchez, que vingt-quatre heures aprés qu'elles auront esté exposées en vente, à peine de cinquante livres d'amende: Et deffenses ausdits Regratiers d'aller dans le plat pays faire achat des laines, à peine de confiscation desdites laines, charrettes & chevaux sur lesquelles elles seront chargées.

L V I I I.

Les Marchands ne pourront mettre les laines en lieux humides, ou autres lieux où elles puissent prendre l'humidité & les rendre plus pesantes; mais seront tenus les mettre en lieux secs & bien conditionnez; Et en cas de contravention, pourront lesdits Surposez-Visiteurs faire appeller lesdits Marchands pardevant le Sieur Juge-Mage, pour estre condamnez en telles amendes que de raison.

Seront tenus tous Marchands-Negocians de laine, faire faire leurs balles d'une même qualité de laine, à peine de trois cens livres d'amende pour la premiere fois, & de confiscation en cas de recidive.

L I X.

Les Surposez-Visiteurs de laine seront tenus de marquer toutes lesdites balles de laine de leur marque ordinaire, après qu'ils les auront visitées, faisant distinction des sortes d'icelles; sçavoir, aux fines y poseront avec leurdite marque, au lieu de N.° 1. *Fleuret*, au lieu de N.° 2. *Seconde*, & au lieu de N.° 3. *Tierce.*

L X.

Nul Marchand ne pourra donner autre nom à sa laine que celuy de sa veritable nature; & si ledit Marchand la vend pour autre qu'elle n'est, lesdits Surposez-Visiteurs pourront faire appeller les Marchands délinquans pardevant ledit Sieur Juge-Mage.

L X I.

Les Teinturiers de ladite Ville de Carcassone feront Corps de mestier, sous le bon plaisir de Sa Majesté, ainsi que lesdits Drapiers; & seront reçûs & examinez sur le fait des teintures par les Bailles qui seront nommez chaque année le jour & Feste de Saint Maurice Patron dudit Estat, & autres Marchands qui seront assistans à l'examen des Aspirans: lesquels Aspirans ne pourront estre reçûs, que préalablement ils n'ayent fait chef-d'œuvre, & fait apparoir de leur apprentissage de deux années pour le moins,

& qu'ils n'apportent certificat ou atteſtation des Maiſtres où ils l'auront fait, & ayent ſervi après iceluy trois années en qualité de Compagnons; excepté les fils de Maiſtres, leſquels pourront eſtre reçûs pourvû qu'ils ayent ſervi une année de Compagnons après leurs apprentiſſages de deux années comme les autres.

LXII.

AUCUNS Marchands-Facturiers, & autres de ladite Ville de Carcaſſone, ne pourront faire aucunes teintures en leur particulier, ſoit dans la Ville, Fauxbourgs ou Cité, ainſi qu'ils ont fait cy-devant; ains feront teindre leurs draps & autres étoffes chez leſdits Maiſtres Teinturiers, à peine de cent livres d'amende.

LXIII.

ET pour corriger les abus qui ſe ſont commis eſdites teintures juſqu'à preſent, & connoiſtre par qui elles ſont faites, & s'il y a de manquement en icelles en punir les coupables, il eſt enjoint à tous les Maiſtres Teinturiers, de faire faire chacun un cachet, où ils feront graver les Armes de la Ville de Carcaſſone, & leur nom autour d'icelles, & pour eſtre ledit cachet appliqué à un plomb à la teſte de toutes les étoffes qui ſeront teintes par eux. En cas qu'aucun deſdits Maiſtres manquaſt à mettre ledit plomb auſdites étoffes, il payera cinquante livres d'amende, applicable moitié à la Chapelle dudit meſtier, & l'autre moitié à l'Hoſpital de ladite Ville de Carcaſſone.

LXIV.

ET parce qu'il eſt très-neceſſaire que tous les draps noirs qui ſe font, ſoient gueſdez avant que d'eſtre mis en noir, afin de rendre la couleur belle, ſouſtenable & à perfection, il eſt enjoint à tous les Maiſtres Teinturiers de ne teindre aucuns draps en noir, qu'ils ne ſoient premierement gueſdez, & enſuite dégorgez au foulon, & après viſitez par leſdits Bailles avant que de les faire noir; leſquels Bailles ſeront tenus d'en faire la viſite, & leſdits draps eſtant faits noir, ſeront encore dégorgez par le foulon, pour empêcher qu'ils ne barboüillent; deſquelles viſites leſdits Bailles tiendront Regiſtre & du numero des draps qu'ils auront viſitez: Et en cas qu'aucun desdits Maistres manquât à faire le contenu cy-dessus, il payera cent livres d'amende, applicable comme dit est au precedent Article.

L X V.

AUCUNS Marchands-Facturiers ne se pourront servir des lettres de Maistrise qu'ils pourroient avoir, en les baillant à un Compagnon, & travaillant ou faisant travailler sous son nom lesdits Teinturiers; parce que ce mauvais usage ruineroit le commerce & la perfection de l'apprest desdits draps qui seront facturez dans ladite Ville, Fauxbourgs & Cité de Carcassone; lesquels draps ne pourront estre teints ailleurs qu'en iceux, à peine de cinq cens livres d'amende & de confiscation desdites marchandises.

L X V I.

LES amendes qui proviendront desdites Manufactures & Teintures, non destinées cy-devant, seront employées, sçavoir moitié aux pauvres Ouvriers servant à ladite Manufacture, & un quart au profit des Bailles & Surposez; & pour l'autre quart il en sera laissé fonds pour les necessitez communes de ladite Manufacture.

L X V I I.

DE mois en mois il sera tenu Conseil de Police dans la maison dudit Sieur Juge-Mage, auquel les Bailles & Surposez, Marchands & tous ceux qui auront assisté aux visites, comparoitront, pour rendre compte verbal de leur gestion, & donner leurs avis pour perfectionner lesdites Manufactures & empêcher les abus qui se pourroient glisser. Ausquelles Assemblées seront aussi appellez deux Marchands-Drapiers & deux Marchands de laines, pour donner leurs avis afin de remedier aux abus qu'on auroit remarqué estre commis ausdites Manufactures, & du tout en informer un mois après Monseigneur le Sur-Intendant des Bastimens, Arts & Manufactures de France.

L X V I I I.

S'IL survient quelques affaires extraordinaires aux Corps de tous les susdits mestiers, pourront les Surposez desdits mestiers lors en charge, appeller tel nombre d'Ouvriers qu'ils jugeront à propos;

propos; lesquels seront tenus de s'y trouver, à peine de vingt sols d'amende contre chacun des défaillans, applicable comme dit est cy-dessus.

L X I X.

LES Bailles & Surposez ne pourront entreprendre aucun procès, qu'auparavant ils n'en ayent communiqué à leurs Anciens; mais pourront lesdits Bailles & Surposez de leur mouvement faire appeller en Justice ceux qui auront contrevenu aux presens Reglement & Statuts, pardevant ledit Lieutenant general Juge de Police.

L X X.

LESDITS Bailles & Surposez avec leurs Anciens, s'assembleront deux fois l'année, sçavoir aux Festes de Saint Michel des mois de May & de Septembre, Patron desdits Marchands, pour examiner toutes les affaires qui se seront passées depuis la precedente Assemblée, & compter de ce qui aura esté déboursé, tant à la poursuite des procès, qu'autres affaires concernant le bien de la Communauté; après quoy, tous les Marchands contribuëront au remboursement des sommes avancées, à proportion de la quantité de pieces de draps que chacun d'eux aura faites & fabriquées.

L X X I.

LESDITS Comptes estant arrestez & signez de ceux qui auront esté presens à l'Assemblée, seront portez par lesdits Gardes au Lieutenant general, pour estre par luy approuvez, & rendus executoires contre les refusans de payer leurs taxes.

FAIT à Carcassone en la maison de Monsieur M.e François de Roux Conseiller du Roy, President & Juge-Mage en la Seneschaussée de Carcassone & Beziers, presens les soussignez, le quinzieme Septembre 1666. *Signé* DE ROUX President & Juge-Mage, Figuieres Consul, Viguier Consul, Rivals Consul, Taillan Consul, de Varenes, Cusson, Pellet, Vasset, Grandié, André, Turle, Grandier, Maurel, Fabre *&* Batizat.

FAIT au Conseil Royal de Commerce, Sa Majesté y estant,

tenu à Saint-Germain en Laye le vingt-sixiéme jour d'Octobre mil six cens soixante-six. *Signé* DE GUENEGAUD.

ARTICLES QUI ONT ESTE' MODIFIEZ.

L'ARTICLE III.e a esté modifié par Arrest du Conseil du dixieme Mars mil six cens soixante-sept, comme s'ensuit:

QU'IL sera libre à chaque Marchand de faire du drap tant & si peu qu'il voudra, pourvû qu'il soit de la qualité portée par les Statuts.

L'ARTICLE XXIII.e a esté aussi modifié par le mesme Arrest, & la peine du Carcan a esté changée en l'amende de cent livres, & en la confiscation du drap contre celuy qui aura contrevenu audit Article.

L'ARTICLE XLIV.e a esté aussi modifié par le susdit Arrest, & oblige les Marchands de fournir le plomb aux Surposez.

LE ROY s'estant fait representer en son Conseil Royal du Commerce, le procès verbal de l'Assemblée generale du Magistrat & Consuls, & principaux Habitans, Marchands, & Ouvriers de la Ville de Carcassone, Cité, Saptes, & Conques, tenuë suivant les ordres de Sa Majesté le deuxieme jour de Septembre dernier 1666. pardevant le President au Presidial, Juge-Mage, & Lieutenant general en la Seneschaussée dudit Carcassone & Beziers, contenant les Statuts & Reglemens au nombre de LXXI. Articles, par lesquels les Habitans ont declaré que leurs avis estoit que les Fabriques & Manufactures de draps establies depuis longues années esdites Villes & Cité, pouvoient de beaucoup meliorer & augmenter, & que l'observation desdits Statuts, s'il plaisoit à Sa Majesté d'en ordonner l'homologation, pourroit estre d'une grande utilité pour lesdites Villes & Cité, & fort avantageuse au Commerce: à quoy Sa Majesté voulant pourvoir. Oüy le rapport du Sieur Colbert Conseiller du Roy en son Conseil Royal, Controlleur general des Finances, Sur-Intendant des Bastimens de Sa Majesté, & Manufactures de France, LE ROY ESTANT EN SON CONSEIL ROYAL DU COMMERCE, a approuvé & confirmé lesdits Statuts & Reglemens au nombre de LXXI. Articles mentionnez au Procès-verbal desdites Villes de Carcassone, Cité, Saptes, & Conques, du 2. Septembre 1666. dont l'Extrait est demeuré attaché à la minute. Ce faisant, ordonne Sa Majesté que lesdits Statuts & Reglement seront homologuez par tout où il appartiendra, pour estre gardez & observez selon leur forme & teneur, & à cet effet toutes Lettres necessaires seront expediées. Et cependant lesdits Statuts & Reglemens seront executez en vertu du present Arrest, nonobstant & sans s'arrester aux oppositions formées au Sceau d'iceux par les Maistres Pareurs de draps & Tisserands à laine de ladite Ville de Carcassone, par Acte du 15. Septembre audit an, ni autres oppositions ou appellations quelconques, & sans préjudice d'icelles, dont si aucunes interviennent, Sa Majesté s'en est reservé à Soy & à son Conseil Royal du Commerce la connoissance, & icelle interdit à tous autres Juges. FAIT au Conseil Royal du Commerce, Sa Majesté y estant, tenu à Saint Germain en Laye le vingt-sixiéme jour d'Octobre mil six cens soixante-six. *Signé* DE GUENEGAUD.

LOUIS PAR LA GRACE DE DIEU, ROY DE FRANCE ET DE NAVARRE : A tous presens & à venir, SALUT. Par Arrest cejourd'huy rendu en nostre Conseil de Commerce, Nous y seant, & pour les considerations y contenuës, Nous aurions approuvé & confirmé les Statuts & Reglemens au nombre de LXXI. Articles mentionnez au Procès-verbal d'Assemblée des Villes de Carcassone, Cité, Saptes, & Conques, du 2. Septembre dernier, concernant les Manufactures de draps establies depuis long-temps esdites Villes, melioration & augmentation d'icelles; ce faisant, ordonné que lesdits Statuts seront homologuez par tout où il appartiendra, pour estre gardez &

observez selon leur forme & teneur; & qu'à cet effet toutes les Lettres necessaires seroient expediées, nonobstant & sans s'arrester aux oppositions formées au Sceau d'icelles, par les Maistres Pareurs de draps, & Tisseurs à laine de ladite Ville de Carcassone, par Acte du 15. dudit mois de Septembre. A CES CAUSES, & voulant favorablement traiter le commerce & l'establissement des Manufactures dans les Villes de nostre Royaume, de l'avis de nostre Conseil qui a vû ledit procès-verbal d'Assemblée, dudit jour 2. Septembre dernier, ensemble l'Arrest de nostre Conseil Royal du Commerce, le tout cy-attaché sous le Contre-scel de nostre Chancellerie, & de nostre grace speciale, pleine puissance & authorité Royale, Nous avons approuvé, confirmé & homologué, & par ces presentes signées de nostre main, approuvons, confirmons & homologuons lesdits Statuts & Reglemens; Voulons qu'ils soient executez de point en point selon leur forme & teneur. SI DONNONS EN MANDEMENT à nos Amez & feaux Conseillers les Gens tenant nostre Cour de Parlement de Toulouse, que ces presentes ils ayent à faire registrer, & du contenu en icelles faire joüir & user lesdits Habitans de Carcassone, Cité, Saptes & Conques, pleinement & paisiblement, cessant & faisant cesser tous troubles & empeschemens qui pourroient estre donnez & mis au contraire. Mandons en outre au Lieutenant general de la Ville de Carcassone, même aux Consuls d'icelle, & tous Juges & Officiers qu'il appartiendra, de tenir la main à l'execution des presentes; CAR TEL EST NOSTRE PLAISIR. Et afin que ce soit chose ferme & stable à toujours, Nous avons fait mettre nostre Scel à cesdites presentes. Donné à Saint Germain en Laye, au mois d'Octobre, l'an de grace mil six cens soixante-six, & de nostre Regne le vingt-quatrieme, *Signé* LOUIS, & sur le repli, par le Roy, *Signé* DE GUENEGAUD, & sur ledit repli. *Visa* SEGUIER.

Les Statuts & Articles concernant la Manufacture des draps de la Ville de Carcassone, & Arrest du Conseil dont mention est faite aux presentes Lettres Patentes, ont esté registrez ès Registres des Edits & Ordonnances Royaux de la Cour du Parlement de Toulouse, pour le contenu en iceux estre gardé & observé conformément à iceux, & Arrest cejourd'huy dix-sept Decembre mil six cens soixante-six. Signé *DE MALENFANT.*

SUR la Requeste presentée par le Procureur general du Roy ; à ce que pour les causes y contenuës, il soit ordonné que les Statuts & Articles concernant la Manufacture des draps dans la Ville de Carcassone, du 15. Septembre dernier, & Arrest du Conseil du 26. Octobre aussi dernier, soient enregistrez ès Registres de la Cour, pour le contenu en LXXI. Articles contenus ausdits Statuts & Lettres Patentes du Roy, estre gardez & observez suivant leur forme & teneur : Et vû lesdits Statuts, Arrest du Conseil, & Lettres Patentes données à Saint Germain en Laye, LA COUR a ordonné & ordonne que lesdits Statuts contenant LXXI. Articles concernant ladite Manufacture des draps dudit Carcassone, Arrest du Conseil dudit jour 26. Octobre dernier, contenant l'authorisation, & Lettres Patentes du Roy, seront registrez ès Registres de ladite Cour, pour le contenu en iceux estre gardé & observé suivant sa forme & teneur ; & a fait inhibitions & deffenses à tous ceux qu'il appartiendra d'y contrevenir, à peine de mille livres, & sur les peines y contenuës. Prononcé à Toulouse en Parlement le dix-septieme Decembre mil six cens soixante-six.

Signé DE MALENFANT.

ARREST portant Reglement pour la fabrique & teinture des Draps de Carcaſſone deſtinez pour l'Eſpagne.

Du 17. Decembre 1709.

Extrait des Regiſtres du Conſeil d'Eſtat.

VÛ au Conſeil d'Eſtat du Roy la Carte des Echantillons envoyez par les Gardes-Jurez de Carcaſſone, contenant cinq ſortes de draps qui ſe font en ladite Ville pour l'Eſpagne, dont la chaiſne eſt de deux mille, de deux mille quatre cens, ou deux mille ſix cens fils, & ſont néantmoins de differentes qualitez, à raiſon de differente largeur des rots dans leſquels ils ſont paſſez, ce qui les rend plus forts ou plus déliez, à raiſon que les rots ſont plus larges ou plus eſtroits; que les draps de la premiere ſorte ont eſté paſſez dans des rots de deux aulnes un quart, ainſi qu'il eſt porté par l'Article XI. du Reglement fait par les Marchands-Fabriquans de ladite Ville, authoriſé par Sa Majeſté le 26. Octobre 1666. ceux de la ſeconde ont eſté paſſez dans des rots de deux aulnes, & ont eſté teints en piece de couleur propre pour l'Eſpagne; ceux de la quatrieme ont eſté paſſez dans des rots d'un aulne cinq-ſixiemes; & ceux de la cinquieme dans des rots de deux aulnes un ſixieme: Les Memoires contenant les Remonſtrances deſdits Jurez-Gardes, ſur la differente qualité deſdits draps, & qu'ils ne pourroient les debiter en Eſpagne s'ils eſtoient auſſi forts que ceux de la premiere ſorte: La reponſe du Sieur Ameſot Conſeiller d'Eſtat, & Ambaſſadeur pour Sa Majeſté en Eſpagne, auquel leſdits Echantillons & Memoires ont eſté communiquez, contenant que la meilleure qualité deſdits draps & plus propres pour l'Eſpagne, ſont ceux de la premiere & ſeconde ſorte. Et Sa Majeſté deſirant reprimer des abus qui détruiroient le commerce des draps de Carcassone en Espagne, s'ils estoient plus long-temps tolerez: Oüy le rapport du Sieur Desmaretz Conseiller ordinaire au Conseil Royal, Controlleur general des Finances, SA MAJESTÉ EN SON CONSEIL, a ordonné & ordonne, que les draps de Carcassone appellez *Vingt-sizains*, seront faits des plus fines laines de Narbonne & de Beziers, & qu'ils auront deux mille six cens ou deux mille quatre cens fils à la chaisne, ainsi qu'il est porté par l'Article XI. du Reglement de 1666. Permet Sa Majesté de passer les draps dans des rots de deux aulnes un quart, conformément audit Article, ou dans des rots de deux aulnes un sixieme, pour revenir au retour du foulon à une aulne un quart, conformément audit Article, & dans des rots de deux aulnes un sixieme, pour revenir au retour du foulon à une aulne un quart de largeur. Fait Sa Majesté expresses deffenses aux Fabriquans de ladite Ville, de faire les draps vingt-sixains d'une autre qualité de laines, d'un autre nombre de fils, de les passer dans des rots plus estroits, sous quelque pretexte que ce soit, ni de les tirer à la rame, à peine de confiscation & de cent livres d'amende pour chaque contravention. Enjoint à l'Inspecteur des Manufactures de faire des frequentes visites chez les Tisserands, pour examiner si les draps sont montez du nombre de fils, & passez dans des rots de largeur portée par le present Arrest, & en cas de contravention de les faire saisir. Fait Sa Majesté deffenses à tous Marchands de faire teindre les draps destinez pour le Levant, en d'autres couleurs que celles qui seront propres pour le Levant, & de les envoyer en Espagne, à peine de confiscation, de cinq cens livres d'amende, & d'interdiction du Commerce. Et à l'égard des draps teints en laine qui se trouveront dans les Magasins de Carcassone, ou qui sont encore sur les Mestiers, qui n'ont pas esté faits en conformité du present Arrest, Veut Sa Majesté que dans quinzaine du jour de la publication du present Arrest, ils soient representez à l'Inspecteur des Manufactures, pour estre par luy marquez en presence du Juge de la Police, dont il sera dressé un Estat; & ne pourront lesdits draps estre debitez hors du Royaume, à peine de confiscation.

Enjoint aux Officiers & aux Juges auſquels la connoiſſance en appartient, de tenir la main à l'execution du preſent Arreſt, qui ſerr lû, publié & affiché par tout où beſoin ſera. FAIT au Conſeil d'Eſtat du Roy, tenu à Marly le dix-ſeptieme jour de Decembre mil ſept cens neuf. Collationné. *Signé* RANCHIN.

ARREST en interpretation de celuy du 17. Decembre 1709. portant Reglement pour la fabrique & teinture des Draps deſtinez pour l'Eſpagne.

Du 2. Decembre 1710.

Extrait des Regiſtres du Conſeil d'Eſtat.

LE ROY s'eſtant fait repreſenter l'Arreſt du 17. Decembre 1709. par lequel Sa Majeſté, entr'autres diſpoſitions, auroit preſcrit la qualité des laines, le nombre de fils, & la largeur des rots qui ſeront employez aux draps deſtinez pour l'Eſpagne; & deſirant aſſûrer la perfection deſdits draps, prevenir toute ſorte d'abus, & faire executer ledit Reglement & autres anterieurs concernant les Manufactures: après avoir examiné pluſieurs Lettres & Memoires tant des Marchands & Fabriquans de la Ville de Carcaſſone, qu'autres perſonnes experimentées en cette matiere, & l'avis du Sieur de Baſville Conſeiller d'Eſtat & Intendant de la Province de Languedoc: Oüy le rapport du Sieur Deſmaretz Conſeiller ordinaire au Conſeil Royal, Controlleur general des Finances, SA MAJESTÉ EN SON CONSEIL a ordonné & ordonne que les draps des qualitez preſcrites par ledit Arreſt du 17. Decembre 1709. ne pourront eſtre tirez & allongez par l'uſage des rames, au-delà de trois quarts d'aulne ſur une piece de trente aulnes, & ainſi à proportion d'un plus grand ou moindre aulnage, à peine de cent livres d'amende & de confiſcation de la marchandiſe pour la premiere fois, & de décheance de la Maiſtriſe en cas de recidive contre les Marchands-Drapiers, Ouvriers,

Fouloneurs

Fouloneurs & autres. Ordonne pareillement Sa Majesté, que conformément à l'Arrest du 20. Novembre 1708. concernant les draps qui se fabriquent pour estre portez aux Echelles du Levant, les draps destinez pour l'Espagne seront visitez trois fois par les Jurez-Gardes en charge, dans leur Bureau; la premiere fois en toile au sortir du mestier, pour examiner la qualité des laines, le travail & la fabrique; la seconde au retour du foulon, pour en examiner le foulage, & y apposer un plomb sur lequel le nombre des aulnes de la piece sera marqué; & la troisieme après qu'ils auront esté apprestez & teints, pour connoistre s'ils n'ont pas esté tirez avec excès par le moyen des rames, s'ils ont esté teints en bonne teinture, & ont reçû les apprêts necessaires à leur perfection, auquel cas ils seront marquez du plomb de fabrique: Qu'à cet effet les Gardes-Jurez tiendront pour les trois visites un seul Registre, en la forme & maniere portée par ledit Reglement du 20. Novembre 1708. Et qu'au surplus ledit Arrest du 17. Decembre 1709. les Reglemens generaux de 1669. & autres posterieurs, seront observez & executez sous les peines y contenuës, en ce qui n'y est changé ni derogé par le present Arrest. Fait au Conseil d'Estat du Roy, tenu à Versailles le deuxieme jour de Decembre mil sept cens dix. Collationné. *Signé* DUJARDIN.

ARREST & Lettres Patentes sur iceluy, portant Reglement sur les Draps qui se fabriquent dans la Ville de Carcassone & aux environs.

Du 23. Octobre 1717.

Extrait des Registres du Conseil d'Estat.

LE ROY ayant esté informé des abus qui se sont introduits dans les Manufactures des draps communs, gris & meslez, fabriquez à la Montagne de Carcassone, à Limoux & à

Chalabre, & qui ſeroient capables d'en détruire le commerce ; Sa Majeſté deſirant y pourvoir par un Reglement, qui en rendant certaine la qualité des differentes eſpeces de draps, & en preſcrivant la maniere de les appreſter, empeſche les Fabriquans de pratiquer aucunes fraudes, & de tomber dans le relaſchement : Oüy le rapport, SA MAJESTÉ ESTANT EN SON CONSEIL, de l'avis de Monſieur le Duc d'Orleans Regent, a ordonné & ordonne ce qui enſuit.

ARTICLE PREMIER.

LES Draps larges, tant blancs que teints en laine, qui ſe font à la Montagne de Carcaſſone, Montreal, Montolieu, Saiſſac, le Mas, Cabardés & autres lieux aux environs de Carcaſſone, excepté ceux qui ſont deſtinez pour les Echelles du Levant, ſeront faits des plus fines laines de Languedoc, ou autres de pareille qualité, & ſeront compoſez de deux mille deux cens fils en chaiſne, & montez dans des rots de deux aulnes un quart, pour revenir au retour du foulon à la largeur d'une aulne un quart compris les lizieres.

I I.

LES draps larges, tant blancs que teints en laine, qui ſe feront à Limoux ou à Chalabre, ſeront faits de laines de Languedoc, ou autres de pareille qualité ; auront en chaiſne le nombre de deux mille fils, & ſeront paſſez dans des rots de deux aulnes & un huitieme, pour avoir au retour du foulon la largeur d'une aulne & un quart avec les lizieres.

III.

LES draps Seizains, blancs, gris & meſlez, qui ſe font à la Montagne de Carcaſſone, Cene, Saiſſac, Montolieu, Caunes & autres lieux, ſeront faits de laines communes de Languedoc, ou autres de pareille qualité ; auront ſeize cens fils en chaiſne, & ſeront paſſez dans des rots de deux aulnes, pour revenir au retour du foulon à la largeur d'une aulne avec les lizieres : Et ſera le mot *Seizain* marqué au chef de chaque piece.

I V.

Les draps Seizains de Limoux & de Chalabre, tant blancs que teints en laine, seront faits de laines communes du Pays & du Conflan, ou autres de pareille qualité; seront composez de quinze cens fils en chaisne, & seront passez dans des rots d'une aulne sept huitiemes, pour avoir au retour du foulon la largeur d'une aulne avec les lizieres; Et sera aussi le mot *Seizain* marqué au chef de chaque piece.

V.

Les Marchands-fabriquans se conformeront au nombre de fils cy-dessus exprimé pour chaque qualité de drap; & ne pourront y employer d'autres laines que celles marquées dans les Articles precedens, à peine de confiscation des draps pour la premiere fois, & de cent livres d'amende outre la confiscation, en cas de recidive.

V I.

Tous les draps cy-dessus seront filez à la mode de France: Fait Sa Majesté deffenses de les filer à la mode de Hollande, & ordonne qu'ils seront tous marquez sur le chef de la piece du nom du Fabriquant, & de celuy du lieu de sa demeure; & qu'aucun Fabriquant ne pourra mettre le nom d'un autre Fabriquant, & d'un autre lieu que celuy de sa demeure, le tout à peine de cent livres d'amende & de confiscation des draps.

V I I.

Enjoint Sa Majesté à l'Inspecteur des Manufactures & aux Jurez-Gardes, de faire de frequentes visites sur les mestiers, & de couper sur le champ toutes les pieces qu'ils trouveront n'estre pas montées au nombre des fils porté par le present Reglement, & d'en dresser leur procès verbal.

V I I I.

Et pour mieux distinguer les draps qui seront faits à la Montagne de Carcassone, d'avec ceux de Limoux & de Chalabre, dont la qualité est inferieure aux premiers, Ordonne Sa Majesté, que le liteau des draps teints en laine, mentionnez au premier Article, se fera de couleur rouge, jaune & blanche; & que celuy des draps de Limoux & de Chalabre ſera de couleur violette, jaune & blanche, ſans que les Fabriquans puiſſent mettre d'autres couleurs, à peine de cinquante livres d'amende, & de confiſcation des draps en cas de recidive.

I X.

Tous les draps cy-deſſus ſeront dégraiſſez & foulez avec le ſeul ſavon; & les Fouloniers ne pourront y employer aucune ſorte de terre ni de leſſive, ni en avoir dans leur maiſon, ou dans les moulins à foulon, ſous quelque pretexte que ce puiſſe eſtre, à peine de cent livres d'amende pour la premiere fois, & de punition corporelle en cas de recidive: Et pour cet effet, enjoint Sa Majeſté à l'Inſpecteur des Manufactures & aux Gardes-Jurez, de faire de frequentes viſites dans les Moulins à foulon.

X.

Fait Sa Majeſté très-expreſſes deffenſes à tous Marchands & Fabriquans de paſſer à la rame leſdits draps, ſous quelque pretexte que ce ſoit, à peine de confiſcation & de cent livres d'amende.

X I.

Et pour aſſûrer l'execution du preſent Reglement à l'avenir, ordonne Sa Majeſté que tous les draps precedemment fabriquez, ſeront dans deux mois à compter du jour du preſent Arreſt, marquez d'une marque particuliere, qui ſera choiſie par le Sieur de Baſville Conſeiller d'Eſtat ordinaire, Intendant de la Province de Languedoc, pour y eſtre apposée par les perſonnes qu'il prepoſera pour cet effet, & eſtre enſuite briſée en ſa preſence: Et après ledit temps paſſé, fait Sa Majeſté deffenſes à tous Fabriquans & Marchands d'avoir dans leurs maiſons, boutiques & magaſins, de vendre & expoſer en vente aucuns draps non conformes au preſent Reglement, s'ils n'ont eſté marquez en la forme cy-devant preſcrite, à peine de confiſcation deſdits draps, & de cent livres d'amende.

X I I.

Seront au ſurplus les Reglemens generaux de l'année 1669. concernant les Manufactures, & l'ordre qui y a eſté eſtabli, tant pour la Juriſdiction, Election des Jurez-Gardes, Maiſtriſe des Fabriquans & des Teinturiers, teintures & appreſts, que pour les peines y énoncées en cas de contravention, executez & obſervez ſuivant leur forme & teneur, en ce qui n'y eſt changé ni derogé par le preſent Reglement, pour l'execution duquel toutes Lettres neceſſaires ſeront expediées. FAIT au Conſeil d'Eſtat du Roy, Sa Majeſté y eſtant, Monſieur le Duc D'ORLEANS Regent preſent, tenu à Paris le vingt-troiſieme jour d'Octobre mil ſept cens dix-ſept. *Signé* PHELYPEAUX.

LOUIS PAR LA GRACE DE DIEU, ROY DE FRANCE ET DE NAVARRE, A nos amez & feaux les Gens tenans noſtre Cour de Parlement à Toulouſe, SALUT. Nous aurions eſté informez que les abus qui ſe ſont introduits dans les Manufactures des draps communs, gris & meſlez, qui ſe fabriquent à la montagne de Carcaſſone, Limoux, Chalabre, & autres lieux aux environs de Carcaſſone, ſeroient capables d'en détruire le commerce; à quoy Nous aurions pourvû par l'Arreſt cy-attaché ſous le contre-Scel de noſtre Chancellerie, cejourd'huy donné en noſtre Conſeil d'Eſtat, Nous y eſtant, & pour l'execution duquel Nous aurions ordonné que toutes Lettres neceſſaires ſeroient expediées. A CES CAUSES, de l'avis de noſtre très-cher & très-amé Oncle le Duc d'Orleans petit fils de France, Regent; de noſtre très-cher & très-amé Couſin le Duc de Bourbon, de noſtre très-cher & très-amé Couſin le Prince de Conty, Princes de noſtre Sang; de noſtre très-cher & très-amé Oncle le Duc du Maine, de noſtre très-cher & très-amé Oncle le Comte de Toulouſe, Princes legitimez; & autres Pairs de France, grands & notables Perſonnages de noſtre Royaume, Nous avons par ces Preſentes ſignées de noſtre main dit & ordonné, diſons & ordonnons, Voulons & Nous plaiſt ce qui enſuit.

ARTICLE PREMIER.

QUE les draps larges, tant blancs que teints en laine, qui ſe ſont à la montagne de Carcaſſone, Montreal, Montolieu, Saiſſac, le Mas, Cabardés, & autres lieux aux environs de Carcaſſone, excepté ceux qui ſont deſtinez pour les Echelles du Levant, ſeront faits des plus fines laines de Languedoc, ou autres de pareille qualité, & ſeront compoſez de deux mille deux cens fils en chaiſne, & montez dans des rots de deux aulnes un quart, pour revenir au retour du foulon à la largeur d'une aulne un quart, compris les lizieres.

I I.

QUE les draps larges, tant blancs que teints en laine, qui ſe feront à Limoux ou à Chalabre, ſeront faits de laines de Languedoc, ou autres de pareille qualité; auront en chaiſne le nombre de deux mille fils, & ſeront paſſez dans des rots de deux aulnes & un huitieme, pour avoir au retour du foulon la largeur d'une aulne & un quart avec les lizieres.

I I I.

QUE les draps Seizains, blancs, gris & meſlez, qui ſe font à la Montagne de Carcaſſone, Cene, Saiſſac, Montolieu, Caunes & autres lieux, ſeront faits de laines communes de Languedoc, ou autres de pareille qualité; auront ſeize cens fils en chaiſne, & ſeront paſſez dans des rots de deux aulnes, pour revenir au retour du foulon à la largeur d'une aulne avec les lizieres: Et ſera le mot *Seizain* marqué au chef de chaque piece.

I V.

QUE les draps Seizains de Limoux & de Chalabre, tant blancs que teints en laine, ſeront faits de laines communes du pays & du Conflan, ou autres de pareille qualité; ſeront compoſez de quinze cens fils en chaiſne, & ſeront paſſez dans des rots d'une aulne ſept huitiemes, pour avoir au retour du foulon la largeur d'une aulne avec les lizieres: Et ſera auſſi le mot *Seizain* marqué au chef de chaque piece.

V.

VOULONS que les Marchands-Fabriquans ſe conforment au nombre de fils cy-deſſus exprimé pour chaque qualité de drap, & ne puiſſent y employer d'autres laines que celles marquées dans les Articles precedens, à peine de confiſcation des draps pour la premiere fois, & de cent livres d'amende outre la confiſcation, en cas de recidive.

V I.

VOULONS auſſi que tous les draps cy-deſſus ſoient filez à la mode de France: Faiſons deffenſes de les filer à la mode de Hollande, & ordonnons qu'ils ſeront tous marquez ſur le chef de la piece du nom du Fabriquant, & de celuy du lieu de ſa demeure; & qu'aucun Fabriquant ne pourra mettre le nom d'un autre Fabriquant, & d'un autre lieu que celuy de ſa demeure, le tout à peine de cent livres d'amende & de confiſcation des draps.

V I I.

ENJOIGNONS à l'Inſpecteur des Manufactures & aux Jurez-Gardes, de faire de frequentes viſites ſur les meſtiers, & de couper ſur le champ toutes les pieces qu'ils trouveront n'eſtre pas montées au nombre de fils porté par ces Preſentes, & d'en dreſſer leur procès verbal.

V I I I.

ET pour mieux diſtinguer les draps qui ſeront faits à la Montagne de Carcaſſone, d'avec ceux de Limoux & de Chalabre dont la qualité eſt inferieure aux premiers, ordonnons que le liteau des draps teints en laine, mentionnez au premier Article, ſera fait de couleur rouge, jaune & blanche; & que celuy des draps de Limoux & de Chalabre ſera de couleur violette, jaune & blanche, ſans que les Fabriquans puiſſent mettre d'autres couleurs, à peine de cinquante livres d'amende, & de confiſcation des draps en cas de recidive.

I X.

VOULONS pareillement que tous les draps cy-deſſus ſoient dégraiſſez & foulez avec le ſeul ſavon, & que les Fouloniers ne puiſſent y employer aucune ſorte de terre ni de leſſive, ni en avoir dans leur maiſon ou dans les Moulins à foulon, ſous quelque pretexte que ce puiſſe eſtre, à peine de cent livres d'amende pour la premiere fois, & de punition corporelle en cas de recidive: Et pour cet effet enjoignons à l'Inſpecteur des Manufactures,

& aux Gardes-Jurez, de faire des frequentes visites dans les Moulins à foulon.

X.

Faisons très-expresses deffenses à tous Marchands & Fabriquans de passer à la rame lesdits draps, sous quelque pretexte que ce soit, à peine de confiscation & de cent livres d'amende.

X I.

Et pour assûrer l'execution des Presentes à l'avenir, ordonnons que tous les draps precedemment fabriquez seront dans deux mois, à compter du jour des Presentes, marquez d'une marque particuliere qui sera choisie par le Sieur de Basville Conseiller d'Estat ordinaire, Intendant de nostre Province de Languedoc, pour y estre apposée par les personnes qu'il préposera pour cet effet, & estre ensuite brisée en sa presence : Et après ledit temps passé, faisons deffenses à tous Fabriquans & Marchands d'avoir dans leurs maisons, boutiques & magasins, de vendre & exposer en vente aucuns draps non conformes aux Presentes, s'ils n'ont esté marquez en la forme cy-devant prescrite, à peine de confiscation desdits draps, & de cent livres d'amende.

X I I.

Voulons au surplus que les Reglemens generaux de l'année 1669. concernant les Manufactures & l'ordre qui y est establi, tant pour la Jurisdiction, Election des Jurez-Gardes, Maistrise des Fabriquans & des Teinturiers, teintures & apprests, que pour les peines y énoncées en cas de contravention, soient executez & observez suivant leur forme & teneur, en ce qui n'y est changé ni derogé par cesdites Presentes. Si vous mandons que ces Presentes vous ayez à faire lire, publier & registrer, & le contenu en icelles garder & observer selon leur forme & teneur. Voulons qu'aux copies dudit Arrest & des Presentes, collationnées par l'un de nos amez & feaux Conseillers-Secretaires, foy soit ajoûtée comme à l'original ; Car tel est nostre plaisir. Donné à Paris le vingt-troisieme jour d'Octobre, l'an de grace mil sept cens dix-sept, & de nostre Regne le troisieme

troisieme. *Signé* LOUIS. *Et plus bas*, par le Roy, le Duc D'ORLEANS Regent present, PHELYPEAUX. Et scellé du grand Sceau de cire jaune.

Registrées, Oüy, & ce requerant le Procureur general du Roy, pour estre executées selon leur forme & teneur, suivant l'Arrest de ce jour. A Toulouse en Parlement le jour de mil sept cens dix Signé

ARREST qui fait deffenses aux Sergers ou Tisserands de Carcassone, Cité, Saptes & Conques, & dans tout le Diocese, de fabriquer ni faire fabriquer à l'avenir aucune Serge pour eux ni pour autres.

Du 31. Decembre 1719.

Extrait des Registres du Conseil d'Estat.

SUR la Requeste presentée au Roy estant en son Conseil, par le Syndic general de la Province de Languedoc, contenant que les Jurez-Gardes-Drapiers de la Ville de Carcassone, Cité, Saptes & Conques se plaignent que les Tisserands, Cardeurs & autres Ouvriers volent frequemment les laines fines d'Espagne, qui leur sont confiées par les Fabriquans pour estre mises en œuvre, ce qui cause ausdits Fabriquans un préjudice considerable, sans que jusqu'à present on ait pû y remedier; d'autant plus que les Ouvriers trouvent des moyens faciles de vendre ces laines aux Sergers & Fabriquans de petites étoffes de laine, qui depuis quelques années se sont establis dans ladite Ville de Carcassone, Cité, Saptes & Conques, où précedemment il n'y avoit aucune autre Manufacture que celle desdits Drapiers, qui estant près de cent Maistres, fournissent des draps, tant pour l'usage des Habitans du Royaume, que pour estre transportez en Levant & autres Pays estrangers, & font subsister un grand nombre d'Ouvriers qui sont répandus dans la Ville & dans toute l'estenduë du Diocese : ce qui fait présumer que lesdits Ouvriers commettroient plus rarement ces sortes de vols, s'ils n'avoient plus l'occasion de les vendre aux Sergers & Fabriquans de petites étoffes de laine, ausquels il seroit très-convenable d'ordonner de se retirer dans les autres Dioceses où l'on fabrique des étoffes de semblables qualitez : outre qu'il est avantageux pour le bien des Manufactures qu'il n'y en ait pas de differentes especes dans un mesme lieu, où elles se nuisent & se détruisent l'une l'autre. Requeroit ledit Syndic General, qu'il plust à Sa Majesté d'y pourvoir. Vû l'avis du Sieur de Bernage Conseiller d'Estat, Intendant de la Province de Languedoc, Oüy le rapport, LE ROY ESTANT EN SON CONSEIL, de l'avis de Monsieur le Duc d'Orleans Regent, a fait deffenses ausdits Sergers ou Tisserands, de fabriquer ni faire fabriquer à l'avenir aucunes étoffes de Serge pour eux ni pour autruy, dans lesdites Villes de Carcassone, Cité, Saptes & Conques, & dans tout le Diocese, à peine de confiscation tant desdites marchandises que de leurs outils, & de cinq cens livres d'amende, sauf à eux de se retirer dans les autres Dioceses où l'on est dans l'usage de fabriquer lesdites étoffes. Enjoint Sa Majesté au Sieur Intendant de la Province de Languedoc, de tenir la main à l'execution du present Arrest, qui sera lû, publié & affiché par tout où besoin sera. FAIT au Conseil d'Estat du Roy, Sa Majesté y estant, tenu à Paris le trente-unieme jour de Decembre mil sept cens dix-neuf. *Signé* PHELYPEAUX.

LOUIS PAR LA GRACE DE DIEU, ROY DE FRANCE ET DE NAVARRE : A nostre amé & feal Conseilier en nos Conseils, Intendant & Commissaire départi pour l'execution de nos ordres dans nostre Province de Languedoc, SALUT. Nous vous mandons & enjoignons par ces Presentes signées de nostre main, que suivant l'Arrest cy-attaché sous le Contre-scel de nostre Chancellerie, cejourd'huy donné en nostre Conseil d'Estat, Nous y estant, pour les causes y contenuës, vous ayez à vous employer à l'execution d'iceluy selon sa forme & teneur.

Commandons au premier nostre Huissier ou Sergent sur ce requis, de signifier ledit Arrest à tous qu'il appartiendra, & de faire pour son entiere execution tous Actes & Exploits necessaires, sans pour ce demander autre permission; CAR TEL EST NOSTRE PLAISIR. Donné à Paris le trente-unieme jour de Decembre, l'an de grace mil sept cens dix-neuf, & de nostre Regne le cinquieme. *Signé* LOUIS. *Et plus bas*, par le Roy le Duc D'ORLEANS Regent present, PHELYPEAUX. Et scellé.

ARREST qui regle la Jurande & Maistrise des Marchands & Fabriquans de la Cité de Carcassone, avec ceux de la Ville basse.

Du 19. Juillet 1721.

Extrait des Registres du Conseil d'Estat.

VÛ par le Roy, estant en son Conseil, l'Arrest intervenu au Parlement de Toulouse le 1.er Avril 1719. qui ordonne que les Tisserands de la Cité & des Fauxbourgs de Carcassone, & des lieux de Saptes & de Conques, seront separez de la Jurande des Maistres Tisserands de la Ville basse, & déchargez des dettes reparties sur eux pour les dettes de la Communauté des Tisserands de ladite Ville; & leur permet de travailler & de tenir Boutique ouverte; fait deffenses à ceux de la Ville basse de causer pour raison de ce aucun trouble à ceux de la Cité; maintient les Consuls de la Cité en l'exercice de la Police sur toutes les contestations concernant les Manufactures & differends des Ouvriers qui composent la Jurande de la Cité & des Fauxbourgs; & condamne les Tisserands de la Ville en la moitié des dépens envers ceux de la Cité. Requeste des Marchands-Fabriquans de la Ville de Carcassone, tendante à ce qu'il plust à Sa Majesté d'ordonner l'execution des Statuts du 26. Octobre 1666. pour la Ville & Cité de Carcaſſone, & pour les lieux de Saptes & de Conques ; & de caſſer & annuller ledit Arreſt & tout ce qui s'en eſtoit enſuivi : Arreſt du Conſeil qui n'ayant aucunement égard à ladite Requeſte, ordonne que le Procureur general de Sa Majeſté audit Parlement de Toulouſe envoyeroit les motifs dudit Arreſt, à l'execution duquel il ſeroit ſurſis juſqu'à ce qu'autrement il en euſt eſté ordonné. Les motifs dudit Arreſt apportez au Greffe du Conſeil le 31. Aouſt 1719. Requeſte des Conſuls, Magiſtrats & Municipaux de la Cité de Carcaſſone, Juges de Police & des Manufactures de la Cité & Gouvernement d'icelle, tendante à ce que leſdits Marchands-Fabriquans fuſſent declarez non recevables & mal fondez dans leurs concluſions, avec amende & dépens. Requeſte des Jurez-Gardes des Marchands-Drapiers de la Ville & Cité de Carcaſſone, de Saptes & de Conques, qui auroient conclu à ce que ledit Arreſt du Parlement de Toulouſe fuſt caſſé & annullé, comme auſſi la déliberation priſe par les Conſuls & Habitans de la Cité, & tout ce qui s'en eſtoit enſuivi ; que les Reglemens du 26. Octobre 1666. & Ordonnance renduë par le Sieur de Bernage le 4. Avril 1719. ſeroient executez ; qu'en conſequence tous les draps fabriquez dans les Villes & Parroiſſes de la Cité, Ville de Carcaſſone, Saptes & Conques ſeroient portez au Bureau de la Ville baſſe, pour y eſtre viſitez ; que les conteſtations qui naîtroient à l'occaſion des Manufactures, ſeroient jugées dans l'Hoſtel de ladite Ville, ſommairement par les Juges qui ſont en poſſeſſion d'eſt connoiſtre ; que les Fabriquans reſidans en divers lieux de la campagne, qui fabriqueront des draps de la qualité de ceux de Carcaſſone, & les Tiſſerands & Ouvriers qui y ſeront employez, ſe conformeront aux Reglemens generaux & particuliers, & ſeront ſoumis à la viſite des Jurez de Carcaſſone ; & que les Conſuls de la Cité ſeront condamnez en quinze cens livres d'amende pour leur rebellion à l'execution de l'Arreſt du Conſeil du 10. Juillet 1719. avec dommages, intereſts & dépens. Requeſte d'intervention des Marchands-Drapiers & Fabriquans de la Cité de Carcaſſone, tendante à ce que ledit Arreſt du Parlement de Toulouſe fuſt executé ſelon ſa forme & teneur, & en conſequence, qu'il fuſt fait deffenſes aux Marchands de la Ville baſſe & à tous autres, de leur donner ni aux Ouvriers demeurans en la Cité & le Gouvernement de Carcaſſone aucun trouble dans l'exercice de leur Profeſſion, ni dans la nomination de leurs Jurez & Gardes, & dans les viſites qu'ils ont droit de faire dans leur Juriſdiction ſeulement, en conformité des Reglemens de 1669. à peine de tous dépens, dommages & intereſts. La Requeſte des Jurez-Gardes de la Communauté des Tiſſerands de Draps de la Ville & Cité de Carcaſſone, & autres lieux dépendans de l'ancienne Jurande, par laquelle Requeſte ils auroient demandé d'eſtre reçûs Parties intervenantes, & que, ſans s'arreſter audit Arreſt du Parlement de Toulouſe, ni à la Deliberation des Conſuls & Habitans de la Cité du 10. Avril 1719. qui ſeront caſſez & annullez avec tout ce qui s'en eſt enſuivi, il fuſt ordonné que les Reglemens & Statuts du 26. Octobre 1666. ſeroient executez; & qu'en conſequence les Tiſſerands de la Ville, de la Cité & des Fauxbourgs de Carcaſſone, ne compoſeront qu'une ſeule & meſme Jurande comme par le paſſé. Arreſt du Conſeil du 18. Avril 1720. qui ſans s'arreſter audit Arreſt du Parlement de Toulouſe, que Sa Majeſté a caſſé & annullé, ordonne la reſtitution de la ſomme de quatre cens trente-cinq livres ſix ſols, payée pour les Epices dudit Arreſt par les Tiſſerands de la Ville à ceux de la Cité; & avant faire droit ſur le ſurplus des demandes des Parties, les renvoye pardevant le Sieur de Bernage Conſeiller d'Eſtat, Intendant de Languedoc, pour dreſſer Procès-verbal de leurs dires & conteſtations, donner ſon avis, & iceluy rapporté & vû au Conſeil, eſtre ordonné ce qu'il appartiendroit. Procès-verbal & avis dudit Sieur de Bernage, les Memoires & Pieces des Parties, & tout conſideré: Oüy le rapport du Sieur le Peletier de la Houſſaye, Conſeiller d'Eſtat ordinaire, & au Conſeil de Regence pour les Finances, Controlleur general des Finances, LE ROY ESTANT EN SON CONSEIL, de l'avis de Monſieur le Duc d'Orleans Regent, a ordonné & ordonne que les Reglemens du 26. Octobre 1666. ſeront executez ſelon leur forme & teneur; & en consequence, que les Manufactures de la Ville, Cité de Carcassone, Saptes & Conques demeureront unies sous la Jurande des Marchands-Fabriquans de ladite Ville; maintient Sa Majesté les Consuls de ladite Ville, comme Juges de Police desdites Manufactures, dans le droit & la possession de connoistre de toutes les contraventions & contestations concernant lesdites Manufactures. Permet aux Gardes-Jurez des Marchands de ladite Ville, de faire leurs visites chez tous les Fabriquans & Ouvriers de la Cité, de Saptes & de Conques, lors desquelles ils ne pourront neantmoins requerir pour y assister que les Consuls du lieu où lesdites visites seront faites, lesquels Consuls, en cas de contravention ou autre contestation, seront tenus d'en dresser leurs Procès-verbaux: Ordonne Sa Majesté qu'en consequence desdits Procès-verbaux, les Jugemens seront poursuivis en ce qui concerne le fait des Manufactures, pardevant les Consuls de la Ville basse. Ordonne aussi Sa Majesté, que les Tisserands & autres Ouvriers de la Cité, de ses Fauxbourgs, Saptes & Conques, demeureront separez & indépendans de la Ville basse, pour raison de la Maistrise, & en consequence déchargez de la contribution au payement des dettes de ceux de ladite Ville, & de toutes taxes faites ou à faire sur eux. Fait Sa Majesté deffenses ausdits Tisserands de la Ville d'apporter aucun trouble ni empêchement aux Tisserands de ladite Cité, de ses Fauxbourgs, Saptes & Conques, lesquels pourront continuer le travail de leur profession, & tenir boutique ouverte, à la charge par eux de se conformer aux Reglemens, pour l'execution desquels ils seront & demeureront soumis à la Visite des Gardes-Jurez des Marchands & Fabriquans de la Ville basse, & à la Jurisdiction des Consuls de ladite Ville, sans préjudice neantmoins des Exemptions & Privileges accordez aux Manufactures Royales. Enjoint Sa Majesté au Sieur Intendant de la Province de Languedoc, de tenir la main à l'execution du present Arrest, qui sera lû, publié & affiché par tout où besoin sera. FAIT au Conseil d'Estat du Roy, Sa Majesté y estant, tenu à Paris le dix-neufviéme jour de Juillet mil sept cens vingt-un.

Signé PHELYPEAUX.

ARREST portant Reglement pour la fabrique des differentes Cardes à carder les laines, qui se font dans la Province de Languedoc.

Du 30. Decembre 1727.

Extrait des Registres du Conseil d'Estat.

LE ROY estant informé que l'apprest des Laines qui entrent dans la composition des draps & autres étoffes de laine qui se fabriquent dans la Province de Languedoc, n'est pas toûjours porté au degré de perfection où il pourroit l'estre; ce qui provient du fait, tant des Cardiers qui n'observent point de regle fixe dans la maniere de fabriquer les differentes sortes de Cardes dont on doit se servir pour carder & meslanger les laines, que des Cardeurs qui souvent se servent indifferemment de cardes de toute espece: Et Sa Majesté voulant y pourvoir par un Reglement, à l'effet de soustenir, même d'augmenter s'il est possible, la reputation que les draps & autres étoffes de laine des Manufactures establies dans la Province de Languedoc ont acquise jusqu'à present dans le Royaume, & dans les Pays estrangers. Vû l'avis donné par le Sieur de Bernage de Saint Maurice Intendant & Commissaire départi dans ladite Province, qui a sur ce entendu les Entrepreneurs des Manufactures, les Inspecteurs, les principaux Fabriquans & les Maistres Cardiers & Cardeurs, ensemble l'avis des Députez du Commerce. Oüy le rapport du Sieur le Peletier Conseiller d'Estat ordinaire & au Conseil Royal, Controlleur general des Finances, LE ROY ESTANT EN SON CONSEIL, a ordonné & ordonne ce qui suit.

ARTICLE PREMIER.

LES Cardes appellées Grosses Plaquettes, servant à embourer

ou carder pour la premiere fois les laines fines d'Espagne qui entrent dans la composition des draps londrins premiers, & londrins seconds, & à embourer ou carder les laines fines de Languedoc, & autres de pareille qualité, soit blanches ou teintes, auront neuf pouces de long, & cinq pouces & demy de large, & au moins cinquante-un rangs de dents, de soixante-une dents chacun; lesquelles dents seront de fil de fer d'Allemagne, de trois plombs.

I I.

LES grosses plaquettes qui servent à embourer ou à carder pour la premiere fois les laines qui s'employent à la fabrique des draps Londres larges, & autres draps communs, auront neuf pouces de long, cinq pouces & demy de large, & au moins quarante-cinq rangs de dents, de cinquante-quatre dents chacun; lesquelles dents seront de fil de fer d'Allemagne, de deux plombs.

I I I.

LES Drossettes, servant à dresser ou carder les laines pour la seconde fois, auront neuf pouces de long, cinq pouces de large, & au moins soixante-un rangs de dents, de soixante-une dents chacun; lesquelles dents seront de fil de fer d'Allemagne, de quatre plombs.

I V.

LES fines Plaquettes qui servent à emprimer ou recarder sur le genou les laines pour la troisieme fois, auront neuf pouces de long, quatre pouces trois lignes de large, & au moins quatre-vingt-quatre rangs de dents, de soixante-une dents chacun; lesquelles dents seront fil de fer d'Allemagne, de six plombs.

V.

LES petites ou fines Cardes, qui servent à recarder pour la quatrieme & derniere fois les laines destinées pour les chaisnes des draps Londres larges, des draps façon d'Elbeuf, & des Droguets façon d'Angleterre, auront neuf pouces de long, deux pouces deux lignes de large, & au moins quatre-vingt-quatre rangs de dents, de quarante-une dents chacun; lesquelles seront de fil de fer d'Allemagne, de six plombs.

VI.

V I.

Les petites ou fines Cardes à carder les laines fines d'Eſpagne qui entrent dans la compoſition des chaiſnes des draps Londrins premiers & ſeconds, des draps fins de couleurs meſlées, noirs, écarlattes, & autres draps de pareille qualité, façon d'Eſpagne, d'Angleterre, ou de Hollande, auront neuf pouces de long, deux pouces de large, & au moins quatre-vingt-quatre rangs de dents, de quarante-trois dents chacun; leſquelles dents ſeront de fil de fer d'Allemagne, de ſept plombs.

V I I.

Les petites ou fines Cardes, ſervant à recarder pour la quatrieme & derniere fois les laines qui ſeront deſtinées pour la trame des draps Londres larges, des draps façon d'Elbeuf, des Droguets façon d'Angleterre, & des autres draps de pareille qualité, auront neuf pouces de long, deux pouces & demy de large, & au moins quatre-vingt-quatre rangs de dents, de quarante-une dents chacun; leſquelles dents ſeront de fil de fer d'Allemagne, de cinq plombs.

V I I I.

Les petites ou fines Cardes à carder la trame des draps fins qui s'envoyent dans le Levant, des draps façon d'Eſpagne, d'Angleterre, de Hollande, & des autres draps de pareille qualité, auront neuf pouces de long, deux pouces & demy de large, & au moins quatre-vingt-quatre rangs de dents, de quarante-trois dents chacun; leſquelles dents ſeront de fil de fer d'Allemagne, de ſix plombs.

I X.

Toutes les ſuſdites Cardes contiendront le nombre de rangs & de dents ordonné par le preſent Arreſt: leſdites dents ſeront de fil de fer d'Allemagne, & ſeront piquées & arrangées ſur un morceau de cuir neuf, de bouc ou de chevre, bien tanné, qui ſera enſuite arreſté ſur une plaque de bois de heſtre, de la longueur & largeur ſpécifiées pour chaque ſorte de carde. Et ſera le Cardier tenu de mettre ſa marque à feu ſur les cardes qu'il fabriquera, enſemble le numero qui exprimera la groſſeur du fil de fer, & le nombre de rangs & de dents dont elles feront compoſées; le tout à peine de confiſcation, & de vingt livres d'amende pour chaque contravention.

X.

DEFFENSES ſont faites aux Cardeurs de ſe ſervir de cardes qui n'auroient pas eſté marquées; comme auſſi d'employer les cardes marquées à carder d'autres laines que celles pour leſquelles elles ſont deſtinées, à peine de confiſcation des laines au profit de l'Hoſpital le plus prochain, & de cinquante livres d'amende, même de tous dépens, dommages & intereſts envers le Fabriquant; ſi ce n'eſt qu'il ne fuſt juſtifié que le Cardeur euſt eſté excité à contrevenir au preſent Article par ledit Fabriquant, contre lequel audit cas pareille confiſcation & amende ſeront & demeureront encouruës.

X I.

LES Cardeurs ne pourront ſous les mêmes peines carder des laines blanches avec des cardes qui auront cardé des laines teintes.

X I I.

LES laines qui s'employent à la fabrication des Londrins premiers & ſeconds, des Londres larges, & des autres draps en blanc, n'ayant pas beſoin d'eſtre autant cardées que les laines teintes, les Fabriquans pourront ſe diſpenſer de les faire carder plus de trois fois; à condition néantmoins que la premiere façon ſera donnée avec les groſſes plaquettes, la ſeconde avec les droſſettes ou avec les fines plaquettes, au choix des Fabriquans, & la troiſieme avec les petites ou fines cardes.

X I I I.

ORDONNE Sa Majeſté aux Gardes-Jurez des Marchands-Fabriquans, & aux Maiſtres Cardiers, de faire de frequentes viſites chez les Cardiers & Cardeurs, à l'effet de ſaiſir les cardes fabriquées & les laines cardées en contravention au preſent Arreſt, & d'en pourſuivre la confiſcation & l'amende devant les Juges des Manufactures, qui ſeront tenus de prononcer ſur leſdites ſaiſies ſommairement & ſans frais. Enjoint Sa Majeſté au Sieur Intendant & Commissaire départi pour l'execution de ses ordres dans la Province de Languedoc, de tenir la main à l'execution du present Arrest, qui sera lû, publié & affiché par tout où besoin sera, & sur lequel toutes Lettres necessaires seront expediées. FAIT au Conseil d'Estat du Roy, Sa Majesté y estant, tenu à Versailles le trentieme jour de Decembre mil sept cens vingt-sept. *Signé* PHELYPEAUX.

LOUIS PAR LA GRACE DE DIEU, ROY DE FRANCE ET DE NAVARRE: A nostre amé & feal Conseiller en nos Conseils, Maistre des Requestes ordinaire de nostre Hostel, le Sieur de Bernage de Saint Maurice Intendant de Justice, Police & Finance en nostre Province de Languedoc, SALUT. Nous vous mandons & enjoignons par ces presentes signées de Nous, de tenir la main à l'execution de l'Arrest cy-attaché sous le contre-Scel de nostre Chancellerie, cejourd'huy donné en nostre Conseil d'Estat, Nous y estant, pour les causes y contenuës: Commandons au premier nostre Huissier ou Sergent sur ce requis, de signifier ledit Arrest à tous qu'il appartiendra, à ce que personne n'en ignore, & de faire pour son entiere execution tous Actes & Exploits necessaires sans autre permission; CAR TEL EST NOSTRE PLAISIR. Donné à Versailles le trentieme jour de Decembre, l'an de grace mil sept cens vingt-sept, & de nostre Regne le treizieme. *Signé* LOUIS. *Et plus bas* par le Roy, PHELYPEAUX. Et scellé.

TEINTURES.

ARREST portant Reglement pour la Teinture des Draps qui se fabriquent à Carcassone.

Du 22. Septembre 1719.

Extrait des Regîstres du Conseil d'Estat.

LE ROY estant informé que l'execution des Articles XXXVIII. XXXIX. & XL. des Reglemens generaux confirmez par Lettres Patentes du mois d'Aoust 1669. qui doivent estre observez par les Marchands-Maistres-Teinturiers du grand & bon teint, est negligée dans la Ville, Cité & Fauxbourgs de Carcassone, Saptes & Conques; ce qui donne lieu à décrediter par le deffaut de Teinture les draps qui y sont fabriquez: Et que sous pretexte que l'Arrest de Reglement du 17. Decembre 1709. ne fait mention que des draps destinez pour l'Espagne, les Fabriquans ne s'y conforment point pour raison de ceux destinez pour l'Italie, quoyqu'ils soient des mêmes qualitez, & qu'ils les composent d'un moindre nombre de fils: à quoy Sa Majesté desirant pourvoir, à l'effet d'assûrer la perfection desdits draps, Oüy le rapport, SA MAJESTÉ ESTANT EN SON CONSEIL, de l'avis de Monsieur le Duc d'Orleans Regent, a ordonné & ordonne que les Articles XXXVIII. XXXIX. & XL. des Reglemens generaux seront executez selon leur forme & teneur; & en consequence, que pour oster aux Fabriquans & Teinturiers tout pretexte de s'en dispenser, sur le fondement que la marque de plomb qui suivant lesdits Reglemens devoit estre apposée par les Jurez-Teinturiers, peut endommager les draps qui n'ont pas reçû tous leurs apprests, il sera estabIi un Bureau de Visite, dans lequel les Maistres-Teinturiers seront tenus de fournir chaque ſemaine une declaration exacte des Numero, qualitez & couleurs des draps par eux teints pour les Fabriquans, & de porter audit Bureau leſdits draps pour y eſtre viſitez & marquez d'un Cachet particulier par les Jurez-Teinturiers, à peine de confiſcation deſdits draps & de mille livres d'amende. Fait Sa Majeſté très-expreſſes inhibitions & deffenſes aux Jurez de la Draperie, à peine de deſtitution & de trois cens livres d'amende, de marquer aucune piece de drap, qu'après qu'elle aura eſté préalablement marquée par leſdits Jurez-Teinturiers. Ordonne au ſurplus Sa Majeſté, que l'Arreſt de Reglement concernant les draps deſtinez pour l'Eſpagne, & intervenu le 17. Decembre 1709. ſera executé ſous les peines y contenuës à l'égard des draps qui ſeront deſtinez pour l'Italie. Enjoint Sa Majeſté au Sieur Intendant de la Province de Languedoc, de tenir la main à l'execution du preſent Arreſt. FAIT au Conſeil d'Eſtat du Roy, Sa Majeſté y eſtant, tenu à Paris le vingt-deuxieme jour de Septembre mil ſept cens dix-neuf.

Signé PHELYPEAUX.

LOUIS PAR LA GRACE DE DIEU ROY DE FRANCE ET DE NAVARRE : A noſtre amé & feal Conſeiller en nos Conſeils, Intendant & Commiſſaire départi pour l'execution de nos ordres dans noſtre Province de Languedoc, SALUT. Nous vous mandons & enjoignons par ces Preſentes ſignées de noſtre main, que ſuivant l'Arreſt cy-attaché ſous le Contre-ſcel de noſtre Chancellerie, cejourd'huy donné en noſtre Conſeil d'Eſtat, Nous y eſtant, pour les cauſes y contenuës, vous ayez à vous employer à l'execution d'iceluy ſelon ſa forme & teneur. Commandons au premier noſtre Huiſſier ou Sergent ſur ce requis, de ſignifier ledit Arreſt à tous qu'il appartiendra, & de faire pour ſon entiere execution tous Actes & Exploits neceſſaires, ſans pour ce demander autre permiſſion ; CAR TEL EST NOSTRE PLAISIR. Donné à Paris le vingt-deuxieme jour de Septembre, l'an de grace mil ſept cens dix-neuf, & de noſtre regne le cinquieme.

Signé LOUIS. *Et plus bas*, par le Roy, le Duc D'ORLEANS Regent present. *Signé* PHELYPEAUX. Et scellé.

---

§. XXIX.

MANUFACTURES DE NISMES.

ARREST portant Reglement sur les petites Etoffes qui se fabriquent à Nismes.

Du 19. Aoust 1718.

Extrait des Registres du Conseil d'Estat.

LE ROY estant informé qu'il se fabrique dans la Ville de Nismes une grande quantité de petites étoffes appellées *Burates*, faites avec de la laine & de la filozelle ; & que les Fabriquans & Tondeurs au lieu de se conformer à l'ancien usage dans la preparation des laines, & dans l'apprest & le pliage desdites étoffes, y commettent journellement des abus considerables, qui donnent lieu d'apprehender que ce commerce si utile & si considerable pour la Ville de Nismes ne se détruise s'il n'y est promptement pourvû. Vû l'avis du Sieur de Bernage Conseiller d'Estat, Intendant de la Province de Languedoc; Oüy le rapport, SA MAJESTÉ ESTANT EN SON CONSEIL, de l'avis de Monsieur le Duc d'Orleans Regent, a ordonné & ordonne ce qui suit :

ARTICLE PREMIER.

TOUTES les étoffes appellées *Burates* de filozelle, qui se fabriquent dans la Ville de Nismes, seront dans quinzaine du jour de la publication du present Arrest faites suivant l'ancien usage, sçavoir la chaisne de filozelle, qui sera composée de vingt-neuf portées de trente-deux fils chacune; & les laines employées à la trame desdites étoffes, seront du cru du Pays ou de celuy de Provence, & peignées trois fois, la premiere avant de les mettre à la teinture, & deux fois après qu'elles seront teintes. Fait Sa Majesté deffenses d'employer aucune laine teinte en fil, & ordonne que lesdites Burates auront au sortir du mestier deux pans de largeur mesure de Montpellier, revenant à un tiers & douzieme d'aulne mesure de Paris.

II.

Les Burates unies des couleurs musc, marron, caffé, minime, canelle, tabac, gris-clair, gris-argentin, gris de plomb, gris de fer & noir, seront savonnées avec du savon blanc, & roulées ensuite par un tour d'une seule cheville; Et celles des autres couleurs, aussi-bien que les rayées & changeantes, seront arrosées dans toute la longueur de la piece avant de les mettre à la Presse.

III.

Chaque Fabriquant sera tenu de mettre sur le chef de la piece, son nom & celuy du lieu de sa residence, avec du fil ou de la soye; Et aucune desdites pieces ne pourra estre exposée en vente, si elle n'est marquée du plomb de vûë.

IV.

Tous les Fabriquans & Ouvriers qui ont des tours à plusieurs chevilles, appellez communément *Tours de Lyon*, dont on se servoit precedemment pour le roulage desdites étoffes, seront tenus de les faire porter dans l'Hostel de Ville de Nismes, trois jours après la publication du present Arrest, pour y estre rompus & brisez à la diligence du Sieur Pichol Inspecteur des Manufactures, avec deffenses à aucuns Fabriquans de se servir de semblables tours à l'avenir. Veut & ordonne Sa Majesté, que les Tondeurs marquent sur la piece, lorsqu'elle sortira de l'apprest, le cannage ou aulnage qu'elle contiendra, & sur lequel tous Fabriquans, Marchands, Courtiers & autres seront tenus de vendre & acheter lesdites étoffes.

V.

Lorsque les Marchands détailleurs de ladite Ville declareront vouloir vendre & debiter en détail lesdites étoffes,

Burates brutes & non appreſtées, elles leur ſeront venduës ſur le cannage ou aulnage du Courtier, ſans qu'il ſoit accordé à l'acheteur aucune gratification ſur la meſure, ſous quelque pretexte que ce ſoit.

VI.

ET afin que les Burates qui ont eſté cy-devant fabriquées, ſoient diſtinguées de celles qui le ſeront dans la ſuite, les Officiers de Police prépoſez pour les Manufactures, ſeront tenus de faire ſans frais une viſite generale avec les Gardes-Jurez dans les maiſons, magaſins, boutiques & ouvroirs des Marchands & Fabriquans, pour appoſer une marque particuliere ſur les Burates qu'ils trouveront fabriquées, ou qui ſeront commencées ſur le meſtier. Ordonne Sa Majeſté qu'après ladite viſite, qui ſera achevée dans un mois au pluſtard, ladite marque ſera empreinte ſur les Regiſtres du Bureau de la Draperie, & enſuite briſée & rompuë en preſence de ceux qui auront aſſiſté à ladite viſite; Et que toutes les Burates fabriquées avant le preſent Arreſt, & non conformes à iceluy, pourront eſtre venduës & debitées pendant le temps & eſpace de ſix mois; après leſquels fait Sa Majeſté très-expreſſes inhibitions & deffenſes à tous Marchands & Fabriquans d'en avoir dans leurs magaſins, boutiques, maiſons & ouvroirs, d'en vendre ni expoſer en vente aucunes pieces qui n'ayent eſté fabriquées en conformité du preſent Reglement, qui ſera executé à peine contre les contrevenans de cinq cens livres d'amende, & de confication deſdites étoffes pour la premiere fois, & d'interdiction contre les Fabriquans & Tondeurs en cas de recidive. Enjoint Sa Majeſté au Sieur Intendant de la Province de Languedoc, de tenir la main à l'execution du preſent Arreſt. FAIT au Conſeil d'Eſtat du Roy, Sa Majeſté y eſtant, tenu à Paris le dix-neufvieme jour d'Aouſt mil ſept cens dix-huit. *Signé* PHELYPEAUX.

LOUIS PAR LA GRACE DE DIEU, ROY DE FRANCE ET DE NAVARRE: A noſtre amé & feal le S.r Intendant & Commiſſaire départi pour l'execution de nos ordres dans la Province

Province de Languedoc, SALUT. Nous vous mandons & enjoignons par ces Presentes signées de nostre main, que suivant l'Arrest cy-attaché sous le Contre-scel de nostre Chancellerie, cejourd'huy donné en nostre Conseil d'Estat, Nous y estant, pour les causes y contenuës, vous ayez à vous employer à l'execution d'iceluy selon sa forme & teneur. Commandons au premier nostre Huissier ou Sergent sur ce requis de signifier ledit Arrest à tous qu'il appartiendra, & de faire pour son entiere execution tous Actes & Exploits necessaires, sans pour ce demander autre permission; CAR TEL EST NOSTRE PLAISIR. Donné à Paris le dix-neufvieme jour d'Aoust, l'an de grace mil sept cens dix-huit, & de nostre regne le troisieme. *Signé* LOUIS. *Et plus bas* par le Roy, le Duc D'ORLEANS Regent present. *Signé* PHELYPEAUX.

REGLEMENS & Statuts pour les Fabriquans d'étoffes appellées Burattes, *de la Ville de Nismes, faits & arrestez le 8. Juin 1724. en execution de l'Arrest du 19. Aoust 1718.*

ARTICLE PREMIER.

LES SYNDICS des Marchands-Facturiers & Maistres qui composent la Communauté, s'assembleront annuellement le troisieme du mois de Fevrier, jour où l'on celebre la Feste de Saint Blaise leur Patron, dans l'Eglise des RR. PP. Carmes, pour y faire celebrer une Messe solemnelle, où tout le Corps sera tenu d'assister, excepté qu'il n'y ait quelque legitime empêchement dûëment justifié.

II.

LA Messe celebrée, il sera procedé à l'élection des nouveaux Syndics & autres Officiers du Corps, à la pluralité des suffrages; & l'Acte en sera consigné dans leur Registre, & signé par tous les Electeurs: Et le lieu destiné à cette Election, sera dans la Salle que les mêmes RR. PP. Carmes sont obligez de leur fournir pour les Assemblées ordinaires & extraordinaires, en conformité de la fondation faite par leurs prédecesseurs.

III.

Et comme la perfection des arts & mestiers n'est produite que par l'experience & l'application, aucun ne pourra estre reçû Maistre dans leur Corps, & fabriquer les étoffes appellées *Burattes*, ni peigner les laines & les faire peigner, sans auparavant avoir fait son apprentissage, & servi en qualité de Compagnon du moins pendant un an: Et sera tenu l'Aspirant de rapporter le Contract ou Brevet d'apprentissage, & un Certificat en bonne forme, pour justifier avoir travaillé en cette qualité de Compagnon pendant le temps indiqué.

IV.

Tous ceux qui voudront embrasser l'Art de fabriquer lesdites étoffes, seront obligez de faire un Apprentissage chez un des Maistres, qui ne pourra estre moindre que de deux années; & les Apprentifs seront tenus seulement de donner la somme de trois livres, pour estre employée aux dépenses du Corps; laquelle somme sera reçûë par les Syndics du même Corps, qui en donneront un fidelle compte.

V.

Et d'autant que le Corps a esté obligé, à cause des taxes qui luy ont esté imposées, d'emprunter diverses sommes qu'ils n'ont pû encore acquiter, ceux qui aspireront à la Maistrise, seront obligez de donner chacun pour droit d'entrée, la somme de quinze livres, ou pour le droit d'enregistrement des Lettres de Maistrise qui leur seront accordées, pour estre employée au payement des interests.

VI.

Les Compagnons ne pourront quitter les Maistres chez lesquels ils seront entrez pour travailler en cette qualité, qu'après les avoir averti huit jours à l'avance, & après avoir fini & mis à sa perfection l'ouvrage qu'ils auront commencé: comme aussi les Maiſtres ne pourront les renvoyer, qu'après leur avoir payé leur entier ſalaire; Et en cas de refus, les Syndics ſatisferont à cet engagement, en ſe reſervant d'agir contre ceux des Maiſtres qui ſeront tombez dans ce cas.

V I I.

AUCUN Maiſtre ne pourra recevoir aucun Compagnon, ſans au préalable s'eſtre informé de ſa conduite du dernier des Maiſtres qu'il aura ſervi, & chez lequel il aura travaillé, pour ſçavoir s'il s'eſt bien comporté, s'il a eſté fidelle, & s'il n'eſt point debiteur & redevable dudit dernier Maiſtre chez lequel il aura travaillé; Et en cas d'inobſervation du preſent Article, le Maiſtre qui l'aura reçû ſans ces précautions, aura encouru de plein droit l'amende de vingt-cinq livres, qui ſera employée ſans divertiſſement aux neceſſitez les plus preſſantes du Corps, dont les Syndics ſeront tenus de rendre un fidelle compte.

V I I I.

LES Compagnons qui épouſeront des Filles de Maiſtres, & encore mieux les Fils de Maiſtres, ne payeront que la moitié du droit d'entrée lorſqu'ils ſeront reçûs Maiſtres.

I X.

LES Syndics ſeront obligez de faire quatre viſites par mois, c'eſt-à-dire une viſite par ſemaine, pour vérifier & examiner non ſeulement les étoffes & ſi elles ont eſté fabriquées conformément aux Reglemens, mais encore pour examiner la facture de la laine qui ſera employée pour leur fabrique; ſçavoir, celle en teinture ſera peignée trois fois, & les blanches deux fois: Et pour cet effet, ils pourront ſe tranſporter librement dans tous les lieux & maiſons où ſe fabriquent leſdites étoffes, où les laines ſont facturées, par tous les lieux que contient la dépendance de l'Inſpecteur des Manufactures.

X.

TOUT ce qui eſt contenu dans l'Arreſt du Conſeil du 18. Aouſt 1718. ſera regulierement executé: Et pour faire le compte de vingt-neuf portées de trente-deux fils, dont les chaiſnes des Burattes de deux pans de largeur doivent eſtre compoſées, lorſque les portées ſeront d'un autre compte, comme pour les rayées, il ſera obſervé ce qui ſuit : Premierement lorſque les portées ſeront de trente-ſix fils & les demi-portées à dix-huit fils, il faudra vingt-cinq portées & trois quarts, ou vingt-huit fils; lorſque les portées ſeront de quarante fils, il en faudra vingt-trois & huit fils; lorſque les portées ſeront de quarante-quatre fils, il en faudra vingt-une & quatre fils; Et enfin ſi les portées ſont de quarante-huit fils, il en faudra dix-neuf & ſeize fils, faiſant le ſuſdit compte neuf cens vingt-huit fils.

X I.

Pour obvier aux abus qui ſe pratiquent chez les Teinturiers, qui au préjudice des Reglemens mettent en teinture des laines filées, ce qui cauſe un préjudice trés-conſiderable à la Manufacture, il ſera permis aux Syndics de ſe tranſporter chaque fois qu'ils le trouveront à propos, & en faiſant les autres viſites, chez les Teinturiers en laine, pour juſtifier des contraventions, pour parvenir enſuite à faire condamner les Contrevenans aux amendes & confiſcations qui ſeront infligées. Et pour aſſûrer d'autant mieux l'execution de l'Arreſt du 19. Aouſt 1718. les Courtiers ne pourront porter ni expoſer en vente aucune piece Burattes, qu'elle n'ait eſté préalablement portée au Bureau deſtiné, pour eſtre marquée du plomb de la Fabrique après avoir eſté préalablement examinée & vérifiée.

X I I.

Lors de l'élection qui ſera faite annuellement des Syndics & autres Officiers du Corps, les preſens Statuts & Reglemens ſeront repreſentez pour en faire la lecture au Corps aſſemblé, afin que chaque Maiſtre s'engage de plus fort à les obſerver.

X I I I.

Sa Majesté ſera inceſſamment ſuppliée, & Noſſeigneurs de ſon Conſeil, de vouloir bien homologuer les preſens Statuts qui ne ſont qu'une ſuite & une execution de l'Arreſt dudit jour 19. Aouſt 1718. comme eſtant très-utiles à ladite Fabrique & au bien de l'Eſtat en general. *Signé* Vigneau *Syndic*, Chaſſen *Syndic*, Tourrenc *Syndic*, Reynaud *Syndic*. Chaſſanis,

Bouvier pere, Bouvier fils aisné, Antoine Bouvier, Estienne Bouvier, Jean Fabre, Calendat, Chassen, Maupaux, Pouchon, Bosc, Palisse, Jullian, Rouquet, Durand, Loüis Fourment, Fajon, Gibert fils, Gas, Antoine Fabre, Maurin, Jean Jacob, Froment, Delemne, Barry, Pansier, Gabriel Jacob. Peire, E. Chassanis, Donnadieu.

LETTRES Patentes confirmatives des Statuts & Reglemens pour les Fabriquans d'étoffes appellées Burattes, *de la Ville de Nismes.*

Du mois d'Avril 1725.

LOUIS PAR LA GRACE DE DIEU, ROY DE FRANCE ET DE NAVARRE: A tous presens & à venir, SALUT. Nos bien amez les Marchands-Facturiers des étoffes appellées *Burattes*, de la Ville de Nismes, Nous ont fait representer que pour establir & conserver entre eux l'ordre & la police necessaires, tant pour l'utilité du Public, que pour le bien particulier de leur Communauté, ils ont dressé des Statuts & Reglemens, contenus en treize Articles, qu'ils ont presentez aux Consuls de ladite Ville de Nismes, & sur lesquels ils ont esté renvoyez à se pourvoir pour obtenir nos Lettres de confirmation, lesquelles lesdits Exposans Nous ont très-humblement fait supplier de leur accorder. A CES CAUSES, voulant favorablement traiter lesdits Exposans, & les mettre en estat de retirer de l'execution desdits Statuts & Reglemens l'avantage & l'utilité qu'ils en attendent, & que le Public a lieu d'en esperer; de l'avis de nostre Conseil qui a vû lesdits Statuts & Reglemens cy-attachez sous le contre-Scel de nostre Chancellerie, Nous avons de nostre grace speciale, pleine puissance & authorité Royale, permis & accordé, permettons & accordons par ces Presentes signées de nostre main, ausdits Marchands Facturiers des étoffes appellées Burattes de la Ville de Nismes, de nommer & élire des Jurez-Gardes & Syndics de la probité & capacité requises, pour le service & la conservation des droits de ladite Communauté; lesquels, après le serment par eux presté en la maniere accoustumée, feront les visites & les fonctions necessaires, & tiendront la main à l'execution desdits Statuts & Reglemens contenus en treize Articles, & cy-attachez sous le contre-Scel de nostre Chancellerie; lesquels Statuts & Reglemens Nous avons de nos mêmes grace, pouvoir & authorité que dessus, approuvez, confirmez & authorisez, approuvons, confirmons & authorisons par cesdites Presentes, voulons & Nous plaist qu'ils soient gardez, observez & executez selon leur forme & teneur par lesdits Exposans, leurs Successeurs, & tous autres, sans qu'il y soit en aucune façon contrevenu; pourvû toutesfois qu'en iceux il n'y ait rien de contraire à nos Ordonnances, & de préjudiciable à nos droits & à ceux d'autruy. Si donnons en Mandement à nos amez & feaux Conseillers les Gens tenans nostre Cour de Parlement à Toulouse, au Seneschal de Nismes ou son Lieutenant, & autres Officiers Justiciers qu'il appartiendra, que ces Presentes ils ayent à faire registrer, & du contenu en icelles joüir & user lesdits Exposans & leurs Successeurs pleinement, paisiblement, & perpetuellement, cessant & faisant cesser tous troubles & empeschemens contraires; Car tel est nostre plaisir. Et afin que ce soit chose ferme & stable à toûjours, Nous avons fait mettre nostre Scel à cesdites presentes. Donné à Versailles au mois d'Avril, l'an de grace mil sept cens vingt-cinq, & de nostre Regne le dixieme. *Signé* LOUIS. *Et plus bas* par le Roy, Phelypeaux.

Extrait des Regiſtres du Parlement de Toulouſe.

SUR la Requeſte de ſoit montré au Procureur General du Roy, preſentée à la Cour le 15. du preſent mois de May par les Marchands-Facturiers des étoffes appellées Burattes de la Ville de Niſmes, contenant que pour eſtablir & conſerver entre eux l'ordre & la police neceſſaires, tant pour l'utilité publique que pour le bien particulier de leur Communauté, ils ont dreſſé des Statuts & Reglemens, leſquels ayant eſté rapportez au Conſeil, le Roy leur a accordé des Lettres Patentes par leſquelles Sa Majeſté a permis aux Supplians de nommer & élire des Jurez-Gardes & Syndics de la probité & capacité requiſes, pour le ſervice & la conſervation des droits de ladite Communauté, leſquels feront les viſites & les fonctions neceſſaires, & tiendront la main à l'execution deſdits Statuts & Reglemens; leſquels Statuts & Reglemens Sa Majeſté a approuvez, confirmez & authoriſez, pour eſtre gardez, obſervez & executez ſelon leur forme & teneur par les Supplians, leurs Succeſſeurs, & tous autres, ſans qu'il y ſoit en aucune maniere contrevenu : c'eſt pourquoy conclut qu'il plaiſe à la Cour, vû leſdits Statuts & Lettres Patentes, ordonner que le tout ſera enregiſtré dans les Regiſtres de la Cour, pour eſtre le tout gardé & obſervé ſelon ſa forme & teneur, & les Supplians joüir du contenu en icelles, & ordonner qu'en conformité deſdites Lettres Patentes, il ſera procedé à pareil Regiſtre au Greffe du Seneſchal de Niſmes. Vû ladite Requeſte & Ordonnance de ſoit montré au Procureur general du Roy, dudit jour 15. May, leſdits Statuts & Reglemens, leſdites Lettres Patentes de Sa Majeſté, données à Verſailles au mois d'Avril mil ſept cens vingt-cinq, enſemble le Dire & Concluſions du Procureur general du Roy, mis au bas de ladite Requeſte ; LA COUR faiſant droit ſur ladite Requeſte, a ordonné & ordonne que leſdits Statuts & Lettres Patentes ſeront enregiſtrez dans les Regiſtres de la Cour, pour eſtre gardez & obſervez ſelon leur forme & teneur, & les Supplians joüir du contenu en iceux: ordonne en outre ladite Cour qu'en conformité desdites Lettres Patentes, il ſera procedé à pareil Regiſtre au Greffe du Seneſchal de Niſmes. Prononcé à Toulouſe, en Parlement le dix-huitieme May mil ſept cens vingt-cinq. *Signé* LAVEDAN. Collationné.

Les preſentes Lettres Patentes ont eſté regiſtrées ès Regiſtres de la Cour de M. le Seneſchal & Siege Preſidial de Niſmes, en vertu de ſon Ordonnance du quinze Juin mil ſept cens vingt-cinq. Signé CHASTANG.

---

§. XXX.

MANUFACTURE DE LODEVE.

ORDONNANCE de M.r de Bernage Intendant en Languedoc, pour la fabrique des Pinchinats de Lodeve.

Du 9. Juin 1723.

LES Marchands Fabriquans de draps de Lodeve, Nous ayant repreſenté que noſtre Ordonnance du 12. Decembre dernier porte un très-grand préjudice à leur Fabrique, en ce qu'elle leur deffend de faire filer à la mode de Hollande la chaiſne des draps de couleur, appellez Pinchinats, quoyqu'ils ayent accouſtumé depuis long-temps de faire filer leſdits draps de cette maniere, & qu'ils en ſoient beaucoup plus beaux & meilleurs; leſdits Fabriquans ſe ſoumettant au ſurplus à noſtredite Ordonnance pour ce qui regarde les draps gris-blanc, deſtinez pour l'habillement des Troupes, dont la chaiſne doit eſtre filée à la mode de France: Nous avons fait examiner par l'Inſpecteur des Manufactures de ce Département, & par les plus

plus capables Negocians de cette Ville, les propoſitions contenuës en leur Memoire, que nous avons enſuite envoyé au Conſeil, avec un échantillon deſdits Pinchinats filez à la mode de Hollande. Et le Conſeil ayant approuvé que la chaiſne deſdits draps de couleur ſoit filée à la mode de Hollande, aux conditions y portées : Vû noſtredite Ordonnance du 12. Decembre 1722. & la Lettre de M. de Machault à nous adreſſée, du 15. May dernier.

NOUS permettons aux Fabriquans de draps de Lodeve, de faire filer la chaiſne des draps de couleur appellez Pinchinats, à la mode de Hollande, dérogeant quant à ce à noſtre Ordonnance du 12. Decembre dernier, qui ſera au ſurplus executée ſuivant ſa forme & teneur : ordonnons au ſurplus que leſdits draps de couleur ſeront faits de laines de Beſiers, Narbonne, Rouſſillon, ou autres bonnes laines d'Eſpagne, & que la chaiſne ſera compoſée de ſeize cens ſoixante-quatre fils paſſez dans des rots de dix pans moins quart, faiſant deux aulnes meſure de Paris, pour revenir au retour du foulon à la moitié de cette largeur, ladite chaiſne peſant au moins quarante livres, & la trame cinquante-cinq livres ; auquel effet les Tiſſerands ſeront tenus de porter leſdits draps ſortant du meſtier, au Bureau des Jurez-Gardes, tout dépliez, pour y eſtre vérifiez & peſez, à peine de dix livres d'amende contre les Tiſſerands & contre les Fabriquans, de confiſcation de leurs draps pour la premiere fois, & de deux cens livres d'amende outre la confiſcation, en cas de récidive. Enjoignons aux Jurez-Gardes & à l'Inſpecteur des Manufactures du Département, de tenir la main à l'execution de noſtre preſente Ordonnance, laquelle ſera enregiſtrée au Greffe de l'Hoſtel de Ville de Lodeve, lûë, publiée & affichée par tout où beſoin ſera. FAIT à Montpellier le neuvieme Juin mil ſept cens vingt-trois. *Signé* DE BERNAGE, *Et plus bas* par Monſeigneur, JOURDAN. Collationné.

§. XXXI.

MANUFACTURE DE LIMOUX.

ARREST qui authorise l'établissement fait dans la Ville de Limoux, de deux Rames pour l'apprest des draps Londres, & Londres larges, & pour ceux teints en bleu & en noir.

Du 31. Juillet 1725.

Extrait des Registres du Conseil d'Estat.

SUR la Requeste presentée au Roy estant en son Conseil, par les Gardes-Jurez du Corps des Marchands Drapiers de la Ville de Limoux en Languedoc, contenant que quoyque par Arrest du 12. Fevrier 1718. & par Lettres Patentes expediées sur iceluy le même jour, il ait esté permis aux Fabriquans d'Elbœuf, & à ceux des autres Manufactures du Royaume, de se servir des rames pour l'apprest des draps, en se conformant à ce qui est prescrit par ledit Arrest, cependant le Sieur Pierre de la Geniere Inspecteur des Manufactures du Département de Carcassone, informé que Bernard Sarda Pareur de draps avoit monté deux rames dans ladite Ville de Limoux, s'y seroit transporté le 19. Janvier de la presente année 1725. & auroit en consequence de l'Arrest du Conseil du 23. Octobre 1717. qui fait deffenses à tous Marchands & Fabriquans de la Ville de Carcassone & des environs, & à ceux des Villes de Limoux, Chalabre & autres, de passer à la rame les draps de leurs Manufactures, à l'exception de ceux destinez pour les Echelles du Levant, dressé procès-verbal portant deffenses aux Pareurs de ladite Ville & à tous autres, de se servir de rames, sous les peines portées par ledit Arrest du 23. Octobre 1717. Que comme il paroist par ledit procès-verbal que ledit Sieur de la Geniere auroit reconnu luy-même, & seroit convenu que lesdites deux rames sont montées de maniere que l'on ne peut tirer les draps en longueur, mais seulement en largeur, pour les apprester & presser également dans toute leur estenduë, puisqu'il n'y a pas de trous aux barres de ces rames pour passer la corde qui sert à tirer les draps en longueur. A CES CAUSES, requeroient les Supplians qu'il plust à Sa Majesté ordonner que ledit Arrest du Conseil du 12. Fevrier 1718. concernant l'usage des rames pour l'apprest des draps, sera executé selon sa forme & teneur; ce faisant, & sans avoir égard audit Arrest du Conseil du 23. Octobre 1717. ni aux deffenses portées par le procès-verbal dudit Sieur de la Geniere, il leur soit permis de se servir de rames pour l'apprest de leurs draps, en se conformant aux dispositions dudit Arrest du 12. Fevrier 1718. avec deffenses audit Sieur de la Geniere, & à tous autres, de les y troubler, à peine de mille livres d'amende: Et Sa Majesté estant informée que ledit Arrest de Reglement du 18. Fevrier 1718. ne concerne que les draps dont la qualité est susceptible de l'usage des rames; que par Arrest de son Conseil du 29. Janvier 1715. il a esté permis aux Fabriquans de la Ville de Limoux de fabriquer des draps Londres, & Londres larges, & que l'on y fabrique des draps blancs pour teindre en bleu & en noir, dont la qualité peut supporter, & même demande l'usage de la rame. Vû ladite Requeste, lesdits Arrests du Conseil des 29. Janvier 1715. 23. Octobre 1717. & 12. Fevrier 1718. ledit procès-verbal du Sieur de la Geniére du 19. Janvier dernier, ensemble l'avis donné par le Sieur de Bernage de Saint Maurice, Intendant & Commissaire départi pour l'execution des ordres de Sa Majesté dans la Province de Languedoc, après avoir entendu lesdits Jurez-Gardes & ledit Inspecteur, & celuy des Députez du Commerce: Oüy le rapport du Sieur Dodun Conseiller ordinaire au Conseil Royal, Controlleur general des Finances, LE ROY ESTANT EN SON CONSEIL, ayant aucunement égard à ladite Requeste, a ordonné & ordonne que ledit Arrest du Conseil du 23. Octobre 1717. portant Reglement pour les draps qui se fabriquent dans la Ville de Carcassone, & aux environs, & dans les Villes de Limoux, Chalabre & autres, sera executé selon sa forme & teneur, & en consequence fait Sa Majesté très-expresses inhibitions & deffenses à tous Marchands & Fabriquans de passer à la rame les draps énoncez audit Arrest, sous les peines y portées. Permet néantmoins Sa Majesté de laisser subsister les deux rames establies dans ladite Ville de Limoux, & d'y passer & apprester les draps Londres, & Londres larges, dont la fabrique a esté permise dans ladite Ville par ledit Arrest du Conseil du 29. Janvier 1715, comme aussi les draps teints en bleu & en noir, avec deffenses de passer ausdites rames aucune autre sorte de qualité de draps larges & Seizains de la Fabrique de Limoux & Chalabre, ni d'y dresser un plus grand nombre de rames que les deux qui y sont, sous quelque pretexte que ce soit, sous les peines portées par ledit Arrest du 23. Octobre 1717. FAIT au Conseil d'Estat du Roy, Sa Majesté y estant, tenu à Chantilly le trente-un Juillet mil sept cens vingt-cinq.

Signé PHELYPEAUX.

§. XXXII.

FABRIQUE DES CADIS DE GEVAUDAN, du Velay, & des Sevenes.

ARREST qui permet aux Manufacturiers de Gevaudan, du Velay, des Sevenes & lieux circonvoisins, de faire les étoffes appellées Cadis *de deux pans de large, & de les teindre avec du Bresil.*

Du 14. Octobre 1673.

Extrait des Registres du Conseil d'Estat.

SUR ce qui a esté representé au Roy estant en son Conseil par les Estats Generaux de la Province de Languedoc, qu'encore que l'execution des Reglemens generaux de Sa Majesté pour les Manufactures qui se fabriquent dans son Royaume, porte avec soy des avantages très-considerables; néantmoins l'experience leur a fait connoistre qu'il y a nombre de Manufactures dans ladite Province, qui souffrent une diminution notable par l'execution des mêmes Reglemens; d'autant que le principal débit de leurs étoffes se faisant chez les Estrangers, ils se sont relaschez de les prendre lorsqu'on en a voulu augmenter le prix, à cause de l'augmentation des largeurs, & par la bonne teinture qu'on leur a donnée, au lieu de celle de Bresil qui estoit en usage; en sorte que ces mêmes Estrangers se sont non-seulement retirez du commerce de Languedoc, mais ont attiré des Ouvriers dans leur Pays pour y faire fabriquer ces sortes de marchandises. C'est ce qui a obligé lesdits Estats de donner leur Memoire au Sieur de Bezons, Conseiller de Sa Majesté en ses Conseils, Commissaire départi en ladite Province de Languedoc, par lequel luy ayant fait connoiſtre combien il importe de remedier à ce deſordre, il a donné ſon avis le 15.e jour d'Avril dernier, portant qu'il n'y a pas lieu d'accorder aux Manufacturiers de ladite Province, ni du Royaume, une diſpenſe generale de l'obſervation deſdits Reglemens generaux, mais ſeulement que, ſous le bon plaiſir de Sa Majeſté, on pourroit permettre aux Ouvriers de Gevaudan, Velay, des Sevennes, & lieux circonvoiſins, de faire leurs cadis de deux pans de large, à condition qu'ils ne les pourront faire de moindre largeur, ſur les peines portées par les Reglemens; & qu'ils pourront auſſi teindre leſdits cadis avec le Breſil en rouge, au lieu de garance, comme auſſi les petites Burattes d'Auvergne, à la charge d'obſerver les Reglemens pour toutes les autres étoffes. Vû ledit Memoire & avis dudit Sieur de Bezons dudit jour 15. Avril dernier, & oüy le rapport du Sieur Colbert Conſeiller du Roy en ſes Conſeils & au Conſeil Royal, Controlleur general des Finances, & tout conſideré: SA MAJESTÉ ESTANT EN SON CONSEIL, a permis & permet aux Ouvriers & Manufacturiers de Gevaudan, Velay, des Sevennes & lieux circonvoiſins, de fabriquer les étoffes appellées Cadis, ſeulement de deux pans de largeur, avec deffenſes de les faire d'une moindre largeur, ſur les peines portées par les Reglemens generaux du mois d'Aouſt 1669. Veut Sa Majeſté que leſdits Ouvriers, & même ceux d'Auvergne, puiſſent teindre leſdits Cadis & Burattes avec le Breſil en rouge, au lieu de la garance; le tout nonobſtant les Articles XX. & XXX. deſdits Reglemens pour les largeurs, & XXI. & XXXVI. pour les teintures, auſquels Sa Majeſté a dérogé pour ce regard; à la charge que les draps & autres étoffes qui ſe fabriquent dans leſdits lieux de Gevaudan, Velay, Sevennes & lieux circonvoiſins, & Auvergne, ſeront faits de la longueur, largeur, & teinture portées par leſdits Reglemens, leſquels Sa Majeſté veut eſtre executez dans tous leſdits lieux & autres de la Province de Languedoc ſelon leur forme & teneur, ſur les peines y portées. FAIT au Conſeil d'Eſtat du Roy, Sa Majeſté y eſtant, tenu à Verſailles le quatorzieme jour d'Octobre mil ſix cens ſoixante-treize. *Signé* COLBERT.

ARREST portant Reglement pour les Serges & Cadis du Gevaudan.

Du 20. Octobre 1708.

Extrait des Regiſtres du Conſeil d'Eſtat.

VÛ par le Roy en ſon Conſeil l'Arreſt rendu en iceluy le 14. Octobre 1673. par lequel Sa Majeſté permet aux Facturiers du Pays de Gevaudan, & lieux circonvoiſins, de faire les Serges & Cadis à deux pans de largeur: les déliberations priſes par les Fabriquans dudit pays, pardevant les Maires & Conſuls de Mende & de Marvejols, les 14. & 19. Aouſt 1708. par leſquelles ils reconnoiſſent que le commerce deſdites étoffes alloit ſe perdre dans les Pays Eſtrangers, faute d'avoir eſté faites à deux pans de largeur, & pour y avoir employé des Laines de Smirne & de Salé; ce qui a commencé par les Fabriquans de Roüergue & d'Auvergne, & a eſté ſuivi par ceux de Gevaudan: Et leſdits Fabriquans ſupplient Sa Majeſté d'ordonner que les Serges de Mende ſeront de douze portées & demie, appellées Liens, chacune deſdites portées de quatre-vingt-ſeize fils, & paſſées dans des peignes de deux pans & un quart, & les Cadis de neuf portées & demie, & paſſées dans des peignes auſſi de deux pans & un quart, afin que leſdites Serges & Cadis puiſſent avoir au retour du foulon deux pans au moins de largeur meſure de Montpellier, & que les Cadis de Marvejols ſeront de onze portées ou liens, & paſſées dans des peignes de deux pans & demi, pour avoir deux pans de largeur au retour du foulon après avoir eſté refoulées; & que les Fabriquans laiſſeront à la teſte de chaque piece de Serge ou Cadis, quatre doigts de laine ſans eſtre remplie de trame, afin que le nombre des fils dont elles seront faites puissent estre comptez : que lesdites étoffes ne seront faites que de bonnes laines du Pays ou d'Espagne, le tout à peine de confiscation desdites étoffes ; & que les Fabriquans de Roüergue & d'Auvergne qui font des étoffes de pareille qualité, seront tenus d'executer le Reglement qui sera fait, sous les mêmes peines. Vû aussi l'avis du Sieur de Basville Conseiller d'Estat ordinaire, Intendant en Languedoc : Et Sa Majesté desirant d'empescher la continuation des abus qui se commettoient en la fabrique desdites étoffes, Oüy le rapport du Sieur Desmaretz Conseiller ordinaire au Conseil Royal, Controlleur general des Finances, LE ROY EN SON CONSEIL, a ordonné & ordonne que l'Arrest du Conseil du 14. Octobre 1673. sera executé selon sa forme & teneur ; & en consequence, que les chaisnes des Serges de Mende seront composées à l'avenir de douze portées & demie, appellées liens, chaque portée de quatre-vingt-seize fils, & passées dans des peignes de deux pans & un quart ; que les chaisnes des Cadis de Mende seront composées de neuf portées & demie de pareil nombre de fils, & passées dans des peignes de deux pans & un quart, pour avoir tant lesdits Cadis que lesdites Serges, au retour du foulon, deux pans mesure de Montpellier, revenant à un tiers & un douziéme d'aulne mesure de Paris : Que les chaisnes des Cadis de Marvejols seront composées de onze portées de quatre-vingt-seize fils chacune, & passées dans des peignes de deux pans & demy, pour avoir deux pans au retour du foulon, après avoir esté refoulez. Seront tenus lesdits Fabriquans de Mende & de Marvejols, de laisser à la teste de chaque piece de Serge ou Cadis quatre doigts de la chaisne sans estre remplie de trame, en sorte qu'on en puisse compter les fils & les portées des chaisnes ; & de n'employer ausdites étoffes que de la laine du Pays, ou d'Espagne, de bonne qualité, à peine de confiscation desdites étoffes. Et sera le present Reglement executé dans toutes les Villes & Lieux de Gevaudan où il se fait des étoffes de la qualité de celles de Mende & de Marvejols, sous les mêmes peines : Enjoint Sa Majesté

Majesté au Sieur Intendant en la Province de Languedoc, de tenir la main à l'execution du present Arrest, lequel sera lû, publié & affiché par tout où besoin sera. FAIT au Conseil d'Estat du Roy, tenu à Versailles le vingtieme jour d'Octobre mil sept cens huit. Collationné. *Signé* DE LAISTRE.

---

§. XXXIII.

AUTRE FABRIQUE DU GEVAUDAN.

ARREST portant deffenses aux Ouvriers de la Ville de Langogne, & autres lieux du Gevaudan, de rouler avec un tour les Estamines ou Burattes.

Du 7. Juin 1718.

Extrait des Registres du Conseil d'Estat.

LE ROY estant informé que depuis peu de temps les Ouvriers qui fabriquent dans la Ville de Langogne des estamines ou burattes de laine, les roulent avec un tour, au moyen duquel ils allongent excessivement les pieces qu'ils vendent en blanc; ce qui cause un préjudice considerable aux Marchands, qui aprés les avoir achetées les mettent à la teinture où elles reprennent leur aulnage naturel: Et Sa Majesté voulant arrester le cours d'un abus qui est contraire à la bonne foy si necessaire pour faire fleurir le Commerce; Oüy le rapport, SA MAJESTÉ ESTANT EN SON CONSEIL, de l'avis de Monsieur le Duc d'Orleans Regent, a fait très-expresses inhibitions & deffenses aux Ouvriers de la Ville de Langogne & autres lieux, de rouler avec un tour les Estamines ou Burattes de laine, à peine de confiscation & de vingt livres d'amende pour chacune contravention: Ordonne Sa Majesté, que lesdits

Ouvriers ſeront tenus de plier leſdites étoffes en la même maniere qui ſe pratique pour les autres étoffes de laine qui ſont fabriquées dans le Pays de Gevaudan ; & enjoint au Sieur Intendant de la Province de Languedoc, de tenir la main à l'execution du preſent Arreſt. FAIT au Conſeil d'Eſtat du Roy, Sa Majeſté y eſtant, Monſieur le Duc d'Orleans Regent preſent, tenu à Paris le ſeptieme jour de Juin mil ſept cens dix-huit.

Signé PHELYPEAUX.

LOUIS PAR LA GRACE DE DIEU, ROY DE FRANCE ET DE NAVARRE: A noſtre amé & feal le Sieur Intendant & Commiſſaire départi pour l'execution de nos ordres dans la Province de Languedoc, SALUT. Nous vous mandons & enjoignons par ces preſentes ſignées de noſtre main, que ſuivant l'Arreſt cy-attaché ſous le Contre-ſcel de noſtre Chancellerie, cejourd'huy donné en noſtre Conſeil d'Eſtat, Nous y eſtant, pour les cauſes y contenuës, vous ayez à vous employer à l'execution d'iceluy ſelon ſa forme & teneur: Commandons au premier noſtre Huiſſier ou Sergent ſur ce requis, de ſignifier ledit Arreſt à tous qu'il appartiendra, & de faire pour ſon entiere execution tous Actes & Exploits neceſſaires, ſans pour ce demander autre permiſſion; CAR TEL EST NOSTRE PLAISIR. Donné à Paris le ſeptieme jour de Juin, l'an de grace mil ſept cens dix-huit, & de noſtre Regne le troiſieme. *Signé* LOUIS. *Et plus bas* par le Roy, le Duc D'ORLEANS Regent preſent. *Signé* PHELYPEAUX.

ARREST portant Reglement ſur les Eſtamines ou Burattes qui ſe fabriquent à Langogne, & autres lieux du Gevaudan.

Du 5. Aouſt 1718.

Extrait des Regiſtres du Conſeil d'Eſtat.

VÛ au Conſeil d'Eſtat du Roy l'Arreſt rendu en iceluy le 7. Juin dernier, qui fait deffenſes aux Ouvriers de la Ville de Langogne & autres lieux, de rouler avec un tour les Eſtamines ou Burattes de Laine: Et Sa Majeſté eſtant informée qu'il n'y a aucun Reglement qui détermine le nombre des fils dont ces étoffes doivent eſtre compoſées, à quoy il eſt neceſſaire de pourvoir: Vû auſſi la Déliberation priſe par les Fabriquans & Tiſſeurs de ladite Ville de Langogne du 11. May 1708. Oüy le rapport. LE ROY ESTANT EN SON CONSEIL, de l'avis de Monſieur le Duc d'Orleans Regent, a ordonné & ordonne que les chaiſnes des Eſtamines ou Burattes de laine qui ſe fabriqueront à l'avenir dans ladite Ville de Langogne & autres lieux du Gevaudan, ſeront compoſées de huit portées & trois quarts, appellées Liens, de quatre-vingt-ſeize fils chacune, & paſſées dans des peignes ou rots de deux pans deux pouces de largeur, pour avoir au retour du foulon deux pans meſure de Montpellier, revenant à un tiers & un douzieme d'aulne meſure de Paris, avec deffenſes d'employer auſdites étoffes que de la laine du pays ou d'Eſpagne, de bonne qualité, à peine de confiſcation deſdites étoffes, & de deux cens livres d'amende: Ordonne au ſurplus Sa Majeſté, que l'Arreſt du Conſeil du 7. Juin dernier, portant Reglement pour le pliage deſdites étoffes, ſera executé ſelon ſa forme & teneur. Enjoint au Sieur Intendant de la Province de Languedoc, de tenir la main à l'execution du preſent Arreſt.

FAIT au Conseil d'Estat du Roy, Sa Majesté y estant, tenu à Paris le cinquieme jour d'Aoust mil sept cens dix-huit.

Signé PHELYPEAUX.

LOUIS PAR LA GRACE DE DIEU, ROY DE FRANCE ET DE NAVARRE: A nôtre amé & feal Conseiller en nos Conseils, Intendant & Commissaire déparți pour l'execution de nos ordres en la Province de Languedoc, SALUT. Nous vous mandons & enjoignons par ces presentes signées de nostre main, que suivant l'Arrest cy-attaché sous le contre-scel de nôtre Chancellerie, cejourd'huy donné en nôtre Conseil d'Estat, Nous y estant, pour les causes y contenuës, vous ayez à vous employer à l'execution d'iceluy selon sa forme & teneur: Commandons au premier nostre Huissier ou Sergent sur ce requis, de signifier ledit Arrest à tous qu'il appartiendra, & de faire pour son entiere execution tous Actes & Exploits necessaires, sans pour ce demander autre permission; CAR TEL EST NOSTRE PLAISIR. Donné à Paris le cinquieme jour d'Aoust, l'an de grace mil sept cens dix-huit, & de nôtre Regne le troisieme. *Signé* LOUIS. *Et plus bas* par le Roy, le Duc D'ORLEANS Regent present.

Signé PHELYPEAUX.

§. XXXIV.

CADIS DU VIVARAIS.

ARREST qui regle la fabrique des Cadis d'Aubenas, & autres lieux du Vivarais.

Du 20. Octobre 1708.

Extrait des Registres du Conseil d'Estat.

VÛ par le Roy en son Conseil la Déliberation prise par les Habitans de la Ville d'Aubenas le dernier Aoust 1708. contenant que dans ladite Ville, & dans les lieux de Montpezat, Burzet, Colombiers, Meyras, Tuech, Meyres, Niegles, Jaujac, Fabras, la Souche, S. Cirgues, Prades, Aillou, la Chapelle, l'Argentiere, Joanas, Chassiers, Vinezat, Vals, Entraigues, S.t Andeol, S.t Julien, Vesseaux, Boulieu, Uxels, S.t Privat, la Ville-Dieu, Lussas, Vogué, Lanas, Prunet & autres lieux circonvoisins, il se fait depuis longt-temps des Cadis forts, appellez Cadis d'Aubenas, dont le debit est presque perdu à cause de la mauvaise laine qu'on y employe, & que la largeur en a esté diminuée au dessous de deux pans : C'est pourquoy ils supplioient Sa Majesté, pour restablir ladite Manufacture en son premier estat, d'ordonner que lesdits Cadis seront de vingt-quatre portées de quarante fils chacune; & qu'ils auront deux pans & un quart en toile, pour avoir deux pans francs au retour du foulon; & qu'ils ne seront faits que des laines du pays de Vivarais, ou Dauphiné & Provence : L'avis du S.r de Basville Conseiller d'Estat ordinaire, Intendant en Languedoc : Oüy le rapport du S.r Desmaretz Conseiller ordinaire au Conseil Royal, Controlleur General des Finances, LE ROY EN SON CONSEIL, a ordonné & ordonne que les chaisnes des Cadis d'Aubenas & des lieux circonvoisins, seront composées de vingt-quatre portées de quarante fils chacune, & qu'ils auront deux pans & un quart en toile, pour avoir au retour du foulon deux pans francs, mesure de Montpellier, revenant à un tiers & un douzieme d'aulne mesure de Paris : Qu'il sera laissé à la teste de chaque piece, quatre doigts de la chaisne sans estre remplie de trame, pour en pouvoir compter les fils. Ordonne en outre Sa Majesté, qu'il ne pourra estre employé d'autres laines dans la fabrique desdits Cadis, que celles du pays de Vivarais, de Dauphiné ou de Provence, le tout à peine de confiscation desdites étoffes. Enjoint Sa Majesté au S.r Intendant en la Province de Languedoc, de tenir la main à l'execution du present Arrest, lequel sera lû, publié & affiché par tout où besoin sera. FAIT au Conseil d'Estat du Roy, tenu à Versailles le vingtieme jour d'Octobre mil sept cens huit. Collationné. *Signé* DE LAISTRE.

---

§. XXXV.

FABRIQUE DES SARGUES.

ARREST portant Reglement par la fabrique des étoffes appellées Sargues.

Du 27. Mars 1714.

Extrait des Registres du Conseil d'Estat.

VÛ au Conseil d'Estat du Roy l'Ordonnance du Sieur de Lamoignon de Basville, Conseiller d'Estat ordinaire, & Intendant en la Province de Languedoc, du 24. Mars 1708. par laquelle il auroit reglé par provision le nombre des portées de fils dont les étoffes appellées *Sargues*, fabriquées en ladite Province, doivent estre composées, la largeur que lesdites étoffes doivent avoir, tant en toile qu'au retour du foulon, & leur longueur: Et Sa Majesté desirant y pourvoir par un Reglement définitif, & empescher que lesdites étoffes ne soient à l'avenir tirées avec excès; Oüy le rapport du S.r Desmaretz Conseiller ordinaire au Conseil Royal, Controlleur general des Finances, LE ROY EN SON CONSEIL a ordonné & ordonne.

ARTICLE PREMIER.

QUE les Sargues, tant lisses que croisées, de la Cabarede, la Bastide, Saint Amans, Rovairoux, Angles, Sepisaux, & autres lieux circonvoisins, seront ourdies à vingt-quatre portées de trente-deux fils chacune, qui font sept cens soixante-huit fils à chaque chaisne; & qu'elles seront montées dans des peignes de deux pans & un tiers, pour avoir deux pans francs de largeur au retour du foulon.

II.

LES Sargues lisses, de Vabres, Ferrieres, Seneguas, Brassac, & autres de pareille qualité, seront ourdies à vingt portées de trente-deux fils chacune, qui font six cens quarante fils à chaque chaisne, & seront montées sur deux pans & un quart de largeur, pour avoir deux pans francs au retour du foulon.

III.

LES chaines de toutes lesdites Sargues, tant communes qu'autres, seront de trente-deux cannes de longueur mesure de Montpellier, pour revenir à trente cannes de la mesme mesure au retour du foulon, & les demi-pieces à proportion; chacune desdites cannes revenant à une aulne deux tiers mesure de Paris.

IV.

TOUTES lesdites pieces & demi pieces auront teste & queuë.

V.

FAIT Sa Majesté deffenses, sous quelque pretexte que ce soit, d'ourdir lesdites chaisnes sur un plus long ou moindre aulnage, à peine de cinq livres d'amende, & de confiscation desdites chaisnes pour la premiere fois, & de plus grande peine en cas de recidive.

VI.

FAIT pareillement deffenses aux Tisserands de recevoir aucune chaisne d'un plus grand ou d'un moindre aulnage, à peine de cinq livres d'amende pour chaque contravention.

VII.

FAIT encore Sa Majesté deffenses de passer lesdites Sargues à la rame, ni d'y faire aucune autre sorte de tirage, à peine de dix livres d'amende pour chaque piece, & de confiscation. Veut & ordonne que lesdites pieces confisquées soient bruslées aux places des Foires où elles auront esté exposées en vente, & aux places des lieux où elles auront esté saisies.

VIII.

PERMET seulement Sa Majesté ausdits Fabriquans, de tirer lesdites pieces au retour du foulon sur un simple tour qu'un enfant puisse faire tourner.

IX.

ORDONNE Sa Majesté que lesdites pieces de Sargue ne pourront estre venduës par les Fabriquans & autres Marchands en gros, que pour trente cannes, encore qu'elles eussent une plus grande longueur.

X.

ORDONNE aussi Sa Majesté que lesdites étoffes seront marquées du plomb de Fabrique, dans les Villes & lieux où elles auront esté fabriquées; qu'à l'égard de celles qui sont faites à la Campagne, elles seront marquées dans les Villes & lieux les plus prochains, où il sera nommé des Jurez-Gardes, & ladite marque establie à la diligence des Inspecteurs des Manufactures; & qu'outre le plomb de fabrique, elles seront encore marquées du plomb de vûë dans les Foires, ou autres lieux ausquels lesdites étoffes seront exposées en vente. Enjoint Sa Majesté au Sieur Commissaire départi en ladite Province de Languedoc, de tenir la main à l'execution du present Arrest, luy attribuant pour cet effet toute Jurisdiction. FAIT au Conseil d'Estat du Roy, tenu à Versailles le vingt-septieme jour de Mars mil sept cens quatorze. Collationné. *Signé* GOUJON.

LOUIS PAR LA GRACE DE DIEU, ROY DE FRANCE ET DE NAVARRE: A nostre amé & feal Conseiller en nostre Conseil d'Estat, le Sieur de Lamoignon de

Basville

Basville Commissaire départi pour l'execution de nos ordres en la Province de Languedoc, SALUT. Suivant l'Arrest dont l'Extrait est cy-attaché sous le Contre-scel de nostre Chancellerie, cejourd'huy donné en nostre Conseil d'Estat, portant Reglement pour les étoffes fabriquées en ladite Province, Nous vous enjoignons de tenir la main à l'execution d'iceluy. Commandons au premier nostre Huissier ou Sergent sur ce requis, de signifier ledit Arrest aux y dénommez, & à tous qu'il appartiendra, à ce qu'aucun n'en ignore, & de faire en outre pour l'entiere execution d'iceluy, tous Commandemens, Sommations, deffenses y contenuës, & autres actes & exploits necessaires, sans autre permission; CAR TEL EST NOSTRE PLAISIR. Donné à Versailles le vingt-septieme jour de Mars, l'an de grace mil sept cens quatorze, & de nostre regne le soixante-onzieme. Par le Roy en son Conseil. *Signé* GOUJON. Et scellé.

ARREST qui ordonne que les Sargues croisées de Saint Amant, Angles, Septfaux & autres lieux circonvoisins, seront ourdies à vingt-une cannes en toile, mesure de Montpellier, pour avoir vingt cannes de la mesme mesure au retour du foulon.

Du 4. Decembre 1714.

Extrait des Registres du Conseil d'Estat.

SUR ce qui a esté representé au Roy, en son Conseil, par les Marchands Fabriquans de Saint Amant, Angles, Septfaux & autres lieux, qu'ils ne peuvent executer l'Arrest du Conseil du 27. Mars dernier, portant Reglement pour la fabrique des Sargues, en ce qu'il est porté par l'article III. dudit Arrest, que les chaisnes desdites Sargues, tant communes qu'autres, seront ourdies à trente-deux cannes mesure de Montpellier, pour revenir au retour du foulon à trente cannes de la même mesure; d'autant que les Sargues croisées feroient un trop gros volume, & ne pourroient pas estre bien foulées si elles estoient de cette longueur. Vû l'avis du Sieur de Basville Conseiller d'Estat ordinaire, & Intendant en Languedoc, qui a oüy les Deputez de la Chambre du Commerce de Montpellier: Oüy le rapport du Sieur Desmaretz Conseiller ordinaire au Conseil Royal, Controlleur general des Finances, LE ROY EN SON CONSEIL, a ordonné & ordonne que les Sargues croisées de Saint Amant, Angles, Septfaux & autres lieux circonvoisins, seront ourdies à vingt-une cannes en toile mesure de Montpellier, revenant à une aulne deux tiers mesure de Paris, pour avoir vingt cannes de la même mesure au retour du foulon; & que pour le surplus, l'Arrest du Conseil du 27. Mars dernier sera executé selon sa forme & teneur. Enjoint Sa Majesté au S.r de Basville de tenir la main à l'execution du present Arrest. FAIT au Conseil d'Estat du Roy, tenu à Versailles le quatrieme jour de Decembre mil sept cens quatorze. *Signé* DELAISTRE.

LOUIS PAR LA GRACE DE DIEU, ROY DE FRANCE ET DE NAVARRE: A nostre amé & feal Conseiller en nos Conseil le Sieur de Basville Conseiller d'Estat, Intendant & Commissaire départi pour l'execution de nos ordres dans la Province de Languedoc, SALUT. Nous vous mandons & enjoignons de tenir la main à l'execution de l'Arrest dont l'extrait est cy-attaché sous le Contre-scel de nostre Chancellerie, cejourd'huy donné en nostre Conseil d'Estat pour les causes y contenuës. Commandons au premier nostre Huissier ou Sergent sur ce requis, de signifier ledit Arrest à tous qu'il appartiendra, à ce que personne n'en ignore, & de faire en outre pour son entiere execution tous Commandemens, Sommations, & autres Actes & Exploits requis & necessaires, sans autre permission; CAR TEL EST NOSTRE PLAISIR. Donné à Versailles le quatrieme jour de Decembre, l'an de grace mil sept cens quatorze, & de nostre Regne le soixante-douzieme. Par le Roy en son Conseil.

Signé DELAISTRE.

§. XXXVI.

DRAPS PORTEZ DANS LES ESCHELLES du Levant, ſans avoir eſté marquez par l'Inſpecteur des Manufactures eſtabli à Marſeille.

ORDONNANCE du Roy portant que ces ſortes de Draps ſeront renvoyez par les Conſuls de France dans leſdites Eſchelles, aux Eſchevins de Marſeille, pour y eſtre ſtatué conformément aux Reglemens.

Du 23. Septembre 1699.

Extrait des Regiſtres du Conſeil d'Eſtat.

SA MAJESTÉ eſtant informée que les Reglemens qu'elle a faits pour perfectionner les Draps des Manufactures de France, & les mettre en eſtat par leur bonne qualité de s'attirer la preference, ou au moins d'entrer en concurrence avec ceux qui ſe fabriquent dans les pays eſtrangers, n'ont pas encore eu tout le ſuccès qu'Elle en a attendu, par la quantité des pieces défectueuſes & rebutées par la Chambre du Commerce, & par l'Inſpecteur eſtabli à Marſeille, que les Fabriquans ou les Negocians qui s'en eſtoient chargez, ont trouvé le moyen de faire paſſer en Levant; ce qui en a decredité la fabrique & diminué le debit. Sur quoy Sa Majeſté voulant pourvoir, Elle a ordonné & ordonne, veut & entend que toutes les pieces de Draps des Manufactures de France, qui ſeront apportées dans les Eſchelles de Levant, ſur quelque Baſtiment que ce ſoit, ſans eſtre marquées de la marque des Eſchevins & de l'Inſpecteur de Marſeille, ſeront renvoyées par les Conſuls, leſquels dreſſeront procès verbal contenant l'estat de chaque piece, les noms des Chargeurs & des Commissionnaires ausquels elles auront esté adressées, & renvoyeront le tout ausdits Eschevins, pour y estre par eux statué conformément aux Reglemens. Veut Sa Majesté, que les Consuls informent le Secretaire d'Estat ayant le Département de la Marine, de ce qu'ils feront en execution de la presente Ordonnance, à laquelle ils tiendront la main, à peine d'en repondre en leur propre & privé nom. FAIT à Fontainebleau le vingt-troisieme de Septembre mil six cens quatre-vingt-dix-neuf. *Signé* LOUIS, *& plus bas* PHELYPEAUX.

---

§. XXXVII.

DRAPS DESTINEZ POUR LE LEVANT apportez à Marseille pour y estre embarquez.

ORDONNANCE de M.r Lebret Intendant en Provence, concernant la visite des Draps en blanc venant à Marseille, à l'effet d'y estre embarquez pour le Levant & autres pays estrangers.

Du 27. Avril 1698.

SUR ce qui nous a esté representé par le Sieur Loüis Cauviere Commis Inspecteur des Draps & autres étoffes de laine provenant des Manufactures du Royaume, destinées pour le Levant & autres pays estrangers, establi en la Ville de Marseille en execution de l'Arrest du Conseil du premier Septembre 1693. que par nostre Ordonnance du 30. Decembre 1694. entr'autres choses y contenuës, estant porté qu'à l'égard des Draps qui viendront en blanc dans ladite Ville, ledit Inspecteur les ira visiter & marquer chez les Tondeurs & Teinturiers, aux jours qu'il leur aura indiquez à cet effet; il a reconnu que la plus grande partie des draps de cette qualité, qu'il a visitez chez les Tondeurs, estoient d'une très-mauvaise qualité, & que même la plusspart n'avoient pas esté marquez par les Inspecteurs des lieux où ils ont esté fabriquez; ce qui l'a obligé d'en saisir & arrester partie entre les mains desdits Tondeurs, paroissant que la permission accordée aux Marchands à qui lesdits draps en blanc sont adressez, de les faire porter chez eux ou chez les Teinturiers, avant que de les avoir fait visiter & marquer, leur donne le moyen de les vendre à des personnes qui n'en connoissent point la qualité, & c'est ce qui cause un préjudice très-considerable au Commerce, à quoy estant necessaire de pourvoir: Nous premier President & Intendant susdit, ordonnons que tous les draps qui viendront en blanc dans la Ville de Marseille, & qui seront destinez pour le Levant & autres pays estrangers, seront portez au lieu establi pour la visite, situé au bout du Port à la Maison des Augustins, pour y estre visitez par ledit Commis Inspecteur, en presence de deux Marchands nommez à cet effet; & ensuite, s'ils se trouvent de la qualité requise, estre marquez sur le chef de chaque piece, d'une empreinte noire aux armes de ladite Ville. Et en consequence ordonnons à tous Capitaines de Vaisseaux, Barques & autres Bastimens, Voituriers & Marchands qui apporteront ou feront apporter desdits Draps, de les declarer audit Commis, & de les faire transporter audit lieu de visite, d'abord après leur arrivée à Marseille: Leur faisons deffenses de les faire transporter ailleurs, à peine de cent livres d'amende pour chacune contravention, & de plus grande peine en cas de recidive. Ordonnons en outre à tous Marchands, Fabriquans & autres qui ont de pareils draps chez eux, de les faire porter audit lieu de visite trois jours après la publication de nostre presente Ordonnance, pour estre visitez par ledit Commis Inspecteur & lesdits Marchands nommez, & ensuite marquez de ladite empreinte. Faisons très-expresses inhibitions & deffenses à tous Tondeurs & Teinturiers d'apprester ni teindre lesdits draps sans avoir esté marquez de ladite empreinte par ledit Commis, le tout sous les mesmes peines; sauf à estre lesdits draps de nouveau visitez après leur appreſt & teinture, & marquez s'il y écheoit. Faiſons encore très-expreſſes inhibitions & deffenſes aux Proprietaires deſdits draps, & de ceux qui viendront teints & appreſtez, de les faire embarquer ſans avoir eſté marquez conformément à l'Arreſt du Conſeil dudit jour premier Septembre 1693. & à noſtre Ordonnance du 30. Decembre 1694. ſous les peines y portées; laquelle Ordonnance ſera au ſurplus executée ſelon ſa forme & teneur. Et ſera la preſente enregiſtrée ès Regiſtres de la Chambre du Commerce, publiée & affichée aux Carrefours & Places publiques, à ce que perſonne n'en prétende cauſe d'ignorance. FAIT à Aix le vingt-ſept Avril mil ſix cens quatre-vingt-dix-huit. *Signé* LEBRET.

ORDONNANCE de M. Lebret Intendant en Provence, portant que les Acheteurs des draps propres pour les Eſchelles du Levant, ou leurs Commiſſionnaires eſdites Eſchelles, qui voudront vérifier l'aulnage des draps qui leur auront eſté vendus ou envoyez, ſeront tenus d'en faire la vérification avec l'aulne de Paris.

Du 9. Juillet 1709.

SUR ce qui nous a eſté repreſenté par les principaux Fabriquans de la Province de Languedoc, qui travaillent en draps propres pour le Levant, qu'en conſequence de l'Arreſt du Conſeil d'Eſtat du 24. Juin 1687. qui ordonne de ſe ſervir de l'aulne de Paris dans la vente & débit des draps, ils vendent ordinairement ſur ce pied les draps propres pour le Levant aux Negocians de Marſeille; les Commiſſionnaires deſquels reſidant aux Eſchelles, préſuppoſent preſque toûjours un manque d'aulnage par la reduction qu'ils font du Pic qui eſt la meſure du Pays, à l'aulne de Paris; ce qui avoit par cy-devant fait naiſtre des conteſtations entre les Fabriquans & les Acheteurs; de maniere que pour les faire cesser, la Chambre de Commerce de Marseille fit faire en l'année 1703. une quantité d'aulnes de Paris, qu'elle envoya ensuite dans le mois de Mars de ladite année aux Députez de la Nation Françoise ès Eschelles de Constantinople, Smyrne, Alep, Tripoly de Syrie, Sayde, Caire, Alexandrie & Chypre, avec les Instructions necessaires pour faire l'aulnage desdits draps, qui sont de faire tenir l'aulne avec les deux mains à un homme, comme il se pratique dans tout le Royaume, c'est-à-dire aulner bois à bois; avec ordre ausdits Députez de mettre cette aulne en chacune Chancellerie desdites Eschelles, pour servir en cas de contestation de manque d'aulnage, & éviter les reductions de l'aulne au Pic. Que cependant au préjudice de ce, les Negocians des Eschelles, au lieu de se conformer aux intentions de Sa Majesté, & aux ordres donnez en consequence par ladite Chambre, continuënt leur ancien usage abusif de la reduction qu'ils ont accoustumé de faire, pretendant que cinq aulnes doivent produire neuf pics, & par ce moyen rapportent des attestations, non seulement du pretendu manque d'aulnage sur une piece de drap par le moyen de ladite reduction, mais encore du manque d'aulnage sur les autres pieces dont une balle est composée, sans pourtant les avoir déployées ni aulnées: ne faisant d'ailleurs aucune attention que lesdits Fabriquans ne doivent point entrer dans cette pretenduë reduction, & qu'ils ne sont tenus du manque d'aulnage que lorsqu'il pourra y en avoir en mesurant les draps de la maniere cy-dessus expliquée; à quoy desirant pourvoir pour faire cesser tous les incidens qui pourroient s'en ensuivre.

NOUS ordonnons que, conformément à l'Arrest du Conseil dudit jour 24. Juin 1687. les Acheteurs des draps propres pour les Eschelles du Levant, ou leurs Commissionnaires esdites Eschelles, qui voudront vérifier l'aulnagne des draps qui leur auront esté vendus ou envoyez, seront tenus d'en faire faire la vérification avec l'aulne de Paris, bois à bois; sçavoir pour ceux qui les acheteront en cette Ville, par les Arbitres dont ils conviendront lors de la vente; & pour les Commissionnaires residant esdites Eschelles, par ceux qui seront nommez d'office par les Srs Consuls ou Vice-Consuls desdites Eschelles; ausquels Arbitres Nous ordonnons de proceder à ladite vérification, avec l'aulne déposée aux Archives de la Chambre du Commerce, ou ès Chancelleries des Eschelles. Faisons deffenses à ceux des Arbitres qui y font leur residence, de se servir de l'usage du Pic pour la reconnoissance de l'aulnage des draps, & de faire aucune reduction du Pic à l'aulne, à peine de nullité de leur rapport, & de cent livres d'amende pour chacune contravention. Et sera nostre presente Ordonnance enregistrée ausdites Archives, lûë, publiée & affichée à la Salle de la Loge de Marseille, & autres endroits accoustumez, & copies d'icelle envoyées à la diligence des Sieurs Maire, Eschevins & Deputez de ladite Chambre, esdites Eschelles de Levant, pour y estre lûës & publiées la Nation assemblée, & ensuite enregistrées aux Chancelleries, afin qu'aucun n'en prétende cause d'ignorance. FAIT à Marseille le neuf Juillet mil sept cens neuf. *Signé* LEBRET.

ARREST concernant l'apprest des draps fins & grossiers en blanc, destinez pour les Eschelles du Levant, qui sont teints dans la Ville de Marseille.

Du 10. Fevrier 1720.

Extrait des Registres du Conseil d'Estat.

LE ROY ayant esté informé que les draps en blanc, fins & grossiers, destinez pour les Eschelles du Levant, fabriquez, tant à Marseille que dans les autres Villes & Lieux du Royaume, & qui sont teints & apprestez dans ladite Ville de Marseille, ne sont pas envoyez au foulon après la teinture; ce qui empesche que les couleurs ne soient suffisamment unies, vives & éclatantes, parce qu'elles conservent la crasse de la lessive & de la garance, & l'odeur de l'huile, en sorte que lesdits draps salissent le linge &

& les mains lorſqu'on les viſite ou qu'on les employe: comme auſſi que les Fabriquans tirent avec excès à la rame les draps Seizains & Abouchouchy, pour leur donner une plus grande longueur: Et Sa Majeſté deſirant faire ceſſer ces abus, qui ſont contraires à la bonne foy & capables de nuire au débit & à la conſommation de ces eſpeces de draps; Oüy le rapport, SA MAJESTÉ ESTANT EN SON CONSEIL, de l'avis de M. le Duc d'Orleans Regent, a ordonné & ordonne ce qui enſuit.

ARTICLE PREMIER.

TOUS les draps fins & groſſiers en blanc deſtinez pour les Eſchelles du Levant, qui ſeront teints dans la Ville de Marſeille, ſeront envoyez au foulon avant que d'eſtre mis en teinture, pour leur faire dégorger la leſſive de la cuve, la craſſe & la graiſſe qu'ils auront pris par leur appreſt, ou parce qu'ils n'auront pas eſté ſuffiſamment dégraiſſez & décraſſez au foulon.

II.

VEUT Sa Majeſté, que les draps cy-deſſus énoncez & autres en blanc qui n'auront pas eſté ſuffiſamment dégraiſſez, ſoient renvoyez au foulon avant que d'eſtre portez à la teinture: fait deffenſes aux Teinturiers, à peine de cinq cens livres d'amende, de teindre aucuns draps qu'ils n'ayent eſté préalablement dégraiſſez & dégorgez au foulon.

III.

LES draps deſtinez pour eſtre teints en bleu de toutes nuances, & en noir, ſeront envoyez au foulon après leur teinture, pour y eſtre dégorgez.

IV.

LES draps & autres étoffes qu'on voudra faire teindre en verd, violet, pourpre & autres couleurs ſujettes à eſtre paſſées au gueſde, ſeront envoyez au foulon par les Teinturiers après les avoir teints en bleu ou paſſez à la cuve, pour les achever enſuite dans les couleurs auſquelles ils ſeront deſtinez; Et tous les frais du dégorgeage comme neceſſaires pour l'appreſt, ſeront payez par ceux à qui appartiendront leſdits draps & autres étoffes.

V.

Les draps & autres étoffes teintes en toutes les autres couleurs que celles cy-dessus énoncées, seront bien lavez & battus au moins à trois eaux differentes après la teinture, par les Teinturiers: Et pour que la bonne teinture desdites étoffes puisse estre facilement reconnuë, veut aussi Sa Majesté que, conformément à l'Article XXXIV. des Reglemens generaux de l'année 1669. pour les teintures, les Teinturiers laissent au bout de chaque piece desdites étoffes une rose de toutes les couleurs qui auront servi de pied & de fond à leurs teintures, à peine de cinq cens livres d'amende.

V I.

Les Maistres Foulonniers marqueront lesdits draps & étoffes d'une empreinte noire aux Armes de Sa Majesté sur le chef de chaque piece, pour faire connoistre qu'elles auront esté dégorgées après la teinture: fait Sa Majesté deffenses aux Tondeurs, à peine d'estre déchus de leur Maistrise, d'apprester lesdits draps qui n'auront pas esté marquez de ladite empreinte, ainsi qu'il est cy-dessus ordonné, & ausdits Fabriquans & Teinturiers de les envoyer chez lesdits Tondeurs, à peine de vingt livres d'amende pour chaque piece, & de plus grande peine en cas de recidive.

V I I.

Fait aussi Sa Majesté deffenses à tous Fabriquans, Teinturiers & Marchands, de mettre & tirer à la rame les draps communs d'une aulne de large, & ceux appellez Seizains & Abouchouchy, à peine de deux cens livres d'amende.

V I I I.

Deffend pareillement Sa Majesté à tous Fabriquans, Marchands, & autres, de faire sortir de la Province de Languedoc aucuns draps Londres, ou Londres larges, en blanc, & autres draps destinez pour les Eschelles du Levant, qu'ils n'ayent esté mis en couleur & reçû les derniers apprests, conformément à l'Arrest du 7. Juillet 1716. Ordonne au surplus que tous lesdits draps & autres étoffes qui auront reçû leurs derniers apprests, seront portez au Bureau estabh en ladite Ville de Marseille, pour y eſtre viſitez & marquez ſuivant l'Arreſt du premier Septembre 1693. Enjoint Sa Majeſté au S.r Intendant de Juſtice & Finances au Pays de Provence, de tenir la main à l'execution du preſent Arreſt. FAIT au Conſeil d'Eſtat du Roy, Sa Majeſté y eſtant, tenu à Paris le dixieme jour de Fevrier mil ſept cens vingt. *Signé* PHELYPEAUX.

LOUIS PAR LA GRACE DE DIEU, ROY DE FRANCE ET DE NAVARRE, Comte de Provence, Forcalquier & Terres adjacentes: A noſtre amé & feal Conſeiller en nos Conſeils, le Sieur Intendant de Juſtice, Police & Finances au Pays de Provence, SALUT. Nous vous mandons & enjoignons par ces preſentes ſignées de noſtre main, que ſuivant l'Arreſt cy-attaché ſous le Contre-ſcel de noſtre Chancellerie, cejourd'huy donné en noſtre Conſeil d'Eſtat, Nous y eſtant, pour les cauſes y contenuës, vous ayez à vous employer à l'execution d'iceluy ſelon ſa forme & teneur: Commandons au premier noſtre Huiſſier ou Sergent ſur ce requis, de ſignifier ledit Arreſt à tous qu'il appartiendra, & de faire pour ſon entiere execution tous actes & exploits neceſſaires, ſans pour ce demander autre permiſſion; CAR TEL EST NOSTRE PLAISIR. Donné à Paris le dixieme jour de Fevrier, l'an de grace mil ſept cens vingt, & de noſtre Regne le cinquieme. *Signé* LOUIS, *Et plus bas* par le Roy, Comte de Provence, le Duc d'Orleans Regent preſent, *Signé* PHELYPEAUX. Et ſcellé du grand Sceau de cire jaune.

ORDONNANCE du Roy du 26. Mars 1727. portant ce qui doit eſtre obſervé pour les draps des Manufactures de Languedoc qui ſont envoyez dans les Eſchelles du Levant.

Du 26. Mars 1727.

SUR ce qui a eſté repreſenté à Sa Majeſté, que quelques negocians ont envoyé dans les Eſchelles de Levant des draps des Manufactures de Languedoc, qui ne ſe ſont point trouvez fabriquez conformément à ce qui eſt preſcrit par les Reglemens faits à ce ſujet; Elle a eſtimé pour le bien du Commerce de ſon Royaume, & maintenir la preference que ces draps ont eu juſqu'à preſent pour leur debit dans leſdites Eſchelles, lorſqu'ils ont eu leur degré de perfection, qu'il eſtoit à propos de pourvoir aux moyens d'arreſter les abus qui pourroient leur faire perdre cet avantage. Pour cet effet, Sa Majeſté a ordonné & ordonne que les draps des Manufactures de Languedoc, deſtinez pour les Eſchelles du Levant, ſeront examinez au Bureau de l'Inſpection de Marſeille, & marquez ſur un plomb qui ſera attaché à celuy du Bureau de Montpellier; Voulant qu'en cas que les draps ne ſoient pas trouvez fabriquez conformément à ce qui eſt preſcrit par les Reglemens, ils ſoient renvoyez audit Montpellier par l'Inſpecteur de Marſeille, auquel Sa Majeſté fait deffenſes de les rendre aux Marchands qui les auront preſentez: & que ceux qui envoyeront des draps dans leſdites Eſchelles du Levant, y joignent les Certificats des Inſpecteurs de Montpellier & de Marſeille qui les auront viſitez & marquez, à peine de trois cens livres d'amende pour chaque balle, & d'eſtre leſdites Marchandiſes renvoyées des Eſchelles où elles auront eſté portées, à Marſeille, aux frais des Proprietaires. Mande Sa Majeſté au S.r Lebret Conſeiller en ſes Conſeils, Premier Preſident du Parlement de Provence, Intendant de Juſtice, Police & Finances de ladite Province, & Inſpecteur du Commerce de Levant, & aux Conſuls & Vice-Conſuls des Eſchelles de Levant & de Barbarie, de tenir la main à l'execution de la preſente Ordonnance, qui ſera lûë, publiée, affichée & enregiſtrée par tout où beſoin ſera afin que perſonne n'en prétende cauſe d'ignorance. FAIT à Verſailles le vingt-ſix Mars mil ſept cens vingt-ſept. *Signé* LOUIS. *Et plus bas*, PHELYPEAUX.

HUITIÉME PARTIE.

REGLEMENS PARTICULIERS

Concernant la fabrique des Toiles & Toileries.

§. PREMIER.

NORMANDIE.

REGLEMENT general pour la Manufacture des Toiles qui se fabriquent en Normandie, confirmé par Lettres Patentes du mois d'Aoust 1676.

Du 14. Aoust 1676.

LE ROY estant informé que la Manufacture des Toiles qui fait le principal commerce des Provinces de Bretagne & de Normandie, est beaucoup diminuée depuis quelques années; Et Sa Majesté voulant pourvoir au restablissement de ladite Manufacture, & même à l'augmenter par tous les moyens possibles: SA MAJESTÉ EN SON CONSEIL a ordonné & ordonne, que deux des principaux Marchands & Negocians de chacune des Villes de Paris, Roüen & Saint Malo qui seront choisis & députez à cet effet, se rendront incessamment à Paris pour estre, en la presence du Sr Colbert Controlleur General des Finances, entendus ſur les abus qui ont cauſé la diminution de la Manufacture des toiles, & donner leur avis ſur les moyens de la reſtablir: & le tout vû & rapporté au Conſeil par ledit Sieur Colbert, eſtre pourvû ainſi qu'il appartiendra. FAIT au Conſeil d'Eſtat du Roy, Sa Majeſté y eſtant, tenu au Camp de Kievrain le vingt-ſeptieme Juin mil ſix cens ſoixante & ſeize.

Signé COLBERT.

ARTICLE PREMIER.

LES Toiles appellées blancardes, fleurets & reformées, ſeront faites & façonnées de pur lin, tant en la chaiſne qu'en la trame, ou toutes de chanvre, ou toutes d'étoupes ſans aucun meſlange ni alteration, & ſeront égales en bonté, tant aux lizieres & aux bouts qu'au milieu; & le fil ſera de pareille filure, ſans entremeſler au milieu ni aux lizieres de la chaiſne, ni en la tiſſure de la toile, du fil plus gros ou gaſté, ni d'autre qualité ou de moindre valeur, à peine de confiſcation, & de cinquante livres d'amende contre celuy qui les aura fabriquées.

I I.

LES Ouvriers & Façonniers en toiles appellées fleurets, ſeront tenus de monter leurs meſtiers du nombre de deux mille ſix cens fils au moins, pour les toiles blancardes du nombre de deux mille deux cens fils; Et à l'égard des toiles appellées de coffre, les meſtiers ſeront montez au moins de deux mille huit cens fils, & pour les autres toiles de moindre qualité appellées brunes, elles ſeront de douze cens fils & au-deſſous: Et ſeront tenus les Ouvriers de faire leſdites toiles des portées & fils cy-deſſus mentionnez, afin qu'elles ſe trouvent de trois quarts & demy un ſixieme de large, vulgairement appellées laiſe de bonjon, ſous les mêmes peines que deſſus.

I I I.

LES Toiles brunes qui ne doivent ſervir qu'à la teinture, ne pourront contenir que dix à douze aulnes de longueur, & en cas qu'il s'en trouve de ladite qualité dont les pieces contiennent davantage, elles ſeront coupées & reduites à cet aulnage par ceux qui ſeront commis à la viſite, & les contrevenans condamnez en cent livres d'amende.

I V.

POUR l'obſervation des Articles precedens toutes les lames & rots des meſtiers des Tiſſerands de la Province de Normandie, quatre mois après la publication du preſent Reglement, ſeront reformez, & les rots & lames pour toutes les toiles cy-deſſus auront une aulne entre les deux gardes, & ſeront égales ſans eſtre renforcées aux lizieres ni au milieu; & en cas qu'après ledit temps paſſé il s'en trouve qui ne ſoient de la largeur & qualité preſcrite par le preſent Article, ceux auſquels ils appartiendront ſeront condamnez en vingt livres d'amende pour chacun; & deffenſes ſeront faites aux Rotziers de faire des rots d'une autre qualité que celle-cy-deſſus exprimée, à peine de Cent livres d'amende.

V.

PAREILLEMENT ſera fait deffenſes à toutes perſonnes de devider du gros fil avec du fil menu en une même piece, ni du fil de chanvre avec du fil de lin; mais le fil ſera devidé ſeparément ſuivant ſa qualité, ſans mélange, à peine de Cinquante livres d'amende.

V I.

TOUTES les toiles ſeront vûës, viſitées & marquées de la marque du lieu où elles auront eſté faites, en cas qu'elles ſe trouvent conformes au preſent Reglement; laquelle marque ſera faite avec de l'huile & du noir par les deux bouts de chacune piece de toile, & par les perſonnes qui ſeront nommées: Et en cas qu'il s'y trouve de la défectuoſité, ils les feront ſaiſir & en demanderont la confiſcation pardevant les Juges auſquels la connoiſſance en ſera attribuée par Sa Majeſté; Et ſi leſdites toiles n'avoient la largeur portée par le preſent Reglement, elles ſeront coupées de deux en deux aulnes publiquement. Et & pour faciliter leſdites viſites & marques, il y aura en chacune Ville, Bourg ou Village où ſe vendent leſdites toiles, une Chambre de grandeur neceſſaire, dans les Hoſtels de Ville ou autres lieux plus commodes, où les façonniers & ouvriers seront tenus d'apporter leurs toiles pour y estre visitées & marquées aux jours & heures qui seront reglez & arrestez par les Juges de Police; Et à cet effet lesdits Gardes, Jurez & autres qui seront commis à ladite visite, seront tenus de s'y rendre: Et si lesdites toiles estoient portées en d'autres Villes pour y estre debitées, elles seront directement déchargées dans les Halles ou autres lieux destinez aux visites & non ailleurs, excepté celles qui seront apportées aux Foires, qui seront aussi vûës, visitées & marquées, pour connoistre si elles sont de qualité requise; & où elles ne le seroient, & qu'à icelles la marque du lieu où elles auront esté faites n'y eust esté apposée, elles seront saisies, & la confiscation poursuivie pardevant les Juges qui en doivent connoistre, à la diligence de ceux qui seront commis à ladite visite & marque: Et ne pourront aucuns Marchands & ouvriers exposer en vente ni acheter lesdites toiles, qu'au préalable elles n'ayent esté marquées; & les Gardes, Jurez ou Commis à la marque des lieux où lesdites toiles auront esté venduës, ne les pourront marquer d'autre marque que de celle desdits lieux, à peine de confiscation.

VII.

Ne pourront pareillement les Blanchisseurs & Curandiers blanchir aucunes desdites toiles, qu'au préalable elles ne soient marquées, ni les Commissionnaires ou Courtiers en acheter, ni les Emballeurs en emballer pour les Pays estrangers, qu'elles n'ayent ladite marque, à peine de Trois cens livres d'amende.

VIII.

Deffenses seront pareillement faites à tous Marchands & ouvriers d'apporter en ladite Ville de Roüen des toiles empointées, & à leurs hostes, commissionnaires & facteurs de les garder en leurs maisons ni en leurs chambres que jusqu'au prochain jour des Halles, ni les montrer ni déballer dans leurs Hostelleries. Les toiles seront pliées de petits plis & portées dans leur emballage sans avoir esté ouvertes, à la Halle aux toiles de ladite Ville, pour y estre déballées à leur arrivée, & placées sur

sur les planches à ce destinées, & estre vûës, visitées & marquées, pour ensuite estre exposées en vente les Vendredis de chaque semaine, depuis six heures du matin jusqu'à sept heures du soir, sans qu'elles puissent estre venduës ailleurs, à peine de confiscation; avec deffenses au Concierge d'ouvrir la Halle, & d'y laisser entrer pour y voir les toiles qui y seront reportées, ni leur en permettre la sortie ledit jour Vendredy passé, sous peine de destitution.

IX.

SERA aussi fait deffenses à tous ouvriers & aulneurs d'acheter ni mettre en curage aucunes toiles pour leur compte particulier, à peine de Trois cens livres d'amende.

X.

LES Marchands & ouvriers en toiles seront tenus de souffrir les visites des Jurez & Commis préposez ausdites visites; & s'ils en font refus, pourront lesdits Jurez & Commis se faire assister d'un Officier de Justice, pour leur donner aide & main forte contre les contrevenans.

FAIT & arresté au Conseil Royal de Commerce, tenu à Versailles le quatorzieme d'Aoust mil six cens soixante-seize.

Signé COLBERT.

LOUIS PAR LA GRACE DE DIEU, ROY DE FRANCE ET DE NAVARRE : A tous presens & à venir, SALUT. Nous avons esté informez que la Manufacture des toiles qui a toûjours esté considerable dans nostre Royaume, estoit beaucoup diminuée depuis quelques années, & particulierement dans nostre Province de Normandie : Et comme il est important d'en maintenir la reputation, pour conserver à nos Sujets l'avantage qu'ils reçoivent du Commerce desdites toiles avec les Estrangers, Nous avons examiné les moyens les plus convenables pour remedier à ce mal; & pour connoistre auparavant les abus qui se sont glissez dans la fabrique des toiles, Nous avons par Arrest de nostre Conseil du 27. Juin dernier, ordonné que deux des principaux Marchands & Negocians de chacune des Villes de Paris, Roüen & Saint Malo, qui seront choisis à cet effet, se rendront incessamment en nostre bonne Ville de Paris, pour en la presence du Sieur Colbert Controlleur general de nos Finances, Sur-Intendant & Ordonnateur general de nos Bastimens, Arts & Manufactures de France, estre entendus sur les abus qui ont causé la diminution de la Manufacture des toiles, proposer les moyens les plus avantageux pour la restablir: En consequence duquel Arrest lesdits Marchands ont esté entendus, & ont proposé plusieurs Articles pour servir de Reglement pour la longueur, largeur, qualité & fabrique desdites toiles; desquels le Rapport a esté fait en nostre Conseil, & les ayant jugé bons & utiles pour le restablissement de cette Manufacture, & même parvenir par la suite à la perfectionner, Nous avons fait arrester en nostre Conseil le Reglement du 14. du present mois, contenant lesdits Articles que Nous voulons estre executez. A CES CAUSES de l'avis de nostre Conseil Royal de Commerce, qui a vû ledit Arrest du 27. Juin dernier, & ledit Reglement cy-attaché sous le Contre-scel de nostre Chancellerie, Et de nostre certaine science, pleine puissance & authorité Royale, Nous avons par ces Presentes signées de nostre main, confirmé & authorisé, confirmons & authorisons ledit Reglement, pour la longueur, largeur, qualité & fabrique des toiles; Voulons qu'il soit gardé & observé de point en point selon sa forme & teneur: Et en y ajoustant, Nous avons permis & permettons aux Marchands de nostre Royaume, d'acheter ou faire acheter en nostre Ville de Roüen & autres lieux que bon leur semblera des toiles écruës, même hors le temps des Foires; sans que les Marchands de nostredite Ville de Roüen & tous autres, les puissent troubler sous pretexte de leurs Privileges, ausquels Nous avons dérogé & dérogeons pour ce regard, sans tirer à consequence. Voulons en outre que les contraventions qui pourront estre faites audit Reglement, & les contestations qui pourront survenir entre les ouvriers & Marchands en execution d'iceluy, soient jugées en premiere Instance par les Juges ausquels Nous avons attribué la connoissance &

Juriſdiction des Manufactures, par noſtre Edit du mois d'Aouſt 1669. & que toutes les amendes & confiſcations des toiles qui ſeront adjugées pour les contraventions qui ſeront faites audit Reglement, ſeront appliquées, ſçavoir un tiers à noſtre profit, un tiers au Commis employé à la viſite & marque, & l'autre tiers aux Pauvres des lieux où les Jugemens portant condamnation deſdites amendes & confiſcations ſeront rendus. SI DONNONS EN MANDEMENT à nos amez & feaux les Gens tenant noſtre Cour de Parlement de Roüen, que ces preſentes & ledit Reglement ils faſſent lire, publier, regiſtrer, garder & obſerver, ſans y contrevenir, ni ſouffrir qu'il y ſoit contrevenu, nonobſtant toutes choſes à ce contraires, auſquelles Nous avons dérogé & dérogeons. Et parce que des Preſentes & dudit Reglement on pourroit avoir beſoin en pluſieurs lieux, voulons qu'aux copies collationnées d'iceux par l'un de nos amez & feaux Conſeillers & Secretaires, foy ſoit ajouſtée comme aux originaux; CAR TEL EST NOSTRE PLAISIR. Et afin que ce ſoit choſe ferme & ſtable à toûjours, Nous avons fait mettre noſtre Scel à ceſdites Preſentes. DONNÉ à Verſailles au mois d'Aouſt, l'an de grace mil ſix cens ſoixante-ſeize, & de noſtre Regne le trente-quatrieme, *Signé* LOUIS. *Et plus bas* COLBERT. Et ſcellé.

§. II.

GENERALITE DE ROUEN.

ARREST portant Reglement pour les toiles qui se fabriquent dans l'estenduë de la Generalité de Roüen.

Du 24. Decembre 1701.

Extrait des Registres du Conseil d'Estat.

SUR ce qui a esté representé au Roy en son Conseil, qu'encore qu'il ait esté fait divers Reglemens sur la fabrique des toiles de la Generalité de Roüen, dont le commerce est un des plus considerables du Royaume, il se trouve cependant differentes qualitez de toiles dont il n'est fait aucune mention dans lesdits Reglemens; ce qui donne lieu aux Fabriquans de les faire de telles largeurs que bon leur semble, & souvent de largeurs qui ne conviennent pas aux usages ordinaires ausquels elles seroient propres par leur qualité, & empesche qu'il ne se fasse une aussi grande consommation de ces toiles, qu'il s'en pourroit faire si les largeurs en estoient reglées: Qu'il s'est aussi glissé de très grands abus, tant dans la fabrique des toiles blancards & fleurets, & autres toiles mentionnées dans le Reglement general fait en l'année 1676. pour la fabrique des toiles de la Province de Normandie, que dans les envois qui s'en font aux Pays estrangers, & principalement aux Indes par Espagne; lesquels abus pourroient estre préjudiciables au Commerce desdites toiles, s'il n'y estoit incessamment remedié: Et Sa Majesté desirant d'y pourvoir, auroit fait envoyer au S.r de la Bourdonnaye cy-devant Commissaire départi en la Generalité de Roüen, & au S.r de Vaubourg depuis Commissaire departi en ladite Generalité, les Memoires des plaintes qui ont esté faites desdits abus, pour les faire examiner par les principaux Negocians & par les Fabriquans les plus habiles & les mieux intentionnez, pour prendre leur avis sur lesdites plaintes, & ſur les moyens de corriger leſdits abus, afin de maintenir & perfectionner les fabriques de toiles, & procurer l'augmentation du Commerce qui s'en fait. Par l'examen de ces Memoires il ſe ſeroit trouvé que, contre la diſpoſition d'un Arreſt du Conſeil du 10. Avril 1683. par lequel il eſt ordonné que toutes les toiles appellées fleurets, blancards & brunes, qui ſont fabriquées tant dans la Ville de Roüen, que dans les Villes, Bourgs & Villages des environs, & dans toute l'eſtenduë du Bailliage, ſeront apportées en écrû ſous la Halle de ladite Ville de Roüen, pour y eſtre viſitées & marquées de la Marque de la Ville; les Fabriquans des environs du Bourg de Saint Georges ſe ſeroient aviſé de porter leurs toiles fleurets & blancards aux Bureaux nouvellement eſtablis à Bernay & à Beaumont, pour la viſite & marque des toiles d'autres qualitez qui ſe fabriquent dans leſdits lieux & aux environs; & qu'à la faveur de ces marques, les toiles défectueuſes auroient eſté miſes au blanchiſſage dans les Curanderies deſdits lieux, & auroient eſté introduites dans le Commerce, comme ſi elles avoient eſté de bonne qualité. Il auroit encore eſté reconnu par l'examen deſdits Memoires, que les Negocians ayant negligé depuis quelque temps l'execution d'un autre Arreſt du Conſeil du 17. Juillet 1684. par lequel il eſt deffendu de meſler dans un même ballot deſtiné pour l'Eſpagne & pour les Indes, des toiles de differentes qualitez, ne ſe donnent plus le ſoin de faire ſeparer les toiles, & laiſſent mettre dans les ballots par les Emballeurs toutes ſortes de toiles ſans aucune diſtinction; ce qui cauſe de la confuſion dans le Commerce, & donne lieu à faire paſſer les toiles de bas prix & de qualité inferieure, ſur le même pied que les toiles de plus haut prix & de meilleure qualité. Et comme pour le bien & l'avantage deſdites Fabriques & du Commerce, il eſt également important de regler les largeurs de certaines qualitez de toiles qui ſont d'un aſſez grand uſage dans le Royaume, & qui n'ont point eſté compriſes dans ledit Reglement de l'année 1676. & même d'ajouter à ce Reglement pluſieurs diſpoſitions pour en rendre l'execution plus aiſée, plus ſûre & plus exacte; Sa Majeſté ſe ſeroit fait repreſenter ledit Reglement de l'année 1676. pour la fabrique des toiles de la Province de Normandie, un Arreſt du Conſeil du 18. Janvier 1664. portant auſſi Reglement pour la fabrication & pour le commerce deſdites toiles; & par leſquels il eſt entr'autres choſes ordonné que conformément aux Reglemens précedemment faits, & notamment à celuy du 10. Decembre 1659. fait par le Lieutenant General de Roüen, toutes les toiles qui ſe fabriqueront dans ladite Province de Normandie, tant brunes que blancards, ſeront apportées en ladite Ville de Roüen; ſçavoir les blancards en un ſeul lot, ſans ſeparation des bonnes d'avec les moindres, & de même à l'égard des brunes, pour y eſtre viſitées; avec deffenſes à toutes perſonnes, tant Marchands qu'autres, de les acheter qu'après que viſite en aura eſté faite: leſdits Arreſts du Conſeil des 10. Avril 1683. & 17. Juillet 1684. autre Arreſt du Conſeil du 7. Avril 1693. portant Reglement pour les Manufactures de toiles des Generalitez de Caën & d'Alençon: Et Sa Majeſté voulant ſur le tout faire un Reglement, pour faire ceſſer les abus qui ſe ſont gliſſez dans la fabrique & dans le commerce deſdites toiles, & pour procurer l'augmentation de ce commerce, qui a toûjours eſté regardé comme l'un des plus utiles & des plus avantageux du Royaume, & particulierement de la Province de Normandie; le tout vû & conſideré: Oüy le rapport du Sieur Chamillart Conſeiller ordinaire au Conſeil Royal, Controlleur general des Finances, LE ROY ESTANT EN SON CONSEIL, a ordonné ce qui enſuit.

ARTICLE PREMIER.

TOUTES les toiles qui ſe feront dans l'eſtenduë de la Generalité de Roüen, ſeront faites & façonnées toutes de lin ou toutes de chanvre, tant en chaîne qu'en trame, ſans aucun mélange ni alteration.

II.

TOUTES leſdites toiles ſeront d'une égale bonté dans toute l'eſtenduë des pieces, & ſeront faites de fil de pareille filure, ſans qu'il puiſſe eſtre mis aux liſieres du fil plus gros que dans le corps & au milieu de la piece.

I I I.

Ne pourra eſtre employé dans la fabrique deſdites toiles du fil gaſté ni de mauvaiſe qualité.

I V.

Les toiles qui doivent avoir une aulne & demie de large en blanc, auront une aulne & demie & demi-quart de large en écrû.

V.

Les toiles qui doivent avoir cinq quarts de large en blanc, auront quatre tiers de large en écrû.

V I.

Les toiles qui doivent avoir une aulne demi-quart en blanc, auront une aulne demi-tiers en écrû.

V I I.

Les toiles qui doivent avoir une aulne en blanc, auront une aulne & un douze en écrû.

V I I I.

Les toiles qui doivent avoir trois quarts & demi de large en blanc, auront une aulne moins un ſeize en écrû.

I X.

Les toiles qui doivent avoir trois quarts de large en blanc, auront cinq ſixiemes de large en écrû.

X.

Les toiles qui doivent avoir deux tiers de large en blanc, auront trois quarts moins un demi-ſeize en écrû.

X I.

Les toiles appellées fortes, qui doivent avoir trois quarts & demi de large en blanc, auront trois quarts & demi & un ſeize en écrû.

X I I.

Les chaînes des toiles cy-deſſus exprimées, ſeront montées d'un nombre de fils ſuffiſant, par rapport à la fineſſe dont elles ſeront faites, pour avoir les largeurs cy-deſſus marquées.

XIII.

Les toiles fleurets feront compofées de deux mille deux cens fils au moins en chaîne.

XIV.

Les toiles blancards feront compofées de deux mille fils au moins en chaîne.

XV.

Lesdites toiles, tant fleurets que blancards, auront trois quartiers & demi & un feize de large en écrû, fans pouvoir eftre plus larges, à peine de confifcation, pour avoir trois quarts & demi en blanc.

XVI.

Lesdites toiles fleurets, & lefdites toiles blancards, feront fabriquées en chaîne & en trame, toutes de fil blancard, ou toutes de fil brun leffivé; fans que les Tifferands puiffent faire la chaîne de fil brun leffivé avec la treme de fil blancard, ou la chaîne de fil blancard avec la trame de fil brun leffivé.

XVII.

Les petites toiles rayées façon d'Etoffes, foit qu'elles foient compofées de pur fil, ou de fil & laine, ou de fil & coton, auront demi aulne jufte de large, ou deux tiers jufte de large, après avoir efté levées de deffus le meftier.

XVIII.

Les toiles appellées Montbelliard ou toiles à matelats, auront deux tiers jufte de large, ou trois quarts jufte de large, auffi après avoir efté levées de deffus le meftier.

XIX.

Les Rots fervant à la fabrique defdites toiles, tant fleurets ou blancards, que toutes autres fortes de toiles, même des toiles rayées & des toiles à matelats, feront également compaffez & divifez dans toute leur eftenduë, & ne feront pas plus ferrez aux lifieres qu'au milieu, pour contenir le nombre de fils neceffaire par rapport aux qualitez defdites toiles. Et ne pourront les Maiftres Rotiers ni les Tifferands faire des rots inégalement compaffez, compassez, à peine de Cinquante livres d'amende pour la premiere fois, & de plus grande peine en cas de recidive.

X X.

Les anciens Rots seront reformez incessamment, & avant le mois de Mars prochain; après lequel temps les Fabriquans ne pourront se servir des rots divisez inégalement, ou plus serrez aux lisieres qu'au milieu, à peine de Cinquante livres d'amende, & d'estre les pieces de toiles montées dans des rots inégalement divisez, coupées sur le mestier.

X X I.

Les Maistres Rotiers marqueront chacun de leur marque particuliere les rots qu'ils feront, avant que de les vendre aux Tisserands, à peine de Cinquante livres d'amende.

X X I I.

Les Tisserands ne pourront après le premier jour dudit mois de Mars prochain se servir des rots non marquez du Maistre Rotier, à moins que lesdits Tisserands n'ayent fait eux-mêmes les rots dont ils se serviront; auquel cas ils les marqueront d'une marque portant les deux premieres lettres de leur nom, sous pareille peine de Cinquante livres d'amende.

X X I I I.

Les pieces de toiles fleurets ou blancards ne pourront avoir à l'avenir, à commencer dudit jour premier Mars prochain, que soixante à soixante-cinq aulnes de long au plus en écrû, mesure de Paris; & s'il s'en trouve de plus long aulnage, l'excedent ne sera point payé au Maistre Tisserand, & sera coupé par les Aulneurs Jurez, pour estre donné aux Pauvres du lieu où se fera l'aulnage. Et ne pourront les Aulneurs marquer leur aulnage à des pieces desdites toiles fleurets ou blancards qui auroient plus de soixante-cinq aulnes en écrû, à peine de Vingt livres d'amende.

X X I V.

Toutes les toiles fleurets, & toutes les toiles blancards qui se fabriquent dans toute l'estenduë de la Generalité de Rouën, même toutes celles de ces deux qualitez qui se fabriquent à

Bernay, à Beaumont & aux environs dans la Generalité d'Alençon, seront apportées en écrû sous la Halle de la Ville de Rouën, pour y estre visitées & marquées de la Marque de ladite Ville avant que de pouvoir estre mises au blanchissage.

XXV.

LESDITES toiles fleurets & les toiles blancards, ne pourront estre portées à Bernay, à Beaumont, ni dans aucun autre lieu qu'à Rouën, pour y estre visitées & marquées, à peine de confiscation & de Trente livres d'amende.

XXVI.

LA visite desdites toiles sera faite dans la Halle aux toiles de Rouën, par l'Inspecteur des Manufactures préposé par Sa Majesté, par deux des principaux Marchands de ladite Ville de Rouën, & par deux Maistres Jurez Toiliers.

XXVII.

TOUTES les toiles mentionnées au present Reglement, même les rayées & celles à matelats, qui se fabriquent par les Maistres Toiliers de la Ville de Roüen, seront portées sous ladite Halle aux toiles de Roüen, pour y estre visitées, marquées & aulnées. Comme aussi toutes sortes de toiles d'autres Fabriques que de celles de la Generalité de Roüen, qui seront portées à l'avenir dans ladite Ville de Roüen, pour y estre mises en commerce, seront directement déchargées sous ladite Halle aux toiles, pour y estre pareillement visitées, marquées & aulnées : Et si elles sont trouvées de bonne qualité, elles seront delivrées par les Visiteurs désignez dans le precedent Article; Et si elles estoient trouvées de mauvaise qualité, elles seront saisies & arrestées par lesdits Visiteurs, nonobstant la marque de visite qui y seroit apposée, pour en estre le Jugement poursuivi pardevant les Juges de Police.

XXVIII.

LES deux Marchands qui seront préposez pour faire la visite desdites toiles, seront choisis parmi les anciens Echevins, parmi les anciens Juges-Consuls, & parmi les principaux Negocians ayant fait ou faisant le commerce de toiles; & l'élection s'en fera tous les six mois, aux jours qui seront convenus pour cela, par les Prieur & Consuls en charge, & par les anciens Consuls.

XXIX.

L'ÉLECTION des premiers Inspecteurs Marchands se fera aussi-tost après la publication du present Reglement, pour commencer à entrer en exercice le premier jour de Halle suivant.

XXX.

LESDITS Inspecteurs Marchands pourront estre continuez au bout des six mois, si bon leur semble, ou s'il est trouvé à propos par ceux qui en feront l'élection; de maniere toutefois qu'ils ne puissent estre plus d'un an en exercice.

XXXI.

LESDITS Inspecteurs Marchands seront exempts de Tutelle, Curatelle, Guet & Garde pendant le temps de leur exercice.

XXXII.

SI les toiles sont trouvées de bonne qualité, & fabriquées conformément au present Reglement, elles seront marquées de la marque de la Ville de Roüen, avec du noir délayé dans de l'huile, sur un coin d'un des bouts de chaque piece, & au milieu de la largeur de l'autre bout.

XXXIII.

LES marques dont on se servira pour marquer les differentes sortes de toiles cy-dessus specifiées, seront enfermées dans un coffre fermant à trois serrures; de l'une desquelles les deux Inspecteurs Marchands auront chacun une clef, l'Inspecteur des Manufactures une clef de l'autre serrure, & les Jurez Toiliers chacun une clef de la troisieme.

XXXIV.

CHAQUE qualité de toiles sera marquée d'une marque particuliere; & la marque destinée pour marquer une qualité de toile, ne pourra pas servir à marquer des toiles d'une autre qualité.

XXXV.

L'INSPECTEUR des Manufactures, lesdits Inspecteurs

Marchands, & lesdits Jurez Toiliers, seront tenus de se rendre de bonne heure à la Halle les jours que la visite & la marque desdites toiles ont accoustumé de se faire.

XXXVI.

LESDITES toiles fleurets & blancards continuëront d'estre portées au Marché de Saint George par les Fabriquans, pour y estre venduës.

XXXVII.

LES Aulneurs de toiles à Roüen seront tenus d'envoyer deux d'entr'eux chaque semaine, au Marché de Saint George, le jour qu'il a coustume d'estre tenu, pour y aulner, s'ils en sont requis, les toiles qui seront portées audit Marché.

XXXVIII.

LESDITS Aulneurs marqueront, avec du noir & de l'huile détrempez ensemble, leur aulnage sur les toiles qu'ils auront aulnées; y mettront chacun leur marque particuliere, & seront garants des aulnages qu'ils auront marquez.

XXXIX.

LESDITS Aulneurs donneront au Marchand & au Fabriquant, s'ils en sont par eux requis, un Certificat ou facture de l'aulnage de chaque piece de toile, contenant le numero de la piece & la quantité d'aulnes qu'elle aura esté trouvée contenir; lequel Certificat ou facture sera signé de l'Aulneur, & sera délivré sans frais.

XL.

LESDITS Aulneurs ne pourront exiger pour les toiles qu'ils aulneront dans le Marché de Saint George, autres ni plus grands Droits que ceux qui leur sont payez à Roüen.

XLI.

LESDITS Aulneurs ne pourront exiger à Roüen aucun Droit pour les toiles qui auront esté par eux aulnées à Saint George, à moins qu'un second aulnage n'en soit requis à Roüen.

XLII.

LES Marchands ou Commissionnaires qui acheteront des toiles au Marché de Saint George, seront tenus de les examiner avant que de les acheter, & demeureront garants & responsables des deffauts qui seront trouvez ausdites toiles, à la visite qui en sera faite à Roüen; sans qu'ils puissent rien repeter contre les Fabriquans, pour raison des peines, amendes ou confiscations qui pourront estre prononcées sur les saisies qui seront faites des toiles qui se trouveront défectueuses à la visite de Roüen.

XLIII.

LES Marchands ou Commissionnaires ne pourront aussi exercer aucun recours contre les Fabriquans, pour les toiles qu'ils auront achetées audit Marché de Saint George sans les y faire aulner, & ausquelles il se trouveroit du deffaut de longueur à la visite & par l'aulnage qui en seroit fait à Roüen, ou desquelles il faudroit couper quelque bout défectueux ou de mauvaise qualité.

XLIV.

LES toiles qui seront trouvées, lors de la visite à Roüen, défectueuses en largeur ou de mauvaise qualité, & non fabriquées en conformité du present Reglement, seront saisies à la requeste des Gardes Jurez Toiliers, pour en estre la confiscation ou autres peines ordonnées suivant le present Reglement, par rapport à la qualité du deffaut; lesquelles peines ne pourront estre moindres de Dix livres d'amende pour chaque piece.

XLV.

LES amendes qui seront ordonnées sur lesdites saisies, seront appliquées, sçavoir un quart au profit de Sa Majesté, un quart au profit de l'Inspecteur des Manufactures, un quart au profit des Pauvres, & un quart au profit des Jurez Toiliers.

XLVI.

LES Curandiers ou Blanchisseurs de l'estenduë de la Generalité de Roüen ne pourront recevoir dans leurs Curanderies ou Blanchisseries, aucune piece de toiles sans la marque de la Ville de Roüen, à peine de cent livres d'amende pour chaque piece.

XLVII.

LES Curandiers ou Blanchisseurs de la Generalité d'Alençon,

à Beaumont, à Bernay, & aux environs, ne pourront recevoir dans leurs Curanderies & Blanchiſſeries aucune piece de toiles fleurets ou blancards, ſans la marque de ladite Ville de Roüen, à peine de cent livres d'amende pour chaque piece.

XLVIII.

L'INSPECTEUR des Manufactures de Toiles de la Generalité de Roüen, pourra faire des viſites ſur les Curanderies & Blanchiſſeries de la Generalité d'Alençon, pour y faire ſaiſir & arreſter les pieces de toiles fleurets & blancards qui s'y trouveroient ſans la marque de la viſite de Roüen.

XLIX.

LESDITS Curandiers ou Blanchiſſeurs ne pourront ſe ſervir de Chaux dans le blanchiſſage des toiles qui leur ſeront données à blanchir, à peine pour la premiere fois de cinquante livres d'amende, appliquable moitié aux Pauvres des lieux, & moitié au profit du dénonciateur, & à peine d'interdiction de la faculté de blanchir les toiles en cas de recidive.

L.

CHAQUE qualité de toiles ſera emballée ſeparément, ſans aucun mélange de toiles de differentes qualitez dans un même ballot, à peine de confiſcation des toiles, & de cinq cens livres d'amende pour la premiere fois contre le Marchand ou Negociant chez lequel il ſera trouvé des ballots mélangez, & d'interdiction du Commerce pour toûjours en cas de recidive.

LI.

LES balles ou ballots de toiles qui ſeront tranſportées hors ladite Ville de Roüen après le blanchiſſage, ne pourront eſtre fermez entierement qu'ils n'ayent eſté auparavant viſitez par l'Inſpecteur des Manufactures, & par l'un deſdits Inſpecteurs Marchands, & marquez ſur un des coſtez avec du noir, en preſence deſdits Inſpecteurs.

LII.

LA marque dont on ſe ſervira pour marquer leſdits ballots, portera les Armes de la Ville de Roüen, & au-deſſous les caracteres ſuivans; ſçavoir pour les balles & ballots de toiles fleurets ou blancards, *F. B. Roüen, B. F.* qui ſignifieront toiles Fleurets Blancards de Roüen, bien fabriquées; & pour les toiles de Cofre, *C. Roüen, B.F.* qui ſignifieront toiles de Cofre de Roüen bien fabriquées.

L I I I.

Les moules deſdites marques ſeront auſſi enfermez dans un coffre à deux ſerrures; de l'une deſquelles l'Inſpecteur des Manufactures aura une clef, & leſdits Inſpecteurs Marchands chacun une clef de l'autre ſerrure.

L I V.

Afin que la viſite deſdites balles & ballots de toiles ſe puiſſe faire plus aiſément, les Marchands, les Plieurs de toiles, & les Emballeurs auront ſoin de faire ſortir par le bout de chaque piece le coin où aura eſté apposé la marque de la Halle, & de diſpoſer les pieces de toiles dans les ballots, de maniere que les bouts d'où ſortiront les coins marquez de chaque piece, ſoient du coſté de la teſte de la balle ou ballot, qui demeurera ouverte juſqu'à ce que le ballot ait eſté viſité & marqué.

L V.

Les Marchands & Negocians faiſant commerce de Toiles, & les Emballeurs, ſeront tenus d'avertir l'Inſpecteur des Manufactures, & l'un des deux Inſpecteurs Marchands, pour aller viſiter les balles & ballots qui auront eſté faits, avant que de fermer la teſte deſdits ballots.

L V I.

L'Inspecteur des Manufactures & celuy deſdits Inſpecteurs Marchands qui aura eſté averti, ſeront tenus de ſe tranſporter ſans délay chez le Marchand par lequel ils auront eſté avertis, pour y viſiter les balles ou ballots faits, & les faire marquer de la marque convenable à la qualité des toiles dont les balles ou ballots ſeront compoſez.

L V I I.

L'Inspecteur des Manufactures, & leſdits Inſpecteurs Marchands, ne pourront eſtre mandez pour viſiter & marquer des balles & ballots de toiles, le jour que se tient la Halle de Roüen pour la visite & vente des toiles.

L V I I I.

LES balles ou ballots de toiles qui seront declarez à la sortie estre de toiles fleurets ou blancards, & qui ne seront point marquez de la marque cy-dessus ordonnée, seront saisis dans les Doüanes ou Bureaux des Fermes, ainsi que les balles & ballots d'autres toiles non marquez; & les Marchands à qui lesdites balles ou ballots appartiendront, condamnez en Cinq cens livres d'amende, & l'Emballeur en Deux cens livres d'amende pour chaque balle ou ballot.

L I X.

SERA au surplus ledit Reglement de l'année 1676. executé selon sa forme & teneur.

ENJOINT Sa Majesté au Sieur Commissaire départi en la Generalité de Roüen, & aux Sieurs Commissaires départis dans les autres Provinces du Royaume par lesquelles se peut faire le Commerce desdites toiles, tant pour le dedans que pour le dehors du Royaume, de tenir la main chacun en droit soy, à l'execution du present Arrest; pour raison de quoy toutes Lettres necessaires seront expediées. FAIT au Conseil d'Estat du Roy, Sa Majesté y estant, tenu à Versailles le vingt-quatrieme jour de Decembre mil sept cens un. *Signé* PHELYPEAUX.

LOUIS PAR LA GRACE DE DIEU, ROY DE FRANCE ET DE NAVARRE: A tous ceux qui ces presentes Lettres verront, SALUT. Nous aurions esté informez qu'encore qu'il ait esté fait divers Reglemens sur la Manufacture des toiles de la Generalité de Roüen, il se trouve cependant differentes qualitez de toiles dont il n'est fait aucune mention dans lesdits Reglemens; ce qui donne lieu aux Fabriquans de commettre plusieurs abus dans la fabrication de ces toiles, & pourroit causer beaucoup de prejudice au commerce qui s'en fait. Nous aurions aussi reçû avis que les Fabriquans commencent à negliger l'execution des Reglemens cy-devant faits à l'égard des toiles

toiles qui y ſont mentionnées; & que les Eſtrangers avec leſquels il s'en eſt toûjours fait un commerce très conſiderable, pourroient ſe dégoûter deſdites toiles, enſorte qu'il ſeroit neceſſaire de renouveller leſdits Reglemens, afin d'exciter les Fabriquans à maintenir leurs fabriques dans la perfection, pour en conſerver la reputation & le commerce. A quoy deſirant pourvoir, Nous aurions fait examiner leſdits Reglemens, enſemble les Memoires preſentez à noſtre Conſeil au ſujet des toiles non compriſes dans leſdits Reglemens; & pour procurer à nos Sujets les avantages qu'ils peuvent recevoir du commerce deſdites toiles, Nous avons par Arreſt de noſtre Conſeil du 24. Decembre 1701. fait un nouveau Reglement ſur la Manufacture de toutes les differentes ſortes de toiles qui ſe fabriquent dans la Generalité de Roüen, contenant auſſi quelques précautions que Nous aurions crû neceſſaires pour aſſûrer la fidelité du Commerce deſdites toiles, principalement avec les Eſtrangers; l'execution duquel Reglement Nous paroiſt très importante. A CES CAUSES de l'avis de noſtre Conſeil, qui a vû ledit Arreſt dudit jour 24. Decembre 1701. portant Reglement, cy-attaché ſous le Contreſcel de noſtre Chancellerie, & de noſtre certaine ſcience, pleine puiſſance & authorité Royale, Nous avons par ces Preſentes ſignées de noſtre main, confirmé & authoriſé, confirmons & authoriſons ledit Reglement pour la fabrication deſdites toiles: Voulons qu'il ſoit gardé & obſervé de point en point ſelon ſa forme & teneur; Et y ajouſtant, Nous avons permis & permettons aux Marchands de noſtre Royaume, d'acheter en noſtre Ville de Roüen des toiles écrûës, même hors le temps des Foires, ſans que les Marchands de noſtredite Ville de Roüen & autres les puiſſent troubler ſous pretexte de leurs Privileges, auſquels Nous avons derogé & derogeons pour ce regard, ſans tirer à conſequence. Voulons en outre, que les contraventions qui pourront eſtre faites audit Reglement, & les conteſtations qui pourront ſurvenir entre les ouvriers & marchands, en execution d'iceluy, ſoient jugées en premiere Inſtance par les Juges auſquels la connoiſſance & Juriſdiction des Manufactures appartiennent, & que les amendes qui seront ordonnées, & les confiscations de toiles qui seront adjugées, soient appliquées; sçavoir un quart à nostre profit, un quart à l'Inspecteur des Manufactures, un quart aux Jurez Toiliers des lieux où les Jugemens portant condamnation d'amende & de confiscation seront rendus, & un quart aux Pauvres desdits lieux. SI DONNONS EN MANDEMENT à nos amez & feaux les Gens tenant nostre Cour de Parlement de Roüen, que ces presentes & ledit Reglement ils fassent lire, publier, registrer, garder & observer, sans y contrevenir ni souffrir qu'il y soit contrevenu, nonobstant clameur de haro, charte Normande, & toutes autres choses à ce contraires, ausquelles Nous avons derogé & derogeons. Et parce que des presentes & dudit Reglement on pourroit avoir besoin en plusieurs lieux, Voulons qu'aux copies collationnées d'iceux par l'un de nos amez & feaux Conseillers & Secretaires, foy soit ajoûtée comme aux originaux; CAR TEL EST NOSTRE PLAISIR. En temoin de quoy Nous avons fait mettre nostre Scel à cesdites presentes. Donné à Versailles le vingt-septieme jour de Decembre, l'an de grace mil sept cens un, & de nostre Regne le cinquante-neufvieme. *Signé* LOUIS, *Et plus bas* par le Roy, PHELYPEAUX. *Visa* PHELYPEAUX. Et scellé.

ARREST en forme de Reglement pour la teinture des toiles, fils, & cotons de Roüen.

Du 25. Juin 1709.

Extrait des Registres du Conseil d'Estat.

VÛ au Conseil du Roy l'Arrest rendu en iceluy le 16. Octobre 1708. sur la Requeste y inserée des Maistres & Gardes Marchands Teinturiers en bon teint des toiles, fils & cotons, de la Ville, Fauxbourgs & Banlieuë de Roüen, aux fins, entr'autres choses, qu'il plust à Sa Majesté, en interpretant en tant que de besoin le Reglement du Conseil de l'année 1669. conformement à la Sentence renduë au Bailliage de Roüen le 27. Mars 1700. & à l'Arrest contradictoirement rendu au Parlement de Roüen le 7. Juillet 1704. confirmatif d'icelle Sentence, entr'eux, joint avec François Bisset, & les Marchands Maistres & Gardes du mestier de Teinturiers en grand & bon teint des draps, serges & autres étoffes de laine, les maintenir dans le droit & la possession où ils sont, de se servir pour leur teinture de toiles, fils & cotons, du Vouëde & du Pastel, sans diminution de l'Inde plate, ou indigo; le tout sans s'arrester à l'Arrest rendu audit Parlement de Roüen le 13. Aoust 1708. Et qu'au surplus, pour ce qui regardoit la concurrence prétenduë par lesdits Teinturiers en draps, serges & autres étoffes de laine, pour la teinture des toiles, fils & cotons, Sa Majesté auroit la bonté d'expliquer ses intentions sur ce point, & de quelle maniere Elle entendoit que le Reglement de 1669. & l'Arrest de son Conseil d'Estat du 20. Juillet 1700. seroient executez; & par lequel Arrest Sa Majesté auroit renvoyé ladite Requeste au S.r de Lamoignon de Courson, Commissaire départi en la Generalité de Roüen, pour entendre lesdits Teinturiers en draps, les Maistres Toiliers, les Lingeres, le Syndic des Marchands de ladite Ville de Roüen, & lesdits Maistres & Gardes Marchands Teinturiers en bon teint, de toiles, fils & cotons de ladite Ville, Fauxbourgs & Banlieuë d'icelle; dresser procès-verbal de leurs contestations; donner son avis sur l'interpretation des Reglemens de l'année 1669. par rapport, tant à l'usage & employ du Vouëde & du Pastel dans les teintures des toiles, fils & cotons, qu'à la faculté prétenduë par lesdits Teinturiers en draps, de pouvoir teindre les toiles, fils & cotons concurremment avec lesdits Teinturiers de toiles; pour le tout rapporté à Sa Majesté, estre par Elle ordonné ce que de raison: cependant fait deffenses ausdites Parties de proceder ni faire poursuites ailleurs que pardevant le Sieur Commissaire, à peine de nullité, de cassation des Procedures, & de tous dépens, dommages & interests. Commission du Conſeil obtenuë par leſdits Teinturiers de toiles, fils & cotons, ledit jour 16. Octobre 1708. ſur & pour l'execution dudit Arreſt : Requeſte preſentée audit Sieur Commiſſaire par leſdits Teinturiers en toiles, fils & cotons, pour faire aſſigner pardevant luy toutes les Parties dénommées audit Arreſt du Conſeil, pour proceder en execution d'iceluy, ſon Ordonnance eſtant au bas de ladite Requeſte, conforme à icelle, du 10. Novembre 1708. Exploits d'aſſignations données en conſequence deſdits Arreſts, Commiſſion & Ordonnance, tant aux Communautez deſdits Teinturiers en draps, & autres étoffes de laine, Marchandes Lingeres, & Toiliers de ladite Ville de Roüen, & du Fauxbourg de Cauchoiſe, qu'à Pierre de Suſſamare Marchand & Syndic des autres Marchands de ladite Ville de Roüen, à la Requeſte deſdits Teinturiers de toiles, fils & cotons, le 12. dudit mois de Novembre, pardevant & en l'Hoſtel dudit S.r Commiſſaire, pour y eſtre oüis, & proceder en execution dudit Arreſt du Conſeil. Procès-verbal dudit S.r Commiſſaire du 21. Fevrier 1709. contenant les comparutions, dires, conteſtations, & requiſitions deſdites Parties; ſçavoir, par leſdits Teinturiers en toiles, fils & cotons, qu'il pluſt à Sa Majeſté ordonner que les anciens Statuts, Reglemens du Conſeil de 1669. ledit Arreſt du Conſeil d'Eſtat contradictoirement rendu le 20. Juillet 1700. & celuy rendu audit Parlement de Roüen le 7. Juillet 1704. ſeront executez ſelon leur forme & teneur; ce faiſant, les maintenir ſeuls dans les teintures en toiles, fils & cotons, à l'excluſion des Teinturiers en draps & de tous autres : comme auſſi les maintenir dans la poſſeſſion où ils ſont depuis plus de deux cens ans, de ſe ſervir pour leurs teintures en toiles, fils & cotons, du Vouëde & du Paſtel ſans diminution de l'Inde plate ou indigo, & de tous autres ingrediens pour ſervir à la bonne teinture; le tout ſans s'arreſter à l'Arreſt rendu au Parlement de Roüen le 13. Aouſt 1708. Par leſdits Maiſtres & Gardes Teinturiers en draps de ladite Ville de Roüen, que ſi le Conſeil ſe porte à juger l'Appel dont le Parlement de Roüen eſt ſaiſi, il ſera dit que les Statuts & Arreſts du Conſeil ſeront executez, à bonne cauſe la ſaiſie par eux requiſe du Vouëde eſtant chez le nommé Nyel, luy faire deffenſes & à tous autres, d'employer du Vouëde & Paſtel; & que les Teinturiers en toile ſeront condamnez en leurs dommages & intereſts, & aux dépens de l'inſtance. Par ledit Pierre de Suſlamare, comme Procureur Syndic de la Juriſdiction Conſulaire des Marchands à Roüen, & de la Chambre du Commerce de la Province de Normandie, pour l'intereſt du Commerce & du Public, ſous le bon plaiſir du Roy & du Conſeil, que les Teinturiers en bon & grand teint de draps, laines & autres étoffes, & les Teinturiers en toiles, fils & cotons ſoient tous maintenus dans leurs anciennes poſſeſſions ſuivant leurs Statuts: que les Reglemens general & particulier de l'année 1669. & l'Arreſt du Parlement de Roüen du 4. Aouſt 1704. confirmé par Arreſt du Conſeil d'Eſtat privé du Roy, du 12. Juillet 1706. ſoient executez par leſdits Teinturiers, chacun à leur égard, ſelon leur forme & teneur; & que pour le bien, utilité & augmentation du Commerce, leſdits Teinturiers en toiles, fils & cotons, ayent la faculté de teindre en concurrence avec les Teinturiers en laine du bon teint, les toiles, fils & cotons, & d'y employer le Vouëde & le Paſtel. Par les Maiſtres & Gardes du meſtier de Toilier en ladite Ville, Fauxbourgs & Banlieuë de Roüen, qu'il en ſoit uſé par les Parties indiſtinctement comme par le paſſé. Par les Maiſtres & Gardes du meſtier de Tifferand en toile du Fauxbourg de Cauchoiſe, que leſdits Arreſts rendus audit Parlement & au Conſeil d'Eſtat privé du Roy les 4. Aouſt 1704. & 12. Juillet 1706. ſoient executez ſelon leur forme & teneur; & en ce faiſant, leſdits Maiſtres Toiliers maintenus à en uſer comme par le paſſé. Et par leſdites Marchandes Maiſtreſſes Lingeres de ladite Ville de Roüen, qu'elles ſe rapportent au Conſeil d'ordonner ce qu'il eſtimera à propos pour le bien du commerce, & ne prennent aucune part aux differentes conteſtations des deux Communautez deſdits Teinturiers. Deſquelles comparutions, dires, conteſtations & requiſitions, ledit Sieur Commiſſaire auroit donné Acte auſdites Parties, & eſtimé, ſous le bon plaiſir de Sa Majeſté, que faiſant droit ſur ladite Requeſte defdits Teinturiers en toiles & fils, il y avoit lieu au Confeil de prononcer que, fans s'arrefter audit Arreft rendu au Parlement de Roüen le 13. Aouft 1708. lefdits Teinturiers en toiles & fils de ladite Ville, feroient & demeureroient maintenus dans le droit & ufage d'employer le Vouëde & le Paftel dans la bonne teinture en bleu de leurs toiles, fils pers, de lin, chanvre & coton, fans diminution de l'Indigo & autres ingrediens prefcrits par les Reglemens generaux de 1669. lefquels feroient executez felon leur forme & teneur: Qu'il feroit néantmoins permis aux Teinturiers en grand teint des laines de ladite Ville, de teindre lefdites toiles & fils en bon teint de bleu feulement, concurremment avec lefdits Teinturiers en toiles & fils, fans tirer à confequence, & fans prejudice de la teinture des toiles & fils de lin, chanvre & coton en toutes autres couleurs, qui appartient aufdits Teinturiers en toiles, privativement à tous autres. Copie imprimée des anciens Statuts, Ordonnances & Reglemens de la Communauté des Teinturiers en bon teint, en toiles, fils & cotons de ladite Ville & Banlieuë de Roüen, du 29. Octobre 1510. confirmez par Lettres Patentes eftant enfuite, des mois de Juillet 1588. & Fevrier 1695. Autres Copies imprimées des Statuts, Ordonnances & Reglemens des Marchands, Maiftres Teinturiers, tant des draps, ferges & étoffes de laines, que des Marchands, Maiftres Teinturiers en foye, laine & fil, des Villes & Fauxbourgs du Royaume, enfuite defquels font pareillement les Lettres Patentes de Confirmation d'iceux du mois de Decembre 1669. Autre Copie imprimée de l'Inftruction generale pour la teinture des laines & Manufactures de laines de toutes couleurs, pour la culture des drogues ou ingrediens qu'on y employe, & la permiffion du Sieur Lieutenant de Police de l'imprimer du 18. Mars 1671. Ladite Sentence renduë au Bailliage de Roüen le 27. Mars 1700. par laquelle, entre autres chofes, lefdits Teinturiers en toiles, fils & cotons, auroient efté maintenus au droit d'avoir des cuves à chaux & à ciment pour l'ufage de leurs teintures, & d'employer dans icelles le Vouëde & Paftel pour le bon teint en bleu, en outre & fans diminution de l'inde plate ou indigo, & autres drogues à eux prescrites par les Reglemens generaux de 1669. Et lesdits Teinturiers en draps ont aussi esté maintenus dans leur possession de teindre les toiles & fils à marquer en grand & bon teint de bleu, concurremment avec lesdits Teinturiers en toiles, fils & cotons. Copie imprimée dudit Arrest du Conseil d'Estat du Roy, intervenu le 20. Juillet 1700. sur les contestations d'entre les Marchandes Lingeres de la Ville de Roüen, & les Maistres Marchands Teinturiers en toiles, fils & cotons de la même Ville; par lequel, entre autres choses lesdits Maistres & Marchands Teinturiers auroient esté maintenus & gardez au droit & possession d'acheter des toiles pour les teindre de toutes couleurs pour leur compte, & les vendre ensuite en gros & à la piece seulement dans leurs Boutiques & Magasins : Et fait deffenses ausdites Marchandes Lingeres de teindre chez elles, & de faire teindre par autres que par lesdits Maistres Teinturiers aucunes toiles, à peine de confiscation & de Trois cens livres d'amende. Ledit Arrest rendu au Parlement de Roüen le 7. Juillet 1704. sur les appellations respectivement interjettées de ladite Sentence du 27. Mars 1700. par tous lesdits Teinturiers, tant du grand & bon teint de draps, que des toiles, fils & cotons, par lequel l'appellation desdits Teinturiers de draps fut mise au néant; ordonne que ce dont estoit appel sortiroit son plein & entier effet, & condamnez en l'amende ordinaire de douze livres ; & sur l'appel desdits Teinturiers en toiles, fils & cotons, l'appellation & ce dont estoit appel a esté mise au néant, émandant, les auroit maintenus seuls, & à l'exclusion de tous autres Teinturiers, dans le droit & possession de teindre des toiles, fils & cotons en grand & bon teint de bleu & autres couleurs, & condamné lesdits Teinturiers en draps aux dépens, tant des causes principales que d'appel. Extrait du Registre des Deliberations de la Chambre du Commerce de la Province de Normandie, establie par Sa Majesté en la Ville de Roüen, contenant que, sur la Remontrance faite par lesdits Teinturiers en draps, que ledit Arrest du Parlement du 7. Juillet 1704. est très prejudiciable à l'interest du Commerce, il est arresté que le

Procureur-Syndic de ladite Chambre donnera sa Requeste audit Parlement, pour qu'il luy plaise d'accorder ausdits Teinturiers en draps, & à ceux des toiles, la concurrence de la teinture des toiles, fils & cotons, du 15. du même mois de Juillet 1704. Copie signifiée de Requeste presentée audit Parlement de Roüen par Loüis Dumont Syndic des Marchands de ladite Ville, pour estre reçû opposant à l'execution dudit Arrest du 7. Juillet 1704. & faire juger que ce qui peut apporter préjudice au Public & au commerce sera reparé, du 16. du même mois. Autre copie signifiée de Requeste aussi presentée audit Parlement de Roüen, par les Maistres & Gardes du mestier de Toilier de ladite Ville, pour estre pareillement reçûs opposans à l'execution dudit Arrest du 7. Juillet 1704. faisant droit sur leur opposition, leur permettre de faire teindre leurs marchandises de toiles, fils & cotons, comme ils ont fait par le passé, indifferemment, tant chez les Teinturiers en draps, que ceux en toiles, pour le bien du commerce & de leurs manufactures, du 16. dudit mois de Juillet. Autre copie signifiée de Requeste presentée audit Parlement de Roüen par les Maistresses lingeres de ladite Ville, tendante à estre aussi reçûës opposantes à l'execution dudit Arrest du 7. Juillet 1704. & faisant droit sur leur opposition, les authoriser de faire teindre leurs marchandises de toiles bleuës du bon teint, comme elles auroient fait par le passé, indifferemment, tant chez les Teinturiers en draps que ceux en toiles, pour le bien & utilité de leur commerce, du 17. du même mois de Juillet. Arrest rendu audit Parlement de Roüen le 4. Aoust de ladite année 1704. entre ledit Sieur Syndic des Marchands, lesdits Toiliers de ladite Ville & Fauxbourgs, lesdites Lingeres, lesdits Maistres Teinturiers du grand & bon teint de draps, & lesdits Maistres Teinturiers du bon teint de toiles, fils & cotons; par lequel, ayant eu aucunement égard ausdites Requestes dudit Procureur-Syndic des Marchands, & à celles desdits Tisserands en toile, tant de la Ville que Fauxbourgs de Roüen, & desdites Maistresses Lingeres, auroit esté ordonné qu'il en seroit usé par les Parties comme par le passé & avant ledit Arrest du 7. Juillet precedent, depens compensez. Arrest du du Conſeil d'Eſtat Privé du Roy, rendu le 12. Juillet 1706. entre leſdits Maiſtres Gardes & Communauté du meſtier des Marchands Teinturiers des toiles, fils & cotons de ladite Ville de Roüen, demandeurs en caſſation de l'Arreſt dudit Parlement du 4. Aouſt 1704. d'une part; & leſdits Maiſtres Gardes & Communauté des Teinturiers en grand & bon teint de draps de la même Ville, Louis Dumont Syndic des Marchands, Quinze Maiſtreſſes Lingeres, & les Toiliers de ladite Ville & du Fauxbourg de Cauchoiſe, deffendeurs, d'autre; par lequel, entr'autres choſes, leſdits Maiſtres & Gardes du meſtier de Marchands Teinturiers en toiles, fils & cotons, auroient eſté déboutez de leur demande en caſſation dudit Arreſt du Parlement de Roüen, du 4. Aouſt 1704. ordonné que leſdits Reglemens generaux & particulier de 1669. & Arreſt du Conſeil d'Eſtat du 20. Juillet 1700. ſeroient executez par leſdits Teinturiers, chacun à leur égard, ſelon leur forme & teneur; condamné leſdits Teinturiers en toiles aux dépens envers toutes les Parties, & néantmoins ſans amende. Sentence renduë audit Bailliage de Roüen, le 19. Fevrier 1707. entre Guillaume Niel Marchand Teinturier en bon teint de toiles, fils & cotons de ladite Ville, Fauxbourgs & banlieuë de Roüen, demandeur en oppoſition par luy formée à la ſaiſie efforcée de faire à la Requeſte des Maiſtres Teinturiers du grand & bon teint de draps, ſerges & autres étoffes de laine de ladite Ville, & au refus de le vouloir faire oüir en Juſtice, ſur ladite oppoſition & haro par luy interjetté, pour les obliger à ce faire, pour empeſcher ladite ſaiſie du Vouëde & du Paſtel trouvez en ſa maiſon, & des ſcellez prétendus faire appoſer ſur trois cuves montées dans ſa boutique, dans leſquelles ledit Niel avoit employé leſdits Vouëde & Paſtel; ils auroient eſté oüis devant le Sieur le Roux Conſeiller audit Bailliage, lequel auroit ordonné que la garniſon ſeroit levée, Et pour eſtre fait droit au principal, renvoyé les Parties à l'Audience, en la preſence des Maiſtres Teinturiers en bon teint de toiles, fils & cotons, leſquels auroient donné adjonction audit Niel: par laquelle Sentence, oüy le Procureur du Roy, faiſant droit ſur l'action desdits Teinturiers en bon teint de toiles, fils & cotons, iceux ont esté maintenus, & permis d'employer dans leurs teintures de toiles, fils & cotons, le Vouëde & le Pastel, & autres drogues à ce necessaires pour la perfection desdites teintures, suivant les Reglemens, avec depens ausquels lesdits Teinturiers en draps auroient esté envers eux condamnez. Ledit Arrest du Parlement de Roüen, rendu le 13. Aoust 1708. entre lesdits Maistres Teinturiers du grand & bon teint de draps, serges & autres étoffes de laine, de ladite Ville, appellans de la Sentence renduë audit Bailliage le 19. Fevrier 1707. d'une part; & les Maistres & Gardes Marchands Teinturiers en bon teint de toiles, fils & cotons, de la même Ville, intimez, d'autre : par lequel, avant faire droit, auroit esté ordonné que lesdits Teinturiers en draps feroient preuve, comme avant & depuis ledit Reglement de 1669. & même de tout temps immemorial, ils avoient teint pour les Marchands les toiles, fils & cotons en grand & bon teint de bleu; permis aux Teinturiers en toile de faire preuve du contraire dans trois mois : ordonne qu'il seroit fait experience par les Teinturiers en draps, pour savoir si avec l'Inde plate, ou Indigo, & autres Ingrediens portez par ledit Reglement, pour les teintures en fil seulement, & sans y mettre le Vouëde ou le Pastel, la cuve d'Inde ou fleurée pouvoit estre faite; & si avec icelle, les fils pers, appellez vulgairement fils à marquer, se trouveroient teints en bon bleu, brun, clair & mourant : comme aussi, qu'avec le Vouëde & le Pastel, & autres ingrediens portez par ledit Reglement de 1669. pour les teintures en laine, ils feroient le grand & bon teint en bleu depuis la nuance la plus brune jusqu'à la plus claire, pour estre appliquée sur des étoffes de draperie; & que l'Indigo, ainsi que le Vouëde & le Pastel, & autres ingrediens portez par ledit Reglement de 1669. seroient vûs & visitez par les Teinturiers en toiles, fils & cotons, avant que d'estre mis en cuves, pour faire ladite experience, & ce en la presence du Conseiller-Commissaire : Et qu'estant aussi necessaire de prevenir tous abus & fraudes, lesdits Teinturiers en draps ne pourroient entrer dans les lieux où seroient les cuves pour faire lesdites experiences, qu'en la presence d'une ou deux personnes choisies, & préposées par lesdits Teinturiers en toile, lesquelles ne seroient point du Mestier de Teinturier; & que pour cet effet il seroit attaché deux serrures à la porte du lieu où seroient lesdites cuves, dont lesdits Teinturiers en draps auroient une clef, & les Préposez desdits Teinturiers en toile, l'autre; & lorsque lesdites experiences seroient faites & accomplies, lesdits Teinturiers en toile pourroient voir & visiter lesdites cuves en l'estat qu'elles seroient, pour sçavoir s'il y auroit entré d'autres ingrediens que ce qui estoit permis par ledit Reglement de 1669. pour en faire dresser procès-verbal en la presence dudit Conseiller-Commissaire, s'ils avisoient que bien fût, lesquelles experiences seroient faites dans trois mois; pour le tout fait & rapporté à ladite Cour, estre fait droit ainsi qu'il appartiendroit, dépens reservez. Certificat & Attestation de vingt-deux Marchands Tisserands en toile de ladite Ville, Fauxbourgs & Banlieuë de Roüen, que l'on ne vend point dans le Commerce aucunes toiles, fils & cotons teints avec l'Inde, ou Indigo seul, par la raison que le prix en seroit trop haut, & la teinture moins bonne, mais faisant le meslange du Vouëde avec l'Inde, ou l'Indigo, fait que la teinture desdites toiles, fils & cotons, diminuë de moitié de prix, & est parfaitement bonne; ce que les Teinturiers en toile ont toûjours executé de tout temps, du 17. Aoust 1708. Requeste desdits Maistres & Gardes Marchands Teinturiers en bon teint des toiles, fils & cotons de ladite Ville, Fauxbourgs & banlieuë de Roüen, employée pour Remonstrances sur ledit avis du Sieur de Lamoignon de Courson Intendant de Roüen, & à ce que les conclusions qu'ils ont prises pour estre maintenus dans le droit & possession de se servir du Vouëde & du Pastel dans les teintures des toiles, fils & cotons, leur fussent adjugées; & au surplus, que conformément au Reglement de 1669. & à l'Arrest du Conseil du 20. Juillet 1700. il fust fait deffenses ausdits Teinturiers en grand & bon teint des draps, serges, & autres étoffes de laine, de faire aucunes teintures en bleu des toiles, fils & cotons, le tout comme auparavant ledit Arrest du Parlement de Roüen du 4. Aoust 1704. si mieux Sa

Majeſté n'aimoit ordonner que leſdits Teinturiers en toiles, fils & cotons, pourroient pareillement teindre en bleu les draps & ſerges, concurremment avec leſdits Teinturiers en grand & bon teint des draps, ſerges, & autres étoffes de laine: Et les Memoires imprimez, tant deſdits Marchands Teinturiers des toiles, fils & cotons en bon teint, que deſdits Marchands Teinturiers en grand & bon teint des draps, ſerges, & autres étoffes de laines; & tout conſideré, Oüy le rapport du S.r Deſmaretz Conſeiller ordinaire au Conſeil Royal, Controlleur general des Finances, LE ROY EN SON CONSEIL, voulant par un nouveau Reglement pourvoir à ce qui concerne la teinture des toiles de la Ville de Roüen, ſuivant les Reglemens de l'année 1669. a ordonné & ordonne que les Teinturiers en toiles, fils & cotons, feront ſeuls la teinture deſdites toiles, fils & cotons; & qu'à cet effet, ils continuëront d'employer le Vouëde & le Paſtel conjointement avec l'Indigo, pour la teinture en bleu, ſans qu'ils puiſſent employer avec ledit Vouëde & Paſtel aucuns ingrediens du petit teint, à peine de confiſcation des marchandiſes, & de trois cens livres d'amende. Fait deffenſes auſdits Teinturiers en grand & bon teint des draps, ſerges, & autres étoffes de laines, de s'immiſcer en la teinture en bleu, ni autres couleurs, des toiles, fils & cotons, à peine de confiſcation des marchandiſes, & de trois cens livres d'amende; mais ſeulement des draps, ſerges & étoffes de laines, ſuivant leurs Statuts & Reglemens du mois de Decembre 1669. Permet néantmoins Sa Majeſté auſdits Teinturiers du grand & bon teint deſdits draps, ſerges & étoffes de laines de ladite Ville de Roüen, qui ſont reçûs, & qui ſont actuellement ladite teinture en grand & bon teint, de paſſer en la Communauté deſdits Maiſtres Teinturiers en toiles, fils & cotons; à l'effet de quoy ils ſeront tenus de faire leur option au Greffe du Bailliage de Roüen, & le faire ſignifier aux Jurez deſdits Teinturiers en toiles, fils & cotons, dans trois mois à compter du jour de la ſignification du preſent Arreſt; & en cas d'option ils ne pourront plus rentrer dans la Communauté deſdits Teinturiers en draps, ni faire à l'avenir aucunes teintures de draps & autres étoffes de laines; & faute de faire ladite option dans lesdits trois mois, ils demeureront déchûs d'icelle en vertu du present Arrest, sans qu'il en soit besoin d'autre, & ce nonobstant tous Arrests contraires; Et à cet effet seront expediées toutes Lettres Patentes necessaires: Et sur les autres demandes des Parties, Sa Majesté les a mis hors de Cour & de procès. FAIT au Conseil d'Estat du Roy, tenu à Marly le vingt-cinquieme de Juin mil sept cens neuf. Collationné.

Signé DUJARDIN.

LOUIS PAR LA GRACE DE DIEU, ROY DE FRANCE ET DE NAVARRE: A nos amez & feaux Conseillers les Gens tenans nostre Cour de Parlement à Roüen, SALUT. Nos amez les Maistres & Gardes Marchands Teinturiers en bon teint des toiles, fils & cotons de la Ville, Fauxbourgs & Banlieuë de Roüen, Nous ont fait exposer que par Arrest contradictoire de nostre Conseil du 25. Juin de la presente année, rendu entr'eux d'une part, & les Marchands, Maistres & Gardes du mestier de Teinturiers en grand & bon teint des draps, serges, & autres étoffes de laines, d'autre part, voulant pourvoir à un nouveau Reglement, pour ce qui concerne la teinture des toiles de la Ville de Roüen, suivant le Reglement de l'année 1669. Nous avons ordonné que les Teinturiers en toiles, fils & cotons, feront seuls la teinture desdites toiles, fils & cotons; & qu'à cet effet ils continuëront d'employer le Vouëde & le Pastel conjointement avec l'Indigo, pour la teinture en bleu, sans qu'ils puissent employer avec ledit Vouëde & Pastel aucuns ingrediens du petit teint, à peine de confiscation des marchandises, & de trois cens livres d'amende: Fait deffenses ausdits Teinturiers du grand & bon teint des draps, serges, & autres étoffes de laines, de s'immiscer en la teinture en bleu ni autres couleurs, des toiles, fils & cotons, à peine de confiscation des marchandises, & de trois cens livres d'amende; mais seulement des draps, serges, & étoffes de laines, suivant leurs Statuts & Reglemens du mois de Decembre 1669. Et néantmoins permis ausdits Teinturiers du grand & bon teint desdits draps, serges & étoffes de laine de ladite

Ville de Roüen, qui seront reçûs, & qui sont actuellement ladite teinture en grand & bon teint, de passer en la Communauté desdits Maistres Teinturiers en toiles, fils & cotons; à l'effet de quoy ils seront tenus de faire leur option au Greffe du Bailliage de Roüen, & le faire signifier aux Jurez desdits Teinturiers en toiles, fils & cotons, dans trois mois à compter du jour de la signification dudit Arrest; Et en cas d'option, ordonné qu'ils ne pourront plus rentrer dans la Communauté desdits Teinturiers en draps, ni faire à l'avenir aucunes teintures de draps & autres étoffes de laines; & que faute de faire ladite option dans lesdits trois mois, ils demeureront déchûs d'icelle en vertu dudit Arrest, sans qu'il en soit besoin d'autre, & ce nonobstant tous Arrests contraires; pour l'execution duquel Arrest Nous avons ordonné que toutes Lettres Patentes necessaires seroient expediées, lesquelles Lettres les Exposans Nous ont très-humblement fait supplier de leur vouloir accorder. A CES CAUSES, après avoir fait voir en nostre Conseil ledit Arrest du 25. Juin de la presente année, cy-attaché sous le contre-scel de nostre Chancellerie, desirant favorablement traiter les Exposans, & pourvoir par un nouveau Reglement, à ce qui concerne la teinture des toiles de la Ville de Roüen, suivant les Reglemens de l'année 1669. conformément audit Arrest; Nous avons par ces Presentes signées de nostre main, ordonné & ordonnons que les Teinturiers en toiles, fils & cotons, ferons seuls la teinture desdites toiles, fils & cotons; & qu'à cet effet ils continuëront d'employer le Vouëde & le Pastel conjointement avec l'Indigo pour la teinture en bleu, sans qu'ils puissent employer avec ledit Vouëde & Pastel aucuns ingrediens du petit teint, à peine de confiscation des marchandises, & de trois cens livres d'amende: Faisons deffenses ausdits Teinturiers en grand & bon teint des draps, serges & autres étoffes de laines, de s'immiscer en la teinture en bleu ni autres couleurs, des toiles, fils & cotons, à peine de confiscation des marchandises, & de trois cens livres d'amende, mais seulement des draps, serges & étoffes de laines, suivant leurs Statuts & Reglemens du mois de Decembre 1669. Permettons néantmoins aufdits Teinturiers du grand & bon teint defdits draps, ferges & étoffes de laines de ladite Ville de Roüen, qui feront reçûs, & qui font actuellement ladite teinture en grand & bon teint, de paffer en la Communauté defdits Maiftres Teinturiers en toiles, fils & cotons; à l'effet de quoy ils feront tenus de faire leur option au Greffe du Bailliage de Roüen, & le faire fignifier aux Jurez defdits Teinturiers en toiles, fils & cotons, dans trois mois à compter du jour de la fignification dudit Arreft; & en cas d'option, ordonnons qu'ils ne pourront plus rentrer dans la Communauté defdits Teinturiers en draps, ni faire à l'avenir aucunes teintures de draps & autres étoffes de laines; & faute de faire ladite option dans lefdits trois mois, voulons qu'ils demeurent déchûs d'icelle en vertu dudit Arreft, & fans qu'il en foit befoin d'autre, & ce nonobftant tous Arrefts contraires. SI VOUS MANDONS que ces Prefentes vous ayez à regiftrer purement & fimplement, & du contenu en icelles faire joüir & ufer lefdits Expofans pleinement & paifiblement, nonobftant clameur de Haro, charte Normande, & autres Lettres à ce contraires; CAR TEL EST NOSTRE PLAISIR. En temoin de quoy Nous avons fait mettre noftre Scel à cefdites Prefentes. DONNÉ à Verfailles le dixieme jour de Juillet, l'an de grace mil fept cens neuf, & de noftre Regne le foixante-feptieme. *Signé* LOUIS, *& plus bas* par le Roy, *Signé* PHELYPEAUX. Et fcellées du grand Sceau de cire jaune.

Extrait des Regiftres de la Cour de Parlement de Roüen.

VÛ par la Cour, la grande Chambre affemblée, la Requefte prefentée à icelle par les Marchands Maîtres Teinturiers en bon teint de Toiles, fils & cotons de la Ville, Fauxbourgs & Banlieuë de Roüen, ftipulez par les Jurez dudit Mêtier, à ce qu'il luy plaife ordonner que l'Arreft du Confeil d'Eftat du Roy du 25. Juin dernier, & Lettres Patentes données en confequence à Verfailles le 10. de ce mois, en forme de nouveau Reglement, pour la teinture des Toiles, fils & cotons, ainfi qu'il est plus au long porté ausdites Lettres Patentes, seront enregistrez ès Registres de ladite Cour, pour estre executez selon leur forme & teneur, & joüir par les impetrans de l'effet d'icelles : lesdits Arrest du Conseil d'Estat, & Lettres Patentes cy-dessus datées : Arrest de la Cour du 29. de cedit mois, portant que le tout seroit communiqué au Procureur general du Roy, Conclusions d'iceluy ; & oüy le Rapport du Sieur de Marette Conseiller-Commissaire, tout consideré, LA COUR, la grande Chambre assemblée, a ordonné & ordonne que lesdits Arrest du Conseil d'Estat du Roy, & Lettres Patentes données en consequence, seront enregistrez ès Registres de ladite Cour, pour estre executez selon leur forme & teneur, & joüir par les impetrans de l'effet d'iceux. FAIT à Roüen en Parlement, la grande Chambre assemblée, le vingt-neufvieme jour de Juillet mil sept cens neuf. Collationné THIERRY.

Signé BREANT.

ARREST portant que les Toiles appellées Fleurets & Blancards, qui se fabriquent dans l'estenduë de la Generalité de Roüen, continuëront d'estre portées en écrû sous la Halle de ladite Ville, pour y estre visitées & marquées de la marque d'icelle, avant de pouvoir estre mises en blanchissage.

Du 22. Septembre 1711.

Extrait des Registres du Conseil d'Estat.

LE ROY ayant esté informé des plaintes par les Marchands-Commissionnaires du Bourg de Saint Georges, de ce qu'au préjudice du Reglement du 24. Decembre 1701. pour la fabrique des Toiles appellées Fleurets & Blancards, les Ouvriers & autres Marchands qui les portent au Marché de Saint Georges pour en faire la vente, abusant entierement des Articles

Articles XLII. & XLIII. de ce Reglement, qui portent que les Marchands-Commiſſionnaires qui en acheteront, demeureront ſeuls garands des deffauts qui ſe trouveront auſdites Toiles à la viſite de Roüen, ſans qu'ils puiſſent rien repeter contre les Fabriquans pour raiſon des peines, amendes ou confiſcations qui pourront eſtre prononcées, ſe ſont d'autant plus relâchez de la fidelité & de l'attention qu'ils doivent apporter dans la fabrique deſdites Toiles, que, comme le peu de durée du Marché, le peu d'eſtenduë & l'obſcurité des Halles de Saint Georges ne permettent pas aux Marchands-Commiſſionnaires de faire une viſite exacte de ces Toiles, les Ouvriers ſont plus aſſûrez de l'impunité de leurs contraventions : Sa Majeſté auroit par Arreſt de ſon Conſeil du 7. Avril dernier, commis le Sieur Quentin de Richebourg Maiſtre des Requeſtes ordinaire de ſon Hoſtel, Commiſſaire départi en la Generalité de Roüen, pour faire faire la viſite de l'eſtenduë des Halles du Bourg de Saint Georges, examiner ſi les lieux ſont commodes, s'il y a du jour ſuffiſamment, & des Tables propres pour viſiter ſur leurs largeurs les Toiles qui y ſont apportées chaque jour de Marché, entendre ſur les abus qui ſe commettent dans la fabrique deſdites Toiles Fleurets & Blancards, l'Inſpecteur des Manufactures, les principaux Negocians qui font commerce deſdites Toiles, & les plus habiles Fabriquans, tant de la Generalité de Roüen, que de celle d'Alençon & autres où ſe fabriquent leſdites Toiles, pour enſuite eſtre du tout par luy dreſſé Procès-verbal, & ſur ſon avis eſtre par Sa Majeſté ordonné ce qu'il appartiendra. Vû ledit Arreſt, le Procès-verbal dreſſé en conſequence par ledit Sieur Quentin de Richebourg, contenant les dires & remonſtrances des Marchands-Commiſſionnaires, à ce qu'attendu l'impoſſibilité de reconnoiſtre les deffauts des Toiles qu'ils achetent au Marché de Saint Georges, ils ſoient déchargez de la garantie à laquelle ils ſont aſſujettis par le Reglement du 24. Decembre 1701. & des peines qui peuvent eſtre prononcées ſur les Saiſies qui ſeront faites des Toiles qui ſe trouveront défectueuſes à la viſite de Roüen : les Reponſes des Fabriquans, fondées sur ce que la visite & la marque des Toiles se faisant en la Ville de Roüen, où se prononcent les condamnations & amendes pour le defaut des Toiles, quand une fois elles sont sorties de leurs mains & du Marché de Saint Georges, ils ne sont plus en estat de connoistre si ce sont les mesmes Toiles, ni les defauts pour lesquels elles sont arrestées : Que si la visite & la marque se faisoient au Bourg de Saint Georges suivant le Reglement de 1676. ils verroient alors par eux-mesmes les defauts qui s'y trouveroient, & obligeroient leurs Ouvriers de s'en corriger, & de porter les peines qu'ils meriteroient; auquel cas seulement ils consentiroient de demeurer garants de leur fabrique; soutenant que si l'on continuë de faire la visite dans la Ville de Roüen, ils doivent estre déchargez de la garantie, & en tout cas, qu'on doit se contenter de couper les Toiles qui se trouveront défectueuses sans prononcer d'amende contre eux : Les Memoires dressez par le Sieur le Cheron de Freneuse Inspecteur des Manufactures de Toiles, ensemble l'avis dudit Sieur de Richebourg, le tout vû & consideré; Oüy le rapport du Sr Desmaretz Conseiller ordinaire au Conseil Royal, Controlleur general des Finances, SA MAJESTÉ ESTANT EN SON CONSEIL, a ordonné & ordonne que les Articles XXIV. & XXV. du Reglement du 24. Decembre 1701. seront executez selon leur forme & teneur; ce faisant, que les Toiles appellées Fleurets & Blancards qui se fabriquent dans l'estenduë des Generalitez de Roüen, Alençon ou autres, continuëront d'estre apportées en écrû sous la Halle de la Ville de Roüen, pour y estre visitées & marquées de la marque de ladite Ville, avant de pouvoir estre mises au blanchissage. Ordonne en outre Sa Majesté, que pour connoistre l'estat des Halles du Bourg de Saint Georges, où se tient ordinairement le Marché desdites Toiles, & estre en tant que de besoin pourvû à la commodité & sûreté desdites Halles, il sera par le Sieur Quentin de Richebourg Commissaire départi en la Generalité de Roüen, que Sa Majesté a commis à cet effet, dressé Procès-verbal de l'estat des lieux en presence du Proprietaire d'iceux, des Marchands-

Commiſſionnaires & des Fabriquans, ou eux dûëment appellez, avec un plan & devis tant des reparations neceſſaires, que de la dépenſe à laquelle elles ſe trouveront monter; & cependant, que leſdits Marchands-Commiſſionnaires qui acheteront des Toiles audit Marché de Saint Georges, ſeront perſonnellement tenus des amendes & confiſcations de celles qui ſeront jugées défectueuſes à la viſite de Roüen, ſauf néantmoins leur recours contre les Fabriquans pour la moitié deſdites amendes & confiſcations, en quoy Sa Majeſté a, quant à ce, & pour une année ſeulement à compter du jour de la publication du preſent Arreſt, dérogé & déroge aux Articles XLII. & XLIII. du Reglement du 24. Decembre 1701. lequel au ſurplus ſera executé ſelon ſa forme & teneur. Ordonne à cet effet Sa Majeſté, que les Fabriquans deſdites Toiles Fleurets & Blancards, ſeront tenus de mettre chacun leur marque au chef de chaque piece de Toile avec de l'huile & du noir, deſquelles marques chacun d'eux ſera tenu de laiſſer une Empreinte ſur deux Regiſtres, l'un deſquels ſera remis à l'Inſpecteur des Manufactures, & l'autre aux Maire & Echevins de ladite Ville de Roüen, Juges des contraventions faites aux Reglemens pour la fabrique deſdites Toiles. Fait Sa Majeſté deffenſes auſdits Marchands-Commiſſionnaires d'acheter aucunes deſdites Toiles qui ne ſoient marquées de la marque de l'Ouvrier, à peine de demeurer déchûs du recours cy-deſſus mentionné de la moitié deſdites amendes & confiſcations qui pourront eſtre prononcées contre eux par leſdits Maire & Echevins de ladite Ville de Roüen. Et ſeront les jugemens rendus par leſdits Maire & Echevins au ſujet deſdites contraventions aux Reglemens faits pour la fabrique deſdites Toiles Fleurets & Blancards, executez ſelon leur forme & teneur, tant en la Generalité de Roüen qu'autres Generalitez où ſe fabriquent leſdites Toiles. Et ſera le preſent Arreſt lû, publié & affiché par tout où beſoin ſera. FAIT au Conſeil d'Eſtat du Roy, Sa Majeſté y eſtant, tenu à Verſailles le vingt-deuxieme jour de Septembre mil ſept cens onze. Collationné. *Signé* PHELYPEAUX.

LOUIS PAR LA GRACE DE DIEU, ROY DE FRANCE ET DE NAVARRE: A nostre amé & feal Conseiller en nos Conseils, Maistre des Requestes ordinaire de nostre Hôtel, Commissaire départi en la Generalité de Roüen, le Sieur Quentin de Richebourg, SALUT. Nous vous mandons & enjoignons de tenir la main à l'execution de l'Arrest dont l'Extrait est cy-attaché sous le Contre-scel de nostre Chancellerie, cejourd'huy donné en nostre Conseil d'Estat, Nous y estant, pour les causes y contenuës. Commandons au premier nostre Huissier ou Sergent sur ce requis, de signifier ledit Arrest à tous qu'il appartiendra, à ce que personne n'en ignore, & de faire en outre pour l'entiere execution d'iceluy tous Commandemens, sommations, contraintes y portées, & autres Actes & Exploits necessaires, sans autre permission, nonobstant Clameur de Haro, Charte Normande, & Lettres à ce contraires; CAR TEL EST NOSTRE PLAISIR. Donné à Versailles le vingt-deuxieme jour de Septembre, l'an de grace mil sept cens onze, & de nostre Regne le soixante-neufvieme. *Signé* LOUIS. *Et plus bas* par le Roy, PHELYPEAUX.

DECLARATION qui permet aux Maîtres Toiliers de la Ville, Fauxbourgs & Banlieuë de Roüen, de teindre en toutes sortes de couleurs les soyes, fils & cotons qu'ils employent dans leur fabrique.

Du 3. Novembre 1715.

LOUIS PAR LA GRACE DE DIEU, ROY DE FRANCE ET DE NAVARRE: A tous ceux qui ces presentes Lettres verront, SALUT. Il auroit esté ordonné par le Reglement du mois d'Aoust 1669. qu'aucun de nos Sujets ne pourroit s'ingerer, ni s'employer dans l'art de la teinture des soyes, laines, fils & étoffes en aucun lieu de nostre Royaume, s'il n'avoit esté reçû

Marchand Maiſtre Teinturier en ſoye, laine ou fil, & fait chef-d'œuvre en la maniere portée par ledit Reglement, à peine de trois cens livres d'amende, & de confiſcation des marchandiſes; en ſorte que toutes les fois que les Teinturiers ont eſté troublez dans le droit qui leur eſt attribué par ledit Reglement, de teindre ſeuls & à l'excluſion de tous autres, les ſoyes, fils, laines & étoffes, ils y ont eſté maintenus par differens Arreſts du Conſeil: mais Nous ayant eſté depuis repreſenté que les Maiſtres Toiliers de la Ville, Fauxbourgs & banlieuë de Roüen, ſont depuis long-temps en poſſeſſion de teindre les fils, ſoyes & cotons qu'ils employent dans les étoffes & ouvrages de leurs Manufactures en toutes ſortes de couleurs, à l'exception de celle du bon bleu; que même la pluſpart deſdits Maiſtres Toiliers ſont pourvûs de chaudieres & d'autres uſtenſiles neceſſaires, & que cet uſage ne pourroit eſtre dérangé ſans déranger entierement cette Manufacture qui eſt devenuë très conſiderable, & qui occupe plus de quarante mille perſonnes, depuis les deffenſes des toiles peintes, étoffes des Indes, de la Chine & du Levant; à quoy il y aura d'autant plus d'inconveniens, qu'il ne s'agit pas proprement de la teinture des toiles & autres ouvrages de ladite fabrique, mais de teindre les ſoyes, fils & cotons qui doivent entrer dans la compoſition deſdits ouvrages, & d'obſerver dans cette teinture certaines nuances ou mélange de couleurs dont les Fabriquans ſeuls ont idée & le deſſein. Surquoy après avoir fait examiner en noſtre Conſeil les Requeſtes, Pieces & Memoires qui ont eſté preſentez, tant par leſdits Maiſtres Teinturiers que par les Toiliers de la Ville de Roüen, enſemble les avis de la Chambre de Commerce, & des principaux Marchands & Negocians de ladite Ville, Nous avons crû qu'il eſtoit à propos de marquer plus preciſément noſtre intention à cet égard, en renfermant le droit des Teinturiers dans de juſtes bornes, & en maintenant la Manufacture des Toiliers dans ſes anciens uſages, pour le bien general du commerce. A CES CAUSES, & autres à ce Nous mouvans, de l'avis noſtre très-cher & très-amé Oncle le Duc d'Orleans Regent, de noſtre très-cher & très-amé

Coufin le Duc de Bourbon, de noftre très-cher & très-amé Oncle le Duc du Maine, de noftre très-cher & très-amé Oncle le Comte de Touloufe, & autres Pairs, grands & notables perfonnages de noftre Royaume, & de noftre certaine fcience, pleine puiffance & authorité Royale, Nous avons par ces Prefentes fignées de noftre main, permis & permettons aux Maiftres Toiliers de la Ville, Fauxbourgs & Banlieuë de Roüen, de teindre en toutes fortes de couleurs les foyes, fils & cotons qu'ils employeront dans leurs Manufactures, fans néantmoins qu'ils puiffent teindre lefdites matieres en bon bleu, ni teindre en aucune autre couleur les toiles ou étoffes même de leur fabrique. Faifons deffenfes aufdits Maiftres Toiliers d'avoir chez eux des cuves fervant à la teinture, & de teindre aucunes foyes, fils & cotons les uns pour les autres, à peine de cinq cens livres d'amende: Et fur les avis que pourroient avoir lefdits Teinturiers de quelques contraventions qui auroient efté commifes à ces Prefentes, ils pourront aller en vifite chez lefdits Toiliers, après en avoir obtenu la permiffion des Juges qui en doivent connoiftre, & avec l'affiftance de l'un d'eux ou de tel autre Officier qui fera par eux commis: Et en cas que les avis qui auront donné lieu aufdites vifites, ne fe trouvaffent pas veritables, les Teinturiers qui les auront requifes, pourront eftre condamnez aux dommages & interefts des Toiliers, s'il y échoit. Voulons au furplus que nos Reglemens generaux de l'année 1669. & les Arrefts rendus fur le fait de la teinture (en ce qui n'eft contraire aux prefentes) foient executez felon leur forme & teneur. Si donnons en Mandement à nos amez & feaux les Gens tenant noftre Parlement à Roüen, que ces Prefentes ils ayent à faire lire, publier & regiftrer, & le contenu en icelles garder, obferver & executer felon leur forme & teneur, nonobftant tous Edits, Declarations, Arrefts, Reglemens, clameur de Haro, charte Normande, & autres chofes à ce contraires, aufquels Nous avons derogé & dérogeons par ces prefentes; aux copies defquelles, collationnées par l'un de nos amez & feaux Confeillers Secretaires, voulons que foy foit ajoûtée comme à l'original;

CAR TEL EST NOSTRE PLAISIR. En temoin de quoy Nous avons fait mettre nostre Scel à cesdites presentes. Donné à Vincennes le troisieme jour de Novembre, l'an de grace mil sept cens quinze, & de nostre Regne le premier. *Signé* LOUIS. *Et plus bas* par le Roy, le Duc D'ORLEANS Regent present, *Signé* PHELYPEAUX. Vû au Conseil, VILLEROY.

Extrait des Registres de la Cour de Parlement.

LOUIS PAR LA GRACE DE DIEU, ROY DE FRANCE ET DE NAVARRE: Au premier des Huissiers de nostre Cour de Parlement, ou autre nostre Huissier ou Sergent sur ce requis, SALUT. Sçavoir faisons que vû par nostre Cour, les Chambres assemblées, la Requeste presentée à icelle par les Maistres & Gardes & Communauté des Maistres Marchands Toiliers de la Ville, Fauxbourgs & banlieuë de Roüen, à ce qu'il plust à nostredite Cour ordonner que nostre Declaration donnée à Vincennes le troisieme jour de Novembre dernier, signée Loüis; par le Roy, le Duc d'Orleans Regent present, signée Phelypeaux, & plus bas vûë au Conseil signée Villeroy; par laquelle sadite Majesté permet ausdits Maistres Toiliers, de teindre en toutes sortes de couleurs les soyes, fils & cotons qu'ils employeront dans leurs Manufactures, sans néantmoins qu'ils pussent teindre lesdites matieres en bon bleu, ni teindre en aucune autre couleur les toiles ou étoffes même de leur fabrique: Fait deffenses Sadite Majesté ausdits Maistres Toiliers d'avoir chez eux des cuves servant à la teinture, & de teindre aucunes soyes, fils & cotons les uns pour les autres, à peine de cinq cens livres d'amende; Et sur les avis que pourroient avoir les Teinturiers de quelques contraventions qui auroient esté commises à ladite Declaration, Sadite Majesté leur permet d'aller en visite chez lesdits Toiliers, après en avoir obtenu la permission des Juges qui en doivent connoistre, & avec l'assistance de l'un d'eux ou de tel autre Officier qui sera par eux commis;

Et en cas que les avis qui auront donné lieu auſdites Viſites ne ſe trouvaſſent pas veritables, les Teinturiers qui les auront requiſes pourront eſtre condamnez aux dommages & intereſts des Toiliers, s'il y échoit. Veut au ſurplus Sadite Majeſté, que les Reglemens generaux de l'année 1669. & les Arreſts rendus ſur le fait de la teinture, & ce qui n'eſt contraire à ladite Declaration, ſoient executez ſelon leur forme & teneur, ſera enregiſtrée ès Regiſtres de noſtredite Cour pour eſtre executée ſelon ſa forme & teneur; ce faiſant, qu'elle ſera lûë, publiée & affichée à la diligence deſdits Maiſtres & Gardes Toiliers par tout où beſoin ſera, pour par eux joüir de l'effet d'icelle: Arreſt eſtant ſur ladite Requeſte, en date du 21. de ce mois, portant ſoit communiqué à noſtre Procureur General, noſtredite Declaration cy-deſſus datée, Concluſions de noſtre Procureur general, & oüy le rapport du Sieur de Marette Conſeiller-Commiſſaire, tout conſideré, NOSTREDITE COUR par ſon Jugement, Arreſt, les Chambres aſſemblées, a ordonné & ordonne que ladite Declaration de Sa Majeſté, donnée à Vincennes le 3.e Novembre dernier, ſera enregiſtrée ès Regiſtres de noſtredite Cour, pour eſtre executée ſelon ſa forme & teneur; ce faiſant, qu'elle ſera lûë, publiée & affichée par tout où il appartiendra, à la diligence des Maiſtres & Gardes Toiliers. Pour ce eſt-il que nous te mandons faire pour l'execution du preſent Arreſt, tous Exploits & diligences à ce requis & neceſſaires, de ce faire te donnons pouvoir. En temoin de quoy Nous avons fait mettre & appoſer noſtre Scel à cedit preſent Arreſt. DONNÉ à Roüen en noſtredite Cour de Parlement le vingt-quatrieme jour de Janvier, l'an de grace mil ſept cens ſeize, & de noſtre Regne le premier. Collationné BELLIARD. Par la Cour, Collationné dans ſes Controlles, BUQUET. Scellé ce cinquieme Fevrier mil ſept cens ſeize.

ARREST

ARREST contenant quelques nouveaux Articles à ajouster aux Reglemens cy-devant faits pour la fabrique des Toiles appellées Fleurets & Blancards.

Du 4. Janvier 1716.

Extrait des Registres du Conseil d'Estat.

SUR ce qui a esté representé au Roy par les Syndics de la Chambre du Commerce de Roüen, de l'avis du Sieur Roujault Maistre des Requestes, Commissaire departi dans la Generalité de Roüen, qu'il estoit absolument necessaire d'ajouster quelques nouveaux Articles aux Reglemens déja establis sur la fabrique des toiles appellées fleurets & blancards, afin de remedier aux abus qui s'y estoient glissez: Sa Majesté faisant attention à l'importance de cette Manufacture, & desirant la maintenir sur un pied qui en conserve & augmente la reputation, tant dans le Royaume que chez les Estrangers, & tout consideré, LE ROY EN SON CONSEIL a ordonné & ordonne ce qui ensuit.

ARTICLE PREMIER.

LES Toiles fleurets & blancards qui estant en écru auront esté confisquées ou coupées pour quelque contravention, ne pourront estre blanchies, sous peine aux Curandiers ou Blanchisseurs de mille livres d'amende pour la premiere fois, sans qu'elle puisse estre moderée, & en cas de recidive d'interdiction pour toûjours; lesquelles toiles ainsi trouvées en contravention pourront néantmoins estre teintes en toutes sortes de couleurs, ou employées en écru seulement.

II.

LES Curandiers ou Blanchisseurs seront obligez de mettre leur marque avec de l'huile ou du noir sur les pieces desdites toiles qui leur ſeront données à blanchir, & ce avant que de les mettre ſur le pré ou dans leurs cuves : Et il leur eſt enjoint pour l'execution de cet Article, d'avoir leur marque particuliere où chacun mettra ſon nom & le lieu de ſa reſidence, de laquelle marque ils ſeront tenus de donner une empreinte à l'Hoſtel de Ville de Roüen, ſur un Livre cotté & paraphé des Maire, Eſchevins, audeſſous de laquelle chaque Blanchiſſeur ſignera & reconnoiſtra que c'eſt la propre marque dont il entend ſe ſervir pour marquer les toiles fleurets & blancards qui luy ſeront données à blanchir, pour par les Maire, Eſchevins & Inſpecteurs y avoir recours : Enjoint Sa Majeſté aux Inſpecteurs de faire une viſite chaque année, pour s'aſſûrer de ce qui regarde le blanchiſſage & l'empreinte des marques; Et lorſqu'ils trouveront des contraventions à cet Article, ils ſeront tenus de requerir contre ceux qui les auront commiſes, une amende de cinq cens livres, laquelle ne pourra eſtre remiſe ni moderée par les Juges.

III.

COMME l'expedition de ces toiles pour l'Eſtranger, s'eſt quelquefois faite par de petits Ports de Normandie éloignez de la reſidence des Inſpecteurs, auſquels la viſite deſdites toiles deſtinées pour l'Eſpagne ou pour les Indes, a eſté enjointe par le Reglement de 1701. il eſt ordonné que l'expedition des balots de toiles fleurets & blancards ne pourra eſtre faite que par le Port de Roüen, & après y avoir eſté acquittez au Bureau de la Romaine, après la viſite dûëment faite, & ce ſous peine de trois mille livres d'amende, qui ne pourra eſtre moderée.

IV.

LES abus pour l'expedition des toiles tombées en contravention, eſtant en partie cauſez par les Emballeurs de toiles, il eſt enjoint auſdits Emballeurs de ne tenir chez eux aucuns coupons de toiles fleurets & blancards blanchis, & qui auront eſté coupez ou confiſquez en écrû ; ils ſeront auſſi tenus de mettre leur marque ſur chaque balot de toiles avant de les expoſer à la viſite des Inſpecteurs; & pour l'execution de cet article ils ſeront tenus de donner chacun une empreinte de leur marque à l'Hostel de Ville de Roüen, en la même forme qu'il vient d'estre ordonné par rapport aux Blanchisseurs, & sous la même peine d'une amende de cinq cens livres pour la premiere fois, & d'interdiction en cas de recidive: Et comme lesdits Emballeurs sont en usage d'acheter pour les Marchands les toiles soit en écru, soit en blanc, il leur est de plus deffendu de faire aucuns achats desdites toiles fleurets & blancards, si auparavant ils n'ont presté serment devant les Prieur & Juges-Consuls de Roüen, dont il leur sera delivré Acte à l'ordinaire.

V.

SERONT pareillement tenus les Curandiers & Blanchisseurs de bien & dûëment blanchir toutes les toiles qui leur seront données en blanchissage; en sorte qu'elles soient ce qu'on appelle *blanches à fin,* avant qu'ils les puissent rendre à ceux qui les leur auront données à blanchir; & ce, à peine de cinq cens livres d'amende qui ne pourra estre remise ni moderée.

VI.

COMME le commerce des toiles appellées Coffres, n'est pas moins important que celuy des fleurets & blancards, il est ordonné que tous les Reglemens establis pour raison desdites toiles appellées Blancards, seront executez par rapport aux toiles appellées Coffres.

VII.

ET comme il y a actuellement une quantité de toiles fleurets & blancards blanches, entre les mains des Negocians ou autres Particuliers, il est enjoint aux Inspecteurs de marquer lesdites toiles fleurets & blancards, blanchies, d'une marque de grace, dont l'empreinte sera cassée, & ce après le terme de deux mois.

VIII.

LES Maire & Eschevins feront imprimer le Reglement cy-dessus pour le distribuer aux Blanchisseurs ou Curandiers, & aux Emballeurs lorsqu'ils viendront apporter l'empreinte de leurs marques à l'Hostel de Ville de Roüen: Enjoint Sa Majesté au S.r Goujon de Gasville, Maistre des Requestes, Commissaire départi en la Generalité de Roüen, de tenir la main à l'execution du present Arrest, qui sera lû, publié & affiché par tout où besoin sera. FAIT au Conseil d'Estat du Roy, tenu à Paris le quatrieme jour de Janvier mil sept cens seize. Collationné.

Signé GOUJON.

LOUIS PAR LA GRACE DE DIEU, ROY DE FRANCE ET DE NAVARRE: A nôtre amé & feal Conseiller en nos Conseils, Maistre des Requestes ordinaire de nostre Hostel, le S.r Goujon de Gasville Commissaire départi pour l'execution de nos ordres en la Generalité de Roüen, SALUT. Suivant l'Arrest dont l'Extrait est cy-attaché sous le contre-scel de nôtre Chancellerie, cejourd'huy donné en nôtre Conseil d'Estat, sur ce qui Nous a esté representé par les Syndics de la Chambre du Commerce de Roüen, au sujet des toiles appellées Fleurets & Blancards, Nous vous enjoignons de tenir la main à l'execution dudit Arrest : Commandons au premier nostre Huissier ou Sergent sur ce requis, de signifier ledit Arrest aux y dénommez, & à tous qu'il appartiendra, à ce qu'aucuns n'en ignorent, & de faire en outre pour l'entiere execution d'iceluy tous Commandemens, Sommations & autres Actes & Exploits necessaires, sans autre permission, nonobstant clameur de Haro, Charte Normande & Lettres à ce contraires : Voulons que ledit Arrest soit lû, publié & affiché par tout où besoin sera ; CAR TEL EST NOSTRE PLAISIR. Donné à Paris le quatrieme jour de Janvier, l'an de grace mil sept cens seize, & de nôtre Regne le premier, *Signé* LOUIS. *Et plus bas* par le Roy en son Conseil, le Duc D'ORLEANS Regent present, *Signé* GOUJON.

ARREST concernant les Toiles Fleurets & Blancards de Roüen.

Du 12. May 1716.

Extrait des Registres du Conseil d'Estat.

LE ROY ayant par Arrest du Conseil du 4. Janvier dernier, pour maintenir les Manufactures des Toiles appellées Fleurets & Blancards, ordonné que les Blanchisseurs seroient tenus de les blanchir à fin, à peine de Cinq cens livres d'amende, & à cet effet que chacun d'eux seroit tenu de mettre sa marque particuliere avec de l'huile & du noir sur chaque piece de Toile, avant que de la mettre sur le pré : Et Sa Majesté ayant esté informée des inconveniens qui arriveroient en mettant par lesdits Blanchisseurs leurs marques sur lesdites Toiles avant que de les mettre sur le pré; après que lesdits blanchisseurs ont esté entendus devant le Sieur Goujon de Gasville Commissaire départi en la Generalité de Roüen, en la presence du Sieur Godeheu député du Commerce de Roüen, & des Inspecteurs desdites Toiles. Vû le Procès-verbal & avis dudit Sieur de Gasville : Oüy le Rapport, SA MAJESTÉ EN SON CONSEIL, de l'avis de Monsieur le Duc d'Orleans Regent, conformément à l'avis du Sieur de Gasville, a permis & permet aux Blanchisseurs de la Generalité de Roüen, de ne mettre leur marque à eux ordonnée par ledit Arrest du Conseil du 4. Janvier dernier sur lesdites Toiles, qu'après qu'elles auront esté blanchies à fin; laquelle marque ils seront tenus de mettre à la queuë de la piece de Toile, à costé de la marque de la visite, en la retirant de dessus le Pré avant que de la plier & resserrer dans leurs Maisons; au moyen de quoy lesdits Blanchisseurs demeureront garands que lesdites Toiles sont blanchies à fin, sous les amendes & peines portées audit Arrest du Conseil du 4. Janvier dernier : lequel au surplus sera executé ſelon ſa forme & teneur, avec deffenſes à tous emballeurs d'emballer aucunes pieces de Toiles deſtinées pour l'Eſpagne, ou les Indes, qu'elles ne ſoient marquées de la marque cy-deſſus deſdits Blanchiſſeurs, ſous les amendes & peines portées par les Reglemens. Enjoint Sa Majeſté audit Sieur de Gaſville de tenir la main à l'execution du preſent Arreſt. FAIT au Conſeil d'Eſtat du Roy, tenu à Paris le douzieme jour de May mil ſept cens ſeize. Collationné. *Signé* DUJARDIN.

ARREST qui ordonne que celuy du 24. Decembre 1701. portant Reglement pour les Toiles qui ſe fabriquent en Normandie, ſera executé, enſemble les Arreſts & Reglemens depuis intervenus ſur ce qui concerne la Manufacture des Toiles Fleurets & Blancards.

Du 8. May 1717.

Extrait des Regiſtres du Conſeil d'Eſtat.

LE ROY ayant fait examiner la Requeſte preſentée par les Marchands, Tiſſerands, Curandiers & autres Ouvriers travaillant à la Manufacture des Toiles appellées Fleurets & Blancards dans le Bailliage de Beaumont-le-Roger, de la Generalité d'Alençon, tendante à ce qu'il plût à Sa Majeſté reſtablir la Marque deſdites Toiles audit lieu, nonobſtant la diſpoſition du Reglement du Conſeil intervenu le 24. Decembre 1701. pour les Toiles qui ſe fabriquent dans la Province de Normandie: Et les motifs alleguez pour faire changer cette diſpoſition d'un Arreſt de Reglement rendu en grande connoiſſance & aprés un long examen, pour l'avantage des Manufactures de Toiles de Normandie, dont Sa Majeſté deſire de maintenir la perfection, ayant paru inſuffiſans. Oüy le Rapport, LE ROY EN SON CONSEIL, ſans s'arreſter à ladite Requeſte, a ordonné & ordonne que ledit Arreſt du Conſeil du 24. Decembre 1701.

portant Reglement pour toutes les Toiles qui se fabriquent dans l'estenduë de la Province de Normandie, sera executé en tout son contenu selon sa forme & teneur, ensemble les Arrests & Reglemens depuis intervenus sur ce qui concerne la Manufacture desdites Toiles Fleurets & Blancards, notamment celuy rendu le 4. Janvier 1716. ce faisant, que suivant & conformément aux Articles XXIV. XXV. & XXVI. dudit Reglement du 24. Decembre 1701. lesdites Toiles qui se fabriquent, tant dans la Generalité de Roüen, qu'à Bernay, à Beaumont &. aux environs dans la Generalité d'Alençon, seront apportées en écru sous la Halle de la Ville de Roüen, pour y estre visitées & marquées de la Marque de ladite Ville, avant de pouvoir estre mises au blanchissage. Ordonne en outre qu'elles ne pourront estre portées à Bernay & à Beaumont, ni dans aucun autre lieu qu'à Roüen, pour y estre visitées & marquées, à peine de confiscation & de trente livres d'amende, & que la visite desdites Toiles sera faite dans la Halle aux Toiles de Roüen, par les Inspecteurs des Manufactures & autres préposez par Sa Majesté, par deux des principaux Marchands de la Ville de Roüen, & par deux Maistres Jurez-Toiliers. Enjoint Sa Majesté au Sieur Intendant & Commissaire départi en la Generalité de Roüen, de tenir la main à l'execution du present Arrest, qui sera lû, publié & affiché par tout où besoin sera. FAIT au Conseil d'Estat du Roy, tenu à Paris le huitieme jour de May mil sept cens dix-sept. Collationné.

Signé DUJARDIN.

LOUIS PAR LA GRACE DE DIEU, ROY DE FRANCE ET DE NAVARRE: A nostre amé & feal Conseiller en nos Conseils, Maistre des Requestes ordinaire de nostre Hostel, le Sieur de Gasville Commissaire départi pour l'execution de nos ordres à Roüen, SALUT. Nous vous mandons & enjoignons de tenir la main à l'execution de l'Arrest dont l'extrait est cy-attaché sous le Contre-scel de nostre Chancellerie, cejourd'huy donné en nostre Conseil d'Estat, concernant les Toiles appellées Fleurets & Blancards. Commandons au premier nostre Huissier ou Sergent sur ce requis, de le signifier à tous qu'il appartiendra, à ce qu'aucun n'en ignore, & de faire en outre pour l'entiere execution d'iceluy tous Commandemens, Sommations, Exploits & autres Actes necessaires, nonobstant Clameur de Haro, Chartre Normande & Lettres à ce contraires. Voulons que ledit Arrest soit lû, publié & affiché par tout où besoin sera; CAR TEL EST NOSTRE PLAISIR. Donné à Paris le huitieme jour de May, l'an de grace mil sept cens dix-sept, & de nostre Regne le deuxieme. Par le Roy en son Conseil, le Duc D'ORLEANS Regent present, *Signé* DUJARDIN.

ARREST portant Reglement pour les Toiles rayées & à carreaux, qui se fabriquent dans la Generalité de Roüen.

Du 7. Aoust 1718.

Extrait des Registres du Conseil d'Estat.

LE ROY ayant esté informé qu'il se fait dans la Generalité de Roüen une quantité considerable de Toiles rayées & à carreaux, pour la fabrique desquelles il n'y a point de regles certaines; Et Sa Majesté desirant y pourvoir par un Reglement, & mettre l'uniformité & le bon ordre dans cette espece de Manufacture, pour en assûrer & augmenter le debit. Vû l'avis donné par le Sieur Goujon de Gasville Conseiller du Roy en ses Conseils, Maistre des Requestes ordinaire de son Hostel, & Commissaire départi en la Generalité de Roüen, après avoir entendu la Chambre de Commerce de Normandie, les Inspecteurs des Toiles, les fabriquans, les principaux Marchands faisant commerce desdites Toiles, & autres Corps d'ouvriers qui ont fait differentes representations à ce sujet; Oüy le Rapport. SA MAJESTÉ ESTANT EN SON CONSEIL, de de l'avis de Monſieur le Duc d'Orleans Regent, a ordonné & ordonne que leſdites Toiles rayées & à carreaux, qui ſe feront à l'avenir dans ladite Generalité de Roüen, ſeront fabriquées en la maniere qui ſuit.

ARTICLE PREMIER.

LES petites Toiles rayées & à carreaux de toutes couleurs, de fil, fil & coton, futaines & baſins unis, rayez & façonnez, ſeront fabriquées de demi-aulne de large au moins, & depuis demi-aulne en augmentant de ſeize en ſeize, juſqu'où les ouvriers en voudront étendre la largeur; & leſdites Toiles auront leur largeur juſte après eſtre levées de deſſus le mêtier, & ſeront ſujettes à confiſcation ſi elles ne ſe trouvent pas de largeur conforme à la diſpoſition du preſent Article.

II.

LES Toiles tout coton en chaiſne & trame, rayées ou à carreaux, ſeront fabriquées de cinq huitiemes d'aulne de large au moins, & depuis cinq huitiemes d'aulne en augmentant de huit en huit, & ſeront marquées en écru par les Gardes-Toiliers avant qu'elles puiſſent eſtre miſes ſur le pré, ſur peine de confiſcation & d'amende.

III.

LES Siamoiſes de fil & coton Montbelliard, ou Toiles à Matelats, Toiles damaſſées, & Toiles de chaſſe, ſeront auſſi fabriquées de cinq huitiemes d'aulne de large au moins, & depuis cinq huitiemes d'aulne en augmentant de huit en huit; toutes leſdites Toiles & Etoffes auront leur largeur juſte après avoir eſté levées de deſſus le mêtier.

IV.

LES longueurs des Toiles & Etoffes de cinq huitiemes de large & au deſſous, ſeront de trente à quarante-cinq aulnes, ſans pouvoir exceder; les longueurs des Toiles façon de Monbeliard, ou Toiles à Matelats, ſeront de vingt ou de quarante aulnes juſte; & les longueurs des Toiles & Etoffes de largeur au-dessus de cinq huitiemes, ne pourront estre que de vingt à vingt-cinq aulnes.

V.

Les Mouchoirs, Steinquerques & Fichus, fil, fil & coton, seront fabriquez de la largeur de trois huitiemes d'aulne au moins, & depuis trois huitiemes d'aulne en augmentant de seize en seize; les ouvriers seront tenus de les faire quarrez, ayant les costez égaux, & non autrement, & de separer sur le mêtier lesdits Mouchoirs d'une barre, à peine de confiscation & d'amende; les pieces des Mouchoirs n'en pourront contenir plus de douze douzaines.

VI.

Les Mouchoirs, Steinquerques & Fichus tout coton en chaisne & trame, seront fabriquez de sept seiziemes d'aulne au moins, & depuis sept seiziemes d'aulne quarrée en augmentant de seize en seize, & seront marquez par les Gardes avant de les pouvoir mettre sur le pré, à peine de confiscation & d'amende; Deffenses aux Curandiers de les recevoir non marquez, à peine d'amende.

VII.

Les Flanelles ne seront fabriquées que de trois largeurs; sçavoir, de cinq huitiemes, de trois quarts, & de cinq quarts d'aulne; les pieces de cinq huitiemes auront vingt-sept à trente-six aulnes de long, & celles de trois quarts & au-dessus ne pourront avoir que vingt à vingt-quatre aulnes; lesdites Flanelles seront marquées au retour du foulon.

VIII.

Toutes les Toiles, Etoffes & Mouchoirs, inventées ou à inventer par les Toiliers en fil, ou fil & coton, ou tout coton, & sous quelque nom que ce puisse estre, seront sujettes au present Reglement, sans qu'elles puissent estre fabriquées autrement, sous peine de confiscation & d'amende; les fils & cotons qui y seront employez seront d'une pareille filure, tant aux lisieres qu'au milieu de la piece: les Rots dont les ouvriers se serviront, seront également composez & divisez dans toute leur estenduë, sans pouvoir estre plus serrez aux lisieres qu'au milieu; & les anciens rots qui se trouveront d'autre façon, seront reformez trois mois après la publication du present Reglement; passé lequel temps les fabriquans ne pourront se servir de rots divisez inégalement, ou plus serrez aux lisieres qu'au milieu, à peine d'amende.

I X.

DEFFENSES à tous Ouvriers & Fabriquans en Toiles rayées & à carreaux, de messer dans leurs ouvrages aucuns fils ou cotons gastez & de mauvaise qualité, ou de fausse teinture, avec ceux de bon teint : Et seront tenus lesdits Ouvriers de fabriquer tout en faux, ou tout en bon teint, tant en chaisne qu'en trame, sur peine de confiscation de leurs Marchandises pour la premiere fois, & de plus grande peine en cas de recidive.

X.

LES Gardes-Toiliers & les Inspecteurs feront déboüillir le plus souvent qu'ils pourront les Toiles & Mouchoirs qui seront apportez à la visite, soit à leur Bureau, soit à la Halle, pour estre marquez de la marque de bon teint; & les trouvant en contravention, les saisiront & en poursuivront la confiscation avec l'amende.

X I.

LES Teinturiers seront tenus de mettre leur plomb sur les fils & cotons, & autres matieres qui leur ont esté données à teindre en bon teint, afin que l'Ouvrier puisse exercer son recours contre le Teinturier, & faire saisir ce qui se trouvera de mauvaise teinture, après avoir fait déboüillir lesdites matieres, & avant de les avoir employées. L'Ouvrier sera reputé déchû de tout recours contre le Teinturier, s'il a reçû les fils & les cotons teints, sans son plomb & sa marque, & s'il les a employez.

X I I.

LES Toiliers de la Ville & Banlieuë de Roüen auront un Bureau ouvert tous les jours de la semaine, à l'exception du

Vendredy; les Gardes feront obligez de s'y trouver pour vifiter & marquer toutes les Marchandifes de leurs fabriques qui y feront apportées; les Gardes de Saint Gervais feront tenus de fe trouver pareillement à leur Bureau pour vifiter & marquer celles des Ouvriers de leurs dépendances; Deffenfes aufdits Gardes de Roüen & Saint Gervais d'en marquer aucunes qui ne foient de la largeur permife par le prefent Reglement, à peine d'en repondre en leur propre & privé nom.

XIII.

LES Ouvriers tant de la Ville, Fauxbourgs & Banlieuë de Roüen, que de la Campagne, laifferont aux deux bouts de chaque piece de marchandife de leur fabrique, une bande blanche large de quatre doigts, fur laquelle fera mife la marque de la vifite par les Gardes-Toiliers; ladite marque fera imprimée avec de l'huile & du Noir ou du Rouge, ayant ces mots pour le bon teint, *Manufacture de Roüen, bon teint.* Et pour le faux teint, *Manufacture de Roüen, petit teint.* La marque des Gardes de Saint Gervais fera pareillement imprimée avec ces mots pour le bon teint, *Manufacture de Saint Gervais lez Roüen, bon teint.* Et pour le faux teint, *Manufacture de Saint Gervais lez Roüen, petit teint.* Les Mouchoirs, Fichus & Steinquerques feront marquez fur le premier & dernier de chaque deux douzaines.

XIV.

DEFFENSES à tous Seigneurs hauts Jufticiers des Fauxbourgs & Banlieuë de Roüen, & à leurs Juges, de troubler directement ni indirectement les Gardes-Toiliers de ladite Ville dans les vifites qu'ils feront fur les mêtiers des Toiliers eftablis dans l'eftenduë de leurs Terres & Seigneuries; les Gardes de Saint Gervais feront leurs vifites chez tous les Maiftres de leurs dépendances.

XV.

TOUTES les Toiles rayées fil, ou fil & coton, ou tout coton, & Mouchoirs de mefme fabrique, & autres Etoffes mentionnées au prefent Reglement, qui feront apportées dans la Ville de Roüen par les Marchands-Forains pour y eſtre venduës, ſeront déchargées dans la Halle pour y eſtre vûës, viſitées & marquées par les Gardes-Toiliers, en la preſence d'un des deux Inſpecteurs; leſquels, en cas de contravention & défectuoſité, les feront couper de cinq aulnes en cinq aulnes, & en pourſuivront la confiſcation avec amende: ne pourront leſdites Marchandiſes eſtre expoſées en vente & venduës avant ladite viſite & marque, meſme ne pourront eſtre enlevées de ladite Halle qu'au préalable elles n'ayent eſté viſitées & marquées; Deffenſes aux aulneurs d'aulner aucune deſdites Marchandiſes ſi elles ne ſont marquées, à eux enjoint de couper l'aulnage qui ſe trouvera exceder celuy porté par le preſent Reglement: Deffenſes auſſi aux Concierges des Halles, de laiſſer enlever aucunes deſdites Toiles & E'toffes; aux Teinturiers & Calendreurs de les recevoir pour les apprefter, & aux Ouvriers & Marchands de les leur envoyer, ſi elles ne ſont marquées de ladite marque de viſite.

XVI.

DEFFENSES à tous Marchands d'acheter dans leurs Maiſons & Magaſins, ou ailleurs que dans la Halle, aucunes Toileries & E'toffes mentionnées dans le preſent Reglement, ſoit qu'elles ſoient de fabrique de Roüen, ou d'autres lieux, ſi elles n'ont eſté viſitées & marquées au Bureau des Gardes-Toiliers ou à ladite Halle. Deffenſes auſdits Marchands & à tous autres de couper, ſous pretexte de debit, les bandes blanches qui ſont ordonnées par l'Article treizieme eſtre laiſſées par l'Ouvrier aux deux bouts deſdites Toileries, & ſur leſquelles doivent ſe trouver le nom dudit Ouvrier, & la marque de ladite viſite.

XVII.

LES Inſpecteurs des Manufactures feront des viſites chez les Ouvriers en preſence des Gardes-Toiliers, & feront ſaiſir toutes leſdites Toileries & E'toffes qui ſe trouveront fabriquées en contravention au preſent Reglement.

XVIII.

LES Ouvriers mettront en teinture leur nom, ſurnom &

demeure dans les deux bandes blanches ordonnées estre laissées par l'Article XIII. aux deux bouts de chaque piece de leur fabrique. Deffenses ausdits Ouvriers de contrefaire leurs marques, ou celles d'autres Ouvriers, à peine d'interdiction ou perte de Maîtrise.

XIX.

Les Inspecteurs & Gardes-Toiliers visiteront exactement toutes les Toileries des especes cy-dessus, qui s'apportent du Pays de Caux sous les Halles de Roüen pour y estre venduës: Et s'il s'en trouvoit de non conformes au present Reglement, ils en poursuivront la confiscation avec amende, pardevant les Juges ausquels la connoissance en appartient.

XX.

Deffenses à tous Ouvriers, Marchands & Aubergistes des Villes & lieux où lesdites Toileries pourront estre portées, de les recevoir chez eux & de les exposer en vente, si elles n'ont point esté marquées ainsi qu'il est expliqué cy-dessus, à Roüen ou à Saint Gervais; auquel cas lesdites Toileries, avant d'estre reçûës & exposées en vente, seront portées aux Halles ou Bureaux des Toiles desdites Villes & lieux où lesdites Marchandises seront envoyées, pour y estre visitées & marquées par les Gardes-Jurez, lesquels seront tenus d'avoir des marques particulieres pour le bon & faux teint, conformes à celles ordonnées par l'Article XIII. Enjoint aux Inspecteurs de faire des visites très exactes dans lesdites Villes & lieux, & dans les Foires, & de saisir tout ce qui se trouvera en contravention.

XXI.

Il sera establi une Marque de grace, & les Ouvriers & Marchands seront obligez de faire marquer leurs Marchandises de Toileries, & autres mentionnées dans le present Reglement, qui se trouvent actuellement fabriquées, & ce dans le terme de trois mois, à compter du jour de la publication du present Arrest; après quoy ladite marque sera rompuë en presence du S.r Intendant & Commissaire départi dans la Generalité de Roüen; cette marque portera *Marque de grace de la Manufacture des Toiliers de Roüen.* ENJOINT Sa Majesté au Sieur Intendant & Commissaire départi pour l'execution de ses ordres dans la Generalité de Roüen, de tenir la main à l'execution du present Reglement, qui sera lû, publié & affiché par tout où besoin sera, & sur lequel seront toutes Lettres necessaires expediées. FAIT au Conseil d'Estat du Roy, Sa Majesté y estant, tenu à Paris le septieme jour d'Aoust mil sept cens dix-huit.

Signé PHELYPEAUX.

LOUIS PAR LA GRACE DE DIEU, ROY DE FRANCE ET DE NAVARRE, A nostre amé & feal Conseiller en nos Conseils, Maître des Requestes ordinaire de nostre Hostel le Sieur Goujon de Gasville Commissaire départi pour l'execution de nos ordres dans la Generalité de Roüen, SALUT. Nous vous mandons & enjoignons par ces Presentes signées de Nous, de tenir la main à l'execution de l'Arrest cy-attaché sous le Contre-scel de nostre Chancellerie, cejourd'huy donné en nostre Conseil d'Estat, Nous y estant. Commandons au premier nostre Huissier ou Sergent sur ce requis, de signifier ledit Arrest à tous qu'il appartiendra, à ce que personne n'en ignore, & de faire pour son entiere execution tous Actes & Exploits necessaires sans autre permission, nonobstant Clameur de Haro, Chartre Normande & Lettres à ce contraires; CAR TEL EST NOSTRE PLAISIR. Donné à Paris le septieme jour d'Aoust, l'an de grace mil sept cens dix-huit, & de nostre Regne le troisieme. *Signé* LOUIS, *& plus bas* par le Roy, le Duc D'ORLEANS Regent present, PHELYPEAUX. Et scellé.

ARREST en interpretation de celuy cy-devant, & Lettres Patentes sur iceluy.

Du 21. Mars 1720.

Extrait des Registres du Conseil d'Estat.

LE ROY ayant par Arrest de son Conseil du 7. Aoust 1718. fait un Reglement pour la fabrique des Toiles rayées & à carreaux de fil, fil & coton, Futaines & Bazins unis, rayez & façonnez qui se font dans la Generalité de Roüen; Sa Majesté a reçû les remontrances qui luy ont esté faites par differentes Communautez de ladite Generalité, sur les difficultez qui se presentent pour l'execution dudit Reglement: Et voulant expliquer plus particulierement ses intentions sur ladite fabrique, a Ordonné & ordonne ce qui suit.

ARTICLE PREMIER.

SA MAJESTÉ a maintenu & gardé, maintient & garde les Maîtres Toiliers & les Maîtres Passementiers de la Ville de Roüen, dans la possession & usage dans lequel sont lesdites deux Communautez de faire & fabriquer concurremment les Futaines & Bazins damassez, & Siamoises, conformément aux Arrests rendus au Parlement de Roüen entre lesdites deux Communautez, nommément les 9. Fevrier 1709. & 29. Juillet 1719. Et y ajoustant, voulant prevenir toutes les contestations qui peuvent naître entre elles au sujet de toutes les petites Etoffes ou Toiles en façon d'Etoffe, inventées & à inventer dans la Ville & Generalité de Roüen, & en augmenter le commerce & le debit; permet ausdits Toiliers & Passementiers de faire & fabriquer aussi concurremment toutes sortes de Toiles en façon d'Etoffes, soit qu'elles soient de fil en chaîne & en trame de fil, ou de fil en chaîne & en trame partie fil & partie coton, ou en chaîne de fil & en trame de tout coton, ou en chaîne & trame en trame de Laine, comme aussi en chaîne de Soye, en trame de Coton ou Laine; sans néantmoins que lesdits Toiliers puissent faire des ouvrages à chaîne de Soye, & tramez entierement de Soye, ni aucuns Galons & Dentelles ou Passemens, & autres choses que des Toiles façon d'étoffe des matieres cy-dessus exprimées; & sans aussi que lesdits Passementiers puissent faire & fabriquer aucune Toile appellée Linge, servant aux habillemens de dessous, Draps, Nappes, Serviettes & autres ouvrages de Toile propres à la Cuisine & à l'Office, & sans aussi que la presente concurrence qui est accordée entre lesdits Toiliers & lesdits Passementiers puisse prejudicier à la qualité de Marchand pretenduë par lesdits Passementiers, ni que les Jurez & Maîtres des deux Communautez puissent entreprendre aucune visite ou inspection les uns sur les autres, les deux Communautez devant toûjours rester distinctes & separées.

II.

ORDONNE que les Articles IX. & XI. du Reglement dudit jour 7. Aoust 1718. concernant les Teintures, seront executez; & pour le faciliter, que chaque ouvrier, tant Passementier que Toilier, tant de la Ville, Fauxbourgs, Banlieuë de Roüen, que de la Campagne, & tout Ouvrier forain, sera tenu d'avoir une marque particuliere sur laquelle sera gravé son nom, sa demeure, avec ces mots *bon Teint* pour les ouvrages qui auront esté fabriquez en bon teint, & *petit Teint* pour ceux qui auront esté teints en petit teint; de laquelle marque chaque ouvrier sera tenu de marquer au chef & premier bout chaque piece d'étoffe de sa fabrique, laquelle marque sera imprimée avec de l'huile en couleur noire ou rouge: Deffenses à aucun desdits ouvriers de vendre ou exposer en vente, ni avoir chez luy aucune desdites étoffes où ladite marque ne soit apposée, à peine de cinquante livres d'amende pour la premiere fois, & de confiscation de la Marchandise qui n'aura point ladite marque.

III.

ORDONNE Sa Majesté, conformément aux Articles XII. & XIII. dudit Reglement, qu'outre ladite marque de l'ouvrier, toutes lesdites Toiles & Etoffes seront marquées de la marque de la visite des Jurez ; à l'effet de quoy lesdites Marchandises foraines qui ont coûtume d'estre portées à la Halle aux Toiles de Roüen, continuëront d'y estre portées, & seront vûës, visitées & marquées par les Gardes Toiliers de Roüen, en presence de l'Inspecteur des Toiles, tous les Vendredis de chaque semaine, celles qui seront fabriquées à Roüen, Fauxbourgs & Banlieuë; & celles qui seront fabriquées par les ouvriers de Saint Gervais & Dernetal, seront portées, sçavoir, celles qui seront fabriquées par les Maîtres de la Jurande de Saint Gervais au Bureau particulier de ladite Communauté; celles qui seront fabriquées par les Maîtres de la Jurande de Dernetal, au Bureau particulier de ladite Communauté : & celles qui seront fabriquées, tant dans la Ville de Roüen que dans les autres Fauxbourgs & Banlieuë; sçavoir, celles qui seront fabriquées par les Toiliers, dans le Bureau particulier desdits Toiliers; & celles qui seront fabriquées par les Passementiers, dans le Bureau particulier de la Communauté desdits Passementiers; pour estre lesdites Toiles & Etoffes vûës, visitées & marquées par les Jurez de Roüen, Saint Gervais & Dernetal les jours de la semaine dont il sera convenu à l'égard de chacun desdits Bureaux particuliers. Ladite marque des Jurez sera imprimée avec de l'huile en couleur noire ou rouge, & contiendra le nom du lieu de la visite & de la Communauté, dans ces termes *Halle foraine Roüen*, pour les Forains; Et pour les Bureaux particuliers, *Toiliers Roüen, Passementiers Roüen, Toiliers Dernetal lez Roüen, Toiliers Saint Gervais lez Roüen:* Et sera ladite marque apposée tant au chef & premier bout de chaque piece, à costé de la marque de l'ouvrier, qu'en queuë de chacun desdits ouvrages; Faisant Sa Majesté deffenses, à peine d'amende, à aucun desdits Jurez de marquer aucunes desdites étoffes de la marque de la visite, qu'elle ne le soit de la marque de l'ouvrier cy-dessus exprimée, & si elle n'est conforme en largeur, longueur & fabrique, aux dispositions de l'Arrest dudit jour 7. Aoust 1718. & du present Arrest; le tout sans prejudice du Procès pendant au

Conſeil entre les Communautez de Roüen, & le Lieutenant general de Police de ladite Ville, les Seigneurs hauts-Juſticiers, & leurs Officiers & Communautez, tant du Fauxbourg Saint Gervais, Bourg de Dernetal, que des autres Fauxbourgs de ladite Ville de Roüen.

I V.

FAIT Sa Majeſté deffenſes tant aux Toiliers de Roüen & Fauxbourgs, qu'à ceux des Fauxbourgs Saint Gervais & Dernetal, de porter aux Bureaux particuliers de chacune deſdites Communautez aucuns Linges ou Toiles blanches ou propres à blanchir, ou rayées de pur fil, eſtant du commerce des Lingeres, & qui ont eſté de tout temps portées à la Halle pour y eſtre marquées & venduës. Ordonne que leſdites Toiles ſeront portées à la Halle en la maniere accoûtumée, meſme pour eſtre aulnées, & les Droits des aulneurs payez pour celles deſdites Toiles ſur leſquelles leſdits aulneurs ſont fondez & en poſſeſſion de prendre & percevoir leurs Droits.

V.

ORDONNE Sa Majeſté, que le Reglement dudit jour 7. Aouſt 1718. ſera au ſurplus executé en ce qui n'eſt point contraire au preſent Arreſt, & que les confiſcations & amendes qui ſeront prononcées, appartiendront un tiers au Roy ou aux Seigneurs dans la Juſtice deſquels les condamnations ſeront prononcées, un tiers à l'Hôpital general de Roüen, & un tiers aux Jurez à la diligence deſquels la ſaiſie aura eſté faite & jugée. Enjoint Sa Majeſté aux Inſpecteurs des Toiles de ſe trouver ſouvent dans les Bureaux particuliers des Toiliers de Roüen, Saint Gervais & Dernetal, aux jours & heures de viſite; comme auſſi aux Inſpecteurs de Draperie de ſe trouver dans le Bureau des Paſſementiers, aux jours & heures de viſite, à l'effet par leſdits Inſpecteurs des Toiles & de Draperie, de veiller chacun en ce qui les concerne à l'execution, tant du preſent Reglement que de celuy du 7. Aouſt 1718. Et ſera le preſent Arreſt lû, publié & affiché par tout où il appartiendra, pour eſtre executé; à l'effet de quoy ſeront toutes Lettres neceſſaires expediées.

FAIT au Conſeil d'Eſtat du Roy, Sa Majeſté y eſtant, tenu à Paris le vingt-unieme jour de Mars mil ſept cens vingt.

Signé PHELYPEAUX.

LETTRES PATENTES.

LOUIS PAR LA GRACE DE DIEU, ROY DE FRANCE ET DE NAVARRE : A nos amez & feaux les Gens tenans noſtre Cour de Parlement à Roüen, SALUT. Ayant par Arreſt de noſtre Conſeil d'Eſtat du 7. Aouſt 1718. fait un Reglement pour la fabrique des Toiles rayées & à carreaux de Fil, Fil & Coton, Futaines & Baſins unis, rayez & façonnez, qui ſe font dans la Generalité de Roüen ; Nous avons reçû les remontrances qui Nous ont eſté faites par differentes Communautez de ladite Generalité, ſur les difficultez qui ſe preſentent pour l'execution dudit Reglement : Nous avons expliqué plus particulierement nos intentions ſur ladite Fabrique, par l'Arreſt de Reglement cy-attaché ſous le contre-ſcel de noſtre Chancellerie, cejourd'huy donné en noſtre Conſeil d'Eſtat, Nous y eſtant, pour l'execution duquel Nous avons ordonné que toutes Lettres neceſſaires ſeroient expediées. A CES CAUSES, de l'avis de noſtre très cher & très amè Oncle le Duc d'Orleans petit Fils de France Regent, de noſtre très cher & très amé Oncle le Duc du Chartres premier Prince de noſtre Sang, de noſtre très cher & très amé Couſin le Duc de Bourbon, de noſtre très cher & très amé Couſin le Prince de Conty, Princes de noſtre Sang, de noſtre très cher & très amé Oncle le Comte de Toulouſe Prince legitimé, & autres Pairs de France, grands & notables Perſonnages de noſtre Royaume, qui ont vû ledit Arreſt de Reglement, & conformément à iceluy Nous avons ordonné, & par ces Preſentes ſignées de noſtre main ordonnons ce qui ſuit.

Article Premier.

Maintenons & gardons les Maiſtres Toiliers & les Maiſtres Paſſementiers de la Ville de Roüen, dans la poſſeſſion & l'uſage dans lequel ſont leſdites deux Communautez de faire & fabriquer concurremment les Futaines & Baſins damaſſez & Siamoiſes, conformément aux Arreſts rendus en noſtre Cour de Parlement de Roüen entre leſdites deux Communautez, nommément les 9. Fevrier 1709. & 29. Juillet 1719. Et y ajouſtant, voulant prevenir toutes les conteſtations qui peuvent naiſtre entre elles au ſujet de toutes les petites étoffes ou toiles en façon d'étoffe, inventées & à inventer dans la Ville & Generalité de Roüen, & en augmenter le Commerce & le debit, Permettons auſdits Toiliers & Paſſementiers de faire & fabriquer auſſi concurremment toutes ſortes de Toiles en façon d'étoffes, ſoit qu'elles ſoient de fil en chaîne & en trame de fil, ou de fil en chaîne & en trame partie fil & partie coton, ou en chaîne de fil & en trame de tout coton, ou en chaîne & trame tout coton, ou en chaîne de fil ou coton, & en trame de laine, comme auſſi en chaîne de ſoye, en trame de coton ou laine; ſans néantmoins que leſdits Toiliers puiſſent faire des ouvrages à chaîne de ſoye & tramez entierement de ſoye, ni aucuns Galons & Dentelles ou Paſſemens, & autres choſes que des Toiles façon d'étoffes, des matieres cy-deſſus exprimées: ſans auſſi que leſdits Paſſementiers puiſſent faire & fabriquer aucune Toile appellée Linge ſervant aux habillemens de deſſous, Draps, Nappes, Serviettes & autres ouvrages de Toile propres à la Cuiſine & à l'Office; & ſans auſſi que la preſente concurrence qui eſt accordée entre leſdits Toiliers & leſdits Paſſementiers puiſſe prejudicier à la qualité de Marchand, pretenduë par leſdits Paſſementiers, ni que les Jurez & Maiſtres des deux Communautez puiſſent entreprendre aucune viſite ou inſpection les uns ſur les autres, les deux Communautez devant toûjours reſter diſtinctes & ſeparées.

I I.

ORDONNONS que les Articles IX. & XI. du Reglement dudit jour 7. Aoust 1718. concernant les teintures, seront executez; & pour le faciliter, que chaque ouvrier, tant Passementier que Toilier, tant de la Ville, Fauxbourgs, Banlieuë de Roüen, que de la Campagne, & tout ouvrier forain, sera tenu d'avoir une marque particuliere sur laquelle sera gravé son nom & sa demeure, avec ces mots *bon Teint* pour les ouvrages qui auront esté fabriquez en bon teint, *petit Teint* pour ceux qui auront esté teints en petit teint; de laquelle marque chaque ouvrier sera tenu de marquer au chef & premier bout chaque piece d'étoffe de sa Fabrique, laquelle marque sera imprimée avec de l'huile en couleur noire ou rouge : Deffenses à aucun desdits ouvriers de vendre ou exposer en vente, ni avoir chez luy aucune desdites étoffes où ladite marque ne soit apposée, à peine de cinquante livres d'amende pour la premiere fois, & de confiscation de la Marchandise qui n'aura point ladite marque.

I I I.

ORDONNONS, conformément aux Articles XII. & XIII. dudit Reglement, qu'outre ladite marque de l'ouvrier, toutes lesdites Toiles & Etoffes seront marquées de la marque de la visite des Jurez; à l'effet de quoy lesdites Marchandises foraines qui ont coustume d'estre portées à la Halle aux Toiles de Roüen, continuëront d'y estre portées, & seront vûës, visitées & marquées par les Gardes Toiliers de Roüen en presence de l'Inspecteur des Toiles, tous les Vendredis de chaque semaine; celles qui seront fabriquées à Roüen, Fauxbourgs & Banlieuë, & celles qui seront fabriquées par les ouvriers de Saint Gervais & Dernetal, seront portées; sçavoir, celles qui seront fabriquées par les Maistres de la Jurande de Saint Gervais, au Bureau particulier de ladite Communauté; celles qui seront fabriquées par les Maistres de la Jurande de Dernetal, au Bureau particulier de ladite Communauté : & celles qui seront fabriquées, tant dans la Ville de Roüen que dans les autres Fauxbourgs & Banlieuë, sçavoir, celles qui seront fabriquées par les Toiliers, dans le Bureau particulier desdits Toiliers; & celles qui seront fabriquées par les Passementiers, dans le Bureau particulier de la Communauté desdits Passementiers, pour estre lesdites Toiles & E'toffes vûës, visitées & marquées par les Jurez de Roüen, Saint Gervais & Dernetal, les jours de la semaine dont il sera convenu à l'égard de chacun desdits Bureaux particuliers: Ladite marque des Jurez sera aussi imprimée avec de l'huile en couleur noire ou rouge, & contiendra le nom du lieu de la visite & de la Communauté, dans ces termes *Halle foraine Roüen*, pour les Forains; & pour les Bureaux particuliers, *Toiliers Roüen*, *Passementiers Roüen*, *Toiliers Dernetal lez Roüen*, *Toiliers Saint Gervais lez Roüen*: Et sera ladite marque apposée, tant au chef & premier bout de chaque piece à costé de la marque de l'ouvrier, qu'en queuë de chacun desdits ouvrages. Faisons deffenses, à peine d'amende, à aucun desdits Jurez de marquer aucune desdites étoffes de la marque de la visite, qu'elle ne le soit de la marque de l'ouvrier cy-dessus exprimée, & si elle n'est conforme en largeur, longueur & fabrique aux dispositions de l'Arrest dudit jour 7. Aoust 1718. & des Presentes; le tout sans prejudice du Procès pendant en nostre Conseil entre les Communautez de Roüen & le Lieutenant general de Police de ladite Ville, les Seigneurs hauts-Justiciers & leurs Officiers & Communautez, tant du Fauxbourg Saint Gervais, Bourg de Dernetal, que des autres Fauxbourgs de ladite Ville de Roüen.

I V.

FAISONS deffenses tant aux Toiliers de Roüen & Fauxbourgs, qu'à ceux des Fauxbourgs Saint Gervais & Bourg de Dernetal, de porter aux Bureaux particuliers de chacune desdites deux Communautez aucuns Linges ou Toiles blanches ou propres à blanchir, ou rayées de pur fil, estant du commerce des Lingeres, & qui ont esté de tout temps portées à la Halle en la maniere accoustumée, mesme pour estre aulnées, & les Droits des Aulneurs payez pour celles desdites Toiles sur lesquelles lesdits Aulneurs sont fondez & en possession de prendre & percevoir leurs Droits.

V.

ORDONNONS que le Reglement dudit jour 7. Aoust 1718. sera au surplus executé en ce qui n'est point contraire à ces Presentes, & que les confiscations & amendes qui seront prononcées, appartiendront un tiers à Nous, ou aux Seigneurs dans la Justice desquels les condamnations seront prononcées, un tiers à l'Hôpital general de Roüen, & un tiers aux Jurez à la diligence desquels la saisie aura esté faite & jugée. Enjoignons aux Inspecteurs des Toiles de se trouver souvent dans les Bureaux particuliers des Toiliers de Roüen, Saint Gervais & Dernetal, aux jours & heures de visite; comme aussi aux Inspecteurs de Draperie de se trouver dans le Bureau des Passementiers aux jours & heures de visite, à l'effet par lesdits Inspecteurs des Toiles & de Draperie, de veiller chacun en ce qui les concerne à l'execution, tant des Presentes que du Reglement du 7. Aoust 1718. Et seront ces Presentes lûës, publiées & affichées par tout où il appartiendra. SI VOUS MANDONS que cesdites Presentes vous ayez à faire registrer & le contenu en icelles garder, observer & executer selon leur forme & teneur; CAR TEL EST NOSTRE PLAISIR. Données à Paris le vingt-unieme jour de Mars, l'an de grace mil sept cens vingt, & de nostre regne le cinquieme. *Signé* LOUIS. *Et plus bas* par le Roy, le Duc D'ORLEANS Regent present, *Signé* PHELYPEAUX. Et scellées du grand Sceau de cire jaune.

Registrées és Registres de la Cour, Oüy & ce requerant le Procureur general du Roy, pour estre executées selon leur forme & teneur, suivant l'Arrest intervenu sur la vérification desdites Lettres Patentes du Roy sur Arrest. A Roüen en Parlement, la grande Audience de ladite Cour seante, le deuxieme jour de May mil sept cens vingt. Signé AUZANET.

ARREST

ARREST qui ordonne l'execution desdits deux derniers Arrests.

Du 26. Mars 1721.

Extrait des Registres du Conseil d'Estat.

LE ROY ayant par les Arrests de son Conseil des 7. Aoust 1718. & 21. Mars 1720. fait des Reglemens pour la teinture, largeur, longueur & façon des Toiles rayées & à carreaux qui se fabriquent dans la Generalité de Roüen; voulant faciliter le debit de celles desdites Toiles qui auront pû estre faites avant la publication desdits Arrests, & non conformes à iceux, & donner un temps competant aux Marchands chargez desdites Toiles, pour s'en deffaire, & aux ouvriers le temps d'achever celles qui sont commencées sur les Mestiers: Sa Majesté a par l'Arrest dudit jour 7. Aoust 1718. Article XXI. ordonné qu'il sera estabili une marque de grace, & que les Ouvriers & Marchands seront obligez de faire marquer leurs Marchandises de Toileries & autres mentionnées dans ledit Arrest, qui se trouveront actuellement fabriquées, & ce dans le temps de trois mois à compter du jour de la publication dudit Arrest, après quoy ladite marque seroit rompuë en presence du Sieur Intendant & Commissaire départi dans ladite Generalité de Roüen. Mais comme l'Arrest dudit jour 7. Aoust 1718. est demeuré sans execution, à cause des oppositions formées audit Arrest, qui n'ont esté jugées que par celuy dudit jour 21. Mars 1720. & que ce dernier n'a pû aussi estre executé quant à present; Sa Majesté voulant favoriser la fabrique desdites Toiles & ouvrages, & s'expliquer plus particulierement sur l'execution dudit Article XXI. de l'Arrest dudit jour 7. Aoust 1718. tant dans la Ville de Roüen que dans tous les autres lieux de ladite Generalité où il se fabrique de semblables toiles & ouvrages; tout consideré. Oüy le rapport, SA MAJESTÉ ESTANT EN SON

CONSEIL, de l'avis de Monſieur le Duc d'Orleans Regent, a ordonné & ordonne que leſdits Arreſts du Conſeil deſdits jours 7. Aouſt 1718. & 21. Mars 1720. ſeront executez ſelon leur forme & teneur, à la diligence des Inſpecteurs des Toiles & Manufactures de la Generalité de Roüen, chacun en ce qui les concerne: Veut en conſequence Sa Majeſté, que dans quinzaine après la publication du preſent Arreſt, les Officiers de l'Hoſtel de Ville de Roüen, aſſiſtez des Jurez-Toiliers de ladite Ville pour la Communauté des Toiliers, & des Jurez Paſſementiers de ladite Ville pour ladite Communauté, aſſiſtez des Inſpecteurs des Toiles & de Draperie pour ladite Ville; comme auſſi dans les autres lieux les Officiers de Police, aſſiſtez des Jurez Toiliers deſdits lieux, faſſent ſans frais une viſite dans toutes les Boutiques & Ouvroirs des ouvriers & façonniers deſdites Toiles & autres ouvrages dénommez & contenus dans leſdits Arreſts, enſemble dans les Maiſons & Magaſins des Marchands, & y marqueront d'une marque qui ſera faite exprès, toutes les Toiles & Ouvrages deſdites qualitez qu'ils y trouveront non conformes aux Reglemens faits par leſdits Arreſts; enſuite de quoy la figure de ladite marque ſera empreinte ſur les Regiſtres de la Communauté, puis miſe en pieces en preſence de tous ceux qui auront aſſiſté à ladite viſite, dont ſera fait mention ſur leſdits Regiſtres: Et ſera ladite marque imprimée en huile & en couleur noire ou rouge, differente de celle dont doivent eſtre marquées celles deſdites Toiles qui ſeront faites doreſnavant en conformité deſdits Reglemens, & autour d'icelle ſera marqué le nom du lieu de la fabrique, avec ce mot en chiffre *1721.* Ordonne en conſequence Sa Majeſté, que les Toiles faites avant la publication du preſent Arreſt, & non conformes aux Arreſts deſdits jours 7. Aouſt 1718. & 21. Mars 1720. marquées comme dit eſt, pourront eſtre venduës & debitées par les ouvriers, façonniers & marchands qui en auront, pendant le temps de trois mois après la publication du preſent Arreſt, ſans toutesfois qu'après ledit temps il leur ſoit loiſible d'en vendre de cette qualité, à peine de confiſcation & de Cent livres d'amende contre l'acheteur pour chaque contravention. Et ſera le preſent Arreſt lû, publié & affiché où il appartiendra, & executé nonobſtant oppoſitions, dont ſi aucune intervient, Sa Majeſté ſe reſerve la connoiſſance, & icelle interdit à toutes ſes autres Cours & Juges. FAIT au Conſeil d'Eſtat du Roy, Sa Majeſté y eſtant, tenu à Paris le vingt-ſixieme jour de Mars mil ſept cens vingt-un. *Signé* PHELYPEAUX.

ARREST qui ordonne que toutes les Manufactures de Toiles & E'toffes de Fil & de Coton de toutes couleurs, meſlées de Soye & autres matieres, ſous le nom de Toiles rayées & à carreaux, Siamoiſes, Fichûs, Stinkerques, ou ſous telle autre dénomination que ce ſoit, qui ſont eſtablies dans les Villes, Bourgs, & lieux, à l'exception de celles eſtablies dans la Ville & Fauxbourgs de Roüen & Bourg de Dernetal, ceſſeront tout travail à commencer au premier Juillet de chaque année, juſqu'au 15. Septembre incluſivement.

Du 28. Juin 1723.

Extrait des Regiſtres du Conſeil d'Eſtat.

LE ROY eſtant informé que le nombre exceſſif des Manufactures de Toiles rayées & à carreaux, Siamoiſes, Stinkerques, Mouchoirs, Fichûs, & autres ouvrages faits de coton teints en trame, ſur chaine de fil ou chaine de coton, ſoye ou autre matiere, qui ſont eſtablies dans la Generalité de Roüen, occupant à ces ouvrages une partie de ceux qui ſeroient employez à la culture des terres, & principalement à la recolte; il ſeroit arrivé dès l'année derniere, que par la diſette d'ouvriers, la recolte n'auroit pû eſtre faite dans les temps convenables, & beaucoup de bleds meſme auroient eſté germez & perdus ſur pied : Et Sa Majeſté voulant balancer les avantages que la Province peut retirer de ſes Manufactures, avec le prejudice que la trop grande quantité pourroit apporter à la culture des terres, qui eſt la plus ſolide & la plus veritable richeſſe de l'Eſtat, Sa Majeſté auroit donné ſes ordres pour eſtre informée de la quantité deſdites Manufactures qui ſe trouvent dans chaque lieu de ladite Generalité, pour eſtre en eſtat de les reduire, en connoiſſance de cauſe, au nombre qui ſera jugé neceſſaire pour procurer du travail à ceux qui ne peuvent s'addonner à la culture des terres ſans en detourner ceux qui doivent s'y appliquer ; à condition néantmoins que toutes leſdites Manufactures ceſſeront entierement leur travail pendant les mois de Juillet & Aouſt, & les quinze premiers jours de Septembre, pour donner la liberté à tous Particuliers de s'employer à recüeillir les grains. Et comme il eſt important de ſtatuer promptement ſur ce dernier Article, en attendant qu'il ait eſté pourvû au ſurplus par le Reglement qui ſera donné à cet effet ; Sa Majeſté ayant fait examiner cette affaire en ſon Conſeil, Oüy le Rapport du Sr Dodun Conſeiller ordinaire au Conſeil Royal, Controlleur general des Finances, SA MAJESTÉ ESTANT EN SON CONSEIL, a ordonné & ordonne que toutes les Manufactures de Toiles & E'toffes de fil & de coton de toutes couleurs, meſlées de Soye & autres matieres, ſous le nom de Toiles rayées & à carreaux, Siamoiſes, Fichus, Stinkerques, ou ſous telle autre denomination que ce ſoit, qui ſont eſtablies dans les Villes, Bourgs & lieux de la Province de Normandie, à l'exception de celles eſtablies dans la Ville & Fauxbourgs de Roüen & Bourg de Dernetal, ceſſeront tout travail à commencer au premier Juillet de chaque année, juſqu'au 15. de Septembre incluſivement. Fait Sa Majeſté deffenſes à tous Maiſtres & Entrepreneurs deſdites Manufactures de faire travailler pendant ledit temps, à peine de Cinq cens livres d'amende & de confiſcation des Meſtiers ; & à tous ouvriers d'y travailler pendant ledit temps, à peine de Cent livres d'amende contre chacun des contrevenans : Se reſervant Sa Majeſté à pourvoir au nombre deſdites Manufactures qui pourront eſtre conſervées dans chacun deſdits lieux, après avoir fait examiner en ſon Conſeil les Memoires qui luy ſeront envoyez à cet effet. Enjoint Sa Majeſté au Sieur de Gaſville Intendant & Commiſſaire départi en la Generalité de Roüen, de tenir la main à l'execution du preſent Arreſt qui ſera lû, publié & affiché par tout où beſoin ſera à ce que perſonne n'en ignore, & executé nonobſtant toutes oppoſitions & autres empeſchemens quelconques, dont ſi aucuns interviennent, Sa Majeſté s'eſt reſervé & à ſon Conſeil la connoiſſance, icelle interdiſant à toutes ſes Cours & autres Juges. FAIT au Conſeil d'Eſtat du Roy, tenu à Meudon le vingt-huitieme jour de Juin mil ſept cens vingt-trois.

Signé PHELYPEAUX.

LOUIS PAR LA GRACE DE DIEU, ROY DE FRANCE ET DE NAVARRE : A noſtre amé & feal Conſeiller en nos Conſeils, Maiſtre des Requeſtes ordinaire de noſtre Hoſtel, le Sieur de Gaſville Commiſſaire départi pour l'execution de nos ordres en la Generalité de Roüen, SALUT. Nous vous Mandons & enjoignons par ces preſentes ſignées de Nous, de tenir la main à l'execution de l'Arreſt cy-attaché ſous le Contre-ſcel de noſtre Chancellerie, cejourd'huy donné en noſtre Conſeil d'Eſtat, Nous y eſtant, pour les cauſes y contenuës. Commandons au premier noſtre Huiſſier ou Sergent ſur ce requis, de ſignifier ledit Arreſt à tous qu'il appartiendra, à ce que perſonne n'en ignore, & de faire pour ſon entiere execution tous Actes & Exploits neceſſaires, ſans autre permiſſion, nonobſtant Clameur de Haro, Chartre Normande & Lettres à ce contraires; CAR TEL EST NOSTRE PLAISIR. Donné à Meudon le vingt-huitieme jour de Juin, l'an de grace mil ſept cens vingt-trois, & de noſtre Regne le huitieme. *Signé* LOUIS, *Et plus bas* par le Roy, PHELYPEAUX. Et ſcellé.

ARREST portant Reglement pour la vente & achat des Toiles qui s'apportent à la Halle de Roüen.

Du 26. Mars 1726.

Extrait des Regiſtres du Conſeil d'Eſtat.

VÛ par le Roy, eſtant en ſon Conſeil, la Requeſte preſentée en iceluy par divers Particuliers Bourgeois de la Ville de Roüen, contenant que de tout temps ils ont eu la liberté d'acheter dans la Halle de ladite Ville des Toiles en écru pour eſtre blanchies, & enſuite pouvoir eſtre revenduës dans ladite Halle; que cependant les Marchandes Lingeres & les Marchands Merciers de ladite Ville prétendant, ſur le fondement des Statuts de la Communauté deſdites Lingeres, que les Bourgeois n'ont droit de revendre que de trois ſortes deſdites Toiles, ſçavoir les Fleurets, Blancards & Brunes, ils ont obtenu une Sentence du Lieutenant General de Police le 19. Novembre 1723. portant que les Statuts de ladite Communauté des Lingeres, enſemble les Ordonnances & Reglemens ſur le fait du commerce des Toiles, ſeront executez, & en conſequence deffenſes à tous Bourgeois, gens de Meſtier & autres ſans qualité, d'acheter des Toiles tant blanches qu'en écru, dans la Halle, pour les revendre, à peine de confiſcation & de Trois mille livres d'amende; laquelle Sentence doit d'autant moins avoir lieu, que leſdits Bourgeois n'ont jamais prétendu eſtre en droit d'acheter des Toiles blanches pour les revendre, mais ſeulement des Toiles écruës pour les revendre à ladite Halle après les avoir fait blanchir; en quoy ils ne contreviennent en aucune façon aux Statuts deſdites Lingeres, leſdits Statuts ne deffendant autre choſe aux Bourgeois, ſinon d'acheter des Toiles blanches & en écru, pour les faire vendre à l'inſtant ou peu de temps après par des Courtiers ou autres perſonnes interpoſées : Que ce n'eſt point à la liberté que les Bourgeois & autres perſonnes de toutes ſortes de profeſſions ont d'acheter & revendre leſdites Toiles, qu'il en faut attribuer le rencheriſſement, mais à la cherté même des vivres & autres denrées, à la hauteur de la valeur à laquelle les Eſpeces ont eſté portées, & à l'avidité des Marchands qu'il n'a pas eſté poſſible d'obliger juſqu'à preſent à diminuer le prix des Marchandiſes, leſquelles on les a vû vendre encore plus cheres après les deux premieres diminutions d'Eſpeces qu'auparavant : Que, bien loin que la liberté à toutes ſortes de perſonnes d'acheter les Toiles écruës dans la Halle, en faſſe augmenter le prix, cela doit produire un effet tout contraire, parce que plus il y a d'acheteurs, plus il s'y apporte de Toiles : que d'ailleurs ce ſeroit en ruiner le commerce & faire tomber les Manufactures, que de deffendre à toutes ſortes de perſonnes d'acheter des Toiles en écru, pour les revendre après les avoir blanchies, de n'en permettre la revente qu'aux Marchandes Lingeres & aux Merciers, parce que d'un coſté ces deux Communautez ne peuvent pas ſuffire ſeules pour l'achat de toutes les Toiles qui s'apportent à la Halle, & que de l'autre les Fabriquans ſe trouveroient obligez d'en paſſer par tel prix qu'il plairoit à ces deux Communautez de leur en donner. Qu'auſſi en homologuant les Statuts des Lingeres, les Lettres Patentes obtenuës pour cet effet ont ordonné le retranchement de l'Article II. qui portoit qu'elles ſeroient ſeules en droit & en poſſeſſion de vendre & d'acheter toutes ſortes de Toiles ; que par autres Lettres Patentes ſur les Reglemens de 1676. & 1701. il eſt permis aux Marchands du Royaume d'acheter librement dans la Ville de Roüen des Toiles écruës, même hors le temps des Foires, nonobſtant tous Privileges à ce contraires ; liberté qui préſuppoſe celle de les pouvoir revendre nonobſtant les Statuts des Lingeres, qui n'ont eſté homologuez en 1712. qu'au cas qu'il n'y euſt rien de contraire aux Ordonnances & Reglemens : qu'enfin il doit eſtre libre aux Particuliers qui ont quelque petite ſomme d'argent, de s'en ſervir par eux-mêmes à faire le commerce des Toiles, au lieu de le confier aux Marchands chez lesquels il n'y a presentement que très peu de solidité. Autre Requeste de divers Particuliers habitans du pays de Caux & lieux circonvoisins, tendante à ce qu'il leur soit permis, comme il leur a toûjours esté par le passé, d'aller acheter des Toiles dans les Foires & Marchez de leur Canton, & de les apporter à la Halle de Roüen pour les y revendre au Public, attendu que la pluspart d'entr'eux n'ont pas de mestiers chez eux en assez grande quantité pour pouvoir fabriquer jusqu'à dix, quinze ou vingt pieces de Toiles qu'ils apportent par semaine à la Halle de Roüen; ce qu'ils ne pourroient faire sans la peine qu'ils se donnent d'aller dans les Foires & Marchez acheter la plus grande partie desdites Toiles dont la Halle de Roüen est toûjurs abondamment fournie, & ce qui cesseroit d'estre s'il ne leur estoit permis d'y apporter que celles qu'ils fabriquent, n'en fabriquant chacun en trois ou quatre mois de temps qu'une ou deux pieces, dont la vente ne suffiroit pas à leur procurer un profit capable de les dédommager de la dépense de leur voyage : Que mal à propos on qualifie de Regrat le commerce qu'ils font desdites Toiles, & que si on le leur deffendoit, on les mettroit dans peu hors d'estat de payer les Tailles & autres Impositions dont ils sont chargez. Autre Requeste des Communautez des Marchands Merciers-Drapiers réünis, & Marchandes Lingeres de la Ville de Roüen, servant de réponse aux précedentes desdits Particuliers, habitans tant de la Ville Roüen que du pays de Caux & autres lieux circonvoisins de la Ville, contenant que lesdites deux Communautez ne prétendent introduire aucune nouveauté, & qu'elles renferment leurs deffenses contre les prétentions desdits Particuliers, à demander l'execution pure & simple des Reglemens generaux actuellement subsistans, & des Statuts Particuliers de la Communauté desdites Lingeres, sur le fait du commerce des Toiles à la Halle & dans la Ville de Roüen, qui n'y ont rien de contraire, & qui bien loin de cela y ont une parfaite conformité : que les Reglemens generaux & les Lettres Patentes des mois d'Aoust 1676. 24. Decembre 1701. portant homologation

&

& confirmation desdits Reglemens, accordent uniquement la liberté generale d'acheter dans la Ville de Roüen des Toiles écruës, ce que les deux Communautez ne prétendent nullement empescher ; que bien plus, elles consentent que la revente même de trois sortes desdites Toiles, sçavoir les Blancards, les Fleurets & les Brunes, soit libre & demeure permise en gros, comme elle l'a toûjours esté dans ladite Ville, à toutes sortes de personnes, suivant les Articles XVI. & XX. des Statuts desdites Lingeres; qu'il n'y a de contestations entre les Parties, que pour la revente des Toiles fortes; que sur ce point lesdites deux Communautez ont pour elles premierement les Reglemens generaux de 1676. & 1701. qui n'accordent point la liberté generale de la revente de cette sorte de Toile, c'est-à-dire, des Toiles fortes ou de Coffre, dans la Ville de Roüen, & secondement les Statuts desdites Lingeres, qui l'y deffendent à toutes personnes sans qualité, en y restreignant leur liberté au droit de revendre les Toiles Fleurets, Blancards & Brunes seulement; ensorte que lesdites Marchandes Lingeres n'ont de droit particulier & exclusif, que celuy de revendre lesdites Toiles fortes ou de Coffre; que c'est l'unique difference qu'il y ait entre elles & les autres Particuliers qui ne sont pas membres de leur Corps; que ce seroit le détruire totalement, & le reduire à l'estat des autres personnes sans qualité pour le commerce dont il s'agit, que de permettre à ces derniers de revendre dans Roüen, non seulement les trois sortes de Toiles au commerce desquelles ils sont restreints, mais aussi les Toiles fortes ou de Coffre; qu'à la verité l'achat en est libre à tout le monde, aux Forains pour les revendre partout ailleurs qu'à Roüen, & aux Bougeois de Roüen pour leur propre usage & leur consommation; mais que la revente dans ladite Ville de Roüen, soit en gros, soit en détail, n'en apppartient qu'ausdites deux Communautez des Marchands Merciers & des Lingeres, par le titre de leur estat & par la disposition formelle des Statuts desdites Lingeres: Qu'inutilement les Bourgeois, pour laisser une ombre de difference entre leur estat & celuy des deux Communautez, declarent qu'ils n'entendent point pouvoir revendre lesdites Toiles en détail, mais seulement en gros, tant en la Halle que dans leurs maisons, y ayant une impossibilité absoluë d'empescher qu'ils fassent dans l'interieur de leurs maisons tout ce que bon leur sembleroit, & qu'ils n'y revendissent en détail aussi bien qu'en gros; qu'ainsi il y auroit plus d'avantage pour les Marchandes Lingeres qu'on supprimast formellement leurs Statuts & leur Communauté, en ce qu'elles ne seroient plus sujettes à aucunes taxes comme membres d'une Communauté; que reduites à l'estat des Bourgeois, elles ne laisseroient pas d'acheter & revendre toutes sortes de Toiles ainsi & de la maniere que bon leur sembleroit, dès le moment que l'achat & la revente de toutes sortes de Toiles seroient indistinctement permis à toutes sortes de personnes sans qualité, tant à la Halle que dans leurs maisons; que la prétenduë insuffisance de débouchement pour les Toiles qui s'apportent à la Halle, si l'on n'érige pas toute la Ville de Roüen en Merciers & en Lingeres, est un pretexte qui peut d'autant moins faire impression, que tous les Marchands du Royaume ont la liberté d'y venir acheter toutes sortes de Toiles pour leur pays & pour les pays estrangers, & tous les Bourgeois de Roüen pour leur usage; que même ces derniers y en peuvent acheter & revendre de toutes les sortes, à l'exception des Toiles fortes seulement, qu'ils peuvent bien acheter pour leur usage & pour le dehors, mais que les deux Communautez seules ont droit de revendre dans la Ville; que c'est un fait non contesté entre les Parties, que la quantité qu'on en apporte de cette derniere espece à la Halle, ne va qu'à environ trois cens pieces par semaines, & que quand tous les Marchands du Royaume & tous les Habitans de la Ville de Roüen en ont acheté ce qui est necessaire aux premiers pour leur commerce, & aux autres pour leur consommation, le surplus n'est pas bien difficile à lever par les deux Communautez composées de plus de huit cens personnes; que ce n'est que depuis l'année 1723. que lesdits Bourgeois & autres Particuliers sans qualité se sont ingerez dans le commerce des Toiles fortes, s'estant jusqu'alors tenus renfermez dans la faculté qu'ils ont de revendre les Toiles Fleurets, Brancards & Brunes seulement, & non les Toiles fortes ou de Coffre; ce qui n'empeschoit pas que ces derniers n'euſſent un débouchement ſuffiſant, mais empeſchoit ſeulement qu'elles ne devinſſent de la cherté exceſſive dont elles ſont devenuës depuis que leſdits Particuliers ont entrepris à cet égard ſur leſdites deux Communautez. Pourquoy requeroient leſdits Marchands Merciers Drapiers réünis, & leſdites Marchandes Lingeres, qu'il pluſt à Sa Majeſté, ſans s'arreſter aux demandes deſdits Particuliers, habitans tant de ladite Ville de Roüen que du pays de Caux & lieux circonvoiſins, ordonner que les Arreſts & Reglemens, tant generaux que particuliers, enſemble les Statuts deſdites deux Communautez, & Lettres Patentes confirmatives d'iceux, ſeront executez ſelon leur forme & teneur; & en conſequence les Bourgeois de ladite Ville de Roüen, & toutes autres perſonnes ſans qualité, ne pourront revendre, même en gros, dans ladite Ville de Roüen, que les trois ſortes de Toiles dont le commerce leur eſt permis ſuivant les Articles XVI. & XX. des Statuts deſdites Lingeres; Et qu'à l'égard des Toiles fortes ou de Coffre, qu'il leur eſt libre d'acheter pour leur uſage particulier, deffenſes leur ſeront faites d'en faire aucune revente dans ladite Ville de Roüen, à peine de Trois cens livres d'amende & de confiſcation; à l'effet de quoy, & pour empêcher ladite revente en fraude du privilege deſdites deux Communautez, leſdites pieces de Toiles fortes qui ſeront par eux achetées, ſeront lors de l'achat marquées, à la diligence & aux frais deſdites deux Communautez, d'une marque portant la datte de l'année, avec ces mots *Toiles à l'uſage des Bourgeois de Roüen;* comme auſſi, que deffenſes ſeront faites aux Particuliers du pays de Caux & à tous autres, d'aller au devant des Fabriquans, & d'en arrher les Toiles tant dans leſdites Villes que dans les campagnes, afin qu'elles ſoient apportées directement à ladite Halle de Roüen, & venduës en la maniere preſcrite par les Articles XVIII. XX. & XXI. deſdits Statuts. Vû auſſi le Reglement & Lettres Patentes des mois d'Aouſt 1676. & 24. Decembre 1701. avec les Statuts deſdites Marchandes Lingeres, du mois d'Avril 1700. & Lettres Patentes de 1712. la Sentence du Lieutenant de Police de ladite Ville de Roüen, du 19. Novembre 1723. & autres pieces jointes aux Requestes respectives des Parties; ensemble l'avis du S.r Goujon de Gasville Maistre des Requestes, Intendant de la Generalité de Roüen : Oüy le Rapport du S.r Dodun Conseiller ordinaire au Conseil Royal, Controlleur General des Finances, LE ROY ESTANT EN SON CONSEIL, sans avoir égard à la Sentence du Lieutenant de Police de la Ville de Roüen, du 19. Novembre 1723. que Sa Majesté a cassée & annullée, a ordonné & ordonne que les Lettres Patentes sur le Reglement du 24. Decembre 1701. & celles du mois d'Avril 1712 sur les Statuts des Marchandes Lingeres de ladite Ville de Roüen, seront executées selon leur forme & teneur; & en consequence, qu'il sera permis à tous Marchands & Bourgeois de Roüen, Forains & autres, mesme aux gens de mestier, d'acheter dans la Halle de Roüen des Toiles en écru, pour les y revendre ainsi & de la maniere qu'il s'est cy-devant pratiqué, & en pieces entieres seulement, après néantmoins avoir esté blanchies : Fait au surplus Sa Majesté deffenses à tous Marchands & Bourgeois de Roüen, Forains, gens de mestier & autres, de revendre en écru, soit à la Halle ou ailleurs, en gros ou en détail, les Toiles qu'ils auront achetées en écru dans ladite Halle, ni de faire pareillement aucuns détails d'aucunes sortes de Toiles au prejudice des Marchandes Lingeres & des Marchands Merciers-Drapiers. Fait pareillement Sa Majesté deffenses à tous Courtiers & Courtieres, Emballeurs, Aulneurs, Curandiers & Ouvriers Toiliers, d'acheter dans la Halle aucunes Toiles, sous les peines de confiscation & amendes portées par les Reglemens; mesme aux Courtiers & Courtieres d'entrer dans ladite Halle aux jours de Marché, pour quelque cause & sous quelque pretexte que ce soit, à peine de Cent livres d'amende. Enjoint Sa Majesté au S.r Intendant de la Generalité de Roüen, de tenir la main à l'execution du present Arrest, qui sera lû, publié & affiché par-tout où besoin sera, & sur lequel seront toutes Lettres necessaires expediées. FAIT au Conseil d'Estat du Roy, Sa Majesté y estant, tenu à Versailles le vingt-sixieme jour de Mars mil sept cens vingt-six. *Signé* FLEURIAU.

§. III.

GENERALITÉ DE CAEN ET D'ALENÇON.

ARREST Portant Reglement pour les Manufactures de Toiles des Generalitez de Caën & d'Alençon.

Du 7. Avril 1693.

Extrait des Registres du Conseil d'Estat.

LE ROY ayant esté informé que les Manufactures de Toiles des Generalitez de Caën & d'Alençon sont beaucoup diminuées depuis quelques années; que le Commerce qui se faisoit de ces Toiles, tant dans les Pays estrangers que dans le Royaume, est presque anéanti par les abus qui se sont glissez dans ces Manufactures; & que le Reglement fait en l'année 1676. pour les Toiles qui se fabriquent dans la Province de Normandie, n'est pas assez estendu pour empescher ces abus; ausquels Sa Majesté voulant remedier, & pourvoir au restablissement, tant desdites Manufactures que du Commerce qui se faisoit de ces Toiles, & mesme les augmenter par tous les moyens possibles pour le bien & avantage de ses Sujets, après avoir sur ce fait prendre les avis des principaux Negocians qui font le commerce des Toiles, & des plus habiles Tisserands des lieux où sont establies lesdites Manufactures.

SA MAJESTÉ ESTANT EN SON CONSEIL, a ordonné & ordonne que toutes les Toiles, Serviettes, Canevas, Treillis & Coutils qui seront fabriquez à l'avenir dans l'estenduë desdites Generalitez de Caën & d'Alençon, seront composez d'une mesme nature de fils de pareille filûre, sans aucune alteration ni meslange, & sans que les ouvriers y puissent employer au chef ni à la queûë, au milieu ni aux lisieres, en la chaîne ni en la trame, du fil plus gros ou gasté, ni de moindre qualité ou valeur.

Que la chaîne de toutes pieces de Toiles sera également serrée, tant aux lisieres qu'au milieu, d'un bout à l'autre de la piece.

Qu'à cet effet les lames, rots & peignes seront reformez pour estre à l'avenir également compassez; en sorte que les dents des peignes ne soient pas plus larges au milieu que dans les deux extremitez : Et ne pourront les Tissiers se servir de lames & peignes dont les dents ou portées ne soient pas rangées avec égalité dans toute l'estenduë de la lame & du peigne.

Que les lames, rots & peignes ne pourront estre exposez en vente, qu'ils n'ayent esté visitez & marquez par un Juré du mestier de Lamier; Et ne pourront les Tissiers se servir de lames, peignes ou rots, qui n'ayent la marque de Juré Lamier.

Que les Jurez Tissiers seront tenus de visiter les fils qui seront apportez dans les Marchez avant que la vente s'en fasse, & saisiront ceux qu'ils trouveront de mauvaise qualité; Et ne pourront aucuns Tissiers acheter des fils avant ladite visite.

Que les Tissiers seront tenus à l'avenir de monter les chaînes de leurs Toiles d'un nombre suffisant de fils, pour que les Toiles qui doivent avoir une aulne & demie en blanc, ayent un demi-quart davantage en écrû.

Que celles qui doivent avoir cinq quarts en blanc, ayent quatre tiers en écrû.

Que celles qui doivent avoir une aulne demi-quart en blanc, ayent une aulne demi-tiers en écrû.

Que celles qui doivent avoir une aulne en blanc, ayent une aulne & un douze en écrû.

Que celles qui doivent avoir trois quarts & demi en blanc, ayent une aulne moins un seize en écrû.

Que celles qui doivent avoir trois quarts en blanc, ayent un seize de plus en écrû.

Que celles qui doivent avoir demi-aulne demi-quart en blanc, ayent deux tiers en écrû.

Que les Toiles appellées Brionnes, qui doivent avoir deux tiers en blanc, ayent trois quarts en écrû.

Que les Toiles de chanvre, qui se vendent sous le nom de Toiles de Vimontiers, ayent une aulne moins un douze en écrû.

Que les Toiles grises ayent deux tiers & demi de large.

Que les Canevas propres à faire des torchons, ayent demi-aulne & un douze de large.

Que les autres Canevas propres à d'autres usages, se fassent de deux tiers & demi, ou de trois quarts de large.

Que les Toiles appellées Polizeaux se fassent de demi-aulne un douze, de deux tiers, deux tiers & demi, de trois quarts de large.

Que les Coutils se fassent de deux tiers ou de trois quarts de large.

Que les Treillis se fassent de trois quarts de large.

Que les pieces de Serviettes se feront de quatre douzaines à la piece, & de largeurs & longueurs suivantes; sçavoir,

Celles de la premiere sorte de trois quarts de large & d'une aulne de long, ensorte que la piece aura quarante-huit aulnes.

Celle de la seconde sorte seront de deux tiers de large & d'une aulne de long; & par consequent les pieces de pareille longueur que les precedentes, excepté celles de cette sorte qui se fabriquent à Mortagne & à Belesme, qui ne seront que de trois quarts & demi, & de trois quarts de long, & les pieces de quarante-deux ou de trente-six aulnes de long.

Celles de la troisieme sorte seront de demi-aulne & un douze de large, & de trois quarts & demi de long; ensorte que la piece aura quarante-deux aulnes de long : Et pour celles de Mortagne & de Belesme de cette sorte, elles seront de demi-aulne & un seize de large, & de trois quarts de long, & les pieces de trente-six aulnes de long.

Et celles de la quatrieme sorte seront de demi-aulne de large, & de trois quarts de long; en sorte que la piece contiendra trente-six aulnes.

Que les Tiſſiers & Marchands ne pourront expoſer en vente aucunes Toiles, ſoit dans les Foires, Halles ou Marchez, ſoit dans leurs Boutiques ou Maiſons, qu'elles n'ayent eſté vûës, viſitées ou marquées par les Gardes-Jurez du lieu où elles auront eſté fabriquées, conformément à l'Article VI. dudit Reglement de 1676. Et ne pourront les Blanchiſſeurs recevoir dans leurs blancheries des Toiles qui n'ayent eſté marquées, ni les Commiſſionnaires ou Courtiers en acheter, ni les Emballeurs en emballer ſans ladite marque, ſuivant l'Article VII. dudit Reglement, ſous les peines y portées.

Qu'à cet effet les Tiſſiers de chaque lieu de fabrique ſeront tenus de porter leurs Toiles dans les Bureaux eſtablis pour la viſite & marque des Toiles, pour y eſtre viſitées & marquées : Et les Tiſſiers qui ſont épars dans differens lieux à la campagne, porteront leurs Toiles dans les Bureaux les plus proches de leur demeure.

Que pour empeſcher les deſordres qui arrivent ordinairement dans les Marchez pour la vente des Toiles, leſdits Marchez ne ſeront ouverts, & ladite vente ne pourra commencer qu'après que la viſite & marque des Toiles ſera finie, & que le Bureau en ſera fermé.

Que pour la facilité du Commerce, & la commodité des Tiſſiers, il ſera marqué par les Juges de Police des lieux où il y a des Bureaux eſtablis pour la viſite & marque des Toiles, un jour outre celuy du Marché, pour viſiter & marquer celles qui n'auront pû eſtre viſitées & marquées dans le jour du Marché; auquel jour les Gardes-Jurez ſeront tenus de ſe rendre au Bureau de la marque à l'heure qui ſera reglée.

Que les Tiſſiers ou Marchands ne pourront empointer aucune piece de Toiles pour les expoſer en vente, mais ſeront tenus de les lier avec des ficelles de longueurs ſuffiſantes à nœud coulant ſeulement, & de les plier; ſçavoir les pieces de Toiles par plis d'une aulne de long, ſans enfermer ni rouler aucun bout deſdites Toiles, en ſorte qu'en lâchant le nœud coulant, on puiſſe facilement viſiter les Toiles, & en connoiſtre la bonne

ou

ou mauvaiſe qualité, tant par les deux bouts, que par le corps de la piece : Et les pieces de Serviettes ſeront pliées de meſme maniere, ſur la longueur de la premiere Serviette.

Veut & entend Sa Majeſté, que le preſent Arreſt ſoit obſervé & executé de point en point ſelon ſa forme & teneur, dans leſdites Generalitez de Caën & d'Alençon; & que pour l'obſervation d'iceluy, toutes les lames, peignes & rots des meſtiers des Tiſſerands ſoient reformez quatre mois après la Publication qui en ſera faite; leſquelles lames & peignes auront entre les deux gardes les longueurs neceſſaires pour la fabrique des Toiles des differentes largeurs cy-deſſus marquées ; & qu'en cas qu'après ledit temps paſſé il s'en trouve qui ne ſoient pas de la qualité requiſe, ou qui ne ſoient pas marquez de la marque du Juré Lamier, ceux auſquels ils appartiendront ſeront condamnez en vingt livres d'amende pour chacun.

Fait Sa Majeſté très expreſſes inhibitions & deffenſes aux Rotiers & Lamiers de faire à l'avenir, à commencer du jour de la publication du preſent Arreſt, des rots, lames & peignes, & aux Jurez Lamiers d'en marquer, qui ne ſoient conformes à ce qui eſt preſcrit par le preſent Arreſt, à peine de Cent livres d'amende: comme auſſi aux Tiſſerands, de monter leurs meſtiers pour commencer des Toiles d'autres qualitez & largeurs que celles cy-deſſus preſcrites, à peine de confiſcation & de Deux cens livres d'amende; & aux Gardes-Jurez Tiſſerands, de marquer des Toiles commencées après ladite publication du preſent Arreſt, qui ne ſoient deſdites qualitez & largeurs, ſous pareille peine de Deux cens livres d'amende pour chaque piece de Toile non conforme, qu'ils auront marquée. Et afin de connoiſtre par qui les Toiles auront eſté marquées , & faire condamner ceux qui en auront marqué de défectueuſes, les Gardes-Jurez preſentement en exercice, feront faire auſſi-toſt après la publication du preſent Arreſt, une marque nouvelle portant la datte de la preſente année, pour marquer les Toiles qui ſeront commencées après ladite publication; & les Gardes-Jurez qui ſeront élûs à l'avenir, feront faire pareillement, auſſi toſt après leur élection, une marque nouvelle portant la datte de l'année en laquelle ils auront esté élûs, dont ils marqueront les Toiles pendant le cours de leur Jurande.

Permet néantmoins Sa Majesté ausdits Tisserands, d'achever les Toiles qu'ils auront commencées au jour de la publication du present Arrest, & de les debiter pendant ledit espace de quatre mois pour tout délay.

Veut en outre Sa Majesté, que les contraventions qui pourront estre faites au present Arrest, & les contestations qui pourront survenir entre les Ouvriers & les Marchands en execution d'iceluy, soient jugées, & que les amendes & confiscations qui seront adjugées, soient appliquées en la maniere & ainsi qu'il est porté par ledit Reglement de 1676. que Sa Majesté veut au surplus estre executé. Enjoint Sa Majesté aux Commissaires départis dans lesdites Generalitez, de tenir la main à l'execution du present Arrest. FAIT au Conseil d'Estat du Roy, Sa Majesté y estant, tenu à Versailles le septieme jour d'Avril mil six cens quatre-vingt-treize. *Signé* PHELYPEAUX.

LOUIS PAR LA GRACE DE DIEU, ROY DE FRANCE ET DE NAVARRE : A nos amez & feaux Conseillers en nos Conseils les Sieurs Commissaires départis pour l'execution de nos ordres dans les Generalitez de Caën & d'Alençon, SALUT. Nous vous mandons & enjoignons par ces Presentes signées de Nous, de tenir chacun en droit soy la main à l'execution de l'Arrest dont l'Extrait est cy-attaché sous le Contre-scel de nostre Chancellerie, cejourd'huy donné en nostre Conseil d'Estat, Nous y estant, concernant les Manufactures de Toiles, establies dans lesdites Generalitez de Caën & d'Alençon : Commandons au premier nostre Huissier ou Sergent sur ce requis, de signifier ledit Arrest à tous qu'il appartiendra à ce qu'ils n'en ignorent, & de faire pour son entiere execution tous Commandemens, Sommations, & autres Actes & Exploits requis & necessaires, sans demander autre permission, nonobstant Clameur de Haro, Chartre Normande & Lettres à ce contraires. Voulons qu'aux Copies dudit Arrest & des Presentes, collationnées par l'un de nos amez & feaux Conseillers-Secretaires, foy soit adjoustée comme aux Originaux; CAR TEL EST NOSTRE PLAISIR. Donné à Versailles le septieme jour d'Avril, l'an de grace mil six cens quatre-vingt-treize, & de nostre Regne le cinquantieme. *Signé* LOUIS. *Et plus bas* par le Roy, *Signé* PHELYPEAUX. Et scellé.

ARREST qui ordonne que les Fabriquans de Toiles de Laigle, Vimoutier, Mortagne & autres lieux de la Generalité d'Alençon, seront tenus de marquer en écrû les Toiles de leur fabrique.

Du 4. Janvier 1716.

Extrait des Registres du Conseil d'Estat.

LE ROY estant informé de l'abus qui s'est commis par quelques Marchands de la Province de Normandie, qui font blanchir & emballer des Toiles de Laigle, Vimoutier & Mortagne, de la mesme maniere que celles appellées Fleurets & Blancards ont coustume d'estre blanchies & emballées, & les envoyent sous ce nom dans des Pays estrangers, quoyqu'elles ne soient fabriquées qu'avec du Chanvre; Sa Majesté desirant remedier à un abus aussi prejudiciable à la reputation de ladite Manufacture de Fleurets & Blancards, & aussi contraire à la bonne foy, auroit ordonné au Sieur de Brou Maistre des Requestes, Commissaire départi en la Generalité d'Alençon, d'entendre les Inspecteurs, les Marchands & les Fabriquans de Toiles desdits lieux de Laigle, Vimoutier & Mortagne, & d'envoyer ensuite son avis; ce qui ayant esté fait, Oüy le Rapport, & tout consideré, LE ROY EN SON CONSEIL, a ordonné & ordonne que les Fabriquans de Toiles de Laigle,

Vimoutier, Mortagne, & autres lieux de la Generalité d'Alençon, seront tenus sous peine de Cinq cens livres d'amende, de marquer en écrû les Toiles de leurs Fabriques, d'une marque portant ces mots *Toiles de Chanvre,* avec le nom de la Manufacture où elles auront esté fabriquées; que cette mesme marque sera apposée sur les ballots qui en seront faits; & qu'à l'égard de la largeur & du blanchissage desdites Toiles, il en sera usé comme il s'est toûjours pratiqué jusqu'à present, en conformité des Reglemens que Sa Majesté veut & entend estre observez exactement. Enjoint aux Inspecteurs des Toiles d'y veiller avec soin, & audit Sieur Commissaire départi de tenir la main à l'execution du present Arrest, qui sera lû, publié & affiché par tout où besoin sera. FAIT au Conseil d'Estat du Roy, tenu à Paris le quatrieme jour de Janvier mil sept cens seize. Collationné, *Signé* GOUJON.

LOUIS PAR LA GRACE DE DIEU, ROY DE FRANCE ET DE NAVARRE : A nostre amé & feal Conseiller en nos Conseils, Maistre des Requestes ordinaire de nostre Hostel, le Sieur Commissaire départi pour l'execution de nos ordres en la Generalité d'Alençon, SALUT. Suivant l'Arrest dont l'extrait est cy-attaché sous le Contre-scel de nostre Chancellerie, cejourd'huy donné au Conseil d'Estat, Nous vous enjoignons de tenir la main à l'execution dudit Arrest concernant les Toiles de Laigle, Vimoutier, Mortagne, & autres lieux de ladite Generalité. Commandons au premier nostre Huissier ou Sergent sur ce requis, de signifier ledit Arrest aux y dénommez & à tous qu'il appartiendra, à ce qu'aucuns n'en ignorent, & de faire en outre pour l'entiere execution d'iceluy tous Commandemens, Sommations & autres Actes & Exploits necessaires, sans autre permission, nonobstant Clameur de Haro, Charte Normande & Lettres à ce contraires; CAR TEL EST NOSTRE PLAISIR. Donné à Paris le quatrieme jour de Janvier, l'an de grace mil sept cens seize, & de nostre Regne le premier. Par le Roy en son Conseil, le Duc D'ORLEANS Regent present, *Signé* GOUJON.

ARREST portant Reglement pour les Toiles de la Ferté-Macé, Generalité d'Alençon.

Du 22. Fevrier 1722.

Extrait des Registres du Conseil d'Estat.

LE ROY estant informé que, quoyqu'il y ait eû deux Reglemens rendus au sujet de la Manufacture des Toiles qui se fabriquent dans la Province de Normandie, l'un general du 14. Aoust 1676. & l'autre particulier pour les Generalitez de Caën & d'Alençon, du 7. Avril 1693. lesquels ont prescrit la longueur & la largeur des Toiles & Coutils, la visite de ces marchandises par les Gardes-Jurez, & generalement l'ordre qui doit estre observé dans le commerce d'icelles; il ne se trouve néantmoins au Bourg de la Ferté-Macé, Generalité d'Alençon, ni Bureau, ni Jurez, ni Marque, & que les ouvriers de ce lieu, & des Parroisses circonvoisines, fabriquent des Coutils & Treillis de demi-aulne seulement, & quelquefois d'une moindre largeur, au lieu de deux tiers ou trois quarts de large, ainsi qu'il est fixé par les Articles XIX. & XX. dudit Reglement de 1693. ce qui a donné lieu à differentes saisies qui ont esté faites sur eux dans les Villes & Lieux où ces Coutils & ces Treillis ont esté exposez en vente. Ayant au surplus esté representé que la Manufacture de ces especes de Toiles ne se pourroit soutenir à la Ferté-Macé & aux environs, si l'on assujettissoit les Ouvriers de ce canton, dans la fabrique de leurs ouvrages, à les tenir de la largeur prescrite par les Articles XIX. & XX. dudit Reglement de 1693. par la raison que les Coutils & Treillis qui s'y fabriquent, estant plus grossiers que ceux des Villes & Bourgs de la Generalité de Caën, dont la largeur n'est que de demi-aulne, le debit selon toute apparence en deviendroit plus difficile; à quoy Sa Majesté desirant pourvoir. Vû l'avis donné par le S.r de Pomereu Intendant de la Generalité d'Alençon, après avoir entendu les Fabriquans des Toileries dont il s'agit, & les principaux Marchands qui en font commerce, avec l'Inspecteur des Manufactures de Toiles de ladite Generalité, ensemble l'avis des Députez au Conseil de Commerce; Oüy le Rapport du S.r Le Pelletier de la Houssaye Conseiller d'Estat ordinaire & au Conseil de Regence pour les Finances, Controlleur General des Finances, LE ROY ESTANT EN SON CONSEIL, de l'avis de Monsieur le Duc d'Orleans Regent, a Ordonné & ordonne ce qui ensuit.

ARTICLE PREMIER.

LES Tisserands ouvriers en Toiles establis au Bourg de la Ferté-Macé, seront tenus le premier Dimanche d'après la publication du present Arrest, de s'assembler à l'effet de proceder à l'election de deux d'entr'eux, pour faire la fonction de Gardes Jurez de ladite Communauté, pendant le cours d'une année; après laquelle expirée, l'un desdits Gardes-Jurez sortant de Charge, il en sera élû un nouveau dans l'assemblée qui se tiendra l'année prochaine à pareil jour, pour, avec celuy qui restera en Exercice pour la seconde année, faire la fonction de Garde-Juré pendant le cours d'icelle: ce qui sera continué d'année en année successivement, ensorte que chaque Juré exerce ledit Employ pendant deux années de suite, & que chaque année il y en ait toûjours un nouveau & un ancien, en Exercice : Et faute par lesdits Fabriquans de nommer deux Gardes-Jurez pour la premiere année, ainsi qu'il est ordonné cy-dessus, il y sera pourvû d'office par le S.r Intendant & Commissaire départi en la Generalité d'Alençon, & les années suivantes par les Officiers de Police de la Ferté-Macé.

II.

LES Fonctions desdits Gardes-Jurez se feront dans un Bureau qui sera incessamment estabIi dans ledit Bourg de la Ferté-Macé, dans lequel Bureau toutes les Toiles, Coutils & Treillis qui auront esté fabriquez, tant dans ledit lieu, que dans les

Parroiſſes circonvoiſines, ſeront apportez par les Ouvriers, pour eſtre viſitez & marquez en la maniere accoûtumée, de la marque de Fabrique qui ſera convenuë. Fait Sa Majeſté très expreſſes inhibitions & deffenſes auſdits Fabriquans de la Ferté-Macé & des environs, de vendre, ni expoſer en vente aucuns ouvrages de leur Fabrique, s'ils n'ont eſté auparavant marquez de la marque, à peine de confiſcation des Coutils, Treillis, & autres Toiles non marquées, & de Cent livres d'amende qui ne pourra eſtre remiſe ni moderée.

III.

Les Gardes-Jurez du mêtier de Tiſſerand de la Ferté-Macé ſeront tenus de ſe rendre tous les Jeudis, ou tel autre jour de chaque ſemaine dont on conviendra, & plus ſouvent ſi beſoin eſt, audit Bureau, pour y viſiter toutes les Toiles, Coutils & Treillis qui y ſeront apportez, tant de la Ferté-Macé, que des lieux circonvoiſins, & marquer ceux qui ſeront trouvez de bonne qualité & conformes au Reglement.

IV.

La marque de Fabrique contiendra ces mots, *Toiles, Coutils,* ou *Treillis de la Ferté-Macé,* & ſera appliquée avec de l'huile & du noir aux deux bouts de chaque piece.

V.

Les Toiles qui ne ſe trouveront pas conformes aux Reglemens intervenus ſur la Fabrique des Toiles, & les Coutils & Treillis de la Ferté-Macé qui ſeront reconnus avoir eſté faits en contravention de ce qui ſera cy-après ordonné par rapport à cette Manufacture, ſeront coupez de deux en deux aulnes publiquement, ſuivant l'Arreſt du Conſeil du 7. Juillet 1684. Et ſeront en outre les contrevenans condamnez aux peines y portées.

VI.

Ayant Sa Majeſté égard aux Remontrances qui luy ſont faites ſur la largeur que doivent avoir les Coutils & Treillis de la Ferté-Macé, pour en procurer plus aiſément le debit, permet aux Tiſſerands de ce Bourg, & des lieux circonvoiſins, de les faire de demi-aulne de large, au lieu de deux tiers & de trois quarts fixez par les Articles XIX. & XX. de l'Arrest du Conseil du 7. Avril 1693. pour les Coutils & Treillis des Generalitez de Caën & d'Alençon; ausquels Sa Majesté a dérogé & déroge à cet égard, en faveur de ladite Manufacture de la Ferté-Macé : sans néantmoins que lesdits Tisserands puissent faire leurs Coutils & Treillis de moindre largeur que de demi-aulne, aux peines ordonnées par le precedent Article; à l'effet de quoy les Lames & Rots des mestiers servant à les fabriquer, seront reformez dans un mois à compter du jour de la publication du present Arrest: Et seront lesdits Tisserands tenus de monter les chaînes de leurs Coutils & Treillis de trente-deux à trente-trois portées, chacune de quarante fils.

VII.

ORDONNE Sa Majesté que, si pour cause de contravention au present Reglement il se fait des saisies de Toiles, Coutils & Treillis fabriquez à la Ferté-Macé, & dans les lieux voisins, les Procès verbaux en seront portez devant le Juge de Police dudit Bourg; lequel sera tenu d'envoyer des expeditions, tant de chacune des Sentences qu'il pourra rendre pour cause de contravention, que desdits Procès verbaux, au S.r Commissaire departi dans la Generalité d'Alençon, pour en informer le Conseil.

VIII.

ENJOINT Sa Majesté à l'Inspecteur des Manufactures de Toiles de ladite Generalité, de visiter exactement chez les Tisserands, Calandreurs & autres Appresteurs de Toiles de la Ferté-Macé & des environs, tant leurs mêtiers, que les Toiles, Coutils & Treillis de leur fabrique, & ausdits Ouvriers de souffrir les visites, tant dudit Inspecteur, que des Gardes-Jurez de leur mêtier : Et en cas de refus de leur part, pourront ledit Inspecteur & lesdits Gardes-Jurez, se faire assister d'un Officier de Justice aux frais des contrevenants.

IX.

ESTANT à propos de pourvoir au debit, pendant un temps, des

des Coutils qui se trouveront faits, ou montez sur les mêtiers, dans les maisons, boutiques & ouvroirs des Tisserands de la Ferté-Macé, & des lieux circonvoisins, non conformes au present Reglement; Ordonne Sa Majesté, que sur chacune piece desdites Toileries, il sera par les Gardes-Jurez de leur mêtier, assistez de l'Officier de Police dudit Bourg, apposé une Marque de grace, telle qui sera convenuë, & ce dans un mois à compter du jour de la publication du present Arrest; après lequel terme expiré, ladite Marque sera brisée, dont sera dressé Procès verbal par ceux qui auront procedé à l'apposition d'icelle, & le Procès verbal remis au Sieur Commissaire départi en la Generalité d'Alençon. Permettant Sa Majesté la vente & débit des Coutils & Treillis qui seront ainsi marquez, pendant le temps & espace de six mois, aussi à compter du jour de la publication du present Arrest: après lequel délay il n'en pourra plus estre vendu, ni débité, s'ils ne sont fabriquez & marquez en conformité du present Reglement, aux peines cy-dessus ordonnées.

X.

VEUT & entend Sa Majesté, que les Toiles, Coutils & Treillis de la Fabrique de la Ferté-Macé, qui seront transportez à Roüen ou autres Villes, pour y estre vendus, ne puissent, en y arrivant, estre déchargez, & entreposez dans les hôtelleries ou dans des maisons particulieres, aux peines portées par les Reglemens; mais qu'ils soient d'abord déchargez sous les Halles, afin qu'on y reconnoisse si ces Toileries sont de bonne fabrique, & marquées ainsi qu'il est cy-dessus ordonné.

XI.

ORDONNE au surplus Sa Majesté, que lesdits Reglemens concernant la fabrique des Toiles en Normandie, des 14. Aoust 1676. & 7. Avril 1693. seront executez selon leur forme & teneur, en ce qui n'est point contraire au present Arrest. Enjoint Sa Majesté au Sieur Intendant & Commissaire départi pour l'execution de ses ordres dans la Generalité d'Alençon, de tenir la main à l'execution du present Arrest, qui sera lû, publié & affiché par tout où besoin sera. FAIT au Conseil d'Estat du

Roy, Sa Majesté y estant, tenu à Paris le vingt-deuxieme jour de Fevrier mil sept cens vingt-deux. *Signé* PHELYPEAUX.

LOUIS PAR LA GRACE DE DIEU, ROY DE FRANCE ET DE NAVARRE: A nostre amé & feal Conseiller en nos Conseils, Maistre des Requestes ordinaire de nostre Hostel, le S.r de Pomereu Commissaire déparli pour l'execution de nos ordres dans la Generalité d'Alençon, SALUT. De l'avis de nostre très cher & très amé Oncle le Duc d'Orleans Regent, Nous vous mandons & enjoignons par ces Presentes signées de Nous, de tenir la main à l'execution de l'Arrest cy-attaché sous le Contre-scel de nostre Chancellerie, cejourd'huy donné en nostre Conseil d'Estat, Nous y estant, pour les causes y contenuës: Commandons au premier nostre Huissier ou Sergent sur ce requis, de signifier ledit Arrest à tous qu'il appartiendra, à ce que personne n'en ignore, & de faire pour son entiere execution tous Actes & Exploits necessaires, sans autre permission, nonobstant Clameur de Haro, Chartre Normande & Lettres à ce contraires; CAR TEL EST NOSTRE PLAISIR. Donné à Paris le vingt-deuxieme jour de Fevrier, l'an de grace mil sept cens vingt-deux, & de nostre Regne le septieme. *Signé* LOUIS. *Et plus bas,* par le Roy, le Duc D'ORLEANS Regent present, PHELYPEAUX. Et scellé.

ARREST qui permet aux Tisserands de la Ferté-Macé, & des lieux circonvoisins, de fabriquer des Coutils d'un quart & demi de largeur, comme auparavant l'Arrest du 22. Fevrier 1722.

Du 22. Fevrier 1724.

Extrait des Registres du Conseil d'Estat.

LE ROY s'estant fait representer l'Arrest du Conseil intervenu le 22. Fevrier 1722. par lequel Sa Majesté auroit fait un Reglement concernant les Toiles & Coutils qui se fabriquent dans le Bourg de la Ferté-Macé situé en la Generalité d'Alençon; & auroit, entre autres dispositions, permis aux Tisserands dudit Bourg & des lieux circonvoisins, de faire des Coutils & Treillis larges de demi-aulne, sans néantmoins qu'ils pussent en faire de moindre largeur; Et Sa Majesté estant informée que lesdits Tisserands employent à la Fabrique desdits Coutils du fil de Chanvre très grossier qu'ils recüeillent dans leur pays, & qu'ils sont en usage de faire des Coutils d'un quartier & demi de largeur, qu'ils vendent à bas prix, & qui servent au commun du peuple; au lieu que les Coutils qui ont une demi-aulne de largeur, sont plus fins, & par consequent d'un plus haut prix, dont il se fait une moindre consommation. Oüy le Rapport du Sieur Dodun Conseiller ordinaire au Conseil Royal, Controlleur general des Finances, SA MAJESTÉ ESTANT EN SON CONSEIL, a permis & permet aux Tisserands du Bourg de la Ferté-Macé & des lieux circonvoisins, de fabriquer des Coutils d'un quart & demi de largeur, comme auparavant l'Arrest du 22. Fevrier 1722. qui sera au surplus executé selon sa forme & teneur. Enjoint Sa Majesté au S.r Intendant & Commissaire départi pour l'execution de ses ordres dans la Generalité d'Alençon, de tenir la main à l'execution du present Arrest.

FAIT au Conſeil d'Eſtat du Roy, Sa-Majeſté y eſtant, tenu à Verſailles le vingt-deuxieme jour de Fevrier mil ſept cens vingt-quatre. *Signé* PHELYPEAUX.

ARREST portant Reglement pour les Toiles de Brionne, qui ſe fabriquent dans la Generalité d'Alençon.

Du 13. Mars 1725.

Extrait des Regiſtres du Conſeil d'Eſtat.

LE ROY s'eſtant fait repreſenter en ſon Conſeil l'Arreſt rendu en iceluy le 7. Avril 1693. portant Reglement pour les Manufactures de Toiles des Generalitez de Caën & d'Alençon : Et Sa Majeſté eſtant informée qu'au préjudice dudit Reglement, il s'eſt introduit des abus dans la fabrique des Toiles appellées Brionnes, tant par rapport à la largeur que ces Toiles doivent avoir, que ſur la longueur & la plieure; à quoy Sa Majeſté jugeant important de remedier. Oüy le Rapport du Sieur Dodun Conſeiller ordinaire au Conſeil Royal, Controlleur General des Finances, SA MAJESTÉ ESTANT EN SON CONSEIL, a ordonné & ordonne qu'à l'avenir toutes les Toiles qui ſeront fabriquées à Brionne, à Beaumont-le-Roger & à Bernay, n'auront que trois quarts moins un demi-ſeize de largeur en écru, au lieu de trois quarts qu'elles ont dû avoir juſqu'à preſent, ſuivant l'Article XIII. dudit Arreſt du 7. Avril 1693. auquel Sa Majeſté a dérogé pour ce regard ſeulement. Ordonne pareillement Sa Majeſté, que les pieces deſdites Toiles ne pourront eſtre fabriquées que de la longueur de ſoixante-dix aulnes meſure de Paris, à peine de cinquante livres d'amende contre les contrevenans. Et en ce qui concerne la plieure deſdites pieces de Toiles, Veut Sa Majeſté que l'Article XXX. dudit Arreſt du 7. Avril 1693. ſoit executé ſelon ſa forme & teneur, tant par les Fabriquans de Bernay, que par ceux de Beaumont-le-Roger &

Brionne, ſous les peines portées par ledit Arreſt & par le Reglement du 14. Aouſt 1676. Et que pour l'execution du preſent Arreſt, toutes les lames & rots ſervant à la fabrique deſdites Toiles, ſoient reformez trois mois après la publication qui en ſera faite, à peine de cinquante livres d'amende pour chaque contravention. Permet néantmoins Sa Majeſté auſdits Fabriquans qui auront chez eux des Toiles de trois quarts, & aux Marchands qui en ſeront chargez, de s'en deffaire dans quatre mois, à compter du jour de la publication du preſent Arreſt, après qu'elles auront de nouveau eſté marquées par les Gardes de chaque Communauté, d'une nouvelle marque, laquelle ſera rompuë & briſée après ledit temps, en preſence des Juges à qui la connoiſſance en appartient. Enjoint Sa Majeſté au S.r Intendant de la Generalité d'Alençon, de tenir la main à l'execution du preſent Arreſt, qui ſera lû, publié & affiché par tout où beſoin ſera. FAIT au Conſeil d'Eſtat du Roy, Sa Majeſté y eſtant, tenu à Verſailles le treizieme jour de Mars mil ſept cens vingt-cinq. *Signé* PHELYPEAUX.

LOUIS PAR LA GRACE DE DIEU, ROY DE FRANCE ET DE NAVARRE, A noſtre amé & feal Conſeiller en nos Conſeils, Maître des Requeſtes ordinaire de noſtre Hoſtel, le S.r de Pomereu Commiſſaire départi pour l'execution de nos ordres en la Generalité d'Alençon, SALUT. Nous vous mandons & enjoignons par ces preſentes ſignées de Nous, de tenir la main à l'execution de l'Arreſt cy-attaché ſous le Contre-ſcel de noſtre Chancellerie, cejourd'huy donné en noſtre Conſeil d'Eſtat, Nous y eſtant, pour les cauſes y contenuës. Commandons au premier noſtre Huiſſier ou Sergent ſur ce requis, de ſignifier ledit Arreſt à tous qu'il appartiendra, à ce que perſonne n'en ignore, & de faire pour ſon entiere execution tous Actes & Exploits neceſſaires, ſans autre permiſſion, nonobſtant Clameur de Haro, Chartre Normande & Lettres à ce contraires; CAR TEL EST NOSTRE PLAISIR. Donné à Verſailles le treizieme jour de Mars, l'an de grace mil ſept cens vingt-cinq, & de noſtre Regne le dixieme. *Signé* LOUIS, *& plus bas* par le Roy, *Signé* PHELYPEAUX. Et ſcellé du Sceau de cire jaune.

§. IV.

BRETAGNE.

REGLEMENT pour les longueurs, largeurs, & qualitez des Toiles qui se fabriquent en Bretagne.

Du 27. Juin 1676.

LE ROY estant informé que la Manufacture des Toiles, qui fait le principal commerce des Provinces de Bretagne & de Normandie, est beaucoup diminuée depuis quelques années : Et Sa Majesté voulant pourvoir au restablissement de ladite Manufacture, & mesme à l'augmenter par tous les moyens possibles, SA MAJESTÉ ESTANT EN SON CONSEIL, a ordonné & ordonne que deux des principaux Marchands & negocians de chacune des Villes de Paris, Roüen, & Saint Malo, qui seront choisis & députez à cet effet, se rendront incessamment à Paris, pour estre, en la presence du Sieur Colbert Controlleur general des Finances, entendus sur les abus qui ont causé la diminution des Toiles, & donner leur avis sur les moyens de la restablir, & le tout vû & rapporté au Conseil par ledit Sieur Colbert, y estre pourvû ainsi qu'il appartiendra. FAIT au Conseil d'Estat du Roy, Sa Majesté y estant, tenu au Camp de Kiévrain le vingt-septieme Juin mil six cens soixante-seize.

Signé COLBERT.

ARTICLE PREMIER.

LES Toiles qui se fabriquent à Morlaix, & aux environs, appellées Crés, seront de la largeur ordinaire, sçavoir les Communes, Rosconnes, Gratiennes ou Pedernecqs, les Landernaux, Plougastel, Saint Paul, Plouvigneaux, & Prats, comprises toutes sous le nom de Crés ordinaires, de la largeur de demi-aulne mesure de Paris; celles de deux tiers, seront de deux tiers justes; & celles de trois quarts, tant fines que grosses, seront aussi de trois quarts seulement.

I I.

CELLES qui seront portées en la Ville de Morlaix, pour y estre venduës, ne pourront estre debitées ailleurs que dans l'Hôtel de Ville; & la vente n'en pourra estre faite, qu'elles n'ayent esté visitées par deux Bourgeois qui seront choisis & nommez à cet effet par les Marchands des lieux, le premier jour de chaque année; sans que les Abbez des Maîtres Tisserands puissent s'immiscer à l'avenir de visiter ni aulner les Toiles, à peine de Cent cinquante livres d'amende.

I I I.

APRÉS la visite seront les pieces de Toile marquées d'une marque noire, qui sera empreinte aux deux bouts de chaque piece, sans frais, à peine de confiscation.

I V.

LES Toiles qui se fabriquent à Quintin, Uxel, Pontivy, & aux environs, seront aussi de la largeur ordinaire; sçavoir celles de laize ordinaire, de demi-aulne trois doigts aulnage de Paris; celles de haute laize, de deux tiers; & celles de basse laize, de demi-aulne: & ne pourront aussi estre venduës que dans les Places & Marchez publics destinez pour la vente.

V.

EN cas de contravention aux Articles precedens par les Tisserands ou Marchands, seront leurs Toiles confisquées, & eux condamnez en Cent livres d'amende, moitié envers le Roy, & moitié envers les Hôpitaux des lieux.

V I.

LES Tisserands qui fabriquent les Toiles mentionnées aux precedens Articles, seront tenus de faire reformer incessamment, & au plus tard dans trois mois, leurs lames & rots, sur le pied de la largeur que doit avoir chaque espece de Toile, & de les tenir égaux, sans les renforcer aux lizieres, ni au milieu, à peine de confiscation des lames & rots, & de Trente livres d'amende contre les Rotiers qui les auront faits autrement.

VII.

POURRONT toutefois les Marchands débiter pendant six mois les Toiles qui se trouveront fabriquées au jour de la publication du present Reglement, en faisant leur declaration au vray dans huitaine, signée d'eux, au Greffe des Juges Consuls de Morlaix, & aux autres lieux au Greffe de la Justice du lieu, de la quantité qu'ils en ont; & en cas de fausse declaration, seront leurs Toiles confisquées, & les Marchands condamnez en Cent livres d'amende: Et à cet effet, pourra la visite estre faite dans les Magasins des Marchands, par les Juges ausquels appartiendra la connoissance des contraventions au present Reglement.

VIII.

LES Commissionnaires & autres ne pourront acheter, après lesdits six mois passez, aucunes Toiles que de la largeur portée par le present Reglement, à peine de confiscation.

IX.

LE tiers des amendes & confiscations sera adjugé aux dénonciateurs.

FAIT & arresté au Conseil Royal de Commerce, tenu à Versailles le seizieme jour d'Aoust mil six cens soixante-seize. *Signé* LOUIS. *Et plus bas* COLBERT.

LETTRES PATENTES.

LOUIS PAR LA GRACE DE DIEU, ROY DE FRANCE ET DE NAVARRE : A tous presens & à venir, SALUT. Les Marchands de Toiles de nos Villes de Quintin & Morlaix Nous ont remontré que depuis quelques années le Commerce des Toiles qui se fabriquent dans ces deux Villes, & aux environs, qui estoit un des plus considerables de nostre Province de Bretagne, à cause du grand débit qui s'en fait dans les Pays estrangers, se trouve presque anéanti par le peu de soin & de fidelité que les Tisserands apportent dans leurs Manufactures, soit pour la qualité,

qualité, ſoit pour la largeur des Toiles : & après avoir examiné les moyens les plus prompts pour le reſtablir, ils n'en ont point trouvé de plus aſſuré que de reformer les abus qui ſe ſont introduits dans les Manufactures; & pour cet effet ils Nous ont preſenté quelques Articles en forme de Statuts & Reglement, & Nous ont ſupplié très humblement de les vouloir approuver, & de faire expedier nos Lettres à ce neceſſaires. A CES CAUSES, de l'avis de noſtre Conſeil Royal de Commerce, qui a vû & examiné les Articles au nombre de neuf, ſous le Contre-ſcel de noſtre Chancellerie, Nous les avons, par ces preſentes ſignées de noſtre main, & de noſtre grace ſpeciale, pleine puiſſance & authorité Royale, approuvez & confirmez, approuvons & confirmons; Voulons qu'ils ſoient obſervez & executez, & que les conventions ſoient jugées en premiere inſtance dans la Ville de Morlaix par les Juges-Conſuls, & dans les autres lieux par les Juges des lieux, auſquels Nous enjoignons de traiter les procès ſommairement, & conformément à noſtre Reglement du mois d'Aouſt 1669. fait pour la Juriſdiction des procès & differents concernant les Manufactures. SI DONNONS EN MANDEMENT à nos amez & feaux Conſeillers les Gens tenans noſtre Cour de Parlement à Vannes, que ces Preſentes ils ayent à regiſtrer, & le contenu en icelles faire garder & obſerver ſelon ſa forme & teneur, ceſſant & faiſant ceſſer tous troubles & empeſchemens qui pourroient eſtre mis & donnez, nonobſtant tous Edits, Declarations, Reglemens, Arreſts & autres choſes à ce contraires, auſquels Nous avons derogé & derogeons par ces preſentes, aux Copies collationnées deſquelles par l'un de nos amez Conſeillers & Secretaires, foy ſera ajoûtée comme à l'original; CAR TEL EST NOSTRE PLAISIR: Et afin que ce ſoit choſe ferme & ſtable à toûjours, Nous avons fait mettre noſtre Scel à ceſdites preſentes. DONNÉ à Verſailles le quatorzieme jour d'Aouſt, l'an de grace mil ſix cens ſoixante-ſeize, & de noſtre Regne le trente-quatrieme. *Signé.* COLBERT.

ARREST qui deffend à tous Marchands & Negocians, de contrefaire & plier des Toiles de Laval, en Toiles de Bretagne.

Du 11. May 1719.

Extrait des Registres du Conseil d'Estat.

VÛ par le Roy en son Conseil, l'Arrest rendu en iceluy, Sa Majesté y estant, le 30. Avril 1715. par lequel Sa Majesté ayant esté informée que la Veuve Desfougerais & fils, sur l'ordre qu'ils avoient reçû de leur correspondant de Cadiz, de leur envoyer quelques Toiles de Quintin, ils en auroient acheté le nombre de huit Balles du nommé Deshayes Frelaut Marchand de ladite Ville; & qu'à l'arrivée du Navire sur lequel elles ont esté chargées, s'estant trouvé que c'estoit des Toiles de Laval contrefaites en Toiles de Quintin, ce correspondant auroit fait dresser procès verbal de visite, signé par plusieurs Negocians François, & certifié par le Consul de France establi à Cadiz; en consequence duquel procès verbal ladite Veuve Desfougerais & fils auroient fait assigner ledit Frelaut au Consulat de Saint Malo, qui par Sentence du 28. Decembre 1714. a condamné ledit Frelaut par corps à rembourser à ladite Veuve Desfougerais & fils la somme de Cinq mille cinq cens cinquante-une livres six sols, par luy touchée pour le prix desdites Toiles, avec celle de dix-huit livres pour l'emballage, Pacage, Droits de Sortie, & Port à bord, avec les interests desdites sommes du jour de la demande jusqu'au parfait payement, & en outre condamné à Cent livres d'amende: duquel jugement ledit Frelaut s'estoit porté appellant au Parlement de Bretagne, dans la vûë de fatiguer ladite Veuve & fils, tant par les frais que par une longue procedure; & Sa Majesté ayant jugé important pour l'intereſt des Manufactures des Toiles, du Commerce qui s'en fait, & particulierement de celles qui s'envoyent dans les Pays eſtrangers, que cette contravention ne demeurât pas impunie, Sa Majeſté auroit ſur le Rapport du Sieur Deſmaretz, lors Controlleur General des Finances, évoqué à ſoy & à ſon Conſeil l'inſtance pendante au Parlement de Bretagne entre ledit Frelaut & ladite Veuve Desfougerais & fils, ſur l'appel de la Sentence des Conſuls de Saint Malo, du 28. Decembre 1714. & icelles circonſtances & dépendances renvoyées pardevant le S.r Ferrand Commiſſaire départi pour l'execution de ſes ordres en la Province de Bretagne, ordonné que les quatre cens pieces de Toiles en huit Balles ſeroient retirées du Magaſin des nommez Hoiſnard Negocians au Port Sainte Marie, par le Conſul de France eſtabli à Cadiz, auquel elles ſeroient remiſes par leſdits Hoiſnard, qui au moyen de ce en demeureroient bien & valablement déchargez, pour par ledit Conſul eſtre leſdites huit Balles de Toiles renvoyées à Saint Malo par le premier Navire qui partiroit pour ladite Ville, dont il chargeroit le Maiſtre ou Capitaine dudit Navire; lequel ſeroit tenu à ſon arrivée à Saint Malo de les remettre au Greffe de la Juriſdiction Conſulaire, d'où elles ſeroient envoyées par le Greffier audit S.r Ferrand, pour eſtre pardevant luy procedé à la vérification de l'eſtat, fabrique & qualité deſdites Toiles par experts, en preſence du nommé Caillaud Inſpecteur des Manufactures, dreſſé procès verbal des dires & conteſtations des Parties, & le tout fait & rapporté avec ſon avis à Sa Majeſté, eſtre par Elle ordonné ce que de raiſon; le tout aux frais & diligence de ladite Veuve Desfougerais & fils, ſauf à repeter, & aux riſques, perils & fortunes de qui il appartiendroit; faiſant Sa Majeſté deffenſes aux parties, de proceder ailleurs qu'au Conſeil, à peine de nullité, caſſation de procedures, Cinq cens livres d'amende, & de tous dépens, dommages & intereſts. Extrait de la Chancellerie du Conſulat de France à Cadiz, ſigné la Borde Chancelier, & certifié par le S.r Robin Conſul general de la Nation Françoiſe à Cadiz, & des Côtes d'Andalouſie, le 5. Fevrier 1716. par lequel extrait il paroiſt qu'en conſequence dudit Arreſt du Conſeil du 30. Avril 1715. ledit S.r la Borde Chancelier ſe feroit tranſporté le 5. Aouſt de la même année, de l'ordre dudit S.r Conſul, au Port Sainte Marie, & à la Maiſon des S.rs Hoiſnard Negocians François audit lieu, & leur auroit ſignifié & fait lecture dudit Arreſt, & qu'après en avoir entendu la teneur, leſdits Hoiſnard ont repondu qu'ils n'avoient plus à leur diſpoſition qu'une Balle des Toiles en queſtion, contenant Cinquante pieces, & que le reſtant des huit Balles des mêmes Toiles à eux envoyées par la Veuve Desfougerais & fils de Saint Malo, ils les ont venduës pour Toiles de Laval à divers prix, ſuivant le Compte qu'ils en ont tenu, eſtant tout preſts à remettre la ſuſdite Balle reſtante au S.r Conſul, pour eſtre envoyée par le premier Baſtiment qui partiroit pour Saint Malo : Enſuite de quoy, & le 4. Fevrier 1716. ledit S.r Robin Conſul a fait charger ſur le Navire nommé la Marguerite de Saint Malo, commandé par le Sieur la Villory-Reault, ladite Balle de Toile qui luy avoit eſté remiſe par leſdits Hoiſnard, à laquelle il a fait appoſer le Sceau Royal du Conſulat, avec ordre audit Capitaine de la conſigner à ſon arrivée à Saint Malo, au Greffe de la Juriſdiction Conſulaire. Extrait des Regiſtres du Greffe du Conſulat de Saint Malo, ſigné de la Villeſtienne Greffier, du 2. du mois de Mars, par lequel il paroit qu'il a eſté ledit jour donné Acte à la Veuve Desfougerais & fils, comparant par Jean Boucachard leur Commis, du depoſt du connoiſſement dudit S.r de la Villory-Reault Capitaine, du 6. Fevrier 1716. Autre extrait dudit Greffe Conſulaire, du 10. dudit mois de Mars 1716. ſigné Piterlet pour le Greffe, par lequel il paroit que ledit jour ledit Boucachard Commis, en compagnie du S.r de la Villory-Reault Capitaine du Navire la Marguerite, a depoſé ès mains dudit de la Villeſtienne Greffier, un Ballot de Toiles dites *de Bretagne larges*, emballé en groſſe ſerpilliere, marqué *P. J.* ſous laquelle enveloppe après avoir eſté découſuë, a eſté trouvé en bon eſtat le Cachet du Conſulat de Cadiz, comme il eſt porté dans le connoiſſement dudit Ballot, dont avoit eſté fait depoſt audit Greffe le 2. dudit mois, du depoſt duquel Connoiſſement il declare décharger pleinement ledit Villeſtienne, qui a remis ledit connoiſſement audit Villory-Reault, après l'avoir biffé & dûëment quittancé, pour luy ſervir de décharge envers le S.r Robin Conſul à Cadiz; Enſuite de quoy l'enveloppe a eſté recouſuë, après que le Sceau de la Ville y a eſté appoſé par le S.r de la Villeſtienne, & ledit Ballot a eſté envoyé en cet eſtat au Secretariat de l'Intendance à Rennes. Ordonnance renduë par le S.r Feydeau de Brou, lequel avoit ſuccedé audit Sieur Ferrand dans l'Intendance de Bretagne, le 28. Mars 1716. ſur la Requeſte de la Veuve Desfougerais & fils, portant que le Greffier de la Juriſdiction Conſulaire de Saint Malo, ſeroit tenu de dépoſer en ſon Greffe la Balle de Toile en queſtion, après lequel depoſt permis à ladite Veuve Desfougerais & fils de faire appeller devant luy ledit Deshayes Frelaut à comparoir dans quinzaine pour convenir d'experts, & eſtre procedé à la vérification de l'eſtat, fabrique & qualité des Toiles contenuës en ladite Balle, en preſence du S.r Caillaud Inſpecteur des Manufactures, lequel ſeroit auſſi aſſigné à quinzaine à la diligence de ladite Veuve Desfougerais & fils : Signification de ladite Ordonnance audit la Villeſtienne Greffier de la Juriſdiction Conſulaire de Saint Malo, faite le 18. Avril 1716. Autre ſignification de ladite Ordonnance au S.r Caillaud Inſpecteur des Manufactures, faite le 20. dudit mois: Autre ſignification de la même Ordonnance au S.r Deshayes Frelaut, faite le 6. May de ladite année 1716. Acte ſignifié le 24. dudit mois de May, à ladite Veuve Desfougerais & fils, au domicile de Bodin Procureur au Parlement de Rennes, à la Requeſte de Jean Tilly Procureur dudit Deshayes Frelaut, comme appellant de la Sentence du Conſulat de Saint Malo, du 28. Decembre 1714. & demandeur en execution d'Arreſt dudit Parlement de Bretagne, du 18. Janvier 1715. & d'autre Arreſt contradictoire dudit Parlement du 2. Mars 1715. par lequel il avoit eſté ordonné aux parties de venir plaider à la huitaine, & de ſe communiquer; par lequel Acte ledit Frelaut proteſte de nullité de la Signification qui luy avoit eſté faite le 18. Mars precedent, à la Requeste dudit Bodin comme Procureur au Parlement desdits Veuve Desfougerais & fils, d'un Arrest surpris au Conseil, Parties non oüies ni appellées, le 30. Avril 1715. & de l'Assignation que ledit Deshayes avoit eû avis luy avoir esté donnée le 6. dudit mois de May, à comparoir devant ledit S.r de Brou Intendant en Bretagne pour proceder en execution dudit Arrest du Conseil, attendu que ledit Deshayes s'estoit pourvû au Conseil en opposition audit Arrest, declarant ledit Frelaut repeter, en tant que de besoin, son opposition formelle à l'execution dudit Arrest du Conseil, par ledit Acte qui vaudroit demande *ad hoc* par tout où requis seroit : Declarant en outre, que M.e Loüis de Sacy Avocat ès Conseils du Roy estoit son Avocat, & que ledit Acte vaudroit pour toutes exceptions & protestations de nullité de ce qui seroit fait devant ledit S.r Intendant, tant à cause de ladite opposition à l'Arrest du Conseil, qu'à cause de la surprise faite au Conseil, tant contre les Privileges de la Province de Bretagne, que contre le fait propre desdits Veuves Desfougerais & fils, qui avoient porté l'affaire en premiere instance au Consulat de Saint Malo, & s'estant presentez sur les appellations avoient procedé au Parlement de Bretagne seul competent. Requeste presentée audit Parlement par ledit Frelaut le lendemain de ladite Protestation signifiée audit Bodin Procureur de la Veuve Desfougerais & fils le 25. May 1716. Acte signifié le 26. dudit mois de May 1716. à la Requeste de Tilly à Bodin, à ce qu'il ait à venir plaider : Autre Acte signifié ledit jour, par lequel ledit Frelaut proteste de nullité de l'Assignation qui luy avoit esté signifiée la veille, posterieurement à la signification de sa Requeste, pour comparoistre devant le S.r de Brou, attendu que ledit Deshayes poursuit & poursuivra son instance d'opposition au Conseil, & sa Requeste au Parlement : Autre Acte signifié le 27. dudit mois de May, à la Requeste de Bodin Procureur de la Veuve Desfougerais & fils, par lequel il proteste de nullité de la Requeste à luy signifiée le 25. dudit mois, & de la procedure que ledit Tilly pretend faire au Parlement de Bretagne, au préjudice de l'Arrest du Conseil du 30. Avril 1715. qui en avoit évoqué l'instance qui y estoit pendante, & l'avoit renvoyée devant le S.r Ferrand Intendant en Bretagne, & successivement par consequent devant le S.r de Brou qui avoit esté nommé Intendant à sa place, ledit Arrest notifié audit Tilly le 18. Mars 1716. & de faire casser, rejetter & annuller ce qui a esté & pourroit estre fait au prejudice dudit Arrest, declarant ledit Bodin qu'il suivroit l'effet de l'Assignation donnée audit Tilly & à sa Partie devant ledit S.r de Brou, d'où ledit Tilly avoit d'autant moins de raison d'excepter, que sa Partie luy avoit donné ordre par une affirmation du 18. du même mois, de comparoistre devant ledit S.r de Brou. Autre Acte signifié ledit jour 27. May à la Requeste dudit Tilly Procureur dudit Frelaut, à ce que Bodin eût à se tenir prest pour plaider le lendemain au Parlement : Autre Acte signifié le 28. dudit mois de May, par lequel Frelaut affirme qu'il restoit exprès à Rennes pour former ses exceptions à la prétenduë Assignation à luy donnée à comparoir devant le S.r de Brou au préjudice de la litispendance au Parlement de Rennes, où y ayant eû Arrest qui le renvoye au Conseil, & porte deffenses de proceder ailleurs qu'en la Cour, il declare d'abondant sejourner pour le lever. Arrest dudit Parlement du 28. dudit mois de May, signifié le 30. audit Bodin, par lequel ladite Cour a donné deffaut contre Bodin, donné Acte à Tilly Procureur dudit Frelaut present, de ce qu'il s'estoit pourvû au Conseil en opposition en tant que besoin à l'Arrest y rendu Parties non oüies ni appellées, le 30. Avril 1715. Et en consequence ordonné que les Parties se pourvoyroient au Conseil pour y faire juger ladite instance d'opposition, a pareillement donné Acte audit Tilly de sa declaration de s'estre presenté au Greffe de la Cour sur les appellations, le 23. Fevrier 1715. pour ledit Frelaut, & que ledit Bodin s'estoit presenté pour ladite Veuve Desfougerais & son fils intimez, dès le 14. dudit mois, aux fins desquelles presentations les Parties avoient procedé contradictoirement en la Cour sur les Appellations; En consequence faisant droit sur les Conclusions du Procureur general du Roy, fait deffenses ausdits Tilly & Bodin de comparoistre à l'Assignation donnée devant le Commissaire départi, & aux Parties de proceder ailleurs qu'en la Cour, jusqu'à ce qu'il en eût esté autrement ordonné par le Conseil, à peine de nullité & de tous dépens, dommages & interests reservez : Acte signifié le 2. Juin 1716. à la Requeste dudit Bodin Procureur de la Veuve Desfougerais & fils, par lequel il proteste d'abondant de nullité de la signification qui luy avoit esté faite le 30. May de l'Arrest du Parlement du 28. dudit mois, & de faire casser & rejetter la procedure dudit Tilly, à laquelle fin la Denonciation portée audit Acte vaudroit demande de restitution & d'opposition dans le Tribunal où l'affaire seroit décidée, attendu que, quoyque l'affaire eût esté cy-devant portée au Parlement, & que luy Bodin s'y fust presenté pour ladite Veuve Desfougerais & fils, sa qualité a cessé par l'Arrest du Conseil du 30. Avril 1715. qui en a évoqué l'instance & renvoyé devant le S.r Intendant. Arrest du Conseil du 16. Juillet suivant 1716. par lequel ledit S.r de Brou a esté subrogé audit S.r Ferrand pour l'execution dudit Arrest du 30. Avril 1715. Autre Arrest du Conseil rendu en presence de Sa Majesté, du 21. dudit mois de Juillet 1716. intervenu sur la Requeste dudit Frelaut S.r Deshayes, tendante à ce que pour les causes y contenuës, & sans s'arrester à l'Arrest surpris au Conseil d'Estat le 30. Avril 1715. par la Veuve Desfougerais & fils, auquel il seroit reçû opposant, ainsi qu'à tout ce qui s'en estoit ensuivi, & qui avoit esté fait en consequence, il plust à Sa Majesté renvoyer les Parties au Parlement de Bretagne pour y proceder sur l'Appel de la Sentence des Juges Consuls de Saint Malo, du 28. Decembre 1714. ensemble sur tous leurs autres differents au sujet du marché en question, circonstances & dépendances, en execution de l'Arrest contradictoire du Parlement, du 2. Mars 1715. suivant les derniers erremens, avec deffenses à la Veuve Desfougerais & fils, de faire aucunes poursuites ailleurs, & les condamner aux dépens; par lequel Arrest le Roy a ordonné que ladite Requeste & pieces y jointes seroient communiquées à la Veuve Desfougerais & fils pour

pour, leurs reponſes vûës & rapportées à Sa Majeſté, eſtre ordonné par Elle ce qu'il appartiendroit par raiſon, toutes choſes demeurant cependant en eſtat, ledit Arreſt ſignifié à Bodin Procureur de la Veuve Desfougerais & fils, le 12. Septembre audit an 1716. Autre Arreſt du Conſeil du 15. Fevrier 1717. rendu en preſence de Sa Majeſté ſur la Requeſte de ladite Veuve Desfougerais & fils, fondée ſur la ſurpriſe du precedent Arreſt; par lequel Arreſt, ſans s'arreſter à celuy du 21. Juillet precedent, qui ſera comme nul & non avenu, Sa Majeſté a ordonné que les Parties ſe pourvoyroient en execution des Arreſts du Conſeil des 30. Avril 1715. & 16. Juillet 1716. comme elles auroient pû faire avant ledit Arreſt: ledit Arreſt ſignifié audit Frelaut au domicile de Me de Sacy ſon Avocat au Conſeil, le 20. Mars 1717. & le 23. Avril ſuivant, au propre domicile dudit Frelaut en ſa maiſon ſiſe à Uſel, par Acte portant qu'il ait à deffendre en conſequence dudit Arreſt, pardevant le Sr de Brou. Autre Arreſt du Conſeil du 28. Juin 1717. rendu en preſence de Sa Majeſté ſur les Requeſtes reſpectives dudit Frelaut & de ladite Veuve Desfougerais & fils; celle dudit Frelaut tendante à ce que, ſans s'arreſter audit Arreſt du 15. Fevrier precedent, auquel il ſeroit reçû oppoſant, & faiſant droit ſur ſa Requeſte inſerée dans celuy du 21. Juillet 1716. faute par la Veuve Desfougerais & fils d'avoir fourni de reponſe à cette Requeſte, luy en adjuger les Concluſions; & la Requeſte de ladite Veuve Desfougerais & fils tendante à ce que, ſans avoir égard à celle de Frelaut du 25. May 1717. il plût au Roy ordonner que l'Arreſt du 15. Fevrier 1717. ſeroit executé ſelon ſa forme & teneur; par lequel Arreſt Sa Majeſté a debouté ledit Frelaut de l'oppoſition par luy formée audit Arreſt du 15. Fevrier 1717. & en conſequence ordonné que ledit Arreſt, enſemble ceux des 30. Avril 1715. & 16. Juillet 1716. dont il ordonne l'execution, ſortiront leur plein & entier effet : ledit Arreſt ſignifié audit Frelaut le 21. Juillet 1717. au domicile de Me de Sacy ſon Avocat au Conſeil. Ordonnance dudit Sr de Brou, du 12. Decembre 1717. ſur la Requeſte de ladite

Veuve Desfougerais & fils, par laquelle, vû ledit Arreſt du Conſeil du 28. Juin precedent, il a ordonné que ledit Frelaut ſeroit aſſigné pardevant luy, pour eſtre fait procès verbal en preſence du Sr Caillaud Inſpecteur des Manufactures des Toiles, de l'eſtat, fabrique & qualité de ladite Balle de Toile dépoſée en ſon Greffe, à l'effet de quoy les Parties conviendroient d'experts, & faute de le faire, qu'il en ſeroit par luy nommé d'office, pour ledit procès verbal d'experts, rapporté & communiqué aux Parties, & leurs reponſes vûës, eſtre ordonné ce qu'il appartiendroit. Signification de ladite Ordonnance, faite audit Frelaut en perſonne lors à St Malo, le 22. Janvier 1718. à ce qu'il eût à comparoir dans quinzaine devant ledit Sr Feydeau de Brou pour convenir d'un expert, & eſtre fait procès verbal des Toiles en queſtion ; faute de quoy il en ſeroit nommé un d'office, declarant ladite Veuve Desfougerais & fils convenir dès lors de leur part du S.[r] Beſnard Negociant à Rennes : le même Acte portant pareille ſignification de ladite Ordonnance au Sr Caillaud Inſpecteur, parlant à ſa perſonne, portant auſſi Aſſignation à quinzaine devant ledit Sr de Brou. Procès verbal commencé en conſequence desdites Aſſignations, le 9. Fevrier 1718. ſur les comparutions des Parties devant ledit Sr Feydeau de Brou, ladite Veuve Desfougerais & fils ſtipulez par Jean Boucachard porteur de leur Procuration, comparant par Bodin leur Procureur ; lequel a dit qu'aux fins d'ordre de leurs correſpondans au Port Sainte-Marie, ils firent en 1714. l'achat de Quatre cens Pieces de Toiles de Quintin de haute-laiſe, en huit Balles, du Sr Deshayes Frelaut Marchand à Uſel, leſquelles ayant fait charger ſur deux Vaiſſeaux au Port de Saint-Malo, & envoyées à Cadiz, il ſe trouva qu'au lieu qu'elles devoient eſtre Toiles de Bretagne, elles eſtoient toiles de Laval & contrefaites en Toiles de Quintin., & qu'elles n'avoient la laiſe ni la qualité requiſe, de quoy les correſpondans desdits S.[r] & Dame Desfougerais firent dreſſer un Procès verbal de viſite, par pluſieurs Negocians François au Port Sainte-Marie, d'eux ſigné, & certifié veritable par le Conſul de la Nation Françoiſe ; lequel Procès verbal estant venu en France, les S.r & Dame Desfougerais firent assigner ledit Deshayes Frelaut devant les Consuls de Saint Malo, & y obtinrent une Sentence le 28. Decembre 1714. par laquelle ils le firent condamner au Remboursement de la somme de Cinq mille cinq cens cinquante-une livres six sols, qu'il avoit touchée pour le prix desdites Toiles, dix-huit livres pour emballage, avec les interests, & aux dépens, & outre en Cent livres d'amende pour la contravention commise; de laquelle Sentence ledit Frelaut ayant relevé appel au Parlement de Bretagne, est intervenu l'Arrest du 30. Avril 1715. qui, attendu la consequence de l'affaire, & qu'elle interessoit tout le commerce, évoqua l'instance d'appellation pendante au Parlement, & la renvoya devant M. Ferrand lors Intendant ; lequel Arrest a esté confirmé, malgré les oppositions dudit Frelaut, par deux autres des 16. Juillet 1716. & 28. Juin 1717. en consequence duquel il estoit actuellement procedé; & après avoir rappellé tout ce qui s'est fait en consequence dudit Arrest du 30. Avril 1715. pour faire revenir du Port Sainte Marie la Balle de Toile qui s'est trouvée seulement existante, ledit Bodin a soutenu que cette Balle de Toile existante semblable aux sept autres qui avoient esté venduës en Espagne, ne sont point des Toiles de Bretagne, mais des Toiles de Laval contrefaites en Toiles de Quintin ; a requis qu'en procedant au Procès-verbal de vérification, il luy fût donné acte de la representation qu'il faisoit devant ledit S.r de Brou, de six échantillons de Toiles, dont cinq marquez *D. F.* & un *P. J.* declarant que la Veuve Desfougerais nomme pour son expert le S.r Besnard Negociant de Rennes, & que ledit Frelaut eût à en nommer un, pour ce fait estre procedé à la vérification & visite de ladite Balle en presence de l'Inspecteur des Manufactures, même des échantillons renvoyez d'Espagne; après laquelle requisition, Tilly Procureur du S.r Frelaut, luy present, a repliqué qu'il protestoit de rejection de toutes les poursuites de la Veuve Desfougerais & fils, n'y estant pas recevable, en ce que ledit Frelaut fit conduire au mois de Mars 1714. d'Usel à Saint-Malo, treize Balles de Toiles de Quintin, chaque Balle composée de cinquante pieces, elles passerent au Port de Dinan le 23. du même mois de Mars, dont il fut delivré un passavant, que Frelaut remit au S.r Caillaud Inspecteur des Manufactures qui visita lesdites treize Balles, & trouva que les Toiles de Quintin estoient de bonne condition & vrayes Toiles de Bretagne, dont il fut donné un Bordereau à Frelaut par Caillaud; qu'après cette visite la Veuve Desfougerais & fils acheterent huit Balles de ces Toiles, & les ayant vûës & visitées elles leur furent livrées, & en firent le payement suivant la convention, de sorte que c'estoit une vente pure & simple, & consommée sans aucune condition, & rapportant tout ce qui s'estoit passé à la Jurisdiction Consulaire de Saint Malo, au Parlement de Bretagne, & au Conseil, Tilly se renferme toûjours à dire que la Veuve Desfougerais & fils n'estoient pas recevables ; & cependant, sans se départir de sa fin de non recevoir, il observe que la Veuve Desfougerais & fils n'avoient point executé l'Arrest du Conseil du 30. Avril 1715. en ce qu'au lieu de faire apporter les huit Balles de Toiles, on n'en avoit fait venir qu'une, laquelle n'estant point de celles venduës par ledit Frelaut, il ne luy convenoit point de nommer d'expert pour en dresser procès verbal, ayant esté d'ailleurs facile aux S.rs Hoisnard qui sont originaires de Laval, d'avoir envoyé telle Balle qu'il leur aura plû pour faire un Procès audit Frelaut : joint à cela que le S.r Caillaud estant Partie dans la Sentence dont est appel, il ne pouvoit pas donner de declaration pour authoriser son ouvrage, ne pouvant pas estre Juge & Partie, estant même saisi du passavant du 23. Mars 1714. en consequence duquel il visita les treize Balles, nonobstant quoy, lors de la Sentence dont est appel, il requit une condamnation d'amende, pour raison dequoy ledit Tilly conclut à ce que la Sentence de la Jurisdiction Consulaire de Saint Malo fût reformée, & la Veuve Desfougerais & fils deboutez de leur demande, ne convenant pas d'ailleurs qu'il fût dressé un procès verbal en execution de l'Arrest du Conseil du 30. Avril 1715. que cet Arrest ne fût entierement executé. A quoy Bodin Procureur de la Veuve Desfougerais & fils a repliqué, qu'on n'a pû faire revenir les huit Balles de Toiles, ne s'en estant plus trouvé qu'une en essence lors de l'Arrest du 30. Avril 1715. suivant le Procès verbal du Chancelier du Consulat de France, du 5. Aoust 1715. que mal à propos ledit Frelaut pretendoit s'opposer à ce que le Sr Caillaud fist la vérification des Toiles, attendu qu'il est ainsi ordonné par l'Arrest du 30. Avril 1715. qu'au surplus le Sr Caillaud n'estoit point partie dans l'instance du Consulat de S. Malo, ayant seulement requis une amende pour la fraude commise en la vente des Toiles, laquelle amende a esté adjugée, mais non pas au profit dudit Caillaud : à quoy Tilly Procureur de Frelaut repondit encore, que les envoys particuliers de la Dame Desfougerais & fils aux Srs Hoisnard en Espagne ou ailleurs, ne pouvoient prejudicier audit Frelaut, sur-tout après la visite de l'Inspecteur, & la vente pure & simple des Toiles en question ; que si la Veuve Desfougerais & fils avoient acheté d'autres Toiles que de celles de Bretagne, & les avoient envoyées aux Srs Hoisnard, c'estoit un fait qui n'interessoit point ledit Frelaut ; pour ce qui estoit des échantillons que la Dame Desfougerais representoit, ledit Frelaut contestoit formellement que ces échantillons fussent des Toiles par luy venduës, n'estant ni de sa marque ni de son cachet, & qu'il en seroit de même de la Balle que l'on vouloit faire visiter. Sur quoy ledit Sr Feydeau de Brou, par Ordonnance du 10. Fevrier 1718. donna acte à Bodin de la representation des six échantillons de Toiles marquez cinq *D, F,* & un *P, J,* & de ce qu'il estoit convenu pour son expert du Sr Besnard Marchand à Rennes, & ordonna que sans prejudicier aux droits des Parties, ledit Frelaut conviendroit d'un expert de sa part, sinon qu'il en seroit nommé d'office ; en consequence de laquelle Ordonnance ledit Frelaut, sous la protestation de ses fins de non recevoir, estant convenu du Sr Tronc pour son expert, il luy en fut aussi donné acte par Ordonnance du lendemain 11. Fevrier : Et le même jour, les deux experts convenus ayant presté serment, il a esté ordonné que ladite Balle de Toile leur seroit representée avec les six échantillons, en consequence de quoy ladite

Balle ayant esté representée ausdits experts & à l'Inspecteur, les cachets du Consul de France à Cadiz, & de la Ville de S. Malo, ont esté trouvez sains & entiers, ainsi qu'il a esté reconnu par le cachet du Consul de France à Cadiz, sur l'empreinte du cachet qu'il avoit apposé au certificat du 5. Fevrier 1716. après quoy les experts ont signé avec le Procureur special de la Veuve Desfougerais ; mais ledit Deshayes Frelaut n'a point voulu signer; sur ce qu'on n'a point voulu recevoir ses declarations que l'emballage n'estoit pas dans la forme qui se pratique à Quintin ; 1.° par la serpilliere, 2.° par les planches, 3.° sur les marques, disant que ce n'estoit point son cachet, à l'effet de quoy il a representé celuy dont il se sert ordinairement, & soûtenu que les Toiles representées n'estoient point celles qu'il a venduës, qu'elles n'avoient point esté blanchies à Quintin, & que le cachet y avoit esté apposé depuis qu'elles avoient esté blanchies ; qu'au surplus il ne paroissoit point où avoit esté pris le pretendu échantillon marqué *P, J,* ce qui a engagé le Procureur de la Veuve Desfougerais & fils de requerir que toutes les pieces des Toiles fussent examinées par les experts, pour vérifier où l'échantillon marqué *P, J* avoit esté pris ; & qu'en outre lesdits experts donnassent leur avis sur la fabrique & qualité des six échantillons representez, pour sçavoir s'ils n'estoient pas de la même fabrique que ladite Balle de Toile ; aprés quoy le S.r Caillaud Inspecteur & les experts ayant procedé à la vérification desdites Toiles, elles leur ont semblé estre de Quintin, autrement Bretagne larges, mais après en avoir vû & examiné la qualité, la fabrique, & les avoir mesurées, ils ont reconnu que ladite Balle contenoit 50. pieces de Toiles marquées d'une empreinte *P, J,* qui n'estoient pas de fabrique de Quintin, y manquant sur la largeur deux à trois doigts ; & lesdits experts & Inspecteur les ont estimées Toiles de Laval contrefaites en Quintin, à cause de la maniere dont elles estoient pliées : mais les experts n'ayant point donné leurs avis sur les échantillons representez, la Veuve Desfougerais & fils firent sommer Frelaut le 14. Fevrier 1718. de faire comparoir le S.r Tronc son expert pour continuer le Procès verbal ; & ledit Tilly

Procureur dudit Frelaut estant comparu, auroit declaré verbalement qu'il ne vouloit point estre present à l'appurement desdits échantillons, sur quoy ledit S.r de Brou rendit une Ordonnance ledit jour 14. Fevrier 1718. sur la requisition de Bodin Procureur de ladite Veuve Desfougerais & fils, par laquelle, attendu le refus de Frelaut de faire comparoir son expert, & ledit Tilly son Procureur de vouloir estre present ausdits appuremens, il est porté qu'en presence des parties, où elles dûëment appellées, il seroit procedé par lesdits experts en presence de l'Inspecteur, même en cas d'absence de l'expert dudit Frelaut, après avoir esté dûëment assigné sur la representation qui seroit faite desdites 50. pieces de Toiles à la visite d'icelles, pour vérifier & reconnoistre le fait soûtenu par le Procureur de la Veuve Desfougerais & fils, qu'il se doit trouver un sceau & cachet coupé de l'une desdites pieces de Toiles, ainsi qu'il est marqué au Procès verbal fait au Port Sainte-Marie, le 26. Septembre 1714. & que sans prejudice aux Droits des parties & à l'estat de l'instance, & pour servir au jugement d'icelle, il seroit fait vérification si les six échantillons representez par le Procureur de ladite Veuve Desfougerais estoient de même doüete, fabrique & qualité que lesdites 50. pieces de Toiles; en execution de laquelle Ordonnance, Tilly Procureur de Frelaut, & le S.r Tronc son expert, ayant esté assignez, il fut donné le 16. du même mois de Fevrier défaut contre eux, & pour le profit du défaut ordonné que la Balle dans laquelle estoient renfermées les 50. pieces de Toiles, seroit representée ausdits Besnard expert de la Veuve Desfougerais, & Caillaud Inspecteur, pour les visiter & faire la vérification portée par l'Ordonnance du 14. du même mois; ensuite de quoy, la representation de cette Balle ayant esté faite aux S.rs Caillaud Inspecteur, & Besnard expert, ils en ont examiné toutes les pieces, & en ont trouvé 49. marquées de l'empreinte *P, J* aux deux bouts de chaque Piece, & la cinquantieme marquée seulement à un des bouts de la même empreinte *P, J,* & l'autre bout coupé; & ayant conferé l'échantillon & empreinte *P, J,* representez par le Procureur de la Veuve Desfougerais, & l'autre bout de la

Toile coupé, il leur a apparu que c'eſt le même qui en a eſté oſté, eſtant de même doüete & qualité ; & ayant confronté avec les Toiles de la même Balle, les cinq échantillons de la marque *D, F,* repreſentez par le Procureur de la Veuve Desfougerais, ils les ont eſtimez de même fabrique & qualité, après quoy leſdites Toiles ont eſté renfermées dans ladite Balle, ſur les ficelles de laquelle ont eſté appoſées les empreintes du cachet dudit S.r de Brou Intendant en Bretagne, & recouverte de la même ſerpilliere ; & il a eſté ordonné au ſurplus, que les Procès verbaux deſdits experts ſeroient communiquez aux Parties pour inſerer tels dires & raiſons que bon leur ſembleroit : en conſequence de laquelle Ordonnance, le Procureur de la Veuve Desfougerais & fils a fourni un dire par lequel, après avoir rappellé le fait, il obſerve pour prouver que Frelaut a vendu les Toiles qui ont eſté envoyées à Cadiz, que par des deffenſes que Frelaut avoit fait ſignifier le 26. Novembre 1714. il a reconnu avoir vendu à la Veuve Desfougerais & fils, des Toiles de Bretagne marquées de ſon Cachet *D, F,* mais que celles dont on ſe plaignoit eſtre Toiles de Laval eſtoient marquées d'un Cachet *P, J;* à quoy la Veuve Desfougerais, & fils avoient lors reſpondu qu'il eſtoit vray qu'il y avoit une de ces Balles de cinquante pieces marquée *P, J,* mais que les autres eſtoient marquées *D, F,* que cette difference ne donnoit aucune atteinte à la preuve que Frelaut eût vendu la Balle marquée *P, J* comme les ſept autres, les Marchands achetant ſouvent des Toiles les uns des autres : qu'il eſt certain par les livres de la Veuve Desfougerais & fils, qu'ils n'avoient point acheté d'autres Toiles de Bretagne larges dans ce temps-là ni plus de deux ans auparavant, excepté cent pieces qui furent achetées & revenduës à Saint Malo par une Courtiere nommée Dupin : Qu'il eſtoit encore prouvé par les Livres de ladite Veuve, & que le S.r Frelaut en convenoit, d'avoir vendu ſix Balles deſdites Toiles quarante-cinq ſols ſix deniers l'aulne une premiere fois, & les deux autres quarante-ſept ſols dans un autre temps ; leſquelles huit Balles, après avoir reduit les ſix premieres en quatre

quatre de soixante-quinze pieces chacune, avoient esté embarquées suivant les connoissemens des 7. Avril & 4. May 1714. qu'estant arrivées au Port Sainte-Marie, il avoit esté reconnu que les Toiles n'estoient pas legitimes, qu'on en a coupé les échantillons sur lesquels il y avoit les cachets, après en avoir fait mention dans le Procès verbal du 26. Septembre 1714. que mal à propos Frelaut accusoit ladite Desfougerais ou les S.rs Hoisnard d'avoir substitué des Toiles de Laval à la place des siennes, attendu qu'on ne rapportoit aucune preuve d'un pareil fait; qu'au surplus lorsque les Juges de Saint-Malo l'avoient condamné à restituer le prix entier desdites Toiles, ils n'avoient pas de connoissance qu'il en eust esté vendu une partie, s'ils en avoient esté informez ils auroient condamné Frelaut à supporter la diminution qui se rencontre, sur le pied de la difference qu'il y a entre les Toiles de Bretagne & de Laval; laquelle diminution va suivant le certificat du 16. Fevrier 1715. à un demi real de plate par chaque varre, ce qui fait six sols six deniers à sept sols Monnoye de France; au moyen de quoy ladite Veuve Desfougerais & fils esperent que le Conseil le jugera ainsi, en declarant Frelaut non recevable en son appel de la Sentence des Juges-Consuls de Saint-Malo, du 28. Decembre 1714. avec condamnation de tous les dépens, sauf à prononcer telle peine pour l'infidelité commise par ledit Frelaut, contre la bonne foy du commerce; & en cas que le Conseil en fist difficulté, permettre à ladite Veuve Desfougerais & fils, d'informer par temoins & publications de monitoires, que les Marchands de Quintin achetent des Toiles de Laval, les font blanchir, couper & plier en Bretagne, larges & Quintin, & les envoyent vendre à Saint-Malo comme Toiles de Bretagne: Et ledit Frelaut, par le ministere de son Procureur, a aussi fourni un dire, contenant qu'il a fait conduire du lieu d'Usel où il demeure, treize balles & un paquet de Toiles fabrique de Quintin; sçavoir, huit balles de cinquante pieces de laize de $\frac{3}{4}$ d'aulnes, & cinq balles & un paquet de laize commune, c'est-à-dire de demi-aulne; ces balles ayant passé au Port de Dinan le 23. Mars 1714. il en fut delivré un passavant, elles furent conduites au lieu ordinaire où l'Inspecteur en fait la visite, qu'il la fit le même jour, & les trouva veritables Toiles de Quintin, de la qualité & laize requise, au moyen de quoy la vente en fut permise, l'Inspecteur ayant demeuré saisi du connoissement; si ces Toiles n'avoient pas esté legitimes, l'Inspecteur en eût requis la confiscation sur le champ: que la Veuve Desfougerais & fils en ayant examiné huit balles, & les ayant reconnuës veritables Toiles de Quintin, il fut convenu du prix, & la livraison faite sur le champ purement & simplement, le 23. Mars, ensorte que dès ce moment la vente en fut consommée sans aucune condition: ajoûtant ledit Frelaut qu'il n'a jamais vendu de balles de soixante-quinze pieces, que celles qu'il a venduës estoient de cinquante pieces chacune seulement, & estoient marquées de la marque ordinaire dudit Deshayes, qui est *D, F;* quant à la balle dont les pieces sont marquées *P, J,* ledit Frelaut nie formellement les avoir venduës, estant faux qu'il en ait vendu le premier May 1714. mais seulement huit balles qui ont esté delivrées aussi-tost après la visite de l'Inspecteur; qu'enfin après une vente & livraison faite, si la pretention de la Veuve Desfougerais avoit lieu, il n'y auroit plus de sûreté dans le commerce, parce qu'il ne dependroit que des gens de mauvaise foy, de substituer des Toiles de fraude, pour revenir contre un Marchand qui a agi de bonne foy: Et pour establir que l'Inspecteur avoit visité les treize balles de Toiles & un paquet, ledit Frelaut a fait faire une Sommation à l'Inspecteur, le 12. Fevrier 1718. lequel a fait reponse que le 23. Mars 1714 le S.r Frelaut estant venu à Saint-Malo avec treize balles de Toiles & un paquet, ledit Inspecteur les avoit visitées & trouvé de la qualité & largeur suivant les Reglemens, & qu'il estoit encore saisi du passavant; & qu'à l'égard de la balle de Toile ouverte en la presence dudit S.r Intendant, il ne l'avoit jamais vûë, & ne luy a esté representée que le 11. Fevrier 1718. duquel certificat ledit Frelaut tire l'induction que ces Toiles estoient legitimes, & que la Veuve Desfougerais & fils en ont substitué d'autres à leur place dans les envoys par eux faits à Cadiz: partant conclut ledit Frelaut, à ce que toutes les Ordonnances renduës par ledit S.r Intendant ſoient rapportées comme contraires à l'Arreſt du Conſeil du 30. Avril 1715. & à ce qu'en reformant la Sentence des Juges-Conſuls de Saint-Malo, & tout ce qui a eſté fait par la Veuve Desfougerais & fils, ils ſoient declarez non recevables en leurs demandes, fins & concluſions, qui ſeront declarées calomnieuſes, avec depens, le tout avec reparation proportionnée à l'injure; & qu'à l'avenir il ſoit fait deffenſes à tous les Negocians de Saint-Malo & de Laval, de vendre des Toiles contrefaites en Quintin, de les expoſer en vente, & envoyer hors du Royaume, autrement que comme Toiles de Laval, & pliées comme elles l'eſtoient, ſuivant l'ancien uſage, en telle maniere qu'il ne pourra plus eſtre embarqué aucunes Toiles qu'elles n'ayent préalablement eſté viſitées par l'Inſpecteur de Sa Majeſté, qui ſera tenu d'en donner des certificats qui ſeront joints aux paſſavants, ou que leſdits paſſavants ſeront de luy viſez, ſauf à eſtre procedé ainſi qu'il appartiendra, contre la Veuve Desfougerais & fils, pour la contravention par eux commiſe, de laquelle ledit Frelaut demeurera déchargé : auquel dire Bodin Procureur de la Veuve Desfougerais & fils a repliqué & ſoûtenu que ledit Frelaut ne vendit que ſix balles le 24. Mars 1714. & non le 23. dudit mois, comme il le dit, & les deux autres balles le premier May 1714. ainſi qu'il eſt juſtifié par les livres de la Veuve Desfougerais & fils; qu'au ſurplus ledit Frelaut a bien pû changer ſon cachet depuis l'année 1714. à quoy ledit Tilly, quoyque ſommé le 5. Mars 1718. n'ayant point fourni de repliques, ledit S.r Feydeau de Brou auroit le 16. dudit mois de Mars clos ſon Procès verbal, en donnant Acte aux Parties de leurs dires, requiſitions & conteſtations contenus audit Procès verbal. Vû auſſi l'avis dudit Sieur Feydeau de Brou, du 24. Fevrier 1719. contenant qu'il paroiſt conſtant par les livres de la Veuve Desfougerais & fils, que Frelaut luy a vendu en 1714. quatre cens pieces de Toiles, ſçavoir Trois cens pieces le 24. Mars, & Cent pieces le premier May; qu'elle en a envoyé la même quantité aux S.rs Hoiſnard au Port Sainte-Marie, & qu'elles ſe ſont trouvées Toiles de Laval contrefaites en Toiles de Quintin ou Bretagne larges; & quoy-qu'il n'ait esté renvoyé qu'un des six ballots qui leur avoient esté envoyez, les appuremens de ce ballot prouvent suffisamment que les Toiles contenuës dans les cinq autres estoient de pareille espece : Il est encore prouvé par les livres de la Veuve Desfougerais, que deux ans auparavant cet envoy, elle n'avoit point acheté d'autres Toiles de Bretagne larges, à l'exception de Cent pieces achetées du nommé Colin, & revenduës à Saint-Malo; & cette demonstration qui n'est point combattuë par Frelaut, par aucuns extraits de ses livres qui puissent justifier des faits contraires, leve le soupçon dans lequel on auroit pû entrer, qu'il eût esté substitué d'autres Toiles que celles venduës par ledit Frelaut, la difference des marques estant une objection trop foible pour balancer les moyens qui resultent des livres de la Veuve Desfougerais & fils, dont ils rapportent des extraits en bonne forme, lesquels font encore tomber l'objection de la visite que Frelaut pretend avoir esté faite par l'Inspecteur, qui s'est peut-estre contenté de les compter, & de juger de leur qualité par la maniere dont elles estoient pliées; d'ailleurs, douze Negocians considerables de Saint-Malo ont attesté par un Certificat du 7. May 1718. que ces sortes de fraudes ont esté plusieurs fois commises par les Marchands de Quintin, Usel, Loudeac, & des environs; ensorte qu'ayant égard à ce qui resulte de l'estat du Procès, ledit S.r de Brou estime que, sans s'arrester aux exceptions & fins de non recevoir proposées par ledit Frelaut, desquelles il sera debouté, faisant droit dans son appel du Consulat de Saint-Malo, du 28. Decembre 1714. il y a lieu de mettre ladite appellation au néant avec amende ; & néantmoins, attendu que cinq des balles de Toiles dont est question, ont depuis ce temps-là esté venduës par lesdits Hoisnard, ordonner que la condamnation portée par ladite Sentence contre ledit Frelaut, de reprendre pour son compte les six balles de Toiles dont est question, n'aura plus d'effet que pour la sixieme balle de Toile encore existante, ladite Sentence sortant au surplus son entier effet, & en consquence condamner en outre ledit Frelaut de faire raiſon à ladite Veuve Desfougerais & fils, de la moindre valeur deſdites cinq balles de Toiles venduës en Eſpagne, par rapport à leur deffaut de qualité, ſuivant la liquidation qui en ſera faite par les Juges-Conſuls de Saint-Malo, pardevant leſquels leſdites Parties ſeront à cet effet renvoyées, au ſurplus condamner ledit Frelaut aux dépens de l'Inſtance. Vû auſſi les autres pieces énoncées auſdits Procès verbal & avis. Oüy le Rapport, LE ROY ESTANT EN SON CONSEIL, de l'avis de Monſieur le Duc d'Orleans Regent, ſans s'arreſter aux fins de non recevoir propoſées par ledit Frelaut, dont Sa Majeſté l'a débouté, & faiſant droit ſur l'Appel par luy interjetté de la Sentence du Conſulat de Saint-Malo, du 28. Decembre 1714. a mis & met ladite appellation au néant : Et néantmoins, attendu que cinq des balles de Toiles dont eſt queſtion, ont eſté venduës par leſdits Hoiſnard, ordonne Sa Majeſté, que la condamnation portée par ladite Sentence contre ledit Frelaut, de reprendre pour ſon compte les ſix balles de Toiles dont eſt queſtion, ne ſera executée qu'en ce qui concerne la ſixieme balle de Toile encore exiſtante : Condamne en conſequence Sa Majeſté ledit Frelaut de faire raiſon à ladite Veuve Desfougerais & fils, de la moindre valeur deſdites cinq balles de Toiles venduës en Eſpagne, par rapport à leur deffaut de qualité ; & ce ſuivant la liquidation qui en ſera faite par les Juges-Conſuls de Saint-Malo, pardevant leſquels les Parties ſe pourvoyront. Condamne Sa Majeſté ledit Frelaut en la ſomme de mille livres pour tous dépens, dommages & intereſts. Et attendu le prejudice conſiderable que pourroit ſouffrir le commerce des Toiles par des fraudes de pareille nature, fait Sa Majeſté très expreſſes inhibitions & deffenſes à tous Marchands & Negocians, de contrefaire & plier des Toiles de Laval en Toiles de Bretagne, à peine de tous dépens, dommages & intereſts envers les Parties, de Trois mille livres d'amende, & d'interdiction pour toûjours du commerce. Enjoint Sa Majeſté au Sr de Brou, de tenir ſoigneuſement la main à l'execution du preſent Arreſt, qui ſera lû, publié & affiché par tout où beſoin ſera, à ce que perſonne n'en ignore. FAIT au Conſeil d'Eſtat du Roy, Sa Majeſté y eſtant, Monſieur le Duc d'Orleans Regent preſent, tenu à Paris le onzieme jour de May mil ſept cens dix-neuf. *Signé* PHELYPEAUX.

LOUIS PAR LA GRACE DE DIEU, ROY DE FRANCE ET DE NAVARRE : A noſtre amé & feal Conſeiller en nos Conſeils Maiſtre des Requeſtes ordinaire de noſtre Hoſtel, le S.r Feydeau de Brou Intendant en la Province de Bretagne, SALUT. Nous vous mandons & ordonnons par ces Preſentes ſignées de Nous, de proceder inceſſamment à l'execution de l'Arreſt, dont l'extrait eſt cy-attaché ſous le contre-ſcel de noſtre Chancellerie, cejourd'huy donné en noſtre Conſeil, de l'avis de noſtre très cher & très amé Oncle le Duc d'Orleans Regent, pour les cauſes y contenuës. Commandons au premier noſtre Huiſſier ou Sergent ſur ce requis, de ſignifier ledit Arreſt à tous qu'il appartiendra, & de faire en outre pour l'entiere execution d'iceluy, tous Commandemens, Sommations & autres Actes & Exploits neceſſaires, ſans autre permiſſion ; CAR TEL EST NOSTRE PLAISIR. Donné à Paris le onzieme jour de May, l'an de grace mil ſept cens dix-neuf, & de noſtre Regne le quatrieme. *Signé* LOUIS. *Et plus bas*, par le Roy, Monſieur le Duc d'Orleans Regent preſent. *Signé* PHELYPEAUX.

ARREST Portant Reglement pour la vente, viſite & marque des Toiles, Coutils & Cotonnades qui ſe portent ſous la Halle de la Ville de Nantes.

Du 2. May 1721.

Extrait des Regiſtres du Conſeil d'Eſtat.

VÛ par le Roy, eſtant en ſon Conſeil, la déliberation priſe par la Ville & Communauté de Nantes, le 30. Mars 1721. tendante à ce qu'il plaiſe à Sa Majeſté d'ordonner que les Toiles appellées de Cliſſon, les Toiles Nantoiſes, les Toiles de Vitré, de Fougeres, de la Guerche, & des autres lieux circonvoiſins, enſemble les pieces de Coutils & de Cotonnades, ſeront portées à l'avenir dans la Cohuë ou Halle qui ſera indiquée par les Maire & Echevins de ladite Ville, pour y eſtre vûës, viſitées & marquées par celuy qui ſera par eux nommé, afin de remedier aux abus qui peuvent s'introduire à cet égard; Et pour qu'il plaiſe à Sa Majeſté de permettre de lever un ſol par chaque piece, pour l'entretien du Concierge qui ſera prepoſé à les garder dans ladite Halle: l'avis du S.r de Brou Intendant en Bretagne, contenant que la demande deſdits Maire & Echevins paroît neceſſaire, pour prevenir les fraudes qui ſe commettent dans ce genre de commerce; que le produit du droit, qu'ils propoſent d'avoir permiſſion de lever, d'un ſol par chaque piece, pour ſervir à l'entretien d'un Concierge, ne peut eſtre preciſément déterminé, qu'on eſtime cependant qu'il ne peut exceder Six à Sept cens livres par année commune; ſurquoy, outre l'entretien dudit Concierge, leſdits Maire & Echevins auront à payer le loyer d'une Cohuë ou Halle, en attendant que celle qu'on doit conſtruire dans la place du Bouffay de ladite Ville, en execution de l'Arreſt du Conſeil du 10. Fevrier dernier, ſoit finie; mais qu'en obligeant ledit Concierge de tenir bon & fidelle Regiſtre du ſol qu'il recevra par chaque piece, on connoiſtra par la ſuite s'il y a lieu de maintenir ou diminuer ledit Droit. Oüy le Rapport, LE ROY ESTANT EN SON CONSEIL, de l'avis de Monſieur le Duc d'Orleans Regent, a ordonné & ordonne que les Toiles appellées de Cliſſon, les Toiles Nantoiſes, les Toiles de Vitré, de Fougeres, de la Guerche, & des autres lieux circonvoiſins, enſemble les pieces de Coutils & de Cotonnades qui arriveront à Nantes, ſeront portées à l'avenir dans la Cohuë ou Halle qui ſera indiquée par les Maire & Echevins, pour y eſtre vûës, viſitées & marquées par celuy qui ſera par eux nommé, de la marque qu'ils auront choiſie, & par luy dreſſé Eſtat & Procès verbal des contraventions qui pourront ſurvenir aux reglemens de la Police à ce ſujet, pour y eſtre ſtatué ainſi qu'il appartiendra, par les Juges de Police. Permet Sa Majesté ausdits Maire & Echevins, de lever un sol par chaque piece desdites Toiles, Coutils & Cotonnades, pour estre le produit dudit Droit employé sans aucun divertissement sur les ordonnances dudit Sr de Brou, à l'entretien du Concierge qui sera preposé à la garde desdites Marchandises, & au loyer de ladite Halle ou Cohuë, en attendant que celle de la place du Bouffay de ladite Ville soit construite. Ordonne Sa Majesté, que ledit Concierge tiendra bon & fidelle Registre du sol qu'il recevra par chaque piece, dont il rendra compte à la fin de chaque année, pardevant ledit Sr de Brou, ou celuy qui sera par luy subdelegué. Enjoint Sa Majesté audit Sr de Brou, de tenir la main à l'execution du present Arrest, qui sera executé nonobstant oppositions ou appellations quelconques, lû, publié & affiché par tout où il appartiendra, à ce que personne n'en ignore. FAIT au Conseil d'Estat du Roy, Sa Majesté y estant, tenu à Paris le deuxieme jour de May mil sept cens vingt-un. *Signé* PHELYPEAUX.

ARREST concernant les Toiles de Bretagne qu'on envoye à Nantes.

Du 26. Avril 1723.

Extrait des Registres du Conseil d'Estat.

LE ROY ayant par Arrest de son Conseil du 2. May 1721. ordonné que les Toiles appellées de Clisson, les Toiles Nantoises, les Toiles de Vitré, de Fougeres, la Guerche, & autres lieux circonvoisins, ensemble les pieces de Coutils & Cotonnades qui arriveront à Nantes, seront portées à la Halle, pour y estre vûës & visitées par celuy qui sera nommé par les Maire & Echevins, & par luy marquées de la marque qu'ils auront choisie, avec faculté aux Maire & Echevins de lever un sol par

chaque

chaque piece de Toile, Coutils & Cotonnades, pour le produit eſtre employé ſur les Ordonnances de l'Intendant, à l'entretien du Concierge, & au loyer de ladite Halle : Et Sa Majeſté eſtant informée qu'en conſequence dudit Arreſt les Juges de la Police de Nantes ayant rendu une Ordonnance le 20. Aouſt 1722. par laquelle il eſt enjoint à tous Marchands détaillant les Toiles, Coutils & Cotonnades, de les faire porter à la viſite & marque du Bureau eſtabli à cet effet, dans quinzaine, à peine de cinquante livres d'amende, & de confiſcation de celles dont ils ſe trouveront ſaiſis ſans avoir eſté marquées ni viſitées lors des viſites, que le Commis preposé à cet effet ſera tenu de faire de temps en temps dans leurs Boutiques ; pluſieurs Marchands ſe ſeroient pourvûs contre cette Ordonnance, & auroient demandé qu'elle fût rejettée comme nulle, & qu'il n'y eût que les Forains qui fuſſent aſſujettis à porter leurs Toiles au Bureau, aux offres par eux de les avertir d'y ſatisfaire. Et d'autant que l'intention de Sa Majeſté ayant eſté, par ledit Arreſt, de procurer la perfection des Toiles qui ſe fabriquent dans le Comté Nantois & autres lieux, l'Ordonnance des Juges de la Police s'y trouve entierement conforme, & que ſon execution eſt même d'autant plus neceſſaire pour remplir les vûës que Sa Majeſté s'eſt propoſée, que la Ville de Nantes eſtant un Port de Mer & un Entrepôt, non ſeulement pour les Toiles énoncées audit Arreſt, mais encore pour celles qui ſe fabriquent en Baſſe-Bretagne, à Morlaix, Landernau, Dinan, Laval, & autres lieux, où nonobſtant qu'il y ait des Bureaux pour la marque, il arrive ſouvent qu'elles paſſent en fraude & ſont défectueuſes ; à quoy Sa Majeſté deſirant pourvoir, en prenant néantmoins les precautions neceſſaires pour qu'elles ne puiſſent apporter aucune interruption au commerce, ni cauſer aucun prejudice aux Marchands : Vû l'avis du Sieur de Brou Conſeiller d'Eſtat, Intendant de la Province de Bretagne, enſemble celuy des Deputez du Commerce. Oüy le Rapport du Sr Dodun Conſeiller ordinaire au Conſeil Royal, Controlleur general des Finances, SA MAJESTÉ ESTANT EN SON CONSEIL, conformement à l'avis dudit Sr de Brou, à celuy des Deputez du Commerce, & à l'Ordonnance des Juges de la Police de Nantes, du 20. Aoust 1722. a ordonné & ordonne que toutes les Toiles de Morlaix, Landernau, Dinan, de la Basse-Bretagne, de Laval, & autres lieux, qui seront envoyées à Nantes, seront portées au Bureau estabili en ladite Ville, pour par le Commis qui y est preposé, en verifier les chiffres & numero d'aulnage, la laise & la qualité, & si elles ont esté marquées aux Bureaux establis dans les lieux où elles auront esté fabriquées, dont ledit Commis pourra se faire representer les Factures & Certificats en cas de besoin, & ensuite visiter sans frais celles qui se trouveront avoir esté marquées, & marquer les autres qui se trouveront conformes à ce qui est prescrit par les Reglemens; pour l'apposition de laquelle marque luy sera payé un sol par piece, dont il tiendra bon & fidelle Registre, pour le produit dudit sol estre employé suivant & conformement audit Arrest du 2. May 1721. Ordonne en outre Sa Majesté à tous Marchands de ladite Ville détaillant des Toiles, Coutils & Cotonnades, de faire porter, si fait n'a esté, audit Bureau dans quinzaine pour tout délay du jour de la publication du present Arrest, celles qu'ils auront reçûës avant ledit Arrest du 2. May 1721. pour y estre visitées & marquées en tête & en queûë sans frais, à peine de cinquante livres d'amende, & de confiscation de celles qui après ledit délay se trouveront n'avoir point esté marquées lors des visites que ledit Commis fera dans leurs Boutiques & Magasins, dont il dressera Procès verbal, pour y estre statué par les Juges de la Police de Nantes ce qu'il appartiendra; & qu'au surplus ledit Arrest du Conseil du 2. May 1721. sera executé selon sa forme & teneur. Enjoint Sa Majesté audit S.r de Brou, de tenir soigneusement la main à l'execution du present Arrest, qui sera lû, publié & affiché par tout où besoin sera, à ce que personne n'en ignore. FAIT au Conseil d'Estat du Roy, Sa Majesté y estant, tenu à Versailles le vingt-sixieme jour d'Avril mil sept cens vingt-trois. *Signé* PHELYPEAUX.

LOUIS PAR LA GRACE DE DIEU, ROY DE FRANCE ET DE NAVARRE : A noſtre amé & feal Conſeiller en noſtre Conſeil d'Eſtat le S.r de Brou, Commiſſaire départi pour l'execution de nos ordres en la Province de Bretagne, SALUT. Nous vous Mandons & enjoignons par ces preſentes ſignées de Nous, de tenir la main à l'execution de l'Arreſt cy-attaché ſous le Contre-ſcel de noſtre Chancellerie, cejourd'huy donné en noſtre Conſeil d'Eſtat, Nous y eſtant, pour les cauſes y contenuës. Commandons au premier noſtre Huiſſier ou Sergent ſur ce requis, de ſignifier ledit Arreſt à tous qu'il appartiendra, à ce que perſonne n'en ignore, & de faire pour ſon entiere execution tous Actes & Exploits neceſſaires, ſans autre permiſſion; CAR TEL EST NOSTRE PLAISIR. Donné à Verſailles le vingt-ſixieme jour d'Avril, l'an de grace mil ſept cens vingt-trois, & de noſtre Regne le huitieme. *Signé* LOUIS, *Et plus bas*, par le Roy, PHELYPEAUX. Et ſcellé du grand Sceau de cire jaune ſur ſimple queuë.

ARREST qui aſſujettit les Tiſſerands de la Ville & Fauxbourgs de Nantes, à apporter les Toiles de leur fabrique au Bureau eſtabli par les Maire & Echevins de ladite Ville, pour y eſtre viſitées & marquées avant de pouvoir les vendre en piece.

Du premier Fevrier 1724.

Extrait des Regiſtres du Conſeil d'Eſtat.

LE ROY ayant ordonné par Arreſt de ſon Conſeil du 2. May 1721. que les Toiles appellées de Cliſſon, les Toiles Nantoiſes, les Toiles de Vitré, de la Guerche, de Fougeres, & des autres lieux circonvoiſins, enſemble les pieces de Coutils & de Cotonnades qui arriveront à Nantes, ſeront portées à l'avenir à la Halle qui ſera indiquée par les Maire & Echevins, pour y eſtre vûës, viſitées & marquées par celuy qui ſera par eux nommé, de la marque qu'ils auront choiſie, & par luy dreſſé Procès verbal des contraventions qui pourront ſurvenir aux Reglemens de Police : & ayant permis aux Maire & Echevins de lever un ſol par piece deſdites Toiles, Coutils & Cotonnades, pour le produit eſtre employé ſur les Ordonnances de l'Intendant, à l'entretien du Concierge qui ſera prepoſé à la garde deſdites Marchandiſes & au loyer de ladite Halle. Et Sa Majeſté eſtant informée que le Juge de Police de ladite Ville ayant rendu une Ordonnance le 22. Avril 1723. pour aſſujettir les Tiſſerands de Nantes à l'execution dudit Arreſt, ils ſe ſont pourvûs au Conſeil, ſous pretexte de la diſpoſition des Statuts de leur Communauté, & ont pretendu que les Toiles fabriquées & tiſſuës dans la Ville, Fauxbourgs & Banlieuë de Nantes, ne devoient point eſtre aſſujetties à eſtre portées à la Halle, ou autre Entrepôt indiqué par les Maire & Echevins, pour y eſtre viſitées & marquées: & à l'égard de celles de fabrique eſtrangere qui arriveront en ladite Ville, que la viſite en devoit eſtre par eux faite, à l'excluſion de tous autres ; auquel effet ils commettroient deux d'entr'eux par ſemaine, de la fidelité & capacité deſquels la Communauté demeureroit reſponſable, offrant de ſe contenter pour tous Droits, de trois deniers par piece de toiles, à prendre dans les douze deniers attribuez par l'Arreſt du Conſeil du 2. May 1721. & de la moitié des amendes qui ſeront prononcées. Et bien qu'en effet ces Statuts attribuent aux Tiſſerands la viſite de toutes les Toiles qui arriveront en ladite Ville de Nantes & ſa Banlieuë, pour eſtre tranſportées en Eſpagne & autres Pays eſtrangers, néantmoins comme ils leur ont eſté accordez dans un temps que le commerce des Toiles eſtoit peu conſiderable, au lieu qu'il s'eſt depuis ſi fort eſtendu en Eſpagne aux Iſles Françoiſes de l'Amerique, & même dans les Indes Occidentales, que l'on a eſté obligé de prendre toutes les precautions poſſibles pour remedier aux fraudes qui ſe commettoient dans l'aulnage & la qualité de cette ſorte de Marchandiſe, à quoy les Tiſſerands ne pouvoient vaquer, n'ayant preſque jamais rempli les visites ordonnées par leurs Statuts, la plûpart estant obligez de travailler à la journée, dont ils ne peuvent s'écarter pour faire des visites, ou même dépourvûs de l'experience necessaire pour connoistre les Toiles qui ne se fabriquent pas à Nantes; ensorte que ce n'est que dans la vûë de remedier aux differens abus qui se commettent sur cette matiere, que l'Ordonnance dont ils se plaignent a esté renduë; qu'ainsi il est important pour le bien du commerce, que ces dispositions soient executées; à quoy Sa Majesté desirant pourvoir. Vû les Memoires presentez par les Maistres Tisserands de la Ville, Fauxbourgs & Banlieuë de Nantes, l'avis du Sr de Brou Conseiller d'Estat & Intendant en Bretagne, ensemble celuy des Deputez du Commerce. Oüy le Rapport du Sr Dodun Conseiller ordinaire au Conseil Royal, Controlleur general des Finances, SA MAJESTÉ ESTANT EN SON CONSEIL, sans avoir égard aux Memoires presentez par les Tisserands de la Ville de Nantes, a ordonné & ordonne, conformement à l'avis dudit Sr de Brou, que l'Arrest du Conseil du 2. May 1721. sera executé selon sa forme & teneur; ce faisant que les Tisserands de la Ville & Fauxbourgs de Nantes seront tenus de porter toutes les Toiles de leur fabrique au Bureau establi par les Maire & Echevins de ladite Ville, pour y estre visitées & marquées avant qu'ils les puissent vendre en piece, & de mettre à la teste de chaque piece la premiere lettre de leurs noms, avec la lettre *N.* pour les differencier de celles appellées Toilles de Clisson. Leur fait Sa Majesté deffenses de les vendre sous d'autres noms, qualitez & aulnes que la Nantoise, & à toutes personnes de les envoyer hors de la Province sous d'autres noms, à peine de confiscation, & de trente livres d'amende, sauf aux Jurez de la Communauté desdits Tisserands d'assister, si bon leur semble, à la visite desdites Toiles. Permet néantmoins Sa Majesté aux Jurez dudit mestier, de faire des visites, quand bon leur semblera, chez les autres Maistres de leur Communauté, pour examiner si les Toiles qui seront sur le mestier, seront fabriquées en conformité des Reglemens. Enjoint Sa Majesté audit Sieur de Brou, de tenir la main à l'execution du present Arrest. FAIT au Conseil d'Estat du Roy, Sa Majesté y estant, tenu à Versailles le premier jour de Fevrier mil sept cens vingt-quatre. *Signé* PHELYPEAUX.

ARREST concernant la visite, & la marque des Toiles de Landernau.

Du premier Fevrier 1724.

Extrait des Registres du Conseil d'Estat.

LE ROY estant informé qu'il se fait un Commerce considerable de toiles à Landernau, que l'on envoye en Espagne & autres lieux; que ces Toiles n'estant point visitées, ni marquées, il s'en trouve quantité qui ne sont point des qualité, longueur ni largeur prescrites par les Reglemens du 14. Aoust 1676. ce qui donne lieu aux Estrangers de se plaindre de leur défectuosité; à quoy Sa Majesté desirant pourvoir. Vû les déliberations sur ce prises par la Communauté de ladite Ville de Landernau, les 23. Septembre & 3. Octobre 1723. le Memoire des Marchands de ladite Ville, & l'avis du S.r de Brou Conseiller d'Estat & Intendant en la Province de Bretagne, ensemble celuy des Deputez du Commerce; Oüy le Rapport du S.r Dodun Conseiller ordinaire au Conseil Royal, Controlleur general des Finances, SA MAJESTÉ ESTANT EN SON CONSEIL, conformement aux déliberations prises par la Communauté de Landernau, aux Memoires des Marchands de ladite Ville, & à l'avis dudit S.r de Brou, a ordonné & ordonne que le Reglement du 14. Aoust 1676. sera executé selon sa forme & teneur, auquel effet il sera enregistré aux Greffes de la Communauté & de la Police de ladite Ville; Et en consequence que toutes les Toiles qui seront fabriquées ou exposées en vente en la Ville de Landernau, seront portées par les Tisserands, Marchands & Particuliers, dans la Halle de ladite Ville, pour y estre visitées par deux Bourgeois, qui seront nommez à cet effet par les Marchands le premier jour de chaque année, pour vérifier ſi elles ſont fabriquées en conformité dudit Reglement, & eſtre enſuite marquées ſans frais, d'une marque noire, qui ſera empreinte aux deux bouts de chaque piece ; que les deux Bourgeois nommez ſeront tenus d'ouvrir la porte de ladite Halle tous les jours de marché, à neuf heures preciſes du matin, pour viſiter les Toiles qui y ſeront apportées, & marquer celles qui ſeront conformes audit Reglement. Fait Sa Majeſté deffenſes à tous Marchands, Particuliers & Plieurs de Toiles, d'en expoſer en vente qu'elles n'ayent eſté viſitées & marquées, d'en marchander & acheter avant onze heures du matin, & qu'elles ne ſoient des qualité, bonté & largeur preſcrites par ledit Reglement ; & auſdits Marchands & Particuliers de ladite Ville, & autres lieux, d'aller dans les Maiſons, Chambres & Ecuries, pour y marchander & acheter des Toiles, à peine de Cent livres d'amende, & de confiſcation pour la premiere fois, & de plus grande peine en cas de recidive; attribuant à cet effet, Sa Majeſté, la connoiſſance aux Officiers de Police de ladite Ville, de toutes les contraventions qui pourroient eſtre commiſes à l'execution du preſent Arreſt, lequel ſera lû, publié & affiché par tout où beſoin ſera, à ce que perſonne n'en ignore. FAIT au Conſeil d'Eſtat du Roy, Sa Majeſté y eſtant, tenu à Verſailles le premier jour de Fevrier mil ſept cens vingt-quatre. *Signé* PHELYPEAUX.

ARREST portant Reglement pour les Toiles à voiles, qui ſe fabriquent dans l'Evêché de Rennes.

Du premier Fevrier 1724.

Extrait des Regiſtres du Conſeil d'Eſtat.

LE ROY eſtant informé qu'il ſe commet une infinité d'abus dans la Manufacture des Toiles à voiles, qui ſe fabriquent dans l'Evêché de Rennes en Bretagne ; à quoy deſirant pourvoir.

Vû l'avis du Sr de Brou Conſeiller d'Eſtat & Intendant en ladite Province; enſemble celuy des Deputez du Commerce. Oüy le Rapport du Sr Dodun Conſeiller ordinaire au Conſeil Royal, Controlleur general des Finances, SA MAJESTÉ ESTANT EN SON CONSEIL, conformement à l'avis dudit Sr de Brou, a ordonné & ordonne.

ARTICLE PREMIER.

QUE les Toiles fabriquées à Noyale; Sçavoir celles larges d'un fil, de la premiere & ſeconde qualité, ſeront de vingt-quatre pouces de laize ou largeur, & compoſées de dix-ſept portées & demi, de quarante fils chacune, faiſant ſept cens fils; que la chaîne ſera de pur brin, & la teſture de chanvre dont le brin eſt tiré.

II.

LES Noyales étroites d'un fil ſeront de dix-neuf à vingt pouces de laize, compoſées de quinze portées de quarante fils chacune, faiſant ſix cens fils; la chaîne & la teſture comme au precedent article.

III.

LES Noyales de quatre fils, ſeront auſſi de dix-neuf à vingt pouces de laize, & ſeront compoſées de vingt-quatre à vingt-cinq portées de quarante fils chacune : la chaîne & teſture de celles qui ſeront fabriquées pour les Vaiſſeaux de Sa Majeſté, ſeront toutes de pur brin; & les ordinaires auront ſeulement la chaîne de pur brin, & la teſture de chanvre dont le brin eſt tiré.

IV.

CELLES à ſix fils auront pareillement dix-neuf à vingt pouces de laize, & ſeront compoſées de vingt-neuf à trente portées de quarante-deux fils chacune, & la chaîne & teſture de pur brin.

V.

LES Toiles renforcées, fabriquées à Vitré, ſeront de vingt-ſix pouces de laize, & compoſées de vingt-deux portées de quarante fils chacune, faiſant huit cens quatre-vingt fils; & ſeront toutes de pur chanvre, ſans aucun mêlange de lin.

VI.

V I.

Les Toiles larges, fabriquées au même lieu, autrement dites *Meslis* de Bretagne, seront de vingt-huit pouces de laize, & composées de vingt-huit portées de quarante fils chacune, faisant onze cens vingt fils; toutes de pur chanvre, & sans aucun mêlange de lin.

V I I.

Les Rondelettes d'un fil, seront de vingt-quatre pouces de laize, & composées de dix-huit portées de quarante fils chacune, faisant sept cens vingt fils; la chaîne de pur brin, & la testure de chanvre dont le brin est tiré, sans aucun mêlange de lin.

V I I I.

Les courtes, menuës ou fines d'un fil, seront de vingt pouces de laize, composées de seize portées de quarante fils chacune, faisant six cens quarante fils; la chaîne & la testure comme au precedent article.

I X.

Toutes lesdites Toiles & autres à voiles, de quelque nom & qualité qu'elles soient, qui seront fabriquées dans les Parroisses de l'Evêché de Rennes, & qui n'auront pas déja esté marquées au Bureau establi à Nantes, seront portées à Rennes dans un lieu qui sera designé par ledit S.r Intendant de la Province de Bretagne; Et ne pourront estre venduës qu'auparavant elles n'ayent esté visitées & marquées d'une marque noire aux armes de ladite Ville, par deux Marchands en gros qui seront nommez par ledit S.r Intendant sur l'indication de l'Inspecteur des Manufactures de Toiles, lesquels Marchands demeureront responsables des Toiles qu'ils auront marquées.

X.

Veut Sa Majesté, qu'il soit payé un sol pour chaque piece de Toile qui sera marquée, pour le produit estre employé sans aucun divertissement, sur les Ordonnances dudit S.r de Brou, tant pour le payement du loyer du lieu qui sera destiné pour apporter lesdites Toiles, que pour les gages du Concierge qui y sera establi, & autres frais necessaires; duquel droit ledit Concierge tiendra bon & fidelle Regiſtre, & ſera tenu d'en rendre compte tous les ans pardevant ledit Sr Intendant.

X I.

En cas de contravention à aucun des Articles cy-deſſus, ou qu'il ſe trouve des courts-plis ayant moins d'une aulne de longueur, les pieces de Toiles ſeront confiſquées, & les Fabriquans ou les Marchands condamnez en Cent livres d'amende applicable un tiers au Roy, un tiers aux Hôpitaux de la Ville de Rennes, & l'autre tiers au dénonciateur.

X I I.

Les Tiſſerands ou Fabriquans qui font les Toiles mentionnées aux precedens Articles, ſeront tenus, ſous peine de confiſcation & de trente livres d'amende, de faire reformer inceſſamment, & au pluſtard dans trois mois du jour de la publication du preſent Arreſt, leurs Lames & Rots, ſur le pied que doit avoir chaque eſpece de Toile, & de les tenir égaux à la teſte comme au pied, ſans qu'ils puiſſent ſe ſervir de Tamplons pour la fabrique de celles de quatre & de ſix fils; laquelle amende de trente livres ſera pareillement encouruë par les Ouvriers faiſeurs de Lames & de Rots, qui ne ſe ſeront pas conformez au preſent Article: à l'effet de quoy les Tiſſerands & Fabriquans ſeront tenus de mettre chacun leur marque particuliere ſur chaque piece de Toile qu'ils fabriqueront, ſous peine de confiſcation & de trente livres d'amende applicable comme deſſus.

X I I I.

Pourront néantmoins les Marchands en gros & en détail, vendre & debiter pendant ſix mois les Toiles à voiles qui ſe trouveront fabriquées au jour de la publication du preſent Arreſt, à condition par eux de les repreſenter devant les Officiers de Police, qui en dreſſeront Procès verbal, & apposeront ſans frais une marque de grace ſur chaque piece; Et ledit délay de ſix mois expiré, toutes les pieces de Toile qui ſe trouveront chez les Marchands n'eſtre pas marquées de ladite marque, ſeront confiſquées, & les Marchands condamnez en Cent livres d'amende applicable comme deſſus: Et en cas qu'après ledit délay cy-dessus expiré, il se trouve des pieces de Toile non marquées des armes de la Ville de Rennes, elles seront pareillement confisquées, & les Marchands condamnez en pareille amende que dessus; & sera même procedé extraordinairement contre les coupables & leurs complices, en cas de fausse marque.

XIV.

FAIT Sa Majesté deffenses à ceux qui apporteront des fils dans les marchez, d'y en mêler de mauvaise qualité, à peine de confiscation & de dix livres d'amende; Enjoint à ceux & à celles qui les filent, de les filer uniment, à peine de confiscation.

XV.

EN cas de contestations sur aucun des Articles du present Reglement, Veut Sa Majesté qu'elles soient jugées par ledit Sieur Intendant, luy attribuant à cette fin toute Cour, Jurisdiction & connoissance.

XVI.

ENJOINT Sa Majesté aux Inspecteurs & autres préposez à la visite des Toiles dans la Province de Bretagne, de se conformer à la disposition des Articles cy-dessus; & audit Sr de Brou, de tenir soigneusement la main à l'execution du present Arrest, qui sera lû, publié & affiché par tout où besoin sera, à ce que personne n'en ignore. FAIT au Conseil d'Estat du Roy, Sa Majesté y estant, tenu à Versailles le premier jour de Fevrier mil sept cens vingt-quatre. *Signé* PHELYPEAUX.

LOUIS PAR LA GRACE DE DIEU, ROY DE FRANCE ET DE NAVARRE: A nostre amé & feal Conseiller en nostre Conseil d'Estat, le Sr de Brou Commissaire départi pour l'execution de nos ordres en la Province de Bretagne, SALUT. Nous vous mandons & enjoignons par ces Presentes signées de Nous, de tenir la main à l'execution de l'Arrest cy-attaché sous le Contre-scel de nostre Chancellerie, cejourd'huy donné en nostre Conseil d'Estat, Nous y estant, pour les causes y contenuës. Commandons au premier nostre Huissier ou Sergent sur ce requis, de signifier ledit Arrest à tous qu'il appartiendra, à ce que personne n'en ignore, & de faire pour son entiere execution tous Actes & Exploits necessaires, sans autre permission; CAR TEL EST NOSTRE PLAISIR. Donné à Versailles le premier jour de Fevrier, l'an de grace mil sept cens vingt-quatre, & de nostre Regne le neufvieme. *Signé* LOUIS. *Et plus bas* par le Roy, PHELYPEAUX. Et scellé du grand Sceau de cire jaune.

ARREST portant reglement pour la Fabrique des Toiles, tant dans la Ville de Laval, que dans les autres Villes & lieux de la Generalité de Tours.

Du 30. Mars 1700.

Extrait des Registres du Conseil d'Estat.

VÛ au Conseil d'Estat du Roy, Sa Majesté y estant, le Procès-verbal d'assemblée des Marchands & des Fabriquans de Toiles de la Ville de Laval & des lieux circonvoisins, tenuë dans ladite Ville de Laval le 25. Novembre dernier, en consequence des ordres de Sa Majesté, adressez au S.r de Miromenil Conseiller en ses Conseils, Commissaire départi en la Generalité de Tours, pour faire examiner ce qui peut le plus contribuer à la perfection des Manufactures desdites Toiles, & à l'augmentation du commerce qui s'en fait: Ledit Procès-verbal contenant l'avis desdits Marchands & desdits Fabriquans, tendant à ce qu'il soit ordonné que les Lames, dont les Tisserands de ladite Ville de Laval & des lieux circonvoisins se serviront pour la fabrique des Toiles au-dessous de quarante-huit portées, seront également compassées tant au lis qu'au milieu; & que les Lames servant à la fabrique des Toiles au-dessus de quarante-huit portées, seront un peu plus pressées au lis qu'au milieu; & que deffenses soient faites aux Marchands qui font commerce de fil, d'en mêler de differentes qualitez dans un même paquet. Vû aussi l'Ordonnance renduë par ledit S.r de Miromenil, le 27. dudit mois de Novembre, portant que les Tisserands seront tenus à l'avenir de se servir de Lames compassées également, conformement aux anciens Reglemens, avec deffenses d'en employer d'autres pour la fabrique des Toiles; & aux Lamiers d'en faire, dont les dents & portées ne soient rangées avec égalité dans toute l'estenduë de la Lame, sur les peines portées par lesdits Reglemens: Et à cet effet seront toutes les Lames marquées d'une marque particuliere, qui sera donnée par l'Inspecteur des Manufactures aux Jurez-Lamiers; de laquelle sera mise une empreinte au Greffe de la Jurisdiction des Manufactures, pour y avoir recours, & est accordé aux Tisserands un délay de quatre mois pour achever les Toiles commencées dans les Lames inégalement compassées. L'avis dudit S.r de Miromenil, precedemment envoyé sur le commerce des fils, portant qu'il est necessaire d'ordonner que la visite des fils exposez dans les Marchez, sera faite par les Jurez-Tissiers du lieu, conformement à l'Arrest de Reglement du Conseil, du 17. Avril 1693. ledit Arrest du Conseil du 17. Avril 1693. portant Reglement pour les Manufactures de Toiles des Generalitez de Caën & d'Alençon: Et attendu qu'il est important pour la perfection des Manufactures de Toiles de ladite Generalité de Tours, que ladite Ordonnance soit executée, non seulement en ladite Ville de Laval & lieux circonvoisins, mais aussi dans tous les lieux où il se fabrique des Toiles dans l'estenduë de ladite Generalité de Tours; comme aussi de pourvoir aux abus qui se commettent par les Marchands de fil, & d'empescher le meslange des differentes qualitez de fil dans un même paquet. Oüy sur ce le Rapport du Sieur Chamillart Conseiller ordinaire au Conseil Royal, Controlleur general des Finances, LE ROY ESTANT EN SON CONSEIL, a ordonné & ordonne que l'Ordonnance dudit S.r de Miromenil, du 27. Novembre dernier, sera executée selon sa forme & teneur; & conformement à icelle, que les Tisserands, tant de ladite Ville de Laval que des autres lieux & Villes de la Generalité de Tours, ne pourront se servir pour la fabrique de leurs Toiles, de quelque largeur qu'ils les faſſent, & de quelque nombre de portées qu'elles ſoient compoſées, que de Lames également compaſſées, tant aux lis qu'au milieu. Fait Sa Majeſté deffenſes aux Lamiers, de faire à l'avenir des Lames dont les dents ou portées ne ſoient rangées avec égalité dans toute l'étenduë de la Lame, à peine de Cent livres d'amende pour la premiere fois, & d'eſtre déchûs de la Maîtriſe en cas de recidive. Ordonne pareillement Sa Majeſté, que les Lames ſeront à l'avenir marquées par un des Jurez du meſtier de Lamier, & fait Sa Majeſté deffenſes auſdits Tiſſerands de ſe ſervir de Lames non marquées. Fait en outre Sa Majeſté deffenſes aux Marchands faiſant commerce de fil, & à toutes autres perſonnes qui en vendent dans les Marchez & ailleurs, de meſler differentes qualitez de fil dans un même paquet; comme auſſi aux Tiſſerands d'acheter des fils ainſi meſlez, à peine de confiſcation & de Cent livres d'amende, tant contre l'acheteur que contre le vendeur. Et pour éviter les abus qui ſe peuvent commettre par le meſlange des fils & par la vente des fils de mauvaiſe qualité, Ordonne Sa Majeſté que les fils qui ſeront expoſez en vente dans le Marché de Laval, & des autres Villes & lieux de la Generalité de Tours, ſeront viſitez par les Jurez-Tiſſerands, avant l'ouverture du Marché. Enjoint Sa Majeſté au S.r Commiſſaire départi en la Generalité de Tours, de tenir la main à l'execution du preſent Arreſt. FAIT au Conſeil d'Eſtat du Roy, Sa Majeſté y eſtant, tenu à Verſailles le trentieme jour de Mars mil ſept cens. *Signé* PHELYPEAUX. Et ſcellé.

ARREST portant Reglement pour la vente & achapt des Toiles qui s'apportent au Marché de la Ville de Chasteau-Gonthier.

Du 16. Fevrier 1726.

Extrait des Registres du Conseil d'Estat.

LE ROY ayant esté informé des contraventions qui se commettent journellement contre les Reglemens dans la fabrique des Toiles qui se portent dans le Marché de la Ville de Chasteau-Gonthier, pour y estre venduës, ce qui provient principalement du defaut de visite & de marque desdites Toiles; Et Sa Majesté voulant qu'elles soient à l'avenir visitées & marquées avec exactitude, & pourvoir aux frais de Bureau & de marque par un Droit qui sera levé sur lesdites Toiles, sans que ce nouveau Droit puisse tirer à consequence pour les autres Villes & lieux de fabrique. Vû l'avis du Sieur Herault cy-devant Intendant de la Generalité de Tours; Oüy le Rapport du Sieur Dodun Conseiller ordinaire au Conseil Royal, Controlleur general des Finances, SA MAJESTÉ ESTANT EN SON CONSEIL, a ordonné & ordonne qu'à commencer du jour de la publication du present Arrest, il sera perçû six deniers sur chaque piece de Toiles qui seront portées au Bureau de visite & de marque de la Ville de Chasteau-Gonthier; pour le produit dudit Droit de six deniers sur chacune desdites pieces de Toiles, estre employé à subvenir aux frais de Bureau, tant pour la visite que pour la marque desdites Toiles, dont le compte sera rendu pardevant le S.r Commissaire départi, ou son Subdelegué en ladite Ville de Chasteau-Gonthier, à la fin de chaque année, sans que le present Droit puisse estre tiré à consequence pour les autres Villes & lieux de fabrique du Royaume. Veut Sa Majesté que les Toiles qui se trouveront defectueuses lors de ladite visite, ou celles qui seront exposées en vente sans avoir la marque de ladite visite, soient saisies & confisquées, & les contrevenants en outre condamnez aux autres peines portées par les Reglemens. Enjoint Sa Majesté au Sieur Intendant de la Generalité de Tours, de tenir la main à l'execution du present Arrest, qui sera lû, publié & affiché par tout où besoin sera. FAIT au Conseil d'Estat du Roy, Sa Majesté y estant, tenu à Marly le seizieme jour de Fevrier mil sept cens vingt-six.

Signé PHELYPEAUX.

ARREST portant Reglement pour la vente & achat des Toiles qui s'apportent au Marché de la Ville de Chasteau-du-Loir.

Du 23. Juillet 1726.

Extrait des Registres du Conseil d'Estat.

LE ROY ayant esté informé des contraventions qui se commettent journellement au prejudice des Reglemens & Arrests du Conseil, dans la fabrique des Toiles qui s'apportent en la Ville de Chasteau-du-Loir pour y estre venduës, lesquels abus proviennent principalement du defaut de visite, marque & aulnage desdites Toiles : Et Sa Majesté voulant qu'elles soient à l'avenir visitées, marquées & aulnées regulierement par deux aulneurs, & pourvoir aux frais de Bureau par un Droit qui sera levé sur lesdites Toiles, conformement à l'Arrest du 16. Fevrier dernier, rendu pour la Ville de Chasteau-Gonthier. Vû l'avis du Sieur d'Ombreval Conseiller du Roy en ses Conseils, Maistre des Requestes, Intendant de la Generalité de Tours; Oüy le Rapport du Sieur le Peletier Conseiller ordinaire au Conseil Royal, Controlleur general des Finances, SA MAJESTÉ ESTANT EN SON CONSEIL, a ordonné & ordonne qu'à commencer du jour de la publication du present Arrest, il sera perçû

perçû six deniers sur chaque piece de Toile qui sera portée au Bureau de visite, marque & aulnage de la Ville de Chasteau-du-Loir, pour estre le produit dudit Droit employé à subvenir aux frais de Bureau, visite, marque & aulnage desdites Toiles, dont le compte sera rendu à la fin de chaque année pardevant le Sieur Commissaire départi, ou son Subdelegué en ladite Ville de Chasteau-du-Loir, sans que le present Droit puisse estre tiré à consequence pour les autres Villes & lieux de fabrique du Royaume. Deffend Sa Majesté à tous Fabriquans & autres, d'exposer aucunes Toiles en vente que dans les Halles & Marchez dudit lieu, après avoir préalablement esté vûës, visitées, marquées & aulnées, à peine de confiscation desdites Toiles, & de dix livres d'amende. Veut Sa Majesté, que pour cet effet il soit procedé à l'élection de deux Gardes-Jurez d'entre les Maîtres Toiliers de ladite Ville de Chasteau-du-Loir, pardevant ledit Sieur Commissaire départi ou son Subdelegué, pour visiter, marquer & aulner toutes les Toiles, en conformité des Reglemens & Arrests du Conseil, qui seront executez selon leur forme & teneur. Enjoint Sa Majesté au Sieur Intendant de la Generalité de Tours, de tenir la main à l'execution du present Arrest, qui sera lû, publié & affiché par tout où besoin sera. FAIT au Conseil d'Estat du Roy, Sa Majesté y estant, tenu à Versailles le vingt-troisieme jour de Juillet mil sept cens vingt-six. *Signé* PHELYPEAUX.

LOUIS PAR LA GRACE DE DIEU, ROY DE FRANCE ET DE NAVARRE: A nostre amé & feal Conseiller en nos Conseils, Maistre des Requestes ordinaire de nostre Hostel, le S.r d'Ombreval Intendant de Justice, Police & Finance en la Generalité de Tours, SALUT. Nous vous mandons & enjoignons par ces Presentes signées de Nous, de tenir la main à l'execution de l'Arrest cy-attaché sous le Contre-scel de nostre Chancellerie, cejourd'huy donné en nostre Conseil d'Estat, Nous y estant, pour les causes y contenuës: Commandons au premier nostre Huissier ou Sergent sur ce requis, de signifier ledit Arrest à tous qu'il appartiendra, à ce que personne n'en ignore, & de faire pour son entiere execution tous Actes & Exploits necessaires, sans autre permission; CAR TEL EST NOSTRE PLAISIR. Donné à Paris le vingt-troisieme jour de Juillet, l'an de grace mil sept cens vingt-six, & de nostre Regne le onzieme. *Signé* LOUIS. *Et plus bas*, par le Roy, PHELYPEAUX. Et scellé du grand Sceau de cire jaune.

ARREST concernant le Blanchissage des Toiles Batistes & Linons.

Du 20. Fevrier 1717.

Extrait des Registres du Conseil d'Estat.

LE ROY estant informé que pour maintenir la bonne qualité & reputation des Toiles Batistes & Linons, qui se fabriquent à Saint-Quentin & autres lieux du Royaume, & pour remedier aux abus qui s'y commettent, il conviendroit faire un Reglement qui fixât le temps de l'année où il seroit permis de commencer le blanchissage de ces Toiles, & qui le fist cesser en d'autres; que par ce moyen lesdites Toiles seroient d'un meilleur usage, plus belles & d'un plus grand debit, l'experience ayant fait connoître que lorsqu'elles sont blanchies dans une mauvaise saison, elles ne se trouvent presque jamais bien apprestées ni d'un beau blanc, ce qui a souvent obligé les Marchands de les renvoyer à leurs Commissionnaires pour estre blanchies de nouveau : Et comme les inconveniens qui resultent du mauvais usage de blanchir lesdites Toiles dans les saisons peu convenables, feroient un tort considerable à la Manufacture desdites Toiles Batistes & Linons, aux Marchands qui en font commerce, & aux Blanchisseurs qui travaillent de bonne foy, s'il n'y estoit pourvû. Vû les remonstrances faites par les principaux Marchands & Blanchisseurs desdites Toiles des Villes de Saint-Quentin, Valenciennes, Cambray, & autres lieux où il s'en fabrique & debite de cette espece, ensemble l'avis du S.r de Bernieres Maistre des Requestes, Intendant & Commissaire départi dans la Flandre Françoise. Oüy le Rapport, LE ROY EN SON CONSEIL, a fait très expresses inhibitions & deffenses à tous Blanchisseurs desdites Toiles Batistes & Linons, dans les Provinces de Picardie, Artois & de la Flandre Françoise, de commencer à travailler audit blanchissage avant le 15. Mars de chacune année, & de recevoir des Toiles crûës pour les blanchir passé le 10. Octobre, à peine contre les contrevenans de Cinq cens livres d'amende pour la premiere fois, laquelle amende ne pourra estre remise ni moderée, & de plus grande peine en cas de recidive. Enjoint Sa Majesté aux Sieurs Intendans & Commissaires départis dans lesdites Provinces, de tenir la main à l'execution du present Arrest, qui sera lû, publié & affiché par tout où besoin sera. FAIT au Conseil d'Estat du Roy, tenu à Paris le vingtieme jour de Fevrier mil sept cens dix-sept. Collationné. *Signé* GOUJON.

ARREST qui ordonne que les Blanchisseurs de Toiles Batistes & Linons des Provinces de Picardie, Artois, & Flandre Françoise, qui blanchiront & recevront des Toiles crûës pour les blanchir avant & après le temps fixé par l'Arrest du 20. Fevrier 1717. ensemble les Marchands qui les donneront à blanchir avant & après ledit temps, seront condamnez en Quinze cens livres d'amende.

Du 24. Aoust 1717.

Extrait des Registres du Conseil d'Estat.

LE ROY s'estant fait representer en son Conseil, l'Arrest rendu en iceluy le 20. Fevrier dernier, par lequel, pour les raisons y contenuës, il a esté fait deffenses à tous Blanchisseurs de Toiles Batistes & Linons, dans les Provinces de Picardie, d'Artois & de la Flandre Françoise, de commencer à blanchir lesdites Toiles avant le 15. Mars de chacune année, & de recevoir des Toiles crûës pour les blanchir passé le 10. Octobre, à peine de Cinq cens livres d'amende; Et Sa Majesté estant informée qu'une peine aussi modique n'est pas capable de contenir plusieurs d'entre les Marchands & Blanchisseurs desdites Toiles, qui par l'avidité du gain, & au préjudice de la reputation de ladite Manufacture, ne veulent point s'assujettir aux temps fixez par ledit Arrest, ce qui détruiroit le commerce des Marchands & des Blanchisseurs de bonne foy, qui sont reguliers à observer ce qui est porté par ledit Arrest: à quoy estant necessaire de pourvoir par une peine plus severe contre les contrevenans. Oüy le Rapport, LE ROY EN SON CONSEIL, a ordonné & ordonne que les Blanchisseurs desdites Toiles Batistes & Linons dans les Provinces de Picardie, d'Artois & de la Flandre Françoise, qui blanchiront, & recevront des Toiles crûës de cette espece pour les blanchir avant & après le temps fixé par ledit Arrest du Conseil du vingtieme Fevrier dernier, ensemble les Marchands qui les donneront à blanchir avant & après ledit temps, seront condamnez en Quinze cens livres d'amende pour la premiere fois, dont la moitié applicable au dénonciateur; laquelle amende ne pourra estre remise ni moderée. Et sera au surplus ledit Arrest du Conseil du vingtieme Fevrier dernier executé selon sa forme & teneur. Enjoint Sa Majesté aux S.rs Intendans & Commissaires départis dans lesdites Provinces, de tenir la main à l'execution du présent Arrest, qui sera lû, publié & affiché par tout où besoin sera. FAIT au Conseil d'Estat du Roy, tenu à Paris le vingt-quatrieme jour d'Aoust mil sept cens dix-sept. *Signé* RANCHIN.

ARREST qui fait deffenses de blanchir les Toiles Batistes & Linons avant le 15. Mars, & passé le dernier Septembre de chaque année.

Du 9. May 1728.

Extrait des Registres du Conseil d'Estat.

LE ROY s'estant fait representer en son Conseil l'Arrest rendu en iceluy le 20. Fevrier 1717. par lequel, pour les causes y contenuës, il a esté fait deffenses aux Blanchisseurs des Toiles appellées Batistes & Linons, des Provinces de Picardie, d'Artois & de la Flandre Françoise, de commencer à travailler au blanchissage desdites Toiles avant le 15. Mars, & de recevoir desdites Toiles crûës pour les blanchir passé le 10. Octobre de chaque année, sous les peines y portées: Et l'experience ayant fait connoistre que celles desdites Toiles qui sont blanchies dans l'arriere saison, ne sont jamais d'un beau blanc, & que l'on est souvent obligé de les reblanchir, ce qui en diminuë considerablement la qualité & le débit; à quoy Sa Majesté desirant pourvoir. Vû les representations faites à ce sujet par les Marchands qui font commerce desdites Toiles, ensemble l'avis du Sieur Chauvelin Conseiller d'Estat, Intendant & Commissaire départi en la Generalité d'Amiens, & celuy des Deputez du Commerce. Oüy le Rapport du S.r le Peletier Conseiller d'Estat ordinaire & au Conseil Royal, Controlleur General des Finances, LE ROY ESTANT EN SON CONSEIL, a fait & fait très expresses inhibitions & deffenses aux Blanchisseurs des Toiles Batistes & Linons, establis dans les Provinces de Picardie, d'Artois & de la Flandre Françoise, de blanchir desdites toiles avant le 15. Mars, & passé le dernier Septembre de chaque année, à peine contre les contrevenans de Cinq cens livres d'amende pour la premiere fois, laquelle ne pourra estre remise ni moderée, & de plus grande peine en cas de recidive. Enjoint Sa Majesté aux Srs Intendans & Commissaires départis dans lesdites Provinces, de tenir la main à l'execution du present Arrest, qui sera lû, publié & affiché par tout où besoin sera. FAIT au Conseil d'Estat du Roy, Sa Majesté y estant, tenu à Versailles le neufvieme jour de May mil sept cens vingt-huit. *Signé* PHELYPEAUX.

LOUIS PAR LA GRACE DE DIEU, ROY DE FRANCE ET DE NAVARRE : A nos amez & feaux Conseillers en nos Conseils les Sieurs Intendans & Commissaires départis pour l'execution de nos ordres dans nos Provinces de Picardie, d'Artois & de la Flandre Françoise, SALUT. Nous vous mandons & enjoignons par ces Presentes signées de Nous, de tenir, chacun en droit soy, la main à l'execution de l'Arrest cy-attaché sous le Contre-scel de nostre Chancellerie, cejourd'huy donné en nostre Conseil d'Estat, Nous y estant, pour les causes y contenuës. Commandons au premier nostre Huissier ou Sergent sur ce requis, de signifier ledit Arrest à tous qu'il appartiendra à ce que personne n'en ignore, & de faire pour son entiere execution tous Actes & Exploits necessaires, sans autre permission ; CAR TEL EST NOSTRE PLAISIR. Donné à Versailles le neufvieme jour de May, l'an de grace mil sept cens vingt-huit, & de nostre Regne le treizieme. *Signé* LOUIS. *Et plus bas* par le Roy, PHELYPEAUX. Et scellé.

§. VII.

CHAMPAGNE.

ARREST portant Reglement pour les Manufactures de Futaines & de Basins de la Ville de Troyes, & des environs.

Du 4. Janvier 1701.

Extrait des Registres du Conseil d'Estat.

LE ROY ayant esté informé que les Manufactures de Futaines & de Basins de la Ville de Troyes, & des environs, sont beaucoup diminuées depuis quelques années, & que le commerce qui se faisoit de ces Basins & de ces Futaines, tant dans les Pays estrangers que dans le Royaume, diminue aussi de jour en jour par les abus qui se sont glissez dans ces Manufactures; Sa Majesté auroit fait examiner les Statuts arrestez en l'année 1598. servant de regle pour la Police de la Communauté des Maistres Tisserands & Fabriquans desdits Basins & desdites Futaines à Troyes, & il auroit esté reconnu que lesdits Statuts ne sont pas assez estendus, & qu'ils ne contiennent aucun Reglement pour la fabrique des differentes sortes de Futaines fines qui se font aujourd'huy, ni pour la fabrique des Basins qui se font de diverses qualitez, & qui n'estoient point connus dans le temps que lesdits Statuts ont esté dressez; mais que lesdits Statuts contiennent seulement des regles pour la fabrique des Futaines communes, qui estoient les seules pour lors en usage; ce qui donne lieu ausdits Tisserands & Fabriquans de faire les Basins & les Futaines fines sans regle, tant pour la largeur & pour la longueur des Pieces, que pour la qualité & le nombre des fils qui doivent entrer dans les differentes qualitez desdites Marchandises: à quoy Sa Majesté voulant remedier, & pourvoir au restablissement tant desdites Manufactures que du commerce qui s'en faisoit, même les augmenter par tous les moyens possibles pour le bien & l'avantage de ses Sujets, après avoir sur ce fait prendre par le S.r de Pomereu Conseiller de Sa Majesté en ses Conseils, Maistre des Requestes ordinaire de son Hostel, Commissaire departi en Champagne, les avis des principaux Marchands de ladite Ville de Troyes, qui font le commerce desdites Futaines & Basins, & des plus habiles Maistres Tisserands de ladite Communauté. Vû lesdits Statuts de l'année 1598. le Procès verbal de l'Assemblée desdits Marchands, desdits Tisserands, & de l'Inspecteur des Manufactures, tenuë à Troyes le 21. Avril dernier, en execution des ordres de Sa Majesté, au sujet du Reglement qu'il conviendroit faire sur la fabrique desdits Basins & Futaines fines, & le Memoire dressé sur cette matiere par ledit S.r de Pomereu, avec son avis; le tout vû & consideré. Oüy le Rapport du S.r Chamillart Conseiller ordinaire au Conseil Royal, Controlleur general des Finances, LE ROY ESTANT EN SON CONSEIL, a ordonné & ordonne.

ARTICLE PREMIER.

QUE les Futaines larges, à poil, auront une demi-aulne & un trente-deuxieme de large en peigne & sur le mestier, & seront composées de vingt-une portées de quarante fils chacune; & que chaque piece sera de vingt aulnes de long.

II.

QUE les Futaines étroites, à poil, auront cinq douziemes de large, aussi en peigne & sur le mestier, & seront composées de dix-huit portées de quarante fils chacune; & que la piece aura pareillement vingt aulnes de long.

III.

QUE les Basins ou Bombasins larges, soit unis, soit à petites rayes ou à grandes rayes, auront demi-aulne & un pouce de large en peigne & sur le mestier, & seront composez de vingt-quatre portées de quarante fils chacune; & que la piece se fera de vingt-quatre aulnes de long.

IV.

I V.

QUE lesdits Basins ou Bombasins larges à petites rayes, auront cent soixante rayes dans l'estenduë de leur largeur.

V.

QUE les Basins à trente-six barres auront demi-aulne moins un pouce de large en peigne & sur le mestier, & seront composées de vingt-deux portées de quarante fils chacune ; & que la piece contiendra vingt-quatre aulnes de long.

V I.

QUE lesdits Basins contiendront effectivement trente-six barres également compassées dans leur largeur, & chaque barre trois rayes.

V I I.

QUE les Basins étroits, unis ou à petites rayes, ou à vingt-cinq barres, auront demi-aulne moins un vingt-quatrieme de large en peigne & sur le mestier, & la piece vingt-deux aulnes de long ; & seront composez, sçavoir les unis de vingt portées, ceux à petites rayes de cent quarante rayes, & ceux à vingt-cinq barres, desdites vingt-cinq barres de trois rayes chacune.

V I I I.

QUE les Basins à la mode, ou de la nouvelle façon, ne se pourront faire que d'une demi-aulne un pouce de large, & de vingt-quatre aulnes de long, ainsi que les Basins larges, ou de demi-aulne moins un vingt-quatrieme de large, & de vingt-deux aulnes de long, ainsi que les Basins étroits; & seront composez d'un nombre de portées ou de rayes, convenable à la largeur qui leur sera donnée.

I X.

QUE le nombre des portées & des fils sera augmenté à proportion du degré de finesse des differentes qualitez desdites Futaines & desdits Basins, afin que lesdites Futaines & lesdits Basins se trouvent d'une des largeurs cy-dessus marquées.

X.

QUE les chaînes desdites Futaines & desdits Basins seront montées de fils de Coton, filez d'un égal degré de finesse.

X I.

Que lesdites Futaines & lesdits Basins se feront de pur Coton sans aucun mêlange d'étoupe, ou de fil de Chanvre, ou de Lin.

X I I.

Que les barres & les rayes de toutes sortes de Basins seront aussi de pur Coton retors.

X I I I.

Que lesdites Futaines & lesdits Basins seront suffisamment remplis de trême, & frappez sur le mestier, pour soustenir & conserver leur largeur.

X I V.

Que les chaînes de toutes les pieces desdites Futaines & desdits Basins seront également serrées, tant aux lisieres qu'au milieu, d'un bout à l'autre de la piece.

X V.

Que les Lames & les Rots dont lesdits Maistres Tisserands & leurs Ouvriers se serviront pour faire lesdites Futaines & lesdits Basins, seront également compassez, ensorte que les dents des peignes ne soient pas plus larges au milieu qu'aux deux extremitez.

X V I.

Que les Lames, Peignes, Rots & Mestiers qui ne se trouveront pas propres à faire lesdites Futaines & lesdits Basins des largeurs cy-dessus marquées, seront reformez & refaits dans trois mois du jour de la publication du present Arrest; après lequel temps lesdits Tisserands ne pourront plus faire des Futaines & des Basins d'autres largeurs que celles portées par le present Reglement, à peine de confiscation & de vingt livres d'amende.

X V I I.

Que lesdits Maistres Tisserands ne pourront vendre ni livrer aux Marchands aucune piece desdites Futaines & desdits Basins, même ceux qui leur auront esté ordonnez par les Marchands, qu'ils n'ayent esté auparavant vûs & visitez dans le Bureau & par les Jurez de leur Communauté; & par eux marquez d'un plomb portant d'un costé ces mots, *Fabrique de Troyes*, & de l'autre les Armes de la Ville, s'ils sont trouvez de bonne qualité, &

fabriquez conformement au present Reglement ; à peine de dix livres d'amende, & de confiscation des pieces de Futaines & de Basins qui seroient trouvées chez les Marchands sans estre marquées dudit Plomb.

XVIII.

Que toutes les confiscations & amendes qui seront ordonnées sur les contraventions qui seront faites au present Reglement, seront appliquées, sçavoir moitié aux Jurez de la Communauté desdits Maistres Tisserands, & l'autre moitié aux pauvres de l'Hôpital de ladite Ville de Troyes.

XIX.

Que pour la facilité du commerce & la commodité desdits Maistres Tisserands, il sera marqué par les Juges de Police un ou plusieurs jours dans chaque semaine, pour visiter & marquer lesdites Futaines & lesdits Basins, ausquels jours lesdits Jurez seront tenus de se rendre au Bureau de ladite Communauté aux heures qui seront reglées, pour faire la visite & pour la marque desdites Marchandises.

XX.

Que pour subvenir aux frais desdites visite & marque, il sera payé huit deniers par chacune piece desdites Futaines & desdits Basins, sans que ledit droit puisse estre augmenté pour quelque cause que ce soit.

XXI.

Que lesdits Tisserands seront tenus de souffrir les visites des Jurez de ladite Communauté, & dudit Inspecteur des Manufactures, tant pour lesdits Basins & Futaines, que pour les Tiretaines & Droguets, toutesfois & quantes ils le jugeront à propos.

XXII.

Et seront au surplus lesdits Statuts & Reglemens de l'année 1598. executez selon leur forme & teneur. Fait au Conseil d'Estat du Roy, Sa Majesté y estant, tenu à Versailles le quatrieme jour de Janvier mil sept cens un. *Signé* PHELYPEAUX.

LOUIS PAR LA GRACE DE DIEU, ROY DE FRANCE ET DE NAVARRE, Dauphin de Viennois, Comte de Valentinois & Dyois, Provence, Forcalquier, & Terres Adjacentes: A nos amez & feaux Conseillers en nos Conseils, le S.r Intendant & Commissaire départi pour l'execution de nos ordres en la Province de Champagne, & autres nos Officiers & Justiciers qu'il appartiendra, SALUT. Nous vous mandons & enjoignons de tenir la main à l'execution de l'Arrest dont l'extrait est cy-attaché sous le Contre-scel de nostre Chancellerie, cejourd'huy donné en nostre Conseil d'Estat, pour les causes y contenuës. Commandons au premier nostre Huissier ou Sergent sur ce requis, de signifier ledit Arrest à tous qu'il appartiendra, à ce qu'aucun n'en ignore; & de faire en outre pour l'entiere execution d'iceluy, tous Commandemens, Sommations, Deffenses y contenuës, & autres Actes & Exploits necessaires, sans autre permission. Voulons qu'aux Copies dudit Arrest & des Presentes, collationnées par l'un de nos amez & feaux Conseillers-Secretaires, foy soit adjoustée comme aux Originaux. CAR TEL EST NOSTRE PLAISIR. Donné à Versailles le quatrieme jour de Janvier, l'an de grace mil sept cens un, & de nostre Regne le cinquante-huitieme. *Signé* LOUIS, *Et plus bas*, par le Roy. PHELYPEAUX. Et scellé.

ARREST qui modifie le Reglement du 4. Janvier 1701. pour la Manufacture des Futaines & Basins de la Ville de Troyes, & des environs.

Du 13. Aoust 1727.

Extrait des Registres du Conseil d'Estat.

LE ROY s'estant fait representer en son Conseil l'Arrest rendu en iceluy le 4. Janvier 1701. portant Reglement pour les Manufactures de Futaines & Basins, qui se fabriquent dans la Ville de Troyes & aux environs : La Sentence renduë par le Lieutenant general de Police de ladite Ville, le 6. May 1724. & le Procès verbal dressé devant le Sieur Lescalopier Intendant de la Province de Champagne, du 12. Juin 1725. ensemble l'avis dudit Sieur Intendant ; Sa Majesté jugeant necessaire d'expliquer plus particulierement ses intentions sur ledit Reglement. Oüy le Rapport du S.r le Peletier Conseil d'Estat ordinaire, & au Conseil Royal, Controlleur general des Finances, LE ROY ESTANT EN SON CONSEIL, a odonné & ordonne que les Articles I. II. IV. & V. de l'Arrest du 4. Janvier 1701. demeureront supprimez & retranchez dudit Reglement. Veut Sa Majesté qu'il ne se fabrique à l'avenir en la Ville de Troyes & aux environs, que des Futaines larges à poil, dont chaque piece contiendra vingt aulnes de longueur ; & qu'au lieu que par le premier Article dudit Reglement, elles devoient avoir une demi-aulne & un trente-deuxieme de large en peigne sur le mestier, elles soient à l'avenir fabriquées sur le pied de demi-aulne un pouce seulement de large, aussi en peigne sur le mestier, ce qui opere diminution de quatre lignes & trois huitiemes de ligne sur la largeur : Et qu'encore que par ledit Article premier il ait esté reglé que lesdites Futaines larges à poil seront composées de vingt-une portées de quarante fils chacune, il sera permis de diminuer le nombre desdites portées, à proportion de la grosseur des fils pour les ouvrages de bas prix, comme on les augmente pour les ouvrages plus fins ; ensorte néantmoins qu'il ne puisse s'en fabriquer au-dessous de dix-huit portées & demie pour les ouvrages les plus grossiers, & qu'ils soient en tous cas travaillez en nombre de fils & portées suffisant pour les rendre fournis, garnis & serrez à proportion de la grosseur ou finesse des matieres. Deffend Sa Majesté de fabriquer à l'avenir aucunes Futaines à poil, à un moindre nombre de portées que de dix-huit & demie, & à une moindre largeur que de demi-aulne un pouce en peigne & sur le mestier, même sous le pretexte & sous le nom de Futaines étroites à poil, dont la fabrication estoit authorisée par le second Article du

Reglement de 1701. desquelles Futaines étroites à poil, Sa Majesté supprime & interdit à l'avenir la fabrication dans ladite Ville & aux environs. Ordonne pareillement, que les Basins & Bombasins larges à petites rayes, lesquels suivant l'Article IV. dudit Reglement devoient avoir cent soixante rayes dans la largeur, seront fabriquez à l'avenir à cent cinquante-sept rayes de Coton entre les lisieres, lesquelles seront composées de huit fils de Chanvre, quatre pour chacune lisiere. Ordonne en outre, qu'au lieu que par l'Article V. dudit Reglement les Basins à trente-six barres doivent estre composez de vingt-deux portées de quarante fils chacune, ils seront à l'avenir fabriquez sur dix-huit portées de cinquante-huit fils chacune, sans y comprendre dix-sept fils de Chanvre pour les lisieres ; le tout sous les peines portées par l'Article XVI. de l'Arrest du 4. Janvier 1701. & autres concernant les Manufactures, qui seront executez selon leur forme & teneur, en tout ce qui ne se trouve contraire au present Arrest ; à l'execution duquel Sa Majesté enjoint au Sr Intendant de la Province de Champagne, de tenir soigneusement la main. FAIT au Conseil d'Estat du Roy, Sa Majesté y estant, tenu à Versailles le treizieme jour d'Aoust mil sept cens vingt-sept.

Signé FLEURIAU.

LOUIS PAR LA GRACE DE DIEU, ROY DE FRANCE ET DE NAVARRE : A nostre amé & feal Conseiller en nos Conseils, Maistre des Requestes ordinaire de nostre Hostel, le Sr Lescalopier Intendant de Justice, Police & Finance en la la Generalité de Châlons, SALUT. Nous vous mandons & enjoignons par ces Presentes signées de Nous, de tenir soigneusement la main à l'execution de l'Arrest cy-attaché sous le Contrescel de nostre Chancellerie, cejourd'huy donné en nostre Conseil d'Estat, Nous y estant, pour les causes y contenuës. Commandons au premier nostre Huissier ou Sergent sur ce requis, de signifier ledit Arrest à tous qu'il appartiendra, à ce que personne n'en ignore, & de faire pour son entiere execution tous Actes & Exploits necessaires, sans autre permission; CAR TEL EST

NOSTRE PLAISIR. Donné à Verſailles le treizieme jour d'Aouſt l'an de grace mil ſept cens vingt-ſept, & de noſtre Regne le douzieme. *Signé* LOUIS. *Et plus bas* par le Roy. FLEURIAU. Et ſcellé.

---

§. VIII.

GENERALITÉ DE LYON.

STATUTS & Reglemens pour les longueur, largeur & qualité des Toiles qui ſe fabriquent dans le Beaujolois.

ARTICLE PREMIER.

QU'IL y aura quatre Marchands Maîtres choiſis & députez par les Sieurs Echevins de Ville-Franche, & les Marchands & Ouvriers deſdites Toiles de ladite Province de Beaujolois, qui ſeront nommez audit Ville-Franche tous les ans le 2. Novembre; à laquelle aſſemblée tous les Marchands & Ouvriers de ladite Province pourront aſſiſter pour donner leur voix deliberative à ladite nomination: leſquels quatre Députez & Jurez, incontinent après leur nomination, preſteront ſerment pardevant Monſieur le Bailly de Beaujolois, ou Monſieur ſon Lieutenant, & en preſence de Monſieur le Procureur du Roy, de bien exercer fidellement leur commiſſion, & d'obſerver & faire obſerver les preſens Statuts & Reglemens.

II.

LESDITS quatre Députez entreront dans l'exercice de leur députation & commiſſion, du jour de leur Serment, & non pluſtoſt.

III.

LESDITS quatre Députez pourront enſuite, pendant l'eſpace

de ladite année, entrer en tout temps ès Maisons des Ouvriers, Magasins, Boutiques, Greniers des Marchands desdites Toiles de ladite Province de Beaujolois, qui leur seront ouverts, à peine contre les refusans de Cent livres d'amende, & de tous depens, dommages & interests, même dans les Blancheries & autres lieux qu'ils jugeront à propos, excepté les Dimanches & Festes de commandement, où ils visiteront toutes les Toiles qu'ils trouveront, pour obvier aux abus & fraudes qui s'y pourroient commettre.

I V.

Que si lors desdites visites, qui seront faites par lesdits Députez comme dessus gratuitement & sans frais, de même que dans les Halles & Marchez de Ville-Franche & Thisy, il se trouve des Toiles où il y ait contravention au present Reglement, il leur sera permis de les enlever, & icelles incessamment faire conduire au Greffe du Bailliage de Beaujolois, aux fins de poursuivre les contrevenans à la confiscation desdites Toiles, & à l'amende de Cent livres pour chaque contravention.

V.

Lesdits Députez auront un soin particulier lors desdites visites, d'examiner dans les Blancheries les crochets où les Blanchisseurs mesurent lesdites Toiles, afin que l'aulnage y soit fidellement observé, & que lesdits crochets ayent cinq quartiers d'aulne francs, à peine de Deux cens livres d'amende contre les Blanchisseurs.

V I.

Les Toiles appellées Regny auront demi-aulne franche; les Saint Jean de differente largeur auront, les unes cinq huitiemes d'aulne, les autres trois quarts francs, & les autres sept huitiemes d'aulne francs; & il sera permis aux Ouvriers de faire des Toiles fines de toutes les largeurs cy-dessus, ainsi que des Aussonnes jaunes, sans qu'elles puissent estre de moindre largeur.

V I I.

Les Toiles appellées Tarare & Rouleaux de Beaujeu, auront de largeur sept douziemes d'aulne.

VIII.

VIII.

Qu'aucune piece de Toile ne ſera expoſée en vente pliée en rouleaux, mais ſeulement en plat, & ne pourront eſtre que d'une piece, ſans que les Ouvriers y puiſſent ajoûter des coupons.

IX.

Que les Ouvriers ſeront tenus de marquer leurſdites Toiles des qualité & largeur qu'elles auront, & de mettre aux deux bouts de chaque piece une marque qui contiendra leur nom & ſurnom, avec l'aulnage qu'elles auront ; lequel aulnage ſera avec le pouce au bout de l'aulne, & écrit ainſi qu'il s'eſt toûjours pratiqué.

X.

Que les Toiles ſeront de même force, bonté & fineſſe au milieu comme aux deux bouts ; & que les peignes ſervant à la fabrique deſdites Toiles, ſeront égaux dans toute leur eſtenduë, ſans eſtre plus clairs dans un endroit que dans l'autre, à peine de Cent livres d'amende contre les Ouvriers & Marchands qui s'en trouveront ſaiſis.

XI.

Que toutes leſdites Toiles en écru ſeront venduës auſdits lieux de Ville-Franche & Thiſy, aux marchez qui s'y tiennent les lundis & mercredis aux Halles deſdits lieux, par leſdits Ouvriers qui n'en pourront vendre ailleurs, à peine de confiſcation & de cent livres d'amende, tant contre l'acheteur que contre le vendeur, & ce après avoir eſté viſitées par leſdits Députez.

XII.

Toutes les confiſcations & amendes appartiendront, la moitié aux pauvres de l'Hôtel-Dieu dudit Ville-Franche, & l'autre moitié auſdits Maiſtres Jurez Députez.

XIII.

Et d'autant que quelques mal intentionnez Ouvriers ou Marchands, preferant leur intereſt particulier à celuy du public, pourroient fabriquer, ou faire fabriquer deſdites Toiles ſur les confins de ladite Province de Beaujolois, qui ne ſeroient des qualité, aulnage & bonté portées par les presens Statuts & Reglemens, il sera permis ausdits Maistres Jurez d'étendre leurs visites à dix lieuës à la ronde de ladite Province de Beaujolois, pour y faire observer les presens Reglemens; & en cas qu'ils trouvent des contraventions à iceux, pourront saisir & confisquer les marchandises, comme si elles estoient fabriquées dans ladite Province, & poursuivre les contrevenans aux mêmes peines & amendes portées par lesdits presens Reglemens. Fait & arresté par lesdits Sieurs Echevins, Marchands & Ouvriers desdites Toiles, en l'Hostel commun de cette Ville de Ville-Franche, le vingtieme Janvier mil six cens quatre-vingt. *Signé* Dephelines, Poyet, Bessie, Dupeloux, Jacquet, Demeaux, Jacquet, Perroud, Burond, Bergerond, Grumel, Bergeron, Carret, & Mercier.

ARREST portant homologation desdits Statuts & Reglemens.

Du 7. Avril 1682.

Extrait des Registres du Conseil d'Estat.

VÛ au Conseil d'Estat du Roy, l'Arrest rendu en iceluy le 22. Novembre dernier, sur la Requeste des Marchands de Toiles & Futaines de la Province de Beaujolois, tendante à ce que pour les causes y contenuës, il plust à Sa Majesté les recevoir opposans à l'execution de l'Arrest rendu audit Conseil d'Estat le 14. Juin precedent, portant que toutes les Toiles & Futaines qui se fabriquent hors la Ville & Fauxbourgs de Lyon, ne pourroient y estre venduës ni achetées pour estre transportées dans le Royaume, & hors l'estenduë d'iceluy, qu'elles n'eussent esté préalablement vûës & visitées par ceux qui seroient nommez & preposez par les Prevost des Marchands & Echevins, Juges des Manufactures, Arts & Mestiers de ladite Ville, & marquées d'une marque qui justifieroit leur bonté & qualité, conformement aux Reglemens, gratuitement & sans frais, à peine de confiscation, & de Cinq cens livres d'amende contre ceux qui se trouveroient saisis desdites marchandises, non marquées dans la Ville de Lyon, à la sortie desdites Provinces & Gouvernement, prenant d'autres routes que celles de la Ville de Lyon; avec injonction au S.r du Gué Commissaire départi dans ladite Province, & au Prevost des Marchands & Echevins de ladite Ville de Lyon, de tenir la main à l'execution dudit Arrest: Faisant droit sur leur opposition, ordonner que les Statuts & Reglemens faits pour la Manufacture des Toiles & Futaines de ladite Province fussent executez, avec deffenses aux Marchands Toiliers & Futainiers de ladite Ville de Lyon, de les troubler dans leur negoce de Toiles & Futaines, & qu'ils seront déchargez de l'obligation portée par ledit Arrest pour le Droit de visite & marque d'icelles en la Ville de Lyon; & sur les remontrances faites à Sa Majesté par les Marchands de Toiles & Futaines de la Ville de Lyon sur ladite opposition: Par lequel il a esté ordonné qu'avant faire droit sur ladite Requeste & remontrance, les Marchands de Toiles & Futaines de ladite Ville de Lyon, & ceux de la Province de Beaujolois, seront oüys pardevant le S.r du Gué Commissaire départi en ladite Province pour en dresser son Procès verbal, & donner son avis; pour iceluy vû & rapporté au Conseil, estre fait droit aux parties ainsi qu'il appartiendra. Le Procès verbal fait & parfait par ledit S.r du Gué en execution dudit Arrest, le

contenant lesdites requisitions & contestations des Echevins de la Ville de Ville-Franche, Syndics de la Province de Beaujolois, & des Marchands de Toiles & Futaines de ladite Province d'une part, & des Marchands de Toiles & Futaines de ladite Ville de Lyon d'autre; ensuite desquelles est l'avis dudit S.r du Gué. Les Statuts & Reglemens faits & arrestez entre lesdits Echevins de Ville-Franche & les Marchands, Maistres & Manufacturiers en Futaine de ladite Ville de Ville-Franche, Thisy, & autres lieux de ladite Province de Beaujolois, le 3. Janvier 1679. les Lettres

Patentes confirmatives d'iceux du mois de Mars 1680. Autres Statuts faits & arreſtez entre leſdits Echevins de Ville-Franche & les Marchands & Maiſtres Ouvriers en Toiles de ladite Ville de Ville-Franche, Thiſy, & autres lieux de ladite Province, le 20. Janvier 1680. enſuite deſquels eſt l'Ordonnance du Baillif de Beaujolois, portant que leſdits Marchands ſe pourvoiroient pardevers Sa Majeſté ; pour obtenir la confirmation deſdits Statuts. Vû auſſi ladite Requeſte deſdits Marchands de Toiles & Futaines de ladite Province de Beaujolois, tendante à ce qu'il plaiſe à Sa Majeſté, en prononçant ſur leur oppoſition à l'execution dudit Arreſt du 14. Juin dernier, confirmer & homologuer leſdits Statuts & Reglemens ſur le fait des Toiles, & leur donner main-levée des ſaiſies ſur eux faites. Oüy le Rapport du Sr Colbert Conſeiller ordinaire au Conſeil Royal, Controlleur general des Finances, & tout conſideré, LE ROY ESTANT EN SON CONSEIL, ſans s'arreſter audit Arreſt du 14. Juin dernier, a ordonné & ordonne que leſdits Statuts & Reglemens concernant la fabrique des Toiles & Futaines de ladite Province de Beaujolois, confirmez par les Lettres Patentes de Sa Majeſté au mois de Mars 1680. regiſtrées en ſa Cour de Parlement de Paris, ſeront executez ſelon leur forme & teneur ; qu'à cette fin les Juges de ladite Province ſeront tenus, à la requiſition des Commis qui ſeront prepoſez par Sa Majeſté pour tenir la main à l'execution d'iceux, de faire couper de deux en deux aulnes les Toiles & Futaines qui ſe trouveront défectueuſes & non conformes auſdits Statuts, ſans qu'ils puiſſent moderer cette peine : Et en conſequence ordonne Sa Majeſté, que leſdites Toiles de ladite Province ſeront venduës aux Marchez de Ville-Franche & Thiſy, ſuivant leſdits Statuts, comme auparavant ledit Arreſt, icelles préalablement viſitées & marquées par les Maiſtres-Jurez gratuitement & ſans frais, à peine de confiſcation, & de Cinq cens livres d'amende. Fait Sa Majeſté main-levée de toutes les ſaiſies qui ont eſté faites ſur les Marchands de ladite Province de Beaujolois, en execution dudit Arreſt du 14. Juin. Fait auſſi deffenſes à ceux de la Ville de Lyon, & à tous autres, de les troubler dans leur Manufacture de Toiles & Futaines, debit & envoy d'icelles dans tout le Royaume & Pays estrangers, à peine de Trois mille livres d'amende, & de tous depens, dommages & interests. FAIT au Conseil d'Estat du Roy, Sa Majesté y estant, tenu à Saint Germain en Laye, le septieme jour d'Avril mil six cens quatre-vingt-deux. *Signé* COLBERT.

ARREST en faveur du Marché aux Toiles qui se tient à Amplepuys dans la Province de Beaujolois.

Du 6. Mars 1717.

Extrait des Registres du Conseil d'Estat.

VÛ par le Roy, estant en son Conseil, l'Arrest intervenu en iceluy le 16. May 1716. sur la Requeste des Maire & Echevins de Ville-Franche, & Syndics nez de la Province de Beaujolois, Juges des Manufactures des Toiles & Futaines establies dans ladite Province; par lequel pour assûrer la perfection desdites Toiles & Futaines, il auroit entr'autres choses fait deffenses à tous les Ouvriers du Beaujolois, sous peine de confiscation & de Cent livres d'amende, de vendre, ni exposer en vente aucunes Toiles, Futaines, & autres Marchandises, qu'après qu'elles auroient esté visitées, & marquées par deux Commis, qui seroient pour cet effet establis dans les lieux de Ville-Franche & de Thisy: La Requeste presentée à Sa Majesté par Dame Marie de Rebé, Veuve du S.r du Mayne Marquis du Bourg & de Rebé, Mestre de Camp du Regiment Royal Cavalerie, Dame de la Haute-Justice & Chastellenie d'Amplepuys en Beaujolois, les Officiers, Consuls, Habitans & Marchands dudit lieu, & des lieux de Renno, Saint-Just, d'Auvray, Saint-Jean la Bussiere, & autres dependans de ladite Chastellenie, par laquelle Requeste il auroit esté exposé que de tous les Marchez establis dans le Beaujolois, celuy d'Amplepuys estoit le plus considerable & le plus commode, tant pour la vente, que pour les visite & marque des Toiles & Futaines, attendu que la Montagne où se fabrique la plus grande quantité de ces ouvrages, en est voisine, que le Seigneur n'y perçoit aucuns Droits, & qu'il y a fait construire à ses dêpens une grande Halle, pour mettre à couvert les Marchandises : Que les Maire & Echevins de Ville-Franche ayant obtenu le 7. Avril 1682. un Arrest du Conseil, par lequel ils auroient fait homologuer les Statuts qu'ils avoient fait dresser, & auroient fait ordonner que toutes les Toiles, & autres Ouvrages seroient portez & vendus aux Marchez de Ville-Franche & de Thisy, avec deffenses de les vendre ailleurs, sous peine de confiscation & de Cent livres d'amende ; sur les remontrances faites par le Seigneur & les Habitans d'Amplepuys, & des lieux dépendans de ladite Chastellenie, contre la derniere disposition dudit Arrest, le deffunt Sieur d'Ormesson Intendant de la Generalité de Lyon s'estant transporté sur les lieux, il intervint sur son Procès verbal & avis le 9. Janvier 1683. un Arrest du Conseil, qui ordonna l'execution de celuy du 7. Avril 1682. & néantmoins expliquant iceluy en tant que de besoin, ordonna que les Marchands & Ouvriers continuëroient de vendre & debiter des Toiles dans ledit Marché d'Amplepuys, où elles seroient visitées & marquées conformement ausdits Statuts, & audit Arrest du 7. Avril 1682. ce qui prouvoit que la commodité dudit Marché d'Amplepluys avoit esté de tout temps reconnuë. La Requeste desdits Maire & Echevins de Ville-Franche portant que sur ce qui leur a esté remontré par les Marchands de la Province, que la suppression du Bureau pour les visite & marque au lieu d'Amplepuys pourroit causer quelque prejudice au Commerce, ils s'en rapportoient à Sa Majesté de restablir ledit Bureau, en cas qu'Elle le jugeast à propos, pourvû que les appointemens des Commis qui y seroient préposez pour lesdites visite & marque, ne fussent point encore à la charge de la Province, comme ceux de l'Inspecteur des Manufactures & des quatre Commis establis aux lieux de Ville-Franche & de Thisy par ledit Arrest du 16. May 1716. Lesdits Arrests du Conseil des 7. Avril 1682. & 9. Janvier 1683. & autres pieces attachées ausdites Requestes. Oüy le Rapport, SA MAJESTÉ ESTANT EN SON CONSEIL, de l'avis de Monſieur le Duc d'Orleans Regent, a ordonné & ordonne que les Maires & Echevins de Ville-Franche, choiſiront deux Commis pour marquer dans ledit lieu d'Amplepuys, les Toiles, Futaines, Cordats, & autres Ouvrages fabriquez dans la Province de Beaujolois, en la même forme & maniere que dans leſdits lieux de Ville-Franche & de Thiſy; Et que pour engager leſdits Commis à vacquer exactement & gratuitement auſdites fonctions, il ſera impoſé ſur ladite Province par chacun an la ſomme de Deux cens livres, avec les Dix-huit cens livres qui ſe levent pour les appointemens de l'Inſpecteur des Manufactures, & les Quatre cens livres ordonnées par ledit Arreſt du 16. May 1716. pour les appointemens des quatre Commis eſtablis à Ville-Franche & Thiſy; & que leſdites Deux cens livres ſeront pareillement payées aux Commis prepoſez à Amplepuys, par le Receveur des Tailles, ſur leurs ſimples quittances. Ordonne au ſurplus Sa Majeſté, que ledit Arreſt du 16. May 1716. ſera executé ſelon ſa forme & teneur, & enjoint au Sieur Commiſſaire départi en la Generalité de Lyon, d'y tenir la main, & de le faire publier & afficher par tout où beſoin ſera. FAIT au Conſeil d'Eſtat du Roy, Sa Majeſté y eſtant, Monſieur le Duc d'Orleans Regent preſent, tenu à Paris le ſixieme jour de Mars mil ſept cens dix-ſept.

Signé PHELYPEAUX.

LOUIS PAR LA GRACE DE DIEU, ROY DE FRANCE ET DE NAVARRE: A noſtre amé & feal Conſeiller en nos Conſeils, Maiſtre des Requeſtes ordinaire de noſtre Hoſtel, le Sieur Intendant & Commiſſaire départi pour l'execution de nos ordres dans la Generalité de Lyon, SALUT. Nous vous mandons & enjoignons par ces Preſentes ſignées de noſtre main, que ſuivant l'Arreſt dont l'extrait eſt cy-attaché ſous le Contre-ſcel de noſtre Chancellerie, ce-jourd'huy donné en noſtre Conſeil d'Eſtat, Nous y eſtant, pour les cauſes y contenuës, vous ayez à vous employer à l'execution d'iceluy ſelon ſa forme & teneur. Commandons au premier noſtre Huiſſier ou Sergent ſur ce requis, de ſignifier ledit Arreſt à tous qu'il appartiendra, & de faire pour ſon entiere execution tous Actes & Exploits neceſſaires, ſans pour ce demander autre permiſſion ; CAR TEL EST NOTRE PLAISIR. Donné à Paris le ſixieme jour de Mars, l'an de grace mil ſept cens dix-ſept, & de noſtre Regne le deuxieme. *Signé* LOUIS. *Et plus bas*, par le Roy, le Duc d'Orleans Regent preſent. *Signé* PHELYPEAUX.

DECLARATION portant Reglement pour la Manufacture des Toiles qui ſe fabriquent dans les Provinces de Lyonnois, Foreſt, & Beaujolois.

Du 16. Decembre 1719.

LOUIS PAR LA GRACE DE DIEU, ROY DE FRANCE ET DE NAVARRE: A tous ceux qui ces preſentes Lettres verront, SALUT. Nous aurions, pour arreſter le cours des abus qui ſe pratiquoient dans la fabrique des Toiles, Futaines, & autres ouvrages qui ſe fabriquent dans nôtre Province de Beaujolois, ordonné par differens Reglemens qu'il ſeroit eſtabli à Ville-Franche, Thiſy & Amplepuys, des Commis pour appoſer une marque ſur leſdits ouvrages, après les avoir viſitez & examinez, & que les Prevoſt des Marchands & Echevins de la Ville de Lyon, choiſiroient deux Commis pour exercer dans le lieu de Tarare les mêmes fonctions : Nous aurions eſté informez que pour aſſûrer la perfection de ces Manufactures, il eſtoit neceſſaire d'ajouſter à nos precedens Reglemens quelques diſpoſitions, & de rendre uniforme la Regie qui doit eſtre obſervée dans leſdites Provinces de Lyonnois & de Beaujolois, en faiſant ceſſer les differentes conteſtations ſurvenuës entre les Maire & Echevins de Ville-Franche, & les Gardes-Jurez fabriquans des Toiles & Futaines, eſtablis dans ladite Province de Beaujolois; en ce que ces derniers pretendoient, au prejudice des premiers, eſtendre leurs viſites à dix lieuës à la ronde hors de cette Province, & même

même de saisir les Marchandises defectueuses ; & les Maire & Echevins de Ville-Franche, avoir une jurisdiction sur le lieu de Tarare, quoyque faisant partie de la Province du Lyonnois, à l'effet que les Reglemens faits dans le Beaujolois y fussent observez ; & que les Prevost des Marchands & Echevins de la Ville de Lyon soustenoient que cette pretention estoit très irreguliere, d'autant qu'il s'ensuivroit que les Maire & Echevins de Ville-Franche pourroient exercer leur jurisdiction dans la Ville de Lyon, puisqu'elle n'est qu'à cinq lieuës de distance de celle de Ville-Franche, ce qui estoit absurde, attendu que lesdits Prevost des Marchands & Echevins sont Juges des Manufactures dependantes du Gouvernement de Lyon, à la seule exception de la fabrique des Toiles de la Province de Beaujolois, & que les Toiles qui se fabriquent dans le Lyonnois, sont sujettes aux mêmes Reglemens que celles du Beaujolois. A CES CAUSES, de l'avis de nostre très cher & très amé Oncle le Duc d'Orleans petit fils de France, Regent, de notre très cher & très amé Oncle le Duc de Chartres premier Prince de nôtre Sang, de nôtre très cher & très amé Cousin le Duc de Bourbon, de nostre très cher & très amé Cousin le Prince de Conty, Princes de nostre Sang, de nostre très cher & très amé Oncle le Comte de Toulouse Prince legitimé, & autres Pairs de France, Grands & Notables Personnages de nostre Royaume, & de nostre certaine science, pleine puissance & authorité Royale, Nous avons par ces Presentes signées de nostre main dit, déclaré & ordonné, disons, declarons & ordonnons, Voulons & Nous plaist ce qui ensuit.

ARTICLE PREMIER.

LES Toiles appellées Regny auront demi-aulne franche de largeur ; celles nommées Saint-Jean, qui sont de differentes largeurs, auront les unes cinq huitiemes d'aulne, les autres trois quarts francs, & les autres sept huitiemes d'aulne francs : les Ouvriers pourront faire des Toiles de deux tiers, & des Toiles fines, ainsi que des Auxonnes jaunes, sans qu'elles puissent néantmoins estre de moindre largeur que celles cy-dessus reglées.

I I.

LES Toiles appellées Tarare & rouleau de Beaujeu, auront de largeur ſept douziemes d'aulne.

I I I.

LES Toiles larges de demi-aulne, auront vingt-cinq portées; celles de deux tiers, trente-quatre portées; les Toiles de trois quarts, quarante-deux portées; & celles de ſept huitiemes d'aulne, cinquante portées.

I V.

AUCUNE piece de Toile ne ſera expoſée en vente pliée en rouleaux, mais ſeulement en plat, & ne pourront eſtre que d'une piece, ſans que les Ouvriers puiſſent y ajouſter des coupons: Et le contenu audit Article & aux precedens ſera obſervé ſous peine de confiſcation.

V.

LES Ouvriers ſeront tenus de mettre aux deux bouts de chaque piece une marque faite avec de l'huile & du noir, qui contiendra leur nom & ſurnom avec l'aulnage qu'elles auront, y compris trois ou quatre poulces d'excedent; à peine d'eſtre condamnez à cinq ſols d'amende lorſque la piece ſe trouvera moindre d'un quart d'aulne qu'elle n'aura eſté declarée, de dix ſols quand il manquera une demi-aulne, de quinze ſols quand il s'en défaudra trois quarts d'aulne, de trente ſols lorſqu'elle ſera plus courte d'une aulne entiere; Et en cas qu'il manque plus d'une aulne, la piece ſera confiſquée avec condamnation d'amende.

V I.

LES Toiles ſeront de même force, bonté & fineſſe au milieu & aux deux bouts; & les peignes ſervant à la fabrique deſdites Toiles ſeront égaux dans toute l'eſtenduë, ſans eſtre plus clairs dans un endroit que dans l'autre, à peine de confiſcation deſdites Toiles, & de Cent livres d'amende contre les Ouvriers & Marchands qui s'en trouveront ſaiſis, de vingt livres d'amende contre les faiſeurs de peignes ou rots défectueux, & de deſtitution contre les Commis qui auront marqué des peignes défectueux, ou des Toiles d'une qualité differente que celle qu'elles auront.

VII.

TOUTES les Toiles de coton, Toiles barrées jaunes, & de couleur, Toiles appellées Montbelliard, Toiles dites de ménage, seront visitées, marquées, & sujettes aux largeurs cy-dessus prescrites, à la reserve de celles que les particuliers feront fabriquer pour leur usage, qu'ils seront tenus de faire ourler aux deux bouts, & d'y faire mettre au chef leur nom ou marque avec de l'huile & du noir sur le mestier; & à faute de ce, les Blanchisseurs ne pourront les recevoir, sous peine de dix livres d'amende, & de confiscation desdites Toiles, qui sera declarée encouruë contre lesdits Blanchisseurs, sans aucun recours contre lesdits particuliers.

VIII.

LES Toiles appellées Siamoises ou Chamoises, auront de largeur au moins cinq huitiemes d'aulne, & pourront estre augmentées de huit en huit.

IX.

LES largeurs cy-devant désignées, seront exactement observées par lesdits Ouvriers; & en cas qu'elles excedent de plus d'un pouce, les pieces seront coupées & confisquées, sans que lesdits Ouvriers puissent cy-après fabriquer des Toiles d'aucune autre qualité & largeur, s'ils n'en ont préalablement communiqué le projet & les échantillons aux Prevost des Marchands & Echevins de la Ville de Lyon, ou à la Chambre establie à Ville-Franche, qui seront tenus de Nous en remettre leur avis, pour y estre par Nous pourvû & ordonné ce qui Nous paroîtra le plus avantageux pour lesdites Manufactures.

X.

DEFFENDONS à tous Ouvriers & Fabriquans en Toiles rayées & à couleurs, de mêler dans leurs ouvrages aucuns fils ou cotons gâtez, & de mauvaise qualité, ou de fausse teinture avec ceux du bon teint; & seront tenus les Ouvriers de fabriquer tout en petit, ou tout en bon teint & grand teint, tant en chaîne qu'en trame, à peine de confiscation de leurs marchandises pour la premiere fois, & de plus grande peine en cas de recidive.

X I.

Les Commis feront déboüillir le plus souvent qu'ils pourront lesdites Toiles, lorsqu'elles seront apportées aux Halles, ou à leur Bureau pour estre visitées ; & marquées du bon teint ; & en cas de contravention les saisiront, & en poursuivront la confiscation.

X I I.

Et afin que les Toiles, Futaines, Cordats, & autres ouvrages fabriquez dans le Beaujolois, puissent estre plus commodément visitez & marquez par lesdits Commis, ordonnons que les Maire & Echevins de Ville-Franche choisiront deux Commis pour marquer lesdits ouvrages ; sçavoir, un dans la Ville de Beaujeu, & l'autre dans le lieu de Lay, en la même forme & maniere; Que les Commis establis à Ville-Franche, Thisy & Amplepuys, auront chacun pour leur peine & soin la somme de Cent livres par an ; & qu'en consequence il sera imposé par chacun an sur ladite Province deux cens livres, qui seront payées ausdits Commis sur leurs simples quittances par le Receveur des Tailles, sans qu'à l'avenir il puisse estre establi, pour quelque cause & pretexte que ce soit, de pareils Commis dans aucun autre lieu de ladite Province.

X I I I.

Pour empêcher les abus & fraudes, les Commis, à peine de destitution de leurs emplois, ne pourront marquer lesdits ouvrages que dans leur Bureau, ni en mesurer la largeur sur des tables barrées, mais seulement avec l'aulne.

X I V.

Faisons deffenses aux Ouvriers travaillant en Toile dans lesdites Provinces, d'en faire sortir aucunes, qu'après les avoir fait marquer aux Bureaux establis, & à tous Marchands & Negocians d'en enlever ni faire transporter aucunes non marquées, à peine contre les uns & les autres de Cent livres d'amende, & de confiscation desdites marchandises.

X V.

Voulons qu'il y ait dans le Marché de chacun des lieux

cy-devant nommez, un coffre fermant à deux clefs, & dans lequel, après le marché fini, les marques seront renfermées, pour estre l'une desdites clefs remise ès mains du principal Officier, & l'autre rester en celles de l'un desdits Commis.

XVI.

ENJOIGNONS ausdits Commis de tenir dans leurs Bureaux un Registre paraphé par le Prevost des Marchands de la Ville de Lyon, ou par le Lieutenant general de Police de Ville-Franche, pour y inscrire chaque jour de suite, & sans aucun blanc, les pieces qu'ils auront marquées, comme aussi y faire mention des défectueuses, de la qualité de leurs défauts, des noms & demeures des contrevenans, & des condamnations qui auront esté prononcées en consequence.

XVII.

LES Toiles, Futaines, & autres ouvrages qui seront transportez dans lesdits lieux, pour y estre debitez & vendus, seront déchargez directement dans les Halles ou Bureaux destinez pour la visite & marque, à peine de saisie & de confiscation.

XVIII.

LESDITS Commis dresseront & signeront les Procès verbaux de saisie, qui porteront assignation aux contrevenans pour comparoir pardevant lesdits Prevost des Marchands & Echevins de la Ville de Lyon, ou en la Chambre de Police de Ville-Franche, & y mettre la contravention jugée sans aucun autre delay ni renvoy.

XIX.

PLUSIEURS Parroisses qui dependent du Lyonnois, estant plus à portée de Ville-Franche, de Thisy, d'Amplepuys, Beaujeu ou Lay, que de Tarare, & quelques Parroisses du Beaujolois estant aussi plus voisines de Tarare, que des lieux cy-dessus marquez; ordonnons que pour la facilité du commerce, il sera permis aux Ouvriers qui travaillent dans lesdites Provinces, de faire marquer indifferemment leurs Toiles dans l'un desdits lieux; & que pour éviter toute surprise les Maire & Echevins de Ville-Franche feront remettre au Secretariat de l'Hôtel de Ville de

Lyon, une empreinte de la marque particuliere, qu'ils donneront, si fait n'a esté, aux Commis par eux establis dans le Beaujolois; & que pareillement lesdits Prevost des Marchands & Echevins de la Ville de Lyon, delivreront aux Maire & Echevins de Ville-Franche une empreinte de la marque qu'ils ont fournie à leur Commis establis à Tarare.

X X.

VOULONS aussi, que si l'Inspecteur des Manufactures du Beaujolois, & les Gardes & Commis dans ladite Province, trouvent dans leurs visites ou autrement, des marchandises défectueuses marquées ou non marquées, & qui ayent esté fabriquées par des Ouvriers du Lyonnois, ils en dressent leurs Procès verbaux, qu'ils remettront aux Maire & Echevins de Ville-Franche, lesquels seront tenus de les renvoyer avec la marchandise saisie aux Prevost des Marchands & Echevins de Lyon, lesquels de leur part en useront de même lorsque leurs Commis au Bureau de Tarare ou à la Doüane de Lyon feront des saisies d'ouvrages défectueux, fabriquez par des Ouvriers du Beaujolois; à l'effet de quoy aucune piece de Toile ne sera retirée du Bureau de la Doüane, sans avoir esté verifiée pour reconnoître la marque; & au cas qu'il s'en trouvât quelques-unes non marquées, ou en contravention, elles seront saisies par lesdits Commis qui en dresseront leurs Procès verbaux, & remettront le tout ausdits Prevost des Marchands & Echevins, pour se conformer à la disposition du present article, & le tiers des confiscations qui proviendront desdites saisies, sera adjugé ausdits Commis.

X X I.

ORDONNONS que les Blanchisseurs de la Ville de Lyon, & ceux establis dans lesdites Provinces, seront tenus d'estendre les Toiles doucement sur les prez, & de les porter sur leurs épaules, de les faire tirer à menu en les passant dans la serve, & de les angeller pliées en livre, & non en fagot. Faisons très expresses inhibitions & deffenses de laisser aller des bestiaux dans les prez pendant que lesdites Toiles seront estenduës, de faire des lessives suivant l'ancien usage, sans y ajoûter un excedent de chaux; &

feront lefdits Blanchiffeurs tenus de fournir les charriers neceffaires pour les leffives fur le cuvier, fans pouvoir y employer les toiles qu'on leur donne à blanchir ; le tout à peine de Cent livres d'amende contre chacun des contrevenans.

XXII.

VOULONS & ordonnons que la moitié des amendes foit appliquée aux Hôpitaux des lieux où les contraventions feront jugées.

XXIII.

LE prefent Reglement fera commun & executé par tous les Blanchiffeurs, & les Ouvriers travaillant en Toile dans les Provinces de Lyonnois, Foreft, & Beaujolois, même par les Marchands Toiliers de la Ville de Lyon ; à l'effet de quoy Nous enjoignons tant aux Prevoft des Marchands & Echevins de ladite Ville, qu'aux Maire & Echevins de Ville-Franche, de tenir la main à l'execution, fans pouvoir, fous aucun pretexte, diminuer les peines portées par ces Prefentes. SI DONNONS EN MANDEMENT à nos amez & feaux Confeillers les Gens tenans noftre Cour de Parlement, Chambre des Comptes, & Cour des Aydes à Paris, que ces Prefentes ils ayent à faire lire, publier & regiftrer, & le contenu en icelles, garder & executer felon leur forme & teneur ; CAR TEL EST NOSTRE PLAISIR, en temoin de quoy Nous avons fait mettre noftre Scel à cefdites Prefentes. Donné à Paris le feizieme jour de Decembre, l'an de grace mil fept cens dix-neuf, & de noftre Regne le cinquieme. *Signé* LOUIS. *Et plus bas*, par le Roy, le Duc d'Orleans Regent prefent. PHELYPEAUX. Et fcellé du grand Sceau de cire jaune.

Regiftrées, oüy ce requerant le Procureur General du Roy, pour eftre executées felon leur forme & teneur, & Copies collationnées envoyées en la Senefchauffée & Siege Prefidial de Lyon, en la Senefchauffée de Ville-Franche en Beaujolois, & au Bailliage de Bourg Argental en Foreft, pour y eftre lûës, publiées & regiftrées ; Enjoint aux Subftituts du Procureur General du Roy d'y tenir la main, & d'en certifier la Cour dans un mois, fuivant l'Arreft de ce jour. A Paris en Parlement, le neuf Mars mil fept cens vingt. Signé GILBERT.

ARREST qui fait deffenſes de vendre aucun E'cheveau de Fil de Lin, dont le poids excede une livre, &c.

Du 26. Aouſt 1727.

Extrait des Regiſtres du Conſeil d'Eſtat.

SUR ce qui a eſté repreſenté au Roy, eſtant en ſon Conſeil, que les écheveaux de fil de Lin & de Chanvre, qui ſont expoſez en vente dans les Provinces de Lyonnois, Foreſt & Beaujolois, Charolois & Breſſe, Auvergne & Bourbonnois, peſent ordinairement deux à trois livres; qu'il arrive de là, que le fil de l'interieur de ces écheveaux ne ſéchant pas bien, ſe pourrit & ſe meſle, & que d'un autre coſté il ſe blanchit moins bien & plus lentement qu'il ne feroit ſi les écheveaux eſtoient plus petits; ce qui cauſe un prejudice conſiderable aux fabriques des Toiles, Futaines, & autres Marchandiſes de cette eſpece, eſtablies dans les Provinces de Lyonnois, Foreſt & Beaujolois; à quoy Sa Majeſté deſirant pourvoir: Vû les avis des S.rs Intendans & Commiſſaires départis dans les Provinces de Lyonnois, Auvergne & Bourbonnois, enſemble celuy des Députez du Commerce. Oüy le Rapport du S.r le Peletier Conſeiller d'Eſtat ordinaire, & au Conſeil Royal, Controlleur general des Finances, LE ROY ESTANT EN SON CONSEIL, a fait & fait très expreſſes inhibitions & deffenſes à tous Marchands & autres, de vendre ni expoſer en vente dans les Provinces de Lyonnois, Foreſt, Beaujolois, Charolois & Breſſe, Auvergne & Bourbonnois, aucun écheveau de fil de Lin ou de Chanvre, dont le poids excede une livre poids de marc, à peine de confiſcation & de trois livres d'amende pour chaque écheveau qui ſe trouvera exceder ledit poids. Enjoint Sa Majeſté aux Sieurs Intendans & Commiſſaires départis pour l'execution de ſes ordres dans les Generalitez de Lyon, Riom & Moulins, de tenir la main à l'execution du preſent Arreſt, qui ſera lû, publié & affiché par tout

tout où besoin sera, & sur lequel seront toutes Lettres necessaires expediées. FAIT au Conseil d'Estat du Roy, Sa Majesté y estant, tenu à Versailles le vingt-sixieme jour d'Aoust mil sept cens vingt-sept. *Signé* PHELYPEAUX.

LOUIS PAR LA GRACE DE DIEU, ROY DE FRANCE ET DE NAVARRE : A nos amez & feaux Conseillers en nos Conseils, les S.rs Intendans & Commissaires départis pour l'execution de nos ordres dans les Generalitez de Lyon, Riom & Moulins, SALUT. Nous vous mandons & enjoignons par ces Presentes signées de Nous, de tenir, chacun en droit soy, la main à l'execution de l'Arrest cy-attaché sous le Contre-scel de nostre Chancellerie, cejourd'huy donné en nostre Conseil d'Estat, Nous y estant, pour les causes y contenuës : Commandons au premier nostre Huissier ou Sergent sur ce requis, de signifier ledit Arrest à tous qu'il appartiendra, à ce que personne n'en ignore, & de faire pour son entiere execution tous Actes & Exploits necessaires, sans autre permission. Voulons qu'aux Copies dudit Arrest & des Presentes, collationnées par l'un de nos amez & feaux Conseillers-Secretaires, foy soit ajoûtée comme à l'Original ; CAR TEL EST NOSTRE PLAISIR. Donné à Versailles le vingt-sixieme jour d'Aoust, l'an de grace mil sept cens vingt-sept, & de nostre Regne le douzieme. *Signé* LOUIS. *Et plus bas*, par le Roy. *Signé* PHELYPEAUX. Et scellé.

§. IX.

GENERALITÉ DE MONTAUBAN.

ARREST portant Reglement pour la fabrique des Futaines & Basins de Negrepelisse.

Du 10. Novembre 1725.

Extrait des Registres du Conseil d'Estat.

LE ROY estant informé qu'il se fabrique dans la Ville de Negrepelisse des Futaines ou Basins, dont il se fait un débit considerable dans le Royaume & dans les Pays estrangers ; & qu'il est necessaire, pour en assûrer la bonne qualité, & en augmenter le commerce, de prescrire des regles certaines qui fixent la maniere dont ils doivent estre fabriquez & apprestez, à quoy Sa Majesté desirant pourvoir. Vû l'avis donné par le S.r Pajot Maistre des Requestes, Intendant de la Generalité de Montauban, après avoir entendu les principaux Fabriquans desdites Futaines ou Basins, les Marchands qui en font commerce, le Juge de Police de Negrepelisse, & l'Inspecteur des Manufactures de ce département: Vû pareillement l'avis des Deputez du Commerce, Oüy le Rapport du S.r Dodun Conseiller ordinaire au Conseil Royal, Controlleur general des Finances, LE ROY ESTANT EN SON CONSEIL, a ordonné & ordonne ce qui suit,

ARTICLE PREMIER.

LES Futaines ou Basins à poil seront composez d'une chaîne de onze cens fils au moins, chaque piece aura sur le mestier trois quarts & un huitieme d'aulne de largeur, mesure de Paris, pour revenir, estant foulée aux pieds, à trois quarts & un quarante-huitieme d'aulne, & sera de la longueur de quarante à cinquante aulnes.

II.

La chaîne desdites Futaines ou Basins sera de fil de Chanvre ou de Lin, bien & également filé; sans qu'il soit permis, pour quelque cause & sous quelque pretexte que ce soit, d'y employer du fil d'étoupe, à peine de vingt livres d'amende.

III.

Lesdites Futaines ou Basins seront bien garnis de trame, & bien frappez sur le mestier, afin qu'ils conservent au retour du foulon la largeur prescrite par l'Article premier.

IV.

La chaîne desdites Futaines ou Basins sera d'un bout à l'autre de la piece également serrée & garnie de fils entre les deux lisieres.

V.

Les lames servant à la fabrique desdites Futaines ou Basins, seront compassées également, ensorte que les dents des rots ou peignes ne soient pas plus larges en un endroit que dans l'autre.

VI.

Lesdites Futaines ou Basins seront foulez aux pieds, attendu qu'ils ne pourroient resister à l'impression des foulons ordinaires.

VII.

Les Lames, rots ou peignes qui ne seront pas montez au nombre de fils, & qui n'auront pas la largeur ordonnée cy-dessus, seront reformez & refaits dans trois mois, à compter du jour de la publication du present Arrest; après lequel temps les Tisserands ne pourront fabriquer des Futaines ou Basins en moins de fils, & d'une autre largeur que celle reglée par l'Article premier, à peine de confiscation, & de vingt livres d'amende.

VIII.

Et néantmoins, pour faciliter la vente & le débit des Futaines ou Basins qui auront esté fabriquez avant la reformation des lames, rots & mestiers cy-dessus ordonnée, veut & entend Sa Majesté que dans trois mois, à compter du jour de la publication du present Arrest, le Juge de Police, l'Inspecteur des

Manufactures, & les Gardes-Jurez desdits Tisserands, soient tenus de faire une visite generale chez tous les Marchands & Tisserands de ladite Ville de Negrepelisse, & d'y marquer d'un plomb, sur lequel seront gravez ces mots, *Ancienne Fabrique*, toutes les pieces de Futaine ou Basin qui ne se trouveront pas conformes au present Reglement; pour après la marque ainsi faite, estre ledit plomb brisé en leur presence, dont sera dressé Procès verbal.

I X.

ORDONNE pareillement Sa Majesté, qu'un mois après la publication du present Arrest, il sera dressé par ledit Juge de Police de Negrepelisse, un Tableau qui contiendra les nom & surnom de tous lesdits Tisserands; du nombre desquels il en sera choisi & nommé quatre à la pluralité des voix, pour faire les fonctions de Gardes-Jurez pendant une année, à l'expiration de laquelle deux desdits Gardes sortiront d'exercice, & il en sera nommé à leur place deux autres, pour servir pendant une année avec les deux Gardes qui seront restez de la premiere nomination, lesquels sortiront d'exercice l'année suivante, & il en sera nommé deux autres à leur place; ce qui sera ainsi executé d'année en année, de maniere que lesdits Gardes serviront toûjours deux années.

X.

LE Juge de Police de Negrepelisse désignera un ou plusieurs jours de chaque semaine, & les heures les plus commodes, ausquelles les Gardes-Jurez de la Communauté desdits Tisserands se trouveront dans leur Bureau, pour visiter les pieces de Futaine ou Basin qui y seront portées, & marquer celles qui se trouveront des qualité & largeur prescrites par le present Reglement, d'un plomb, sur l'un des costez duquel seront gravez ces mots, *Fabrique de Negrepelisse*, & sur l'autre les Armes de la Ville.

X I.

LES Tisserands ni leurs Ouvriers ne pourront vendre ni livrer aux Marchands aucune piece de Futaine ou Basin, pas même celles qu'ils auront fabriquées pour le compte des Marchands, qu'elles n'ayent auparavant esté vûës & visitées dans le Bureau par les Gardes-Jurez de la Communauté desdits Tisserands, & par eux marquées du plomb ordonné par l'Article precedent, à peine de confiscation des Futaines ou Basins qui se trouveront chez les Marchands & les Tisserands sans estre marquez dudit plomb, & de dix livres d'amende pour chaque contravention.

X I I.

SERONT tenus lesdits Gardes - Jurez de faire des visites exactes chez tous les Tisserands de ladite Ville de Negrepelisse, toutes les fois qu'il sera necessaire, & au moins quatre fois l'année.

X I I I.

VEUT Sa Majesté que pour subvenir aux frais desdites visites & marques, il soit levé & perçû par les Gardes-Jurez en charge un sol par chaque piece de Futaine ou Basin qui sera apportée au Bureau de visite; & que lesdits Gardes-Jurez tiennent bon & fidelle Registre du produit de ce Droit, pour en compter chaque année pardevant ledit Lieutenant de Police.

X I V.

TOUTES les confiscations & amendes qui seront prononcées sur les contestations au present Reglement, seront appliquées, moitié au profit du Roy, un quart aux Gardes-Jurez en charge, & l'autre quart aux Pauvres de la Ville de Negrepelisse. Enjoint Sa Majesté audit S.r Pajot, de tenir la main à l'execution du present Arrest, qui sera lû, publié & affiché par tout où besoin sera, & sur lequel seront toutes Lettres necessaires expediées. FAIT au Conseil d'Estat du Roy, Sa Majesté y estant, tenu à Fontainebleau le dixieme Novembre mil sept cens vingt-cinq.

Signé PHELYPEAUX.

Fin du troisieme Tome.

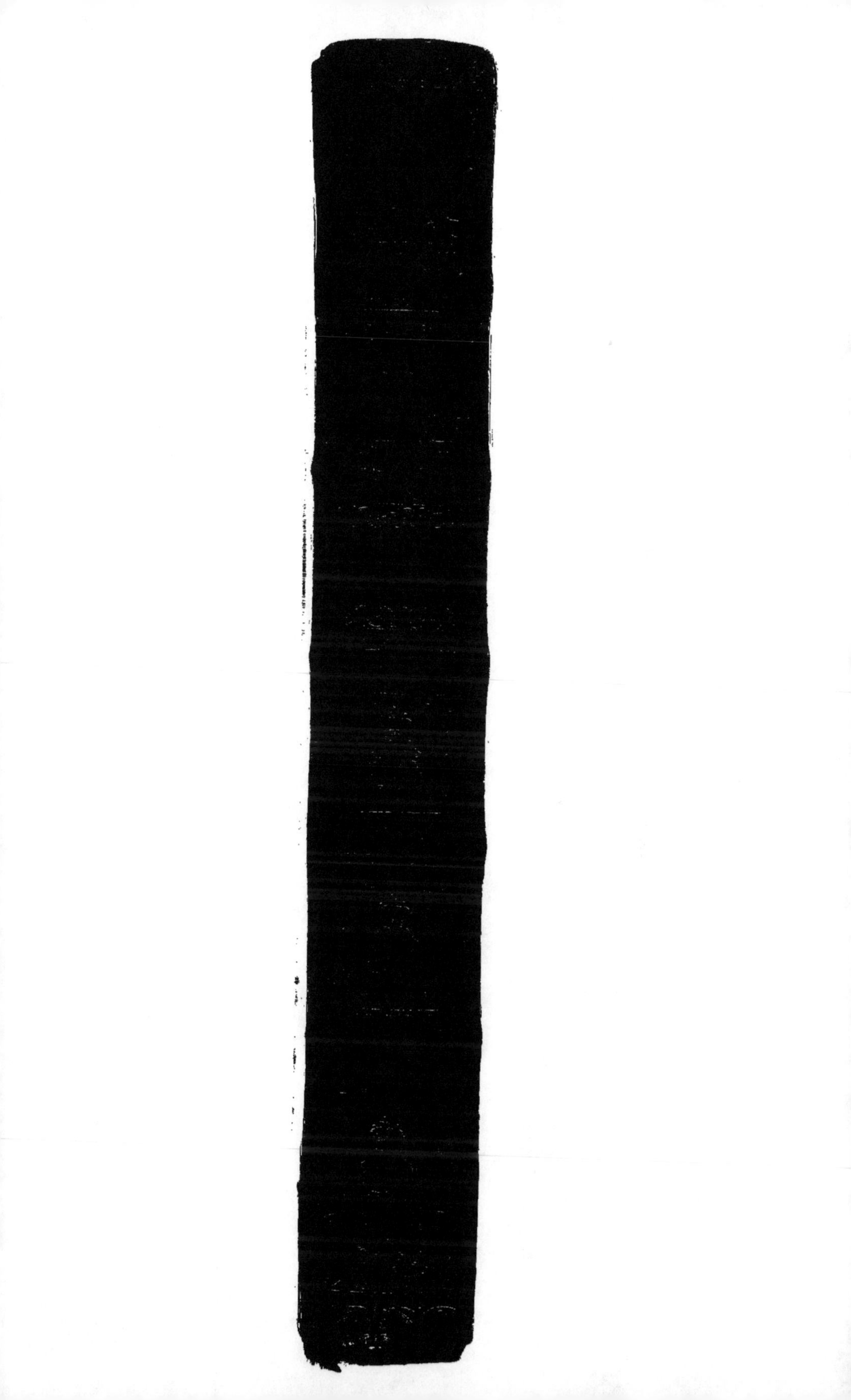

www.ingramcontent.com/pod-product-compliance
Lightning Source LLC
Chambersburg PA
CBHW031614210326
41599CB00021B/3180

* 9 7 8 2 0 1 3 7 4 4 3 4 8 *